16	3	2	13
5	10	11	8
9	6	7	12
4	15	14	1

Márcio Suzuki

A FORMA E O SENTIMENTO DO MUNDO

Jogo, humor e arte de viver
na filosofia do século XVIII

editora 34

EDITORA 34

Editora 34 Ltda.
Rua Hungria, 592 Jardim Europa CEP 01455-000
São Paulo - SP Brasil Tel/Fax (11) 3811-6777 www.editora34.com.br

Copyright © Editora 34 Ltda., 2014
A forma e o sentimento do mundo © Márcio Suzuki, 2014

A FOTOCÓPIA DE QUALQUER FOLHA DESTE LIVRO É ILEGAL E CONFIGURA UMA
APROPRIAÇÃO INDEVIDA DOS DIREITOS INTELECTUAIS E PATRIMONIAIS DO AUTOR.

As opiniões, hipóteses e conclusões ou recomendações
expressas neste livro são de responsabilidade do autor
e não necessariamente refletem a visão da FAPESP.

Imagem da capa:
Julius Bissier, 4.III.61 gi, 1961 (detalhe),
nanquim s/ papel, 38,3 x 44 cm, Kunstsammlung NRW, Düsseldorf

Capa, projeto gráfico e editoração eletrônica:
Bracher & Malta Produção Gráfica / Julia Mota

Revisão:
Beatriz de Freitas Moreira

1ª Edição - 2014

CIP - Brasil. Catalogação-na-Fonte
(Sindicato Nacional dos Editores de Livros, RJ, Brasil)

S810f   Suzuki, Márcio, 1961
       A forma e o sentimento do mundo:
   jogo, humor e arte de viver na filosofia do século
   XVIII / Márcio Suzuki — São Paulo: Editora 34;
   FAPESP, 2014 (1ª Edição).
   560 p.

   ISBN 978-85-7326-576-7

      1. Filosofia inglesa - Século XVIII.
   2. História da filosofia. I. Fundação de Amparo
   à Pesquisa do Estado de São Paulo. II. Título.

CDD - 109

A FORMA E O SENTIMENTO DO MUNDO
Jogo, humor e arte de viver
na filosofia do século XVIII

Nota preliminar	7
Abreviaturas utilizadas	11

I

O ensaio e a arte de conversar	17
A aposta de David Hume	69

II

As bases da aposta:	
lei natural, *mathesis universalis* e cálculo moral	103
O cálculo das virtudes	131
A multiplicação dos sentidos	
e o mistério do senso interno	171
As duas formas da imaginação	237
O senso do belo e a máquina do mundo	271
O sentimento e a descoberta do juízo reflexionante	303

III

Kant e o filósofo que ri	345
Quem ri por último, ri melhor:	
humor, riso e sátira no Século da Crítica	385
O sublime às avessas	411

IV

"Não há relógio na floresta":	
Kames e a percepção "natural" do tempo	447
Hobby-horse e tempo da narrativa:	
a arte da transposição no *Tristram Shandy*	523
Conclusão: Arte de viver, aposta, jogo	543
Referências bibliográficas	549
Sobre o autor	559

NOTA PRELIMINAR

O tema geral que norteia os estudos deste livro é procurar entender como, no século XVIII, a filosofia pôde ser pensada por analogia com ocupações consideradas menos "sérias" como a conversa de salão e as diversões em geral. O tema surgiu da suspeita de que muitas ideias presentes nas filosofias de David Hume e de Immanuel Kant se sustentam em grande medida numa concepção da natureza humana que não aparece inteiramente nos seus textos, e não podem ser bem entendidas sem o recurso aos autores que leram. Certamente, a ligação de entretenimento e filosofia no século XVIII só pôde começar a ser pensada depois que Montaigne comparou a investigação filosófica com o jogo e a caça, e depois que Pascal escreveu seus pensamentos sobre o tédio, a diversão e a célebre aposta, embora provavelmente tanto as comparações de Montaigne como as ideias de Pascal remontem à concepção de vida como jogo do estoicismo antigo. Para mapear melhor o tema, foi preciso passar ainda pela "filosofia da inquietação" de Malebranche e de Locke, autores que, em resposta à concepção da miserabilidade humana em Pascal, tentaram mostrar que todas as atividades humanas são "terapias" válidas como forma de fugir ao tédio.

É, todavia, na filosofia de Hutcheson que se têm as condições decisivas para a modificação do sentido do fazer filosófico no século XVIII. Afirmando que a vida humana é mais conduzida pelo sentimento do que pela razão e interesse, Hutcheson, herdeiro e continuador de Shaftesbury, pôs em destaque muita coisa que não fazia parte do repertório ou era relegada ao pano de fundo: é assim que riso, humor, simpatia, sociabilidade, imaginação, ilusões pessoais e coletivas etc. recebem de Shaftesbury e dele sua cidadania filosófica. Como Shaftesbury, Hutcheson aplicou toda a sua engenhosidade para provar, contra Hobbes e Mandeville, que a natureza humana não é egoísta, mas altruísta, desinteressada — num empreendimento que parecerá certamente ingênuo depois de Nietzsche e Freud —, e certamente seu pensamento teria sido tragado pelas ondas da história do espírito, não fosse sua proposta inusitada de combinar cálculo com sentimento, com a qual produziu uma *mathesis universalis sui generis*, em que a *ratio* matemática aparece vinculada à sensibilidade e à imaginação. Recusando a lógica do interesse egoísta, seu cálculo moral representou, assim, o passo decisivo para a consolidação *de outra forma de fazer filosofia* e *de entender as atividades humanas em geral*. Como se tentará mostrar, não se trata de mera coincidência que Hutcheson, Hume e Adam Smith, os autores que deram origem à economia política clássica (com o valor da mercadoria determinado pelo *tempo de trabalho* necessário para produzi-la), foram também os que estabeleceram parâmetros para a compreensão do significado das atividades lúdicas, sem finalidade imediata, como a arte, o pensamento e as formas de se distrair em geral.

* * *

Embora alguns dos estudos aqui publicados sejam escritos de ocasião, o conjunto talvez configure uma unidade; ele tem seu nervo metodológico na segunda parte, na qual justamente se procura reconstituir a grande síntese metodológica realizada por Francis Hutcheson, que soube trazer o *espírito geométrico* que comandava a filosofia clássica (em Descartes, Pascal, Hobbes, Espinosa etc.) para o interior de uma filosofia baseada no *sentimento*.

Muitas das questões aqui tratadas se esclareceram pelos anos de convívio com o grupo de estudos das Luzes britânicas da Universidade de São Paulo, e pelas indicações e subsídio bibliográfico de Daniel Lago Monteiro, Fernão Sales dos Santos Cruz, Luís Fernandes dos Santos Nascimento e Pedro Paulo Pimenta. Registrem-se ainda agradecimentos a Vinicius de Figueiredo, Maria Isabel Limongi e Laurent Jaffro, cujos trabalhos sobre Shaftesbury, Hutcheson e o estoicismo antigo foram balizas seguras para a travessia aqui empreendida. Este livro também se tornou possível graças a bolsa de pesquisa do CNPq.

Os filósofos britânicos teriam certamente merecido tratamento estilístico mais à altura, condizente com o que foi dado entre nós aos seus pares franceses por Luiz Fernando Franklin de Mattos nos livros *O filósofo e o comediante* e *A cadeia secreta*; que o leitor leia os estudos deste volume tendo em mente que o autor gostaria de ter alcançado a elegância e a precisão dos ensaios desse mestre. Este livro também se inspira bastante no trabalho arqueológico de Luiz Roberto Monzani sobre *Desejo e prazer na Idade Moderna*.

ABREVIATURAS UTILIZADAS

Obras de David Hume

EHU — *Enquiry Concerning Human Understanding* (1748) [Título em português: *Investigação sobre o entendimento humano*]
EPM — *Enquiry Concerning Principles of Morals* (1751) [Título em português: *Investigação sobre os princípios da moral*]
EMPL — *Essays, Moral, Political and Literary* (1742) [Título em português: *A arte de escrever ensaio e outros ensaios*]
THN — *A Treatise on Human Understanding* (1738) [Título em português: *Tratado da natureza humana*]

Obras de Francis Hutcheson

IBV — *An Inquiry into the Original of Our Ideas of Beauty and Virtue* (1725)
ECP — *An Essay on the Nature and Conduct of the Passions and Affections, with Illustrations on the Moral Sense* (1742)
Short Introduction — *Philosophiae Moralis Institutio Compendiaria with A Short Introduction to Moral Philosophy* (1745)
System — *A System of Moral Philosophy* (1755)

Obras de Immanuel Kant

AA — *Werke. Akademieausgabe* (seguido de número do volume e da página)
Antropologia pragmática — *Antropologia de um ponto de vista pragmático* (1798)
Observações — *Observações sobre o sentimento do belo e do sublime* (1764)

Obras de John Locke

Essay — *An Essay on Human Understanding* (1690) [Título em português: *Ensaio sobre o entendimento humano*]

Obras de Shaftesbury

Characteristicks — *Characteristicks of Men, Manners, Opinions, Times* (1711)

Obra de Adam Smith

TMS — *The Theory of Moral Sentiments* (1776)

Que mais que um ludo ou jogo é a extensa vida,
Em que nos distraímos de outra coisa —
Que coisa, não sabemos

Fernando Pessoa

I

O ENSAIO E A ARTE DE CONVERSAR

> Os críticos nos ensinam a nos orientar pela natureza, e os escritores, lendo isso, consideram, porém, sempre mais seguro se orientar pelos escritores que se orientaram pela natureza. A maioria deles lê as regras de Hume e, quando querem escrever, pensam numa passagem de Shakespeare.
>
> Lichtenberg, *Südelbuch*, A 70

A FAMA LITERÁRIA

Na pequena autobiografia que redigiu ao final da vida, conhecida como *My own life*, David Hume afirma que o "amor à fama literária" foi a sua "paixão dominante".[1] Menos que uma penitência de última hora por suas ambições pessoais, a afirmação se explica pelos princípios da moral humiana. Como todas as outras paixões, o "amor à fama" não é uma paixão necessariamente ruim; ao contrário, o afã de reputação costuma ser em geral uma paixão boa, pois se volta para a sociedade e traz grande adição de força ao "sentimento moral".[2] A autobiografia também afirma que a busca de renome nas letras foi saudável para o autor, porque, embora lhe tenha causado "frequentes desapontamentos", ela ja-

---

[1] Como consta na autobiografia *My own life*, escrita em 18 de abril de 1776, em *Essays, Moral, Political and Literary* (edição, prefácio e notas de Eugene F. Miller, Indianapolis, Liberty Fund, 1987, p. XLI).

[2] *THN*, II, I, 11: "Do amor à fama", pp. 316 ss.; trad., pp. 350 ss.; *EPM*, p. 17; trad., p. 356.

mais lhe "azedou o temperamento" ou fez com que perdesse o "humor".[3] Ela foi menos uma paixão *violenta* do que uma paixão *calma*.

Na primeira seção da *Investigação sobre o entendimento humano* há uma passagem que ajuda a compreender como age o mecanismo desta paixão chamada "amor à fama literária". Por que se escolhe uma carreira de homem de letras, devotada, por exemplo, à filosofia? Diferentemente do que se imagina, insucessos anteriores nas tentativas de constituição da filosofia não provocam desânimo. O efeito que se observa entre os candidatos ao título de "filósofo" é exatamente o inverso: a dificuldade mesma de se chegar ao firme estabelecimento da filosofia faz que "todo gênio aventureiro" se sinta estimulado a realizar o que não foi possível a seus antecessores, como se coubesse exclusivamente a ele a "glória de tão dura façanha".[4] O autor explica de maneira semelhante por que, além da filosofia, também escolheu a história como objeto de estudo. Conforme relata em carta a um amigo, o que o teria levado a escrever a história da Inglaterra foi, entre outras coisas, a constatação de que não há "posto mais vacante no Parnaso inglês que o da história. Estilo, juízo, imparcialidade, cuidado — falta tudo a nossos historiadores...".[5]

O jovem pretendente à carreira de escritor teria sido levado a escolher a filosofia e a história por notar que o posto de filósofo e o de historiador não estavam devidamente preenchidos. Essas constatações biográficas, aparentemente irrelevantes, se fundam numa concepção peculiar de "emulação", diferente da noção tradicional segundo a qual o estímulo ao desenvolvimento do talento literário ou artístico é dado pelo convívio com autores consagra-

---

[3] *My own life*, p. XLI.

[4] *EHU*, p. 12; trad., p. 27.

[5] *Apud* William B. Todd, em David Hume, *The History of England* (Indianapolis, Liberty Fund, 1983, v. 1, p. XII). O tema da emulação da filosofia e da história em Hume lembra muito o da emulação da filosofia e história grega pelos romanos, especialmente por Cícero. Sobre a importância de escrever a história de Roma, ver deste último *Das leis*, I, 2, 6.

dos, com modelos a serem imitados. O argumento da "vacância no Parnaso" insiste exatamente na direção oposta: a existência de muitos autores dignos de admiração, em vez de estímulo, pode ser fator de inibição do gênio. No início, este não se conhece a si mesmo e se sente inseguro sobre o êxito de seus experimentos juvenis, quando os compara às obras dos autores que não só ele mesmo, mas também todos os outros admiram. A emulação se extingue com a admiração e a modéstia, qualidades que se encontram com mais frequência no "verdadeiro grande gênio". Além disso, como, depois da emulação, o "maior encorajador das artes nobres são o louvor e a glória", se há autores de reputação já estabelecida, os aplausos geralmente irão para eles, o que desestimulará os iniciantes. Assim, sem pôr em questão o princípio de que "a nobre emulação é a fonte de toda excelência",[6] é preciso reconhecer que, dependendo das circunstâncias, ela pode ser menos estimulante que a ausência de modelos.

Que a Grã-Bretanha ainda não tenha nem o seu filósofo, nem o seu historiador, tampouco o seu orador (como mostra o ensaio "Da eloquência"), é justamente isso que pode aguçar o anseio de celebridade de um jovem. O argumento da vacância implica uma compreensão peculiar das literaturas e artes nacionais, muito próxima do que será uma das bandeiras do romantismo: se um país ainda não tem literatura, isso não é necessariamente um problema, mas talvez até uma maneira de mexer com os brios dos homens de talento da nação. Pode haver problema quando se importam obras de países vizinhos que já alcançaram "grande perfeição" em determinados campos das artes ou ciências. Foi o que aconteceu, por exemplo, quando trouxeram "modelos de pintura italiana à Grã--Bretanha": "em vez de excitar nossos artistas, foram a causa de seu pequeno progresso nessa nobre arte". O exemplo mais forte é mesmo o da literatura francesa:

A multidão de produções polidas em língua francesa, que se espalha pela Alemanha e pelo Norte, impede que es-

---

[6] *EMPL*, "Do surgimento e progresso das artes e ciências", p. 105.

O ensaio e a arte de conversar

sas nações cultivem sua própria língua e as mantém dependentes de seus vizinhos nesses entretenimentos elegantes.[7]

As letras francesas sufocam os germes de literatura na Alemanha e no norte da Europa. O tom geral da argumentação se assemelha muito ao de Lessing e dos pré-românticos alemães: o gênio não se conhece a si mesmo e a importação de modelos estrangeiros pode sufocá-lo; o florescimento da literatura está em geral mais ligado ao espírito de liberdade e de emulação entre os cidadãos livres de uma nação. A semelhança, no entanto, para por aí: se Hume parece preocupado com a formação literária de seu país, os seus modelos ainda são quase todos os do classicismo francês. Sua concepção segue uma ideia de surgimento e progresso das letras baseada em modelos de perfeição, o que implica a suposição de um ponto máximo a que se pode chegar nas artes liberais e nas ciências. Uma vez atingido esse ponto, só haverá repetição ou declínio: o jovem promissor percebe que o que de melhor se poderia esperar numa arte já foi feito e, por isso, não se sente estimulado a praticá-la; o crítico, por sua vez, é capaz de reconhecer a que grau de perfeição um povo ou um artista chegou. Abos têm, portanto, de possuir um senso do processo histórico, que é um contínuo movimento de florescimento e decadência. A história, para Hume, é uma história *cíclica*.

A situação das letras na Grã-Bretanha

Como frequentador dos círculos literários de Edimburgo, Hume — então já escritor bastante conhecido — se vê lançado a um embate opondo escoceses e ingleses, ao defender, na dedicatória das *Quatro Dissertações* (1757), a peça *Douglas* de seu amigo John Home, que, segundo ele, possuiria o "verdadeiro gênio artístico de Shakespeare e Otway, refinado do barbarismo infeliz de um e da licenciosidade do outro". O elogio exagerado da peça e do

---

[7] *Idem, ibidem.*

autor, em detrimento de Shakespeare e Otway, logo repercute em Londres, lançando dúvidas sobre o apuro crítico do filósofo (tanto mais que nas *Quatro Dissertações* estavam incluídos os ensaios "Da tragédia" e "Do padrão do gosto"). Hume, Home e os seus amigos escoceses acabam satirizados na peça *A ópera do filósofo*, de John Maclaurin, em 1757. As razões que levaram Hume a defender uma obra antes recusada nos palcos londrinos devem ser buscadas nas convicções artísticas e estilísticas do autor.

Alguns anos antes, em 1754, no primeiro volume publicado da *História da Inglaterra*, Hume escreve linhas que são representativas de seu ideário estético, adquirido bem cedo pelo contato com os autores clássicos. Trata-se do "breve perfil" (*short character*) de William Shakespeare, o "escritor mais eminente" que se conheceu sob o reinado dos Stuarts. Consciente de que a caracterização do bardo deverá contar com preconceito ou indisposição (*national prepossessions*) por parte dos ingleses, o historiador escocês afirma que para fazer uma caracterização de Shakespeare (ou de qualquer escritor) é preciso ter a mesma isenção e liberdade que para discutir o papel que reis e ministros desempenharam na história. O breve perfil merece ser lido na íntegra:

> Shakespeare deve ser visto como um prodígio, se é considerado como um *homem* nascido numa época rude e educado da maneira mais pobre, sem nenhuma instrução, nem dos livros, nem do mundo; representado como *poeta*, como alguém capaz de proporcionar entretenimento apropriado a uma audiência refinada ou inteligente, temos de descontar muita coisa nesse elogio. Em suas composições, devemos lastimar que muitas irregularidades e até absurdos possam com tanta frequência desfigurar as cenas animadas e apaixonadas que nelas encontramos; e ao mesmo tempo talvez admiremos tanto mais essas belezas em virtude de estarem cercadas de tais deformidades. Ele frequentemente toca, como por inspiração, uma notável peculiaridade de sentimento, condizente com um caráter singular, mas não pode sustentar por muito tempo uma adequada sensatez de pensamento. É abundante tanto em expressões quanto em

descrições nervosas e pitorescas, mas em vão buscamos nele uma dicção pura ou simples. Embora seja um defeito importante, sua total ignorância de toda arte e conduta teatrais, porque afeta mais o espectador que o leitor, pode ser mais facilmente desculpada que a falta de gosto que com frequência prevalece em suas obras, e que somente por intervalos abre caminho às irradiações do gênio. Ele certamente possuía um gênio grande e fértil, e um gênio igualmente exuberante na veia trágica e na veia cômica, mas deve ser citado como prova de quão perigoso é se apoiar unicamente nessas vantagens para obter alguma excelência nas artes mais finas. E pode até restar uma suspeita de que superestimamos, se isso é possível, a grandeza do seu gênio, da mesma maneira que com frequência os corpos aparecem mais gigantescos em virtude de serem desproporcionais ou malformados.[8]

Na época em que são escritas, essas linhas não têm nada de muito original e poderiam ter sido assinadas por Voltaire. Elas vão na contracorrente da reavaliação crítica que àquela altura se começava a fazer de Shakespeare, não só na França e na Alemanha, mas na própria Inglaterra, o que ajuda a explicar as diferenças de Hume, por exemplo, com Samuel Johnson. A principal deficiência do bardo inglês não é o seu total desconhecimento da arte teatral, mas sua falta de gosto.[9] Algo semelhante ocorre com seu rival, Ben Jonson. Este tem instrução e estudo, que faltam a Shakespeare,

---

[8] Hume, D., *The History of England*, v. V, p. 151.

[9] Como diz Voltaire na Décima Oitava Carta Filosófica, Shakespeare tinha "um gênio cheio de força e fecundidade, de natural e de sublime, sem a menor centelha de bom gosto e sem o menor conhecimento das regras". Em sua edição das *Cartas* (conhecidas igualmente como *Cartas inglesas*), Gustave Lanson indica que Voltaire também se inspira em diversos críticos ingleses como Rymer, Dennis, Rowe, Pope e Addison (*Lettres philosophiques*, Paris, Droz, 1937, pp. 90 e ss.). Na mesma carta, Voltaire também censura, como Hume, as licenciosidades de Otway (p. 80).

mas não possui o seu gênio. Ambos, porém, carecem igualmente de "gosto e elegância", "harmonia e correção".[10]

Longe de se pautarem por um preconceito (aliás, tão pouco humiano) contra os ingleses, esses juízos se devem às convicções neoclássicas de Hume, que o levam a pensar que a ilha ainda não conseguiu se colocar literariamente no mesmo plano de outras nações e que, na Inglaterra de seu tempo, "bárbaros" continuam a habitar "as margens do Tâmisa".[11] Mais de um século depois da época em que viveu o seu poeta "mais eminente", o panorama das letras na Grã-Bretanha não se modificou de maneira substancial, podendo se aplicar ao estado das ciências e artes na ilha as palavras de Horácio: "e por muitos anos sobreviveram, e ainda sobrevivem, vestígios do nosso passado rústico".[12]

Conforme se lê no ensaio "Da liberdade civil", a "elegância e a propriedade de estilo foram muito negligenciadas" na Grã--Bretanha. A língua inglesa ainda não tem nem um dicionário, nem uma gramática tolerável.[13] A melhor prosa em inglês só foi produzida muito recentemente, por um autor ainda vivo, Swift.[14] Au-

---

[10] Hume, D., *The History of England*, v. V, p. 151.

[11] Carta a Hugh Blair, 8 de abril de 1764 (ed. Greig, v. I, p. 436, *apud* Olivier Brunet, *Philosophie et esthétique chez David Hume*, Paris, Nizet, 1965, p. 47).

[12] Horácio, *Epístolas*, II, 1, 160. Citado por Hume na mesma página do perfil de Shakespeare da *História da Inglaterra*. A passagem também é referida no ensaio sobre a liberdade civil.

[13] *EMPL*, p. 64. Hume não suprime essa observação nas edições revisadas de *EMPL*, embora Samuel Johnson já tivesse publicado o seu *Dicionário da língua inglesa* em 1758. Em seu livro *Philosophie et esthétique chez David Hume*, Olivier Brunet expõe minuciosamente a rivalidade literária entre o Dr. Johnson e Hume, assim como entre ingleses e escoceses em geral (pp. 75 ss.).

[14] Cf. o elogio de Voltaire a Swift na Vigésima Segunda Carta, "Sobre o sr. Pope e alguns outros poetas famosos": "Mr. Suift [sic] é um Rabelais de bom-senso e que vive em boa companhia; ele não tem, é certo, a alegria deste, mas toda a fineza, razão, escolha e bom gosto que faltam a nosso cura de Meudon" (ed. cit., p. 135). Na poesia, Hume celebra também um poeta ainda vivo por ocasião da primeira edição de *EMPL*, dizendo que em Londres

tores como Sprat, Locke e Temple desconhecem as regras da arte de escrever e, por isso, não podem ser considerados "autores elegantes". A prosa de Bacon, Harrington e Milton é dura e pedante, "apesar de excelente pelo sentido". A explicação para isso se deve a certo *pendor* do país para a discussão de ideias:

> Os homens neste país se ocuparam tanto das grandes disputas na *religião*, na *política* e na *filosofia*, que não tiveram paladar para as observações aparentemente pouco importantes da gramática e da crítica. E embora esse jeito de pensar tenha contribuído consideravelmente para aprimorar nosso senso e nosso talento para o raciocínio, é forçoso reconhecer que não temos, nem mesmo nas ciências mencionadas, um livro-modelo que possamos legar à posteridade. O máximo de que podemos nos gabar são uns poucos ensaios para uma filosofia mais precisa [*to a more just philosophy*], bem promissores, é verdade, mas que ainda não atingiram nenhum grau de perfeição.[15]

A aptidão do país para questões teológicas, políticas e filosóficas torna seus pensadores pouco sensíveis à gramática e à crítica. Assim como cada indivíduo, cada nação tem uma vocação, tem o seu "jeito de pensar" (*turn of thinking*). Essa tendência, no entanto, não deve ser vista como uma espécie de *stubborn nature* (inclinação teimosa e inflexível)[16] que impeça todo e qualquer aprimoramento ou possibilidade de desenvolvimento. Não se deve, sobretudo, acreditar que a compreensão dos problemas religiosos, políticos ou filosóficos *passe ao largo* das questões literárias e artísticas. Parece evidente, ao contrário, que uma coisa só se faz *pari*

"nenhum poeta pode escrever versos com tanto espírito e elegância quanto o sr. Pope" ("Da eloquência", *EMPL*, p. 99), juízo que também compartilha com Voltaire. É este quem escreve: Pope é "o poeta mais elegante, mais correto e mais harmonioso, o que não é pouco, que jamais houve na Inglaterra" (ed. cit., p. 136).

[15] *EMPL*, "Da liberdade civil", p. 65.

[16] *Idem*, "Do surgimento e progresso das artes e ciências", p. 89.

passu com a outra: a filosofia e as ciências não se aprimoram (ou pelo menos não se aprimoram como deveriam), enquanto não se avança na gramática e na crítica, e aqui, a despeito de todo o patriotismo na matéria, a Grã-Bretanha tem muito pouco do que se gabar. O máximo que ela conseguiu foram apenas "uns poucos ensaios" (*a few essays*), mas ainda longe da perfeição, para chegar a uma filosofia mais correta ou precisa.

Tal como ocorre em geral na história das nações e na história dos indivíduos, os primeiros passos são sempre um aprendizado por tentativa e erro, são "*frágeis ensaios* na direção das artes e das ciências".[17] O mesmo vale para a filosofia. É mediante ensaios que ela pode ir ganhando justeza em seus "raciocínios morais", para chegar cada vez mais próxima de uma "filosofia mais precisa" ou "justa" — *a more just philosophy*, onde o adjetivo *just* tem tanto o sentido de "exatidão" ou "precisão", quanto, como fica claro pelo contexto do parágrafo, de "correção" estilística. A filosofia se torna mais precisa e justa, quanto mais afia os seus instrumentos de apuro gramatical e crítico.

Mas de que maneira pode a Grã-Bretanha ir além desses primeiros ensaios tateantes em suas letras filosóficas? Segundo o autor, que uma sociedade produza artistas ou que um indivíduo possa dar vazão a todo o seu gênio, isso depende de inumeráveis *circunstâncias*[18] jamais inteiramente previsíveis para uma ciência exata. Alguns princípios gerais da natureza humana explicam, por exemplo, por que as repúblicas são mais favoráveis que as monarquias ao surgimento das ciências e das artes. Ainda que bárbara, uma república terá necessariamente de fazer surgir a lei, por "força de uma operação inevitável". Dessa lei advirá a segurança; com a segurança poderá haver "curiosidade", e a curiosidade é propícia ao conhecimento. Os primeiros passos dessa cadeia são "inteira-

---

[17] A expressão é usada no ensaio "Do estudo da história", *EMPL*, p. 250 (grifo nosso).

[18] Sobre essa importante noção, para a qual em geral não se atenta, há um artigo elucidativo de Michel Malherbe intitulado "La notion de circonstance dans la philosophie de Hume", *Hume Studies*, v. 9, nº 2, nov. 1983, pp. 130-49.

mente necessários", mas os últimos são "mais acidentais".[19] Não há garantias de que um país passará, por exemplo, da condição de sociedade "comercial" à de uma sociedade em que florescem as letras:

> [...] é mais fácil dar conta do surgimento e progresso do comércio num reino qualquer que do surgimento e progresso das letras, e um Estado que se aplicasse em encorajar o comércio teria mais garantia de sucesso do que se tentasse cultivar as letras. Avareza, ou desejo de ganho, é uma paixão universal que opera em todas as épocas e em todos os lugares, sobre todas as pessoas. Mas curiosidade, ou amor ao conhecimento, tem uma influência muito restrita e requer juventude, ócio, educação, gênio e exemplo para governar uma pessoa. Não faltarão editores enquanto houver quem compre livros: mas pode com frequência haver leitores sem que haja autores. Multidões de pessoas, necessidade e liberdade geraram comércio na Holanda: estudo e dedicação raramente produziram autores eminentes.[20]

Devido a paixões mais universais (avareza, cobiça etc.), é possível prever com boa dose de certeza que um país terá sucesso em seu comércio; já a paixão da curiosidade, mãe das ciências e das letras, implica uma previsibilidade bem menor. Isso não quer dizer que a relação entre sociedade e sua produção cultural seja absolutamente imponderável, mas apenas que os princípios de inferência são mais sutis, carecendo de um cálculo de probabilidades muito mais complexo para ser explicada. Até certo ponto, a conexão que há entre artista e sociedade é muito clara e impede o apelo a fatores irracionais para explicar o surgimento do "gênio". Se "causas secretas e desconhecidas devem ter grande influência no surgimento e no progresso de todas as artes refinadas", há entretanto razões para crer que estes não se devem inteiramente

---

[19] *EMPL*, "Do surgimento e progresso das artes e ciências", p. 89.

[20] *Idem*, pp. 84-5.

ao acaso. Mesmo que o número de cientistas e artistas importantes numa época seja extremamente pequeno,

> [...] é impossível que uma porção do mesmo espírito e do mesmo gênio não tenha antes se difundido entre o povo no qual elas [as artes] surgem, para produzir, formar e cultivar, desde a mais tenra infância, o gosto e o juízo desses autores eminentes.[21]

Noutras palavras, para poder se concretizar num indivíduo, o gênio ou espírito tem antes de estar "solto", difuso entre um povo, e por isso ele é apenas o nome mais apropriado para aquele conjunto complexo de causalidade e simpatia entre os indivíduos de uma mesma sociedade que os poetas costumam chamar de "inspiração". Esta não é uma "chama celeste" e nada tem de sobrenatural:

> Ela corre pela terra, passa de um coração a outro e refulge mais radiante onde os materiais estão mais bem preparados e mais auspiciosamente dispostos. A questão acerca do surgimento e do progresso das artes e das ciências não é, pois, uma questão que diz respeito ao gosto, gênio e espírito de uns poucos, mas de todo o povo e pode, portanto, ser até certo ponto explicada por causas e princípios gerais.[22]

Por mais casual que seja, o gênio individual se explica pelos mesmos princípios de uma nação. Em virtude desse vínculo que estabelece entre as artes, as ciências, e a política e a sociedade (vínculo que, obviamente, também já se encontra em Dubos, Shaftesbury, Montesquieu e Voltaire), Hume é considerado um dos primeiros autores a conceber uma "sociologia da arte".[23] No en-

---

[21] *Idem*, p. 85.

[22] *Idem, ibidem*.

[23] Como assinala Renée Bouveresse na introdução à sua tradução dos

O ensaio e a arte de conversar

tanto, como nele os princípios não atuam numa só direção, talvez seja interessante entender como a política e a sociedade também são pensadas à luz dos princípios da literatura e da arte.

A TÓPICA HORACIANA E O MODELO FRANCÊS

A França é exemplo claro de que um único princípio nunca é suficiente para explicar como nascem as chamadas "artes liberais" e de que, portanto, "há certamente algo acidental no surgimento e no progresso das artes numa nação".[24] Contrariamente ao que pretendem Longino, Addison e Shaftesbury quando afirmam que as artes só florescem em governos livres,[25] a França, embora não tenha gozado de "liberdade duradoura", "levou as artes e ciências tão próximas da perfeição quanto qualquer outra nação". Os ingleses talvez sejam "melhores filósofos", os italianos foram os que mais aprimoraram a pintura e a música, e os romanos foram os melhores oradores. No entanto, só a França pode se colocar de igual para igual com a Grécia:

> Mas, com exceção dos gregos, os franceses são os únicos a ser, ao mesmo tempo, filósofos, poetas, oradores, historiadores, pintores, arquitetos, escultores e músicos. O seu teatro chega a superar o dos gregos, que era muito superior ao inglês.[26]

Se a Grã-Bretanha tem o governo que mais favorece a liberdade de expressão entre seus cidadãos, é na França que se encontra

---

ensaios estéticos para o francês, é sobretudo por sua "prudência metodológica" ao investigar a origem e desenvolvimento das artes e ciências que Hume pode fazer um "trabalho de sociólogo". Cf. "Introduction" a *Les essais esthétiques* (Paris, Vrin, 1973, p. 11).

[24] *EMPL*, "Da eloquência", p. 78.

[25] *Idem*, "Da liberdade civil", p. 63.

[26] *Idem*, p. 64.

o modelo mais bem-acabado da filosofia, da história e de todas as artes, com o seu teatro superando, inclusive, o grego. A razão por que isso ocorreu não se deve apenas a que os governos monárquicos foram os que mais se aprimoraram nos tempos modernos, chegando muito próximos das repúblicas,[27] mas também a que as sociedades, assim como os homens, procedem a certas escolhas adequadas à sua natureza e gênio. Existem sociedades ainda presas às artes mecânicas, que não vislumbraram totalmente as possibilidades das "artes agradáveis", isto é, elas tendem a sujeitar o *agradável* ao *útil*. Nesses países haverá agricultura e exército fortes e, por vezes, comércio e até ciência bem desenvolvidos. Existem, inversamente, sociedades que concebem o *útil* em função do *agradável*.[28] Nestas, ao contrário, onde a emulação não é uma competição pelo *lucro*, mas pela *glória*, haverá mais condições para o florescimento das artes. É o caso da França. Para ter êxito na primeira forma de pensar e agir, isto é, nas sociedades utilitárias, "é necessário que o homem seja útil por sua indústria, capacidade ou conhecimento", ao passo que para prosperar na segunda forma de sociedade (as sociedades do luxo), o requisito é que o homem "seja agradável por seu engenho, condescendência ou civilidade". Assim, "o gênio vigoroso se sai melhor nas repúblicas", enquanto "o gosto refinado, nas monarquias" e, por isso, é "mais natural" que as ciências se desenvolvam sob governos republicanos, e as artes refinadas sob governos monárquicos.[29] Essa distinção, Hume

---

[27] *Idem*, p. 67.

[28] Cf. principalmente "Do surgimento e progresso das artes e ciências", "Do comércio" e "Do refinamento nas artes". A passagem das sociedades mais assentadas na agricultura e nas forças bélicas para as sociedades em que florescem as artes liberais depende da discussão do papel do "luxo" ("Do luxo" era, aliás, até a 5ª edição o título do ensaio "Do refinamento nas artes"). Uma excelente exposição da "querela do luxo" e da posição de David Hume diante do problema pode ser lida no primeiro capítulo do livro *Desejo e prazer na Idade Moderna*, de Luiz Roberto Monzani (Curitiba, Champagnat, 2012, 2ª ed.).

[29] *EMPL*, "Do surgimento e progresso das artes e ciências", p. 95.

afirma tê-la constatado comparando os modos de vida da França e da Inglaterra:

> Em países em que as pessoas passam a maior parte do tempo em conversas, visitas e reuniões, as qualidades *sociáveis*, por assim dizer, gozam de alta estima e formam a principal parte do mérito pessoal. Mas em países nos quais as pessoas levam uma vida mais doméstica e, ou ocupam-se dos seus negócios, ou divertem-se num círculo mais estreito de amigos, as qualidades mais constantes são as mais consideradas. Assim, observei muitas vezes que, entre os franceses, a primeira coisa que se quer saber sobre um estrangeiro é se ele é *polido* ou *espirituoso*. Em nosso país, o principal elogio que se pode fazer é o de que é um companheiro de *boa índole* e *sensato*.[30]

Como se vê por essa passagem, a tópica horaciana do *aut prodesse aut delectare* é o operador que permite fazer distinções fundamentais para a compreensão política, social e antropológica de cada país.[31] Sem explorar ainda as diferenças entre o modo de vida francês e o inglês (que serão tipificados como o modo de vida

---

[30] *EPM*, pp. 262-3; trad. cit., pp. 338-9.

[31] Os conhecidos versos de Horácio dizem: "Os poetas ou querem ser úteis ou dar prazer ou, ao mesmo tempo, tratar de assunto belo e adaptado à vida" (Horácio, *Arte poética*, 333-4, introdução, tradução e comentário de R. M. Rosado Fernandes, Lisboa, Inquérito, 1984, p. 105). Deve-se assinalar que, embora sempre tão cioso da análise da validade dos princípios, Hume passa por alto o fato de que aplica à *política* um princípio que sai de versos conhecidos de Horácio. A explicação para essa omissão é uma só: a validade do *utile dulci* parece tão evidente, que não cabe discuti-la. A *Investigação sobre os princípios da moral* também evoca o princípio na seção V, intitulada "Por que a utilidade agrada" (*Why utility pleases*). As virtudes sociais possuem uma "beleza e afabilidade naturais" e como a "utilidade pública" delas é a "principal circunstância" de onde provém o seu mérito, "segue-se que a finalidade que elas tendem a promover deve ser-nos de algum modo agradável" (*EPM*, p. 314; trad. cit., p. 280). Em suma, que a "utilidade" (*usefulness*) seja agradável e conquiste a aprovação de todos, é uma "matéria de fato"

refinado e o modo de vida *simples*), já se pode claramente perceber que o útil e o agradável diferenciam o *estilo* de vida de cada país. Uma das principais diferenças que separa as sociedades pautadas pela *utilidade* das sociedades onde impera o *agradável* é que naquelas a boa educação ou civilidade pode ser cultivada individualmente, mas não é um valor absolutamente imprescindível para a vida em comum, pois, dada a maior *igualdade* entre os indivíduos, ninguém precisa agradar particularmente a ninguém. Ao contrário, numa "monarquia civilizada há um longo elo de dependência que vai do príncipe ao camponês", elo de dependência este que se traduz nos diferentes modos de tratamento conforme a posição hierárquica dos indivíduos. Esse sistema supõe que as pessoas de condição inferior demonstrem sua subordinação e respeito aos de condição superior, pois, diferentemente do sistema utilitário, ele engendra "uma inclinação a agradar seus superiores" (*an inclination to please his superiors*).[32] Essa inclinação não deve, porém, ser confundida com submissão ou bajulação, o que talvez fique mais claro em inglês, onde *to please* significa "ser agradável" a alguém, mas também mostrar-lhe deferência, respeito e acatamento. O indivíduo que assim procede em relação a seu superior não lhe é submisso, mas combina em si as qualidades úteis às agradáveis ao lhe prestar seus bons ofícios.[33]

(*matter of fact*) inquestionável, "confirmada por observação diária" (*idem*, p. 318; trad. cit., p. 284).

Em seu trabalho clássico sobre o "Ut pictura poesis: humanistic theory of painting", R. W. Lee menciona de passagem a influência do "instruir e deleitar" horaciano no século XVIII inglês, mencionando Hume, Burke e Reynolds (*The Art Bulletin*, v. 22, n° 4, 1940, p. 227, nota 134). Num ensaio intitulado "The Conversable World: Eighteenth-Century Transformations of the Relations of Rethoric and Truth", Nancy S. Struever tenta mostrar que a arte da conversação humiana é uma aplicação dos princípios retóricos do *docere, delectare, movere*. Brian Vickers e Nancy Struever (orgs.), *Rhetoric and the Pursuit of Truth: Language Change in the Seventeenth and Eighteenth Centuries*, Los Angeles, William Andrews Clark Memorial Library, 1985.

[32] *EMPL*, "Do surgimento e progresso das artes e ciências", p. 96.

[33] Contrariamente às convicções posteriores de Rousseau, para Hume a sociedade polida não é o lugar da submissão. Ao contrário, a escravidão e

A MULHER E O GALANTEIO

A dupla qualidade inerente ao ato de ser obsequioso fica mais patente quando é o indivíduo considerado mais forte e poderoso que se comporta de maneira agradável e solícita para com aquele que se encontra em condição inferior. Os jovens bem-educados mostram o dobro de respeito pelos idosos enfermos; os nativos se mostram muito mais deferentes com os estrangeiros, que não podem se defender em terra alheia; o dono da casa se desdobra ao máximo para agradar (*to please*) seus convidados. A ilustração mais evidente desse tratamento obsequioso e deferente está na relação do verdadeiro *gentleman* com as mulheres. Esse comportamento se chama "galanteio" (*gallantry*) e se aprende no convívio com mulheres virtuosas:

> Há melhor escola de maneiras que a companhia de mulheres virtuosas, onde o mútuo empenho em agradar [*mutual endeavour to please*] acaba insensivelmente polindo a mente, onde o exemplo da suavidade e da modéstia femininas se comunica a seus admiradores, onde a delicadeza própria àquele sexo faz todo mundo ficar em alerta, temendo ofendê-las com alguma quebra de decoro?[34]

O contato com mulheres virtuosas pule insensivelmente os homens, e o espírito de galanteio contagia e modifica as relações sociais, a ponto de se poder dizer que é ele propriamente que in-

---

sujeição estão ligadas às "nações rudes e impolidas, onde as artes são negligenciadas" e "todo o trabalho está voltado para o cultivo do solo". Ali, a sociedade se divide apenas em duas partes: a dos vassalos ou arrendatários das terras que se submetem a um "senhor absoluto", e a dos proprietários das terras, que acabam se tornando pequenos tiranos em seus territórios e provocando contínuas hostilidades e conflitos de uns contra os outros. Essa situação é pior da que a dos Estados onde há governos despóticos (*EMPL*, "Do refinamento nas artes", p. 217).

[34] *EMPL*, "Do surgimento e progresso das artes e ciências", pp. 101-3.

troduz a noção mais justa e precisa do que seja a própria civilidade. No entanto, é a mulher quem desempenha o *leading role* nessa transformação. Ela, que à primeira vista parece ser apenas o *objeto* do galanteio, é na verdade o seu agente; ela, elemento aparentemente mais frágil, estando numa condição inferiorizada, se torna, por sua própria suavidade, modéstia e delicadeza, a causa do refinamento dos homens e da sociedade.

A defesa do galanteio por Hume foi e ainda hoje é objeto de discussão. Num estudo esclarecedor sobre a questão, Lívia Guimarães explica que, para não cair em anacronismos, é preciso evitar discuti-la à luz dos estudos de gênero e procurar respeitar a "densidade e consequência conceitual" que lhe é própria.[35] Então será possível perceber que a mulher está em pé de igualdade com o homem no processo de refinamento social e de constituição da filosofia. A pertinência dessas observações da estudiosa brasileira pode ser corroborada pela leitura que Immanuel Kant fez dos ensaios e das investigações do filósofo escocês. Uma leitura que, por permitir explorar vários aspectos e desdobramentos da questão, merece uma discussão mais detida.

A tese fundamental de Hume é a de que, em virtude da sua delicadeza de sentimento, a mulher é a "soberana" no mundo das relações sociais.[36] Mas a soberania que exerce é branda e afável.

---

[35] Ver Lívia Guimarães, "The Gallant and the Philosopher", *Hume Studies*, v. 30, nº 1, 2004, p. 129.

[36] *EMPL*, "Da arte de escrever ensaios", p. 223. No estudo já citado, Nancy S. Struever tenta mostrar com certa plausibilidade que neste ensaio (e nos relacionados ao tema) "Hume especificou os limites, regras e metas do domínio da sociabilidade" e, ao fazê-lo, sugeriu o "programa" que será realizado pelos romances de Jane Austen. A romancista teria assumido a tese humiana de que o mundo da conversação é o lugar da investigação séria, embora rejeite a "descrição satírica" de que a mulher seja a soberana do mundo social (*op. cit.*, p. 94). Sobre a importância atribuída à mulher no Iluminismo escocês, diz Karen O'Brien: os homens que escrevem essas obras (John Millar, Kames, William Robertson, William Alexander e outros iluministas escoceses dos anos 1760 e 1770) "criaram uma linguagem e um arcabouço para compreender o agenciamento moral e a mudança dos códigos

Como dirá Kant ligando as ideias humianas à famosa distinção estabelecida por Edmund Burke, a mulher "possui tanto entendimento quanto o sexo masculino", a diferença é que o dela está mais naturalmente voltado para sentimentos delicados e ternos do que para especulações abstratas e profundas, isto é, a disposição natural do sexo frágil o dirige mais para o *belo* do que para o *sublime*, mais para o agradável do que para o nobre ou útil.[37] Em termos de moralidade, a diferença não deixa de ser grande: as mulheres costumam pautar suas ações pelo "agrado" ou "amabilidade",[38] virtude por "adoção" que não deve ser confundida com a verdadeira moralidade ou "virtude genuína" das ações justas.[39] Ocorre que as relações galantes não podem ser julgadas apenas do ponto de vista do rigor moral, pois é preciso levar em conta os benefícios que trazem à sociedade (pelo estreitamento dos laços afetivos e abrandamento das paixões negativas) e também o seu aspecto *antropológico*. Kant percebe muito bem que, para Hume, a mulher não é somente *objeto* da antropologia, mas também, e principalmente, *sujeito* e, aliás, sujeito imprescindível, insubstituível, dessa ciência. Nas palavras de Kant:

> O conteúdo da grande ciência feminina é, antes, o ser humano, e o homem entre os seres humanos, e sua filosofia não consiste em raciocinar, mas em sentir.[40]

---

sociais das mulheres, sem os quais o desenvolvimento do feminismo no século XIX não teria sido possível" (*Women and Enlightenment in 18th Century Britain*, Cambridge, 2009, *apud* Barbara Taylor, "Carers or Consumers?", *London Review of Books*, v. 32, nº 21, 4 nov. 2010, pp. 37-8). Para uma visão da mulher no romance inglês, principalmente nas obras de Richardson, ver Ian Watt, *A ascensão do romance*, principalmente caps. V e VI (São Paulo, Companhia das Letras, 2007, pp. 120 ss.).

[37] *Observações*, A 51-2, pp. 49-50.

[38] Kant oscila entre *Gefälligkeit* e *Annehmlichkeit* para traduzir o caráter da polidez agradável dada pelo "to please" em inglês.

[39] *Idem*, A 22-25, trad. cit., pp. 32-3.

[40] *Idem*, A 53, trad. cit., p. 50.

Existe uma ciência (*Wissenschaft*) própria à mulher bem-educada e polida (*Frauenzimmer*: termo genérico, empregado para moças, donzelas, damas ou senhoras). Essa ciência é uma filosofia ou, literalmente, uma "sabedoria do mundo" ou "sabedoria mundana", que tem por objeto o homem (*Mann*), enquanto parte do conjunto "ser humano" (*Mensch*). O ideário da filosofia galante consiste, portanto, em reivindicar para a mulher um papel fundamental na constituição de uma "antropologia" ou "ciência da natureza humana".

As coisas, porém, não são tão simples quanto parecem. De fato, que conhecimentos podem ser adequados e até permitidos às mulheres, para que não corrompam a sua índole naturalmente boa e afável? Elas certamente não precisam ter a cabeça entulhada de grego, como a Madame Dacier, nem saber mecânica, como a amiga de Voltaire, a marquesa de Châtelet.[41] A disciplina que condiz melhor com o temperamento feminino é a história, porque, escreve Hume, ela é "muito mais instrutiva do que os livros com que comumente se divertem, e muito mais capaz de entretê-las que as composições sérias que usualmente se encontram em seus aposentos".[42]

Embora seja considerado o principal ingrediente da erudição necessária a um homem de letras,[43] a história convém igualmente às mulheres, porque *instrui* mais que a mera diversão e, ao mesmo tempo, *deleita* mais que os livros sérios. A história se encontra, por isso mesmo, num meio-termo perfeito, a igual distância dos defeitos da poesia e da filosofia: ela não é nem demasiadamente vívida, como a chama entusiástica que muitas vezes leva os poetas a enaltecer o vício, nem demasiadamente fria, como a insensibilidade do

---

[41] *Idem*, A 51; trad. cit., p. 49.

[42] *EMPL*, "Do estudo da história", p. 249. Os livros de diversão são os romances e novelas (*idem*, *ibidem*); os livros "sérios" são os livros de "galanteio" e de "devoção" (*idem*, "Da arte de escrever ensaio", p. 224). Sobre a leitura de mulheres no século XVIII na Grã-Bretanha, cf. Watt, *op. cit.*, pp. 133 ss.

[43] *Idem*, "Do estudo da história", p. 251.

O ensaio e a arte de conversar

filósofo "no seu gabinete" (*in his closet*), que chega a "negar a realidade de todas as distinções morais".[44]

Dotado dos conhecimentos que lhe convém, o sexo feminino tem pleno direito à participação na vida inteligente da sociedade, ciência performativa que se realiza e atualiza cotidianamente. A defesa do direito das "mulheres letradas" (*learned ladies*),[45] ante os não poucos preconceitos da época, é incondicional. Do ponto de vista da concepção moral e antropológica de Hume, pode-se dizer que a educação e a sociedade corrigem uma desigualdade física *natural* entre homens e mulheres. Esse aspecto também foi observado por Kant: se "no estado ainda não civilizado, a superioridade está simplesmente do lado do homem", no estado civilizado homem e mulher desfrutam de superioridades parciais, relativas, uns sobre os outros.[46] Para o filósofo alemão, a questão ganha maior complexidade quando tem de discutir o estatuto jurídico dos indivíduos, estatuto segundo o qual a mulher deve ser considerada "civilmente incapaz"[47] e como uma *propriedade* do marido. Deve-se a Michel Foucault uma indicação preciosa e esclarecedora sobre essa questão, que, mesmo sem mencioná-las, faz ressaltar a presença das ideias humianas em Kant: ao discutir a importância que este último confere ao "galanteio" nas relações entre homem e mulher, Foucault assinala que *la galanterie* é a instância antropológica que estabelece um "ponto de equilíbrio" entre o plano jurídico, no qual a mulher é uma propriedade do marido, e o plano moral, no qual se reconhece sua liberdade moral, isto é, sua condição de "sujeito de liberdade".[48] É o galanteio que permite às mulheres a passagem da condição de *menoridade civil* à de *maioridade intelectual*.

---

[44] *Idem*, p. 252.

[45] *Idem*, "Da arte de escrever ensaio", p. 223.

[46] Immanuel Kant, *Antropologia*, A 303; trad., p. 199.

[47] *Idem*, A 208-209; trad., p. 106.

[48] Michel Foucault, *Gênese e estrutura da antropologia de Kant*, tradução de Márcio A. da Fonseca e Salma Tannus Muchail (São Paulo, Loyola, 2011, pp. 34-5).

É certo, no entanto, que o convívio igual entre homens e mulheres civilizados não deixa de apresentar riscos, como o coquetismo, o desejo de dominar o outro sexo, as intrigas, a libertinagem, a infidelidade. Os problemas tendem a se agravar quando os indivíduos de uma sociedade passam a desejar unicamente as qualidades *agradáveis* em detrimento das *úteis*.[49] No momento em que isso ocorre, o galanteio deixa de ser uma forma de *politesse*, isto é, uma "nova espécie de beleza dos costumes",[50] e passa a ser uma forma de corrupção deles. Essa tópica não é exclusiva do autor do *Discurso sobre as ciências e as artes*. A partir da leitura de Rousseau, Kant certamente enfatizará o caráter negativo do convívio entre homens e mulheres. As *Notas às observações sobre o sentimento do belo e do sublime* dão conta do seu distanciamento em relação ao galanteio (cujo valor antropológico, no entanto, não deixará de ser considerável, como se viu há pouco), a ponto de ele chegar a pensar que o ideal e a felicidade da mulher alemã estariam na "vida doméstica" (*Häuslichkeit*).[51] A *Frauenzimmer* alemã não deve se espelhar numa *dame* da corte francesa, pois se aproxima mais de uma *lady*:

> Entre os antigos alemães, antes que os costumes franceses nos corrompessem, as mulheres tinham de ficar em aposentos separados, como na Inglaterra.[52]

---

[49] *EPM*, p. 339; trad., p. 433.

[50] Immanuel Kant, *Bemerkungen zu den Beobachtungen über das Gefühl des Schönen und Erhabenen*, Akademie, v. 20, p. 133.

[51] *Idem, ibidem*, pp. 87 e 132.

[52] *Idem*, pp. 73-4. A fonte de Kant para essa afirmação é desconhecida. Em outra anotação (p. 69), ele diz que antigamente as mulheres ficavam em aposentos separados como ainda ocorre na Inglaterra, e explica que a expressão alemã *Frauenzimmer* indica acertadamente que o lugar da mulher são esses aposentos separados. O argumento filológico é consistente, visto que, por sua etimologia, a palavra composta significa literalmente "quarto das mulheres". Seria interessante fazer o contraste de duas visões contemporâneas sobre a mulher, a visão mais mundana e afrancesada da mulher em Hume, e a mulher mais recatada e puritana de Richardson. Como mostra Ian Watt,

O ensaio e a arte de conversar

Ocorre que, mesmo na problematização do galanteio, Kant também poderia se apoiar diretamente em Hume. Menos intransigente que Rousseau, na *Investigação sobre os princípios da moral* Hume também chama a atenção para os desvios da sociedade galante e, a fim de marcar sua posição, distingue duas acepções da palavra *gallantry*: existe uma forma corrompida de galanteio, o galanteio de *amour*, de "ligação afetiva" (*attachment*), que, no entanto, não deve ser confundido com o galanteio da condescendência ou aquiescência (*complaisance*). Este último é o tratamento dispensado ao belo sexo "na Inglaterra tanto quanto em qualquer outro país".[53] A corrupção do galanteio aconteceu na França porque ali os princípios utilitários foram sacrificados aos princípios agradáveis:

> Mas nossos vizinhos [os franceses], parece, decidiram sacrificar alguns dos prazeres domésticos [*domestic*] aos prazeres sociáveis [*sociable*], e preferir despreocupação, liberdade e convívio direto a uma estrita fidelidade e constância. Ambos os fins são bons e, em alguma medida, difíceis de conciliar, e não devemos nos surpreender se os costumes das nações se inclinam às vezes demasiadamente para um lado, às vezes para outro.[54]

O problema não é a inclinação para o agradável, mas a sua *intensidade*. Existe um ponto de equilíbrio que precisa ser respeitado para não se cair no excesso e na degeneração. Isso não significa que a sociabilidade francesa seja, em si mesma, uma forma de corrupção. O galanteio só ganha essa pecha se for buscado de maneira exclusiva, em detrimento da utilidade. Assim como os

---

o romancista detestava a "tagarelice oca da conversação social", preferindo as "delícias do relacionamento epistolar" com a mulher que faz do seu aposento contíguo ao quarto, da sua "saleta íntima", o seu "paraíso" (Ian Watt, *op. cit.*, p. 164).

[53] *EPM*, p. 340; trad., p. 434.

[54] *Idem*, p. 335; trad., p. 428.

homens, também as nações devem obedecer a um "tempero" na distribuição de seus esforços e prazeres, de sua aplicação e de suas diversões. O tempero entre a atividade e o ócio é fundamental para preservar o homem do fanatismo filosófico, político ou religioso, assim como, pela diversificação de suas atividades, as nações podem ser preservadas das suas "obsessões". Num país exclusivamente agrícola ou bélico, os cidadãos terão menos chances de se manter livres. Esta seria a virtude terapêutica do refinamento. Num país que começa a se perder no luxo, a compensação para isso pode estar na simplicidade doméstica e nas ocupações ditas "úteis".

AS DIFERENÇAS NACIONAIS

Se refinamento não é sinônimo de amolecimento dos costumes, mas é entendido em seus aspectos positivos, então ele também serve para estabelecer um quadro comparativo entre as nações. Como a polidez se encontra geralmente nas monarquias e nas cortes, é natural pensar que nas repúblicas se dê o contrário:

> As repúblicas da Europa se notabilizam atualmente pela falta de polidez. As "boas maneiras de um suíço educado na Holanda" é expressão que designa rusticidade entre os franceses. Os ingleses, em certa medida, merecem a mesma censura, apesar de seu saber e de seu gênio.[55]

Da mesma maneira que, neste particular, a monarquia se sobrepõe à república, as formas da civilidade moderna também são superiores às da civilidade antiga, o que se pode constatar pelos exemplos de histrionice, vaidade, licenciosidade etc. encontrados mesmo nos autores mais refinados da Grécia e de Roma.[56] Tem-se assim uma escala que possibilita a medida de refinamento das nações, que será um dos elementos antropológicos mais importantes

---

[55] *EMPL*, "Do surgimento e progresso das artes e ciências", pp. 96-7.

[56] *Idem*, p. 97.

para entender o "caráter" delas. Mas o padrão ideal de polidez tem de ser combinado às características de cada país. A antropologia kantiana aprendeu desde cedo a fazer uso do mesmo expediente, separando o caráter dos povos pela distinção entre o "belo" e o "sublime":

> Na minha opinião, entre os povos de nosso continente, os *italianos* e os *franceses* são aqueles que se distinguem pelo sentimento do *belo*; já os *alemães*, os *ingleses* e os *espanhóis*, pelo sentimento do *sublime*.[57]

Partindo da distinção de Burke entre belo e sublime, Kant nota que a escala tem pelo menos dois polos, e que os países "sublimes" não podem ser reduzidos, em sua diferença, aos países onde impera a "beleza". Existe uma disposição natural dos seres humanos e das nações que os faz tender para um lado ou para outro, assim como, embora haja um padrão do gosto para todos os homens, os jovens geralmente preferem a tragédia, e os velhos, a comédia.[58] Como tantas outras, essa ideia vem das *Reflexões críticas sobre a poesia e a pintura* de Dubos.[59] A irredutibilidade de uma inclinação a um padrão geral é minuciosamente comentada por Hume:

---

[57] *Observações*, A 81-82; trad., p. 67.

[58] *Antropologia*, A 263; trad., p. 161.

[59] Para Dubos, é inútil levantar a questão sobre a primazia do desenho ou do colorido na pintura. O "sentimento" de cada indivíduo faz que uns prefiram Ticiano e outros, Le Brun. O indivíduo que na infância preferia ler as fábulas de La Fontaine às tragédias de Racine, aos trinta anos preferirá as tragédias deste e, aos sessenta, as comédias de Molière. Condicionada pela idade e por diversas outras causas *físicas*, essa preferência, no entanto, não se confunde com causas *morais*, isto é, apesar da predileção final por Molière, jamais se deixará de apreciar o mérito de La Fontaine e de Racine (Jean-Baptiste Dubos, *Réflexions critiques*, seção 49, ed. cit., pp. 164-5). Essa diferença é fundamental para a distinção humiana entre gosto *físico* e gosto *moral* e ajuda a entender que possa haver, ao mesmo tempo e sem contradição, uma disparidade e um padrão regular do gosto. A mesma ideia é retomada por Kant no § 79 da *Antropologia pragmática* (trad. cit., p. 161).

A forma e o sentimento do mundo

A uma pessoa agrada mais o sublime; a outra, a ternura; a uma terceira, a zombaria. Uma tem forte sensibilidade aos defeitos e é extremamente ciosa da correção; outra tem mais sentimento para belezas, e perdoa vinte absurdos e defeitos para cada toque elevado ou patético. O ouvido deste homem está inteiramente voltado para concisão e energia; aquele se deleita com uma expressão copiosa, rica e harmoniosa. Uns afetam simplicidade; outros, o ornamento. Comédia, tragédia, sátira e ode têm, cada uma delas, os seus partidários, que preferem uma espécie de escrita a todas as outras. É claramente erro que um crítico restrinja sua aprovação a uma espécie ou estilo de escrita e condene todos os demais. É, todavia, quase impossível não sentir uma predileção pelo que se ajusta à nossa inclinação e disposição particulares. Essas preferências são inocentes e inevitáveis, e não seria razoável transformá-las em objeto de disputa, porque não há padrão pelo qual possam ser decididas.[60]

Existem certas *circunstâncias* atinentes à natureza de cada um que impedem uma universalização incondicional dos juízos de gosto, mas que são, por isso mesmo, fundamentais para a compreensão das diferenças *antropológicas* entre os indivíduos. Exatamente o mesmo se dá com o caráter das nações. Não se devem aplicar as mesmas regras de polidez a um suíço, a um inglês e a um francês:

> Um dado grau de luxo pode ser nocivo e pernicioso num nativo da Suíça e, ao mesmo tempo, promover as artes e encorajar a diligência num francês ou inglês. Não devemos, portanto, esperar encontrar em Berna os mesmos sentimentos ou as mesmas leis que vigoram em Londres ou Paris.[61]

---

[60] *EMPL*, "Do padrão do gosto", pp. 189-90.

[61] *EPM*, p. 337; trad., p. 431.

O ensaio e a arte de conversar

É por isso que nem sempre a importação de modas ou modelos dá certo, como aconteceu com a arte grega em Roma e a arte italiana na Inglaterra. O que não significa que as artes e ciências, embora tendo geralmente Estados livres por berço, não possam ser transplantadas para qualquer governo, pois, como já foi mostrado, uma república "é mais favorável ao desenvolvimento das ciências", enquanto uma "monarquia civilizada favorece mais as artes polidas".[62] E a vizinhança também pode ser fonte de emulação:

> [...] nada é mais favorável ao surgimento da polidez e das letras do que a vizinhança de numerosos Estados independentes conectados pelo comércio e pela política. A emulação que naturalmente surge entre Estados vizinhos é fonte óbvia de aprimoramento.[63]

Os venezianos, por exemplo, constituem exceção à regra de que as repúblicas europeias atuais primam pela falta de polidez. A proximidade de Veneza com os outros Estados italianos já é o bastante para "civilizar suas maneiras".[64] A emulação por proximidade é também o que dá polimento e correção ao teatro francês e ao teatro inglês:

> Os ingleses se aperceberam da escandalosa licenciosidade de seu teatro pelo exemplo da decência e moral fran-

---

[62] *EMPL*, "Do surgimento e progresso das artes e ciências", p. 93. É de notar que as formas de governo não são causa do surgimento ou desenvolvimento, mas apenas mais ou menos "favoráveis" (*favourable*) a eles. A expressão não deixa de evocar o *Gunst* de Kant, que segundo ele exprime a única maneira de conceber a relação de *favorecimento* da natureza com o gênio artístico ou poético.

[63] *Idem*, p. 89 (grifo nosso). A vizinhança não é só estimulante, como também ajuda a refrear os abusos da autoridade: "Mas aquilo em que eu gostaria principalmente de insistir é que tais territórios limítrofes põem freio ao *poder* e à *autoridade*" (*idem, ibidem*).

[64] *Idem*, p. 97.

cesa. Os franceses estão convencidos de que seu teatro se tornou efeminado pelo excesso de amor e galanteio, e começam a aprovar o gosto mais másculo de algumas nações vizinhas.[65]

Os franceses são os mestres da *biénseance*, do decoro, e é isso que dá aos ingleses a compreensão da licenciosidade de seu próprio teatro. Mas os franceses têm uma inclinação excessiva ao amor e galanteio, o que torna seu gosto efeminado. O diálogo entre as artes e ciências de diferentes países é uma maneira eficaz de aprimorar os seus gostos e costumes.

Mesmo assim, não há dúvida de que aquilo que está mais próximo no tempo e no espaço, que é mais familiar, também é mais forte e agrada mais imediatamente. Causa estranheza, por exemplo, ao público moderno que uma princesa como Nausícaa tenha de buscar água numa fonte ou que um herói como Pátroclo seja obrigado a preparar o próprio alimento,[66] e por essa mesma razão é mais difícil adaptar comédias ao público de outra época ou país. A *Andria* de Terêncio ou a *Clítia* de Maquiavel não agradam o público galante francês ou inglês porque, embora sejam as heroínas das respectivas peças, elas não aparecem aos espectadores, estão sempre retraídas nos bastidores "de acordo com o humor mais

---

[65] *Idem*, p. 122. Em suas *Reflexões sobre o saber dos antigos e dos modernos* (1694), William Wotton censura o teatro francês de dar espaço demais ao amor e ao galanteio, o que não ocorria entre os antigos. Dubos discute a opinião na parte 1, seções 18 ss. das *Reflexões críticas*. Hume é mais radical, e seu classicismo é temperado pelas vantagens nele introduzidas pelo refinamento moderno, "francês". Ele afirma que, "caso se conceda que os tempos modernos são superiores em polidez", a causa "desse refinamento deverá ser provavelmente atribuída às noções modernas de *galanteio*, produto natural de cortes e monarquias. Ninguém nega que essa invenção seja moderna. Alguns dos mais zelosos partidários dos antigos afirmam, porém, que ela seria rebuscada e ridícula, e mais um desabono que um crédito para a época presente" (*idem*, p. 100).

[66] *EMPL*, "Do padrão do gosto", p. 190.

O ensaio e a arte de conversar

reservado dos gregos antigos e dos italianos modernos".[67] Hume adota tanto a ideia de decoro "interno" (adequação das ações e falas das personagens a seu caráter e situação),[68] como a do decoro "externo", isto é, de que a encenação deve ser inteiramente adequada ao público presente.[69] O decoro externo, no entanto, não é uma regra absoluta. Diferentemente do que ocorre com uma "audiência comum", o "homem de instrução e reflexão" é capaz de entender costumes peculiares, pois pode "se despir de suas ideias e sentimentos usuais" e apreciar retratos que não se assemelham àqueles com que está familiarizado.[70] A possibilidade do homem instruído de se colocar no lugar do outro e de se considerar um "homem em geral" (*man in general*), tão fundamental para a compreensão do "espectador" na moral de Hume e de Adam Smith, também é decisiva na discussão sobre a eloquência e sobre o padrão do gosto: figuras antípodas do egoísta, o homem de gosto e o verdadeiro crítico são capazes de se esquecer de si mesmos e condescender (*comply*) com o que é diferente.[71]

Esse deslocamento que busca a posição ideal para contemplar uma obra (a posição do público a que foi originalmente destinada) não significa um relativismo ou ceticismo em matéria de gosto. Existem "princípios gerais de aprovação e censura" que, se as condições são adequadas e as circunstâncias favorecem, valem para todos, e tais princípios estão exemplarmente tipificados nas obras

---

[67] *Idem, ibidem.*

[68] "As personagens introduzidas na tragédia e na poesia épica devem ser representadas raciocinando, pensando, concluindo e agindo de acordo com seu caráter e situação..." (*idem*, p. 185).

[69] Sobre a distinção "bienséance interne" e "externe" estabelecida por René Bray, há uma curta, mas excelente nota de Guy Riegert na introdução à *Arte poética* de Boileau (Paris, Larousse, 1972, pp. 13-4). A fonte da noção de decoro é, como se sabe, novamente Horácio, *Ars poetica*, 153-78.

[70] *EMPL*, "Do padrão do gosto", p. 190.

[71] *Idem*, p. 184. Para a compreensão dessas questões na moral humiana, ver o trabalho esclarecedor de Maria Isabel Limongi sobre "O ponto de vista do espectador em Hutcheson e Hume", *in*: Peres, D. T. (org.) *Justiça, virtude e democracia*, Salvador, Quarteto, 2006, pp. 211-26.

que sobrevivem às mudanças temporais ou locais. O grau de aprovação recebido por essas obras é, inclusive, muito maior do que o conhecido pela maioria das filosofias:

> Platão, Aristóteles, Epicuro e Descartes se sucederam uns aos outros; Terêncio e Vergílio mantêm, no entanto, um império universal e incontestável sobre a mente dos homens. A filosofia abstrata de Cícero perdeu seu crédito: a veemência de sua oratória ainda é objeto de nossa admiração.[72]

O ESTILO DOS ENSAIOS

Como parece ter ficado claro, embora as diferenças *antropológicas* e *políticas* devam ser respeitadas — cada indivíduo, cada país tem um gosto que condiz melhor com sua índole —, em momento algum isso significa renúncia aos princípios *estéticos* do gosto clássico e à crença na superioridade do classicismo francês. Saber contemplar as diferenças político-antropológicas, a despeito da sua severidade estética, constitui, aliás, uma das proezas do autor. Os excessos que ele observa no teatro francês (causados pelo galanteio amoroso), de modo algum invalidam o seu apreço por ele. Que os franceses tenham brilhado na filosofia, na poesia, na oratória, na história, nas artes plásticas e no teatro,[73] é, de resto, sintomático de um fenômeno talvez mais importante, o de que a nação toda foi como que perpassada por uma inspiração peculiar, que lhe deu um "gênio próprio". Esse gênio atente pelo nome de *sociabilidade*. Tanto ou mais que haver se destacado nas ciências e nas artes, o que diferencia o caráter nacional francês é ter sabido fazer da vida uma *arte*. Foram os franceses que "em grande medida aperfeiçoaram" aquela que é "*a mais útil e agradável das*

---

[72] *Idem*, p. 187.

[73] *EMPL*, "Da liberdade civil", p. 64.

O ensaio e a arte de conversar

artes" — a "arte de viver" (*l'art de vivre*).[74] Em que consistiria essa arte? Ela é uma arte da sociabilidade, do saber conviver e conversar, que agrada (*pleases*) pela "deferência ou civilidade", que leva os indivíduos a frear suas presunções e egoísmos para mútuo benefício de si e dos amigos.[75]

A superioridade do modelo francês aparece, portanto, em dois momentos, o classicismo e as "artes do convívio" ou "conversação" (*arts of conversation*).[76] A combinação desses dois momentos será determinante para a concepção de *estilo* presente tanto nos *Ensaios* como nas *Investigações* de Hume. A *Investigação sobre o entendimento humano* se inicia com a ideia de que, para chegar a uma filosofia mais justa, é preciso unir a filosofia abstrata à filosofia simples e acessível, fundindo o útil e o agradável, a ciência e a arte, o *anatomista* e o *pintor*. O caráter mais perfeito (*the most perfect character*) do ser humano que as duas *Investigações* devem anatomizar e pintar não é o de um "filósofo puro", nem o de um homem ignorante, mas se situa entre os extremos

---

[74] *Idem, ibidem* (grifo nosso).

[75] *Idem*, p. 96.

[76] Contrariamente à visão de Taine, a "unidade de estilo e de gosto" do classicismo francês não é uma imposição da monarquia e aristocracia francesas, mas fruto da camada cultivada da sociedade, constituída principalmente pela confluência da nobreza de robe e da burguesia, como mostra Erich Auerbach no seu ensaio "La cour et la ville". É da união da *cour* (cujas "diretrizes" estéticas são dadas pelos salões, a começar pelo de Madame Rambouillet) e da *ville* (principalmente os burgueses frequentadores da "plateia" — *parterre* — dos teatros) que teria se formado o "público" na acepção moderna da palavra. O ensaio de Auerbach mostra como teria surgido a "unidade de sentimento" existente em torno da tragédia clássica francesa — personagens altamente estilizadas, sublimes, sem nenhum ponto de contato com a vida comum, uma *biénseance* vazia: o ideal cultural e estético do classicismo tem sua origem numa nobreza que já não desempenha nenhum papel na sociedade, a não ser como *entourage* do rei, e numa burguesia que quer adotar o mesmo estilo de vida e "repudia" sua função inicial de "classe produtiva"(*Ensaios de literatura ocidental*, Tradução de Samuel Titan Jr. e José Marcos Mariani de Macedo, São Paulo, Duas Cidades/Editora 34, 2007). É interessante assinalar como a "sociologia" humana também descreve a sociedade francesa em termos de aversão ao ideal de produtividade e lucro.

desses dois: tal caráter perfeito deve exibir "aptidão e gosto tanto pelos livros quanto pela convivência social e pelos negócios, revelando, na conversação, o discernimento e a delicadeza que brotam da familiaridade com as belas-letras e, nos negócios, a integridade e exatidão que são o resultado natural de uma filosofia justa [*a just philosophy*]".[77] Assim, as *Investigações* são concebidas como um veículo de divulgação para a formação de indivíduos capazes de combinar em si as virtudes úteis às agradáveis, combinação em que se sabe dar o devido valor ao pensamento filosófico, sem rejeitar as diversões e os negócios. E, por isso, elas têm de estar à altura desse caráter:

> Para difundir e cultivar um caráter assim excelente [*so accomplished a character*], nada pode ser mais adequado do que obras em gênero e estilo acessíveis [*ease style and manner*], que não se afastem demasiado da vida, que não exijam excessiva concentração ou retraimento para ser compreendidas e que devolvam o estudante ao convívio dos homens, cheio de sentimentos generosos e munido de sábios preceitos aplicáveis a todas as exigências da vida. Por meio dessas obras, a virtude se torna afável [*amiable*], a ciência, agradável [*agreeable*], a companhia, instrutiva, e a própria solidão, aprazível [*entertaining*].[78]

Os *Ensaios*, por sua vez, são descritos como uma forma de proporcionar experiência do mundo aos homens de letras, assim como levar entretenimento consistente e refinado ao público. Seu objetivo é estabelecer uma "liga do mundo letrado com o mundo do convívio social" para "o mútuo benefício de ambos".[79] Desse ponto de vista, as diferenças entre ensaio e investigação não chegam a ser relevantes, lembrando que, na primeira edição, a *Investigação sobre o entendimento humano* tinha por título *Ensaios*

---

[77] *EHU*, p. 8; trad., p. 22.

[78] *Idem, ibidem.*

[79] *EMPL*, "Da arte de escrever ensaio", pp. 222-3.

filosóficos acerca do entendimento humano.[80] Aliás, uma das explicações para que alguns dos ensaios tenham sido suprimidos por Hume nas edições subsequentes da obra é que o tema de alguns deles ressurge nas duas *Investigações*. Assim, por exemplo, a relação entre o mundo das letras e o mundo da sociabilidade reaparece sob a forma da relação entre filosofia abstrata e filosofia simples na primeira *Investigação*, e tópicos como a condição da mulher, o matrimônio, o caráter nacional, o estudo da história, são reunidos na última seção da *Investigação sobre os princípios da moral*, intitulada "Diálogo". Comparando o tratamento dado aos mesmos temas nos *Ensaios* e nas *Investigações*, o que se percebe é uma maior circunspecção por parte do autor (patente no maior cuidado com trata a questão do galanteio), circunspecção esta que se faz notar também na maneira de escrever. A principal razão apontada por Hume para a supressão de vários ensaios é de ordem *estilística*. Conforme ele mesmo aponta, os ensaios haviam sido inicialmente concebidos como publicação de intervenção, imitando o estilo e o caráter dos periódicos *Spectator*, editados por Addison e Steele, e *Craftsman*, de Bolingbroke, e serviriam como uma espécie de "teste" (*trial*) à capacidade e ao talento do autor, que apresentaria essas "bagatelas" (*trifles*) ao julgamento do leitor antes de se aventurar em "composições mais sérias". Há, porém, outra diferença a ser considerada. Ensaios não apresentam necessariamente "conexão" (*connexion*) entre si, "mas cada um deles tem de ser considerado como uma obra à parte". E essa comodidade (*ease*) é igualmente propícia ao ensaísta e ao seu leitor, porque os liberta "do esforço fatigante" de se concentrar e prestar atenção.[81]

---

[80] Existe uma reprodução fotomecânica da edição de 1748, publicada pela editora Georg Olms (Hildesheim, 1986). Como se pode verificar consultando essa edição, cada seção da *Investigação* recebe o nome de "ensaio". A diferença mais significativa e importante entre os textos está na seção 3 "Da associação de ideias", que será comentada a seguir.

[81] Nota de Hume à primeira edição dos *Ensaios morais e políticos*, editada em 1741 (*apud* Mark A. Box, *The suasive Art of David Hume*, Princeton, Princeton University Press, 1990, p. 113).

Essa menor concentração é justamente o que possibilita uma das principais virtudes do gênero, a *variedade*. O ensaio reflete um fluxo discursivo mais cômodo e condizente com as faculdades humanas, cuja natureza repele o espírito monotemático, as elucubrações detidas e extenuantes sobre um assunto só. Como numa conversa entre amigos, o ensaio não obedece aos imperativos da razão, e quando o entendimento não é capaz de dissipar obscuridades e dúvidas, a natureza faz com que se mude de assunto. Na forma do ensaio, a filosofia se torna um exercício *divertido*, isto é (guardando também seu sentido etimológico), diverso, variado, diversificado.

Variedade, porém, não significa completa dispersão. Uma obra sem unidade seria uma contradição e mais pareceria com a desvairada tagarelice (*ravings*) de um louco. Mas como entender a unidade do ensaio? Em conformidade com o gosto clássico de Hume, o terceiro ensaio filosófico sobre o entendimento humano (que trata da associação de ideias) recorre a ninguém menos que Aristóteles para mostrar o que seria a unidade de uma obra literária. Epopeia, tragédia e comédia (esta última num grau menor) têm de possuir aquilo que desde o Estagirita se chama "unidade de ação".[82] O texto faz, contudo, uma advertência, dizendo que os críticos propalaram em vão a regra da unidade de ação, pois não "guiaram seu gosto ou sentimento pela exatidão da filosofia". Contradizendo expressamente o oitavo capítulo da *Poética* de Aristóteles, o texto afirma que essa unidade pode ser dada pelo herói ou protagonista.[83] A unidade não é dada pela *ação*, mas pela *vida*. A argumentação, porém, vai adiante: o que os críticos não perceberam, incluindo o próprio Aristóteles, é que a unidade pode ser mais sutil do que se imagina. E, aliás, toda a fineza do crítico e do leitor residirá simplesmente em poder captar a unidade nem sempre perceptível de uma obra literária. O problema da unidade orgânica

---

[82] Hume, D., *Philosophical Essays Concerning Human Understanding*, ed. cit., p. 34. A comédia inglesa jamais observa estritamente a unidade de ação. Ver *op. cit.*, p. 41.

[83] *Idem*, p. 36.

da *Ilíada*, que deu tanta dor de cabeça aos críticos, talvez possa ser solucionado caso se admita que a cólera de Aquiles, causadora da morte de Heitor, *não é a mesma* que produz tantos males aos gregos, embora exista uma "forte conexão entre esses dois momentos" e uma "rápida transição entre um e outro". A sensibilidade do leitor e do crítico é, assim, desafiada a encontrar o fio ou o conjunto de fios associativos que ligam um momento a outro e constituem a trama da obra. Em suma, com frequência se descobre que a unidade está num assunto, tópico ou tema (*subject*), último lugar em que "esperaríamos encontrá-la".[84]

Embora aceite a visão aristotélica da obra de arte, Hume faz da unidade orgânica de Aristóteles um princípio mecânico, associativo. O escritor obedece a um "plano" geral que dá unidade a sua obra, e esse plano será tanto mais bem executado quanto menos forçada ou abrupta a passagem entre seus diversos momentos, favorecendo a fácil transição entre as impressões, paixões e ideias. Ou seja, o contorno do desenho deve favorecer a imaginação do leitor, sem ao mesmo tempo dar demais na vista. Além disso, o plano se torna mais ou menos nítido ou difuso, porque deve respeitar o *gênero literário* em questão. Se nos gêneros clássicos o desenho deve ser um pouco mais nítido, na ode, por sua vez, ocorre o contrário. O poeta que compõe uma ode é "arremessado" fora do seu plano "pela veemência do pensamento". Na epístola e no ensaio, o escritor também procede de uma maneira peculiar, pois deve somente "sugerir" o plano "de modo negligente" (*drop it carelesly*), agindo quase como se não houvesse um.[85] Ora, essa armação mais elástica, menos definida, do ensaio — e da correspondência epistolar — não é também fundamental para a própria compreensão hermenêutica dos ensaios (no plural)? Embora cada um deles seja uma obra à parte, não haverá um elo associativo entre eles, em conformidade com os princípios da ciência da natureza humana? Mas onde estaria esse laço de união do conjunto dos ensaios?

---

[84] *Idem*, p. 43.

[85] *Idem*, p. 34.

O princípio "unificador" em *Essays, Moral, Political and Literary* poderia estar naquele papel que Hume pretende desempenhar como "embaixador das letras no mundo do convívio social".[86] O problema é que essa *persona* desaparece já na segunda edição, de 1742. Ainda restam, é certo, alguns vestígios dele no caráter do ser humano "perfeito" das *Investigações*: assim como era preciso evitar que o galanteio descambasse em libertinagem, assim também o *gentleman* filósofo pareceu *frívolo* demais ao autor e, por isso, era preciso enfatizar o lado *sério* de seu caráter. Hume, com efeito, parece ter se dado conta do risco de que o embaixador das letras pudesse passar por um indivíduo fútil, e, sem dúvida, suas suspeitas eram fundadas. Num fragmento póstumo, Edmund Burke fez uma caricatura magistral do "perfeito cavalheiro" (*perfect gentleman*):

> Ser libertino em suas práticas e opiniões é outro componente de seu caráter [*character*], mas ele não é um debochado; ele só o é tanto quanto necessário para fazer de si inteiramente um homem do mundo. Ser escrupuloso em matéria de galanteio, não é com ele. A maior liberdade quando age, e a maior decência quando discursa, é o que constitui o seu caráter nessa matéria. Bebida é um vício que abomina, mas luxo à mesa é algo de que não se envergonha. Pode ser acusado de jogar em excesso, mas a grande moderação que preserva sempre que perde é uma de suas notáveis qualidades.[87]

O receio de parecer fútil acabou levando à eliminação de alguns ensaios, descritos por ele como "más imitações das ninharias agradáveis de Addison". Eles foram suprimidos por razões morais,

---

[86] *EMPL*, "Da arte de escrever ensaio", p. 223.

[87] Edmund Burke, "Perfil de um cavalheiro refinado" (*The Character of a Fine Gentleman*), em *A Note-Book of Edmund Burke* (edição de H. V. F. Somerset, Cambridge, Cambridge University Press, 1957, p. 106). Sem poder afirmar categoricamente se foi intencional ou não da parte de Burke, é possível perceber nesse perfil alguns traços do próprio Hume.

O ensaio e a arte de conversar

sempre indissociavelmente ligadas às razões estéticas em Hume: eles eram "frívolos" e "cínicos" e "não podiam proporcionar nem prazer, nem instrução".[88]

ENSAIO E CONVERSA

O juízo de Hume a respeito dos próprios ensaios se explica tanto pelo debate sobre o galanteio, quanto pelo seu apuro estilístico, que o leva a revisar incontáveis vezes os seus textos. É pena, no entanto, que sua severidade o tenha levado às vezes a cortar algumas passagens muito significativas, como o longo trecho há pouco comentado dos *Ensaios filosóficos acerca do entendimento humano*, que usa as leis de associação para explicar os princípios da crítica.

Desse longo desenvolvimento, a terceira seção da *Investigação sobre o entendimento humano* só reteve os três parágrafos iniciais, que, no entanto, conservam uma preciosa indicação sobre o que o autor entende por "unidade" de uma composição. Ela diz o seguinte:

> Mesmo em nossos devaneios mais desenfreados e errantes — e não somente neles, mas até em nossos próprios sonhos —, descobriremos, se refletirmos, que a imaginação não correu inteiramente à solta, mas houve uma ligação entre as diferentes ideias que se sucederam umas às outras. Se a mais solta e livre das conversas fosse transcrita, observar-se-ia imediatamente algo que a conectava em todas as suas transições. Ou, se isso não fosse possível, a pessoa que rompeu o fio da discussão poderia ainda nos informar que uma sucessão de pensamentos agitara secretamente sua mente, levando-a aos poucos a se afastar do tema da conversa.[89]

---

[88] Carta de 7 de fevereiro de 1771 (*apud* Mark A. Box, *op. cit.*, p. 124).

[89] *EHU*, p. 23; trad., p. 41.

A imaginação não corre absolutamente solta nem mesmo em sonhos e devaneios, e a transcrição de uma conversa permite verificar a existência de um fio de continuidade no discurso. Sempre existe um elo, mesmo quando há mudança de tema. Ora, deslocando um pouco o contexto da afirmação, pode-se pensar que essa observação abre uma perspectiva interessante para a compreensão do modo pelo qual se dá a articulação do ensaio, já que este de certo modo nada mais é que uma *forma de escrever ou transcrever uma conversa*. O ensaio é o que se pode chamar de uma *conversa escrita ou transcrita*. Ele é um gênero que tem a conversa por modelo, não só porque busca uma forma de comunicação semelhante, mas também porque esse modo de transmitir ideias permite que se vejam os elos naturais, já que é uma forma "objetivada" do fluxo associativo, na qual se dão a perceber conexões de pensamentos que permaneceriam ocultas, por exemplo, para um filósofo solitariamente entretido consigo mesmo. O ensaio deve tentar se valer de meios estéticos análogos ao da conversa, transcrevendo o transcurso natural do discurso. O seu desenvolvimento deve ser mais negligente e solto, ao mesmo tempo agradável e instrutivo, porque a coesão dada por seu princípio articulador deve ser fácil, ainda que não imediatamente perceptível.[90]

Embora as utilize não tanto com fins literários, essas observações não escaparam mais uma vez ao olhar atento de Kant. Como em Hume, a conversa tem para o autor da *Antropologia pragmática* um cunho terapêutico, pois é uma *distração* que impede o esgotamento e renova as forças intelectuais. Mas ela só alcança esse efeito se é "abundante em temas diferentes", como um "jogo" (*Spiel*), em que, entretanto, não se pode ficar saltando de um as-

---

[90] Sobre essa unidade menos perceptível dos gêneros filosóficos no século XVIII, é preciso remeter o leitor aos estudos de Franklin de Mattos em seu livro *A cadeia secreta*. O autor lembra ali que essa metáfora ("cadeia secreta") "volta e meia aparece nos melhores escritores das Luzes" e "se aplica indistintamente à natureza, à linguagem, à literatura e até mesmo à arte da conversação" (São Paulo, Cosac Naify, 2004, p. 13). Embora o objeto privilegiado dos estudos do autor sejam os escritores franceses, Hume obviamente não é omitido.

sunto a outro "contra a afinidade natural das ideias", pois isso poria a perder totalmente a "unidade da conversa" (*Einheit der Unterredung*).[91]

O ensaio mostra alguma semelhança com o diálogo — gênero que Hume manejou com igual maestria —, já que este também se apresenta como mimetização estilizada de uma conversa, mas dele se diferencia, uma vez que a presença do interlocutor (ou interlocutores) é *latente*. O interlocutor só aparece como pressuposição constante na figura do leitor e só entra efetivamente em cena quando o autor se endereça a ele (o que ocorre com alguma frequência nos *Ensaios*), mas ele mesmo não tem voz ativa no texto. Independentemente disso, o ensaio se quer uma conversa escrita, onde o leitor e o autor estão numa relação de "intimidade".[92] "Travar contato" ou "amizade" com o "caráter do autor" (*We enter into acquaintance with the character of the author*) é o aspecto fundamental que a *História da Inglaterra* destaca na obra de William Temple, escritor cujo estilo Hume achava "agradável e interessante". Ao ler Temple, "imaginamos que estamos empenhados, não em ler atentamente um livro, mas em conversar com um companheiro".[93] Na mesma época, esse ideal de intimidade é expresso de maneira lapidar por Madame du Deffand: "Não gosto de imaginar que um autor esteja escrevendo um livro. Gosto de imaginar que esteja falando comigo...".[94]

É certo que essa intimidade não se conquista de maneira espontânea, mas depende do trabalho e da habilidade do escritor, que precisa saber evitar se colocar em posição de superioridade em relação ao leitor. O ensaísta não pode ser um escritor *didático*, nem

---

[91] *Antropologia*, A 207; trad., p. 105.

[92] "Sense of Intimacy", diz Mark A. Box (*op. cit.*, p. 94)

[93] *História da Inglaterra*, ed. cit., v. VI, p. 544. Sobre os ensaios de Temple e o ensaísmo na Grã-Bretanha, cf. Luciano Anceschi, "Addison e il saggismo inglese dei secoli XVII e XVIII", em *Da Bacone a Kant* (Bolonha, Il Mulino, 1972).

[94] *Apud* Adam Potkay, *The Fate of Eloquence in the Age of Hume* (Ithaca/Londres, Cornell University Press, 1994, p. 103).

um *orador*, que lança mão do patético e do sublime para *comover* e *arrastar* os ouvintes; tampouco alguém que é ou quer se mostrar *espirituoso*, dado a tiradas sarcásticas, jogos de palavras ou epigramas. Sua escrita deve ser a mais simples e direta, desprovida de figuras de linguagem ou de ambiguidades, conforme manda o figurino neoclássico. No caso dos autores escoceses, esse ideal de transparência ou *perspicuidade* da linguagem (segundo o termo técnico dos tratados de retórica)[95] era alcançado a duras penas, uma vez que tinham de desbastar os seus escritos das "impurezas" e "torções" do dialeto falado na Escócia. Isso explica por que Hume não se cansava de polir e lustrar as suas obras: ele não se dirigia apenas à gente que conhecia o seu dialeto natal, mas também e principalmente ao público cultivado — aos *gentlemen* e *ladies* — da Grã-Bretanha e, indiretamente, da Europa.

O "demorado trabalho da lima dos poetas" — o *limae labor* horaciano[96] — serve para aplainar as rebarbas garantindo a *uniformidade da dicção*. Este é, sem dúvida, o aspecto estilístico mais notável dos ensaios, com o qual se tenta fazer jus a uma polidez característica da gente cultivada da Grã-Bretanha. Diferentemente dos franceses (que, entre outras coisas, têm um fraco pelas estocadas, trocadilhos e tiradas de espírito), os *gentlemen* têm uma maneira constante de agir e não se destacam por nenhum gesto de civilidade em particular:

> Um fino cavalheiro inglês se distingue do resto do mundo mais pelo modo geral de lidar com os outros, do que por alguma parte dele; de maneira que, embora você perceba que ele sobressai, você não sabe dizer em quê, e não é capaz de destacar gestos notáveis de civilidade ou de respeito como prova de sua polidez. Ele suaviza de tal modo

---

[95] É com a "perspicuity of stile" que Adam Smith, por exemplo, abre suas *Lectures on Rhetoric and Belles Lettres* (Indianapolis, Liberty Fund, 1985, p. 3). Sobre a *perspicuitas* em Quintiliano (VIII, ii, 22) e a *saphès lexis* em Aristóteles (*Retórica* III, ii, i), cf. as observações do editor J. C. Bryce, pp. 14-5.

[96] *Arte poética*, 291; trad. cit., p. 96.

O ensaio e a arte de conversar

esses gestos, que eles passam por ações comuns da vida e você nunca se vê em apuros para exprimir sua gratidão por eles. A polidez inglesa é sempre maior, onde menos aparece.[97]

Os gestos de civilidade devem ser suavizados a fim de passar por ações comuns: o máximo da polidez é fazer desaparecer os sinais exteriores pelos quais ela se mostra, de modo que quem a receba sinta somente o prazer de recebê-la sem se sentir constrangido a retribuí-la.[98] E é assim que o *gentleman* prima mais pela discrição geral de seu comportamento do que por algum traço de civilidade particularmente notável.[99] Ele mantém um temperamento constante, jamais perde o humor.

O espírito geral da *conversation* britânica dá a chave de explicação da *unidade* dos ensaios, de que se falava há pouco. Como no convívio com um *gentleman* ou com uma *lady*, o leitor deve

---

[97] O texto merece ser citado no original: "An English fine Gentleman distinguishes himself from the rest of the World, by the whole Tenour of his Conversation, more than by any particular part of it; so that tho' you are sensible he excells, you are at loss to tell in what, & have no remarkable Civilities & Complements to pitch on as a proof of his Politeness. These he so smooths over that they pass for the common Actions of Life, & never put you to trouble of returning thanks for them. The English Politeness is alwise greatest, where it appers least" (David Hume, Carta I: 20, *apud* Mark A. Box, *op. cit.*, p. 143).

[98] O princípio de que os benefícios não devem constranger e só agradam se podem ser retribuídos vem de Tácito (*Anais*, IV, 18). Ele é retomado por Montaigne (*EMPL*, III, 8, "De l'art de conférer") e no fragmento sobre os dois infinitos de Pascal (Brunschvicg, 72, Lafuma, 199).

[99] Isso não contradiz a famosa observação humiana de que "a grande liberdade e independência de que todos gozam" na Grã-Bretanha permite a cada um "exibir os modos que lhe são peculiares. Daí os ingleses serem, de todos os povos no universo, os que menos têm um caráter nacional; a menos que essa própria singularidade possa passar por tal" (*EMPL*, "Dos caracteres nacionais", p. 207). Ao contrário do comum dos ingleses, o *gentleman* não quer primar por sua excentricidade e singularidade. Comentando essas linhas na *Antropologia*, Kant discorda delas, dizendo que a busca de singularidade dos ingleses não passa de "orgulhosa *grosseria*" (A 311; trad., p. 206).

sentir a elegância e a delicadeza da conversa escrita, sem que saiba dizer exatamente em que reside a sua excelência. Porque, na verdade, ela deve estar menos em qualidades particulares do que no *teor* ou *tom* geral da obra. Desloca-se, com isso, a própria ideia de unidade da composição literária: a unidade não se dá pela "ação completa" de Aristóteles, mas é uma unidade difusa, imperceptível à primeira vista,[100] uma *unidade de estilo* que deve espelhar a *polidez* de um *gentleman* ou de uma *lady*. A unidade estilística ajudará talvez a compreender também o estilo humiano de fazer filosofia.

Em busca da simplicidade

Encontrar a impostação natural da conversa requer trabalho árduo de polimento do estilo e eliminação das aparas que discrepam da tonalidade geral do discurso. É assim que devem ficar totalmente de fora o patético e o sublime, traços já quase extemporâneos no linguajar dos homens modernos, estando reservados apenas à oratória política. Ou já quase nem a esta. Quando Hume afirma, contra a fria eloquência "ática" dos modernos, que a arte oratória destes é "bom-senso enunciado em expressão apropriada",[101] essa condenação é também a constatação um pouco nostálgica de que já não dá para ser de outra forma, uma vez que a eloquência vigorosa, asiática, seria imprópria a um público e a uma crítica que fazem questão de alardear a sua sensatez.[102]

---

[100] Se as obras não são peças dramáticas, isto é, se não contêm uma ação, advertia já Dubos, "é preciso que haja uma ordem, ou sensível ou oculta [*sensible ou caché*], e que as ideias sejam dispostas de maneira que as concebamos sem esforço e que possamos até reter a substância da obra e o progresso do raciocínio" (ed. cit., p. 90).

[101] *EMPL*, "Da eloquência", p. 76.

[102] Adam Potkay (*op. cit.*) mostra que o ensaio de Hume sobre a eloquência pode ser lido como uma disputa entre a adoção da polidez moderna e a reivindicação dos direitos da eloquência antiga, isto é, um "debate em que a polidez vai ganhando a supremacia, embora jamais de maneira conclusiva"

E não poderia ser de outra forma. É sabido que, desde muito cedo, o bom-senso cartesiano acaba por se associar ao bom gosto.[103] Na *Arte poética*, Boileau já afirmava que o "ardor insensato" deve ser controlado pelo "senso correto" (*droit sens*), que ele identifica ao bom-senso (*bon sens*) e à razão (*raison*).[104] Uma anedota relatada por Dubos pôde ser entendida no sentido de que o bom gosto, assim como o bom-senso, era a coisa mais bem repartida do mundo. Segundo essa anedota, Malherbe e Molière punham as ajudantes de cozinha entre as pessoas às quais liam seus versos para sentirem se "esses versos pegavam" (*si ces vers prenoient*). Mesmo que não possam contribuir para a perfeição de uma obra, nem fundar "metodicamente" seus sentimentos, os leigos, que não conhecem as regras da arte, possuem ainda assim um juízo que é "justo e seguro".[105]

As pessoas mais simples guardam ainda o sentimento natural, uma justa medida do gosto — um "bom-senso estético" —, porque não foram corrompidas pelo excesso de refinamento das sociedades do luxo. Elas funcionam como uma espécie de contraprova do bom gosto. Addison também pensa dessa maneira, mas dá uma modulação diferente à ideia. Há escritores que buscam a "perfeição da simplicidade do pensamento" e aqueles que escrevem à "maneira gótica". Os primeiros "agradam todas as espécies de palato", enquanto os segundos só conseguem agradar os que foram formados no "gosto equivocado e artificial" de autores de epigramas. Homero, Virgílio ou Milton são uma leitura que dá prazer a "um

---

(p. 5). Segundo o autor, o ensaio teria conseguido captar de maneira tão crucial os ecos desse debate, que ele não hesita em chamar seu livro de "o destino da eloquência na época de Hume".

[103] Como diz, por exemplo, La Bruyère, "entre o bom-senso e o bom gosto, a diferença é da causa a seu efeito". Sobre a relação entre bom-senso e bom gosto, cf. Peter Jones, *Hume's Sentiments: Their Ciceronian and French Context* (Edimburgo, Edinburgh University Press, 1982, pp. 101 e 204).

[104] Nicolas Boileau, *L'Art poétique*, vv. 39-49. Organização de Guy Riegert. Paris, Larousse, s/d., p. 43.

[105] Jean-Baptiste Dubos, *Reflexões críticas sobre a poesia e a pintura*, parte II, seção 22, p. 279.

leitor de simples senso comum [*plain common sense*]", incapaz de "saborear ou compreender um epigrama de Marcial ou um poema de Cowley". A oposição é inequívoca e, até esse ponto, Addison nada acrescenta: o gosto simples, capaz de agradar ao bom-senso, é o gosto que se opõe ao gosto artificial dos epigramáticos. A novidade é que ele identifica a "perfeição da simplicidade" também em formas populares, como a velha canção de *Chevey Chase*, a "balada favorita da gente comum da Inglaterra", que era capaz de causar admiração a um Ben Jonson e a um Philip Sidney: "os mesmos quadros da natureza que a recomendam ao leitor mais ordinário também aparecerão belos ao leitor mais refinado".[106]

Hume guardará distância desse movimento de identificação do "simples" com o *common people*. Como bom discípulo da estética francesa, é certo que, para ele, o bom-senso (*good sense*) implica também o entendimento, o juízo sadio (*sound understanding, sound judgment*) e o bom gosto. O senso correto e justo do belo, ao mesmo tempo saudável e refinado, não se confunde, porém, com o sentimento do homem natural ou do vulgo.[107] Se as baladas populares podem não ser destituídas de harmonia ou de naturalidade,[108] as canções escocesas, no entanto, não podem ser comparadas à música italiana.[109] Embora seja um dos primeiros a defender a compreensão das diferenças antropológicas, étnicas etc., o filósofo escocês não abre mão de seu classicismo: do argumento addisoniano, ele conserva apenas o encarecimento do gosto simples e a censura à predileção pelas tiradas e epigramas.[110] Pode-se ob-

---

[106] Joseph Addison e Richard Steele, *The Spectator*, nº 70 (edição de G. Smith, Londres, Dent, 1967, v. 1, p. 215).

[107] Para utilizar as análises de Auerbach sobre o gosto no classicismo francês, pode-se dizer que o "juízo sadio e natural" não é para o "peuple". Hume pensa como Molière: "o *bon sens*, o *naturel* e o *bon goût* são características do *parterre* e da corte", isto é, da nobreza e burguesia cultivadas, embora esta última seja mais espontânea e menos refinada.

[108] *EMPL*, "Do padrão de gosto", p. 183.

[109] *Idem*, "O cético", pp. 130-1.

[110] Também já condenado como gosto do vulgo por Boileau em *L'Art poétique*, vv. 103-9 (ed. cit., p. 56).

servar, diz ele, que as obras que se leem com mais frequência, e que os homens de gosto sabem de cor, são obras que se recomendam pela simplicidade e não as que surpreendem pela agudeza do engenho. Elas se opõem às obras no estilo epigramático:

> Se o mérito da composição reside numa tirada de engenho, ela pode impressionar na primeira vez, mas, numa segunda leitura, a mente antecipa o pensamento e já não é afetada por ela. Quando leio um epigrama de Marcial, a primeira linha recorda o todo, e não tenho prazer em repetir para mim mesmo o que já sei. Mas cada linha, cada palavra em Catulo tem seu mérito, e sua leitura não me cansa nunca. É suficiente correr os olhos uma vez por Cowley, mas Parnel, após a décima quinta leitura, permanece tão fresco quanto da primeira.[111]

O texto paga seu tributo ao célebre argumento horaciano do *Ut pictura poesis*. A poesia é como a pintura: numa como noutra há obras que agradam de perto, e outras, somente vistas à distância. Estas querem ser vistas na obscuridade, e só agradam uma vez; aquelas não receiam o olhar penetrante do crítico e, vistas dez vezes, dez vezes agradarão.[112] As composições de gosto se comportam como verdadeiras *ladies*, que não fogem para a escuridão, que não temem a luz, pois são mulheres de comportamento recatado e discreto.[113] Elas conquistam o leitor pela modéstia e recato, não pela afetação e exibicionismo, que joga com a insinuação de algo que está além do que se vê. As obras de gosto não escondem nada, elas não têm nenhum atrativo, caso sejam *"despidas* da ele-

---

[111] *EMPL*, "Da simplicidade e do refinamento na arte de escrever", pp. 160-1.

[112] Horácio, *Arte poética*, 361-5; trad. cit., pp. 109-11.

[113] É interessante notar que a metáfora também é usada para descrever a filosofia abstrusa: ao contrário da filosofia fácil e sociável, a filosofia abstrusa "se esvai quando o filósofo deixa a sombra e vem à luz do dia" (*EHU*, p. 7).

gância de expressão e da harmonia dos versos que as *vestem*".[114] Como diz ainda o ensaio:

> Com livros se passa, além disso, o mesmo que com mulheres, nas quais certa sobriedade nos modos e nos trajes é mais atraente que todo aquele esplendor de cosméticos, ares afetados e vestidos, que pode deslumbrar o olhar, mas não conquista o afeto.[115]

Como traço de estilo, a modéstia feminina difere do coquetismo, justamente por permitir uma intimidade sem risco de quebra do decoro. E é exatamente assim que Hume define a virtude.[116] Como a virtude, a modéstia feminina não se impõe pelo brilho fugaz, mas pela possibilidade de um aprimoramento constante: não é como um livro que fascina de imediato, mas como um livro que se pode ler muitas vezes com satisfação. A fonte de deleite e instrução não é a tirada surpreendente, a novidade fugaz de um trocadilho a qualquer custo, mas um *hábito*, um contato habitual, repetido, com a simplicidade. Em seu sentido ético-moral, o simples é a promessa de um prazer reiterado e seguro, a possibilidade de substituição das paixões violentas por "paixões calmas", mais propícias ao desempenho de ações acertadas. Entretanto, o fortalecimento do sentimento moral não constitui a única virtude da simplicidade, pois esta também ajuda a melhorar a performance das faculdades de *conhecimento*.

---

[114] *EMPL*, "Da simplicidade e do refinamento na arte de escrever", p. 160 (grifo nosso).

[115] *Idem*, p. 161.

[116] "Mas quais verdades filosóficas poderiam ser mais vantajosas à sociedade do que as que aqui apresentamos, que representam a virtude com todos os seus mais genuínos e atraentes encantos e fazem-nos aproximar dela com desembaraço, familiaridade e afeto? Caem por terra as lúgubres roupagens com as quais muitos teólogos e alguns filósofos a cobriam, e o que surge à vista é apenas gentileza, humanidade, bondade, e até mesmo, a intervalos apropriados, divertimento, júbilo e alegria" (*EPM*, 279; trad., p. 360).

A poesia simples não só ajuda a substituir a delicadeza de paixão pela delicadeza do gosto, favorecendo as paixões calmas indispensáveis para que se tomem decisões corretas na vida comum, mas também coopera para o livre e pleno exercício da reflexão filosófica. O paralelismo que Hume estabelece entre literatura e filosofia é visível: assim como o excesso de refinamento provoca um enfraquecimento da força poética, assim também "reflexões refinadas demais" (*very fine reflections*) não têm nenhum poder filosófico de convencimento.[117] A obra poética não terá poder de cativar a imaginação, nem os argumentos filosóficos poderão conquistar adesão e crença. A causa, num caso e noutro, pode ser buscada no *Tratado da natureza humana*: o refinamento filosófico excessivo é sentido como um incômodo, uma *uneasiness*, porque um imenso esforço de pensamento (*effort of thought*) "perturba a operação de nossos sentimentos (*disturbs the operation of our sentiments*)"; da mesma maneira, na literatura, a "fadiga da imaginação [*straining of imagination*] impede o fluxo regular das paixões e sentimentos".[118] A continuação dessa passagem do livro I do *Tratado* traz uma exemplificação capital do parentesco da filosofia com a poesia:

> Um poeta trágico que representasse seus heróis como muito engenhosos e espirituosos [*very ingenious and witty*] em meio a seus infortúnios jamais conseguiria tocar as paixões. Assim como as emoções da alma impedem qualquer raciocínio e reflexão sutil, estas últimas ações da mente são igualmente prejudiciais às primeiras.[119]

Se a emoção excessiva atrapalha a reflexão, o raciocínio muito engenhoso esfria a emoção. Também os filósofos, assim como os heróis trágicos, não devem ter raciocínios muito sutis, se querem

---

[117] *THN*, I, VII, 1. p. 268; trad., p. 300.

[118] *Idem*, I, IV, I, p. 185; trad., pp. 218-9.

[119] *Idem, ibidem*.

agir sobre aquilo que unicamente importa: a crença ou força de convencimento. Tanto num caso como noutro, é preciso não sobrecarregar, nem constranger a mente, porque isso impede a ação das paixões ou a operação dos sentimentos. Kant dirá que as faculdades da mente devem estar num "jogo livre". Para Hume, o conforto e a facilidade (*easiness and facility*) com que a mente opera é, no caso da literatura, a maneira adequada de sentir o valor estético do objeto e, no caso da filosofia, o estado adequado para que o filósofo obtenha suas evidências e faça suas *descobertas*.

Estilo e invenção

Da mesma maneira que a tirada de espírito não introduz nada de poeticamente consistente e duradouro, a sutileza dos raciocínios não é capaz de introduzir uma ideia filosoficamente nova e importante. Mas, se não é pela argúcia ou engenhosidade de raciocínio, como é que ocorrem as descobertas na filosofia? No *Resumo do Tratado*, falando de si na terceira pessoa, Hume assinala que o autor mostra no livro "grandes pretensões" de ter feito "novas descobertas em filosofia", mas se há alguma que possa lhe dar o direito ao "tão glorioso nome" de inventor, esta é o "uso que faz do princípio de associação de ideias". Esse princípio "está presente em quase toda a sua filosofia". E não era para menos: "existe um laço ou união secreta entre certas ideias particulares", que leva a mente a reuni-las com mais frequência, já que o aparecimento de uma delas introduz uma ou várias outras. Isso pode ser notado nas mais diversas situações. Os exemplos de Hume já são conhecidos:

> É daí que surge aquilo que denominamos *apropos* num discurso; daí também o nexo num escrito, bem como o fio ou sequência do pensamento que os homens sempre observam, mesmo no mais solto *devaneio*.[120]

---

[120] David Hume, *Resumo de um livro recentemente publicado com o título de Tratado da natureza humana* (*THN*, pp. 661-2; trad., p. 699).

O ensaio e a arte de conversar

A associação de ideias está em toda parte, no devaneio, na conversa, na textura dos textos, mas ninguém descobriu o princípio de explicação da sua ligação "secreta". Ora, tal é a maneira peculiar de operação da heurística humiana: a invenção não deve buscar introduzir nada de extraordinário, pois isso só será fatigante e contraproducente, mas apenas tentar encontrar os princípios que explicam a lógica dos fatos costumeiros. Quando insistem na busca de ideias novas, os filósofos só interrompem o curso habitual das operações da mente, pondo a perder justamente o estado de espírito ou de sentimento apropriado para que se perceba a sua articulação. O procedimento correto, na verdade, é o inverso: é preciso saber deixar as ideias, paixões e sentimentos correrem "soltos" no seu fluxo habitual, observando as mudanças de "tema" (como se o filósofo estivesse reescrevendo a conversa que eles entabulam entre si), examinando-os sem a coação de um princípio já estipulado, para que se descubra a regra de conexão entre eles. O método demanda um passar-e-repassar das mesmas ideias, uma atenção constante à repetição e reiteração da experiência. Como assinalou agudamente Kames a respeito da crença,[121] a curiosidade de Hume se volta para aquilo que, embora inteiramente familiar, passa despercebido ao olhar comum dos homens e dos filósofos. Ele não procura a novidade, pois o que lhe interessa é a capacidade de fazer "distinções morais". E essa capacidade, quer se chame discernimento nas relações de ideias e matérias de fato, quer delicadeza de gosto ou de imaginação, se funda num mesmo tipo de "evidência", que não pode ser alcançada por raciocínio algum, mas apenas pela crença ou sentimento. Se é verdade que o discernimento filosófico é importante para compreender as operações que envolvem o gosto e a imaginação,[122] da mesma forma só pode haver discernimento das operações mentais num indivíduo que é capaz de *sentir* as sutis diferenças entre elas.

---

[121] Lord Kames, *Essays on the Principles of Morality and Natural Religion* (reprodução fac-similar da edição de 1751, Nova York, Garland, 1976, p. 221).

[122] *EMPL*, "Do padrão do gosto", p. 185.

Na calma de suas paixões, o filósofo deve ser capaz de ver ou sentir as coisas habituais de outra maneira. Curiosamente, Hume pôde encontrar numa descrição da fineza de estilo dada por Addison uma confirmação (ou a sugestão?) desse seu modo de encarar os problemas filosóficos. É o que se pode ver no ensaio sobre a simplicidade e o refinamento na arte de escrever:

> A arte de escrever com finura consiste, de acordo com o Sr. Addison, em sentimentos que são naturais sem serem óbvios. Não pode haver definição mais justa e mais concisa dessa arte.[123]

Caso se interesse em cotejar essa citação com o próprio texto de Addison no *Spectator*, o leitor não encontrará grandes diferenças: o ensaio se limita a substituir "belezas" e "graças" atribuídas ao *Paraíso perdido* de Milton por "sentimentos".[124] A distinção fundamental é preservada: escrever com fineza é exprimir belezas, graças ou sentimentos *naturais* que não são *óbvios*. Existe, portanto, uma *naturalidade* que implica uma evidência menos imediata que aquela a que os homens estão acostumados, e a que o próprio Hume não se cansa de remeter em seus textos. Por exemplo, a "feliz descoberta" de que as ideias sempre são precedidas por impressões, descoberta que põe fim a todas as controvérsias a respeito da origem das ideias,[125] é uma distinção que, embora filosófica, não encontrará dificuldade em ser aceita por ninguém. Ela é fácil e óbvia de ser constatada, não sendo preciso ter nem "discernimento apurado" (*nice discernment*), nem uma "cabeça metafísica" (*metaphysical head*)[126] para observá-la. Mas nem todas as distinções morais são dessa natureza. Os raciocínios sobre a probabilidade, por exemplo, parecerão "abstrusos" à maioria dos

---

[123] *Idem*, "Da simplicidade e do refinamento na arte de escrever", p. 157.

[124] *The Spectator*, n. 345, 5 de abril de 1712.

[125] *THN*, I, II, 3, p. 33; trad., p. 59.

[126] *EHU*, p. 18; trad., p. 34.

leitores não acostumados a reflexões profundas sobre as faculdades intelectuais da mente, que rejeitarão como "quimérico tudo que destoe das noções comumente aceitas e dos princípios mais fáceis e óbvios da filosofia".[127]

A ideia de uma "naturalidade não trivial" permite que se delineiem melhor quais seriam os limites não só entre o senso comum e a filosofia, mas também, dentro da própria filosofia, a distinção entre "filosofia fácil e óbvia" (*easy and obvious philosophy*) e "filosofia exata e abstrusa" (*accurate and abstruse philosophy*).[128] Essa questão não parece sem relevância para uma filosofia que se quer uma "ciência da natureza humana". Noutras palavras: qual é a extensão do passo que se pode dar para sair do óbvio e alcançar o "natural" nos raciocínios e distinções morais? E que medida pode ser usada com segurança para evitar que esse passo não seja largo demais, extrapolando os limites do que é natural?

Quando Hume comenta a definição do "bem escrever" fornecida pelo *Spectator*, ele comete uma pequena infidelidade com o espírito addisoniano, que ao mesmo tempo é reveladora do que entende por "natureza". Por que a definição de Addison é a mais justa e concisa que se possa encontrar da arte de escrever? Quando se lê com atenção a explicação humiana, percebe-se que a glosa introduz um pequeno deslizamento no texto. Ela diz:

> Sentimentos que são meramente naturais não afetam a mente com nenhum prazer, nem parecem dignos de nossa atenção.[129]

O deslizamento é quase imperceptível, mas significativo. A oposição sentimentos naturais x sentimentos óbvios passa agora a ser uma posição sentimentos naturais x sentimentos *que são me-*

---

[127] No original, "*the easiest and most obvious principles of philosophy*" (*THN*, I, III, 12, pp. 138-9; trad., p. 172).

[128] *EHU*, pp. 6-7; trad., p. 21.

[129] *EMPL*, "Da simplicidade e do refinamento na arte de escrever", p. 191.

ramente naturais (which are merely natural). O óbvio, o trivial passa a ser identificado ao "mero natural", e essa identificação responde claramente às preferências estéticas clássicas de Hume, que despreza o gosto comum, o *naturalismo*, ao mesmo tempo que aceita a simplicidade e o despojamento como o ideal da arte e da literatura.

A posição ambivalente do gosto clássico ante o "natural", se não soluciona, talvez ajude a esclarecer dois problemas intrincados em Hume, o problema da relação entre natureza e artifício, e o da relação entre senso comum e filosofia. Como é que uma filosofia "artificial" (distante do que é meramente trivial, "naturalmente aceito") pode explicar melhor o que é o "natural"? Mas, por outro lado, será que esse "natural" não é um pouco diferente do que o que se entende como tal pelo comum dos mortais?

Os sentimentos que não são óbvios têm o dom de afetar a mente com prazer e despertar a atenção. Os pressupostos estéticos do autor ajudam a entender isso por um caminho mais curto. Aristóteles tem razão: "a imitação é sempre agradável por si mesma".[130] Mas é preciso fazer uma ressalva: o artista não deve retratar a natureza "em todas as suas graças e ornamentos", ou seja, ele não deve imitar a *mera* natureza, mas a *bela* natureza — "*la belle nature*". Se ele se desvia da "bela natureza" e copia a "vida chã", a arte tem de transformar a realidade "pobre" numa imagem mais viva, rica e forte, como a de Sancho Pança de Cervantes.[131] Existe, assim, paradoxalmente todo um esforço de estilização para se chegar mais próximo do natural; da mesma maneira, na filosofia, a lapidação das distinções morais é a tentativa de trazer à luz raciocínios e sentimentos menos reféns dos truísmos, que expliquem, no entanto, os modos "naturais" e "óbvios" de procedimento dos homens.

Não deixa de ser curioso que um empirista com tintas céticas como Hume tenha abraçado uma concepção artística — o neoclas-

---

[130] *Idem*, "Da tragédia", p. 166.

[131] *Idem*, "Da simplicidade e do refinamento na arte de escrever", p. 191.

O ensaio e a arte de conversar

sicismo — que parece mais afeita a filosofias idealistas. Mas essa adoção não é de todo implausível, se se considera que o problema estilístico em Hume é inteiramente análogo à questão que o empirismo teve de enfrentar para dar conta da relação entre filosofia e senso comum: a filosofia não precisa se afastar do senso comum para entendê-lo melhor?

Se os ensaios são uma forma de conversa escrita — um esforço para trazer de volta ao mundo as *commodities* produzidas no mundo letrado —, eles não são uma mera cópia naturalista da conversa, mas uma forma altamente estilizada, alcançada com muito *limae labor*. O "natural" é um efeito da cultura e do artifício, pois a simplicidade só se alcança com muita arte.[132] É evidente, no entanto, que o tom dos ensaios jamais sobe à altura de uma tragédia raciniana. Parodiando Hume e Edgar Wind, poder-se-ia dizer que seu classicismo é um "classicismo mitigado". Seus ensaios estão mais para o gênero da *conversation piece* do que para o retrato heroico.[133]

---

[132] Nicolas Boileau, *De L'Art poétique*, I, v. 101, p. 45.

[133] Wind usa a expressão "realismo mitigado" no ensaio "The Revolution of History Painting", no qual discute o papel das *conversation pieces*, ao lado das pinturas de *mirabilia*, na constituição na nova pintura histórica na Inglaterra. Cf. Edgar Wind, *Hume and the Heroic Portrait: Studies in Eighteenth-Century Imagery* (Oxford, Clarendon Press, 1986). Nesse seu belíssimo livro, Wind mostra que a filosofia de Hume teria sido o divisor de águas da pintura inglesa, porque o tipo de ser humano propagado por ela, ilustrado nos quadros de Gainsborough, teria sido combatido pela figura idealizada do ser humano no retrato heroico de Reynolds e seus seguidores. A interpretação de Wind é bastante plausível. O ensaio que se leu tentou mostrar, porém, que Hume tinha um gosto marcado pelos mesmos modelos classicizantes que seus adversários nas artes plásticas, cujo "patrono" filosófico era seu arqui-inimigo James Beattie.

A forma e o sentimento do mundo

A APOSTA DE DAVID HUME

> Nada somos que valha
> Somo-lo mais que em vão
>
> Fernando Pessoa[1]

Qual é a natureza da filosofia para David Hume? Pode-se de algum modo caracterizá-la segundo os parâmetros de uma ou algumas das "seitas" filosóficas do passado, ou ela representa um tipo de fazer filosófico inteiramente novo? Eis a questão para a qual dificilmente se poderá dar uma resposta única e definitiva.

Com efeito, o ensaio "Do surgimento e progresso das artes e ciências" afirma claramente que, com o renascimento das letras, nenhuma das seitas antigas pôde ter de novo "algum crédito ou autoridade";[2] por outro lado, os ensaios sobre o platônico, o epicurista, o estoico e o cético, sem pretender fidelidade às opiniões das escolas antigas, querem apresentar os "sentimentos" dessas seitas que "se formam naturalmente no mundo", sustentando "ideias diferentes sobre a vida e a felicidade humana".[3] O ensaio sobre o cético é, sem dúvida, o mais representativo nesse aspecto, porque introduz uma série de particularidades que não se ajustam de todo ao figurino conhecido do ceticismo. Uma constatação se impõe: a natureza humana não é por princípio avessa nem ao estoicismo, nem ao epicurismo, tampouco ao platonismo. O problema dos sistemas filosóficos está menos neles mesmos do que em sua conversão numa obsessão monomaníaca, quando querem instaurar um estilo de vida pautado por um único padrão. É preciso

---

[1] Em *Poesia completa de Ricardo Reis*, edição de Manuela Parreira da Silva (São Paulo, Companhia das Letras, 2010, p. 215).

[2] *EMPL*, "Do surgimento e progresso das artes e ciências", p. 93.

[3] *Idem*, "O epicurista", p. 107.

se opor a esse tipo de uniformização da conduta, já que somente a "variedade" ou "judiciosa mistura" (*judicious mixture*) é o que torna agradáveis os diferentes "tipos de vida" (*kinds of life*).[4]

Em seu artigo sobre o pirronismo e a crítica de Hume ao pirronismo, Richard H. Popkin aponta uma característica do ceticismo humiano que merece reflexão. Segundo ele, para o pirrônico clássico não há como não aderir às "aparências" e viver conforme as regras normais da vida, porque não é possível permanecer inteiramente "inativo". O pirronismo humiano teria apresentado uma "forma radical da doutrina antiga", pois, ao dizer que a natureza impele o homem à ação, ele teria sido levado a "aceitar muito mais" do que fariam os antigos.[5] O erro do pirronismo ortodoxo é querer se manter não dogmático o tempo todo e a qualquer custo, suspendendo o juízo ali onde a natureza ensina o contrário. E tal atitude ferrenha o impede de chegar à paz de espírito, somente alcançada pelo cético humiano.[6]

Popkin enumera corretamente os dados do problema, mas o modo como enuncia a equação não deixa entrever quais as relações e os limites entre ceticismo e natureza. Como explicar, afinal, a ligação existente entre a atividade a que a natureza impele e a "paz de espírito"? E será que ainda faz sentido falar em "tranquilidade da alma"? O que parece frustrar as tentativas de explicar a filosofia de Hume unicamente pela via cética (ou por qualquer outra) é que, seja qual for a radicalidade ou a moderação da doutrina, ela não parece dar conta da sua filosofia como um todo, isto é, no conjunto de seus aspectos teóricos, éticos, políticos e estéticos.

Num estudo publicado como comentário à sua tradução de parte do livro I do *Tratado da natureza humana*, Michel Malherbe fala da existência de dois tipos de ceticismo em Hume, um "para filósofos" e outro que diz respeito à natureza humana. A dificul-

---

[4] *Idem*, "O cético", p. 128.

[5] Richard Henry Popkin, "David Hume: his Pyrrhonism and his Critique of Pyrrhonism", *The Philosophical Quartely*, v. 1, nº 5, out. 1951, pp. 403-4.

[6] *Idem*, p. 405.

dade estaria justamente no balanceamento dessas duas tendências, para o qual não haveria "verdadeira solução". Apesar da conclusão aporética, Malherbe aponta com razão que o ceticismo não atua aqui como uma "tese adversa", mas como uma afecção que age sobre o temperamento. Não há, para ele, separação absoluta entre filosofia e vida comum, pois a filosofia é uma "tendência que pode se tornar uma disposição".[7]

De fato, a questão central é esta: como a filosofia pode passar de uma *tendência* ou *inclinação* a uma *disposição*? Uma boa maneira de compreender isso é refazendo o percurso da Conclusão do Livro I do *Tratado*, que Michel Malherbe chama de "um romance filosófico". Nesse romance, o narrador em primeira pessoa (o próprio Hume) passa de um ceticismo radical, mas carrancudo, a um ceticismo moderado e de bom humor. A passagem que leva de um a outro é escandida em três movimentos, e o que a torna possível não é a suspensão de juízo, mas a própria natureza.

O primeiro movimento é o da dúvida radical. A dúvida cética em relação aos sentidos e à razão, diz o *Tratado*, "é uma doença que jamais pode ser radicalmente curada, mas em que sempre recaímos, por mais que a afastemos, e por mais que algumas vezes pareçamos completamente livres dela".[8] O momento mais crítico dessa enfermidade cética, natural e renitente é descrito no trecho dramático em o autor afirma ter sido de tal modo assaltado pela "visão *intensa*" das inúmeras contradições e imperfeições da razão humana, que quer rejeitar toda crença e raciocínio, lançando ao fogo todos os seus livros e papéis. Só a natureza dissipará as nuvens de sua "melancolia e delírio filosóficos".[9]

O segundo movimento apresenta o remédio que a natureza oferece àquele a quem a constatação das inúmeras imperfeições e contradições da razão humana deixou de "cabeça quente" (*heated my brain*, diz o texto). A natureza relaxa o pendor da mente a

---

[7] Michel Malherbe, "Un roman philosophique", em David Hume, *Système sceptique et autres systèmes* (Paris, Seuil, 2002, pp. 81 ss.).

[8] *THN*, I, IV, 2, p. 218; trad., p. 251.

[9] *THN*, I, IV, 7, pp. 268-9; trad., pp. 301-2.

essas elucubrações febris, apresentando alguma distração (*some avocation*) ou viva impressão aos sentidos. Surgem as ocupações conhecidas: o filósofo janta, joga uma partida de gamão, conversa e se alegra com os amigos.[10] Essas impressões e ocupações mais vivas o recolocam num curso mais saudável, onde imperam a indolência e o prazer.[11] A natureza tem uma vocação diversificante, que se poderia dizer *humorista*, pois faz desviar o curso das ideias sombrias e melancólicas para representações mais agradáveis. Ela *diverte*, isto é, leva a algo diferente, diverso, divertido. Ela tem o condão de conduzir àquilo que não por acaso, como se verá, é ao mesmo tempo central e problemático na concepção do homem em Pascal: a diversão (*divertissement*).

O terceiro momento é o do retorno à atividade do pensamento, a um ceticismo temperado. As diversões comuns não são capazes de satisfazer integralmente o indivíduo que sente brotar em si a inclinação filosófica. O exercício da inteligência implica, assim, a substituição da melancolia meditativa por diversões mais leves, e destas, novamente, por outras "mais sérias". Essa última troca — que se pode caracterizar como uma *aposta na filosofia* — não foge, porém, à lógica diversificante que rege em geral a conduta dos indivíduos, muito frequentemente à revelia deles, e caberá mostrar que a decisão de fazer filosofia por parte daquele que escreve o seu "romance filosófico" no final do livro I é somente mais uma dentre outras tantas *diversificações* possíveis, sendo sua peculiaridade a de assumir conscientemente (e explicitar aos leitores) a estratégia que a natureza emprega para fazer os indivíduos seguirem instintivamente a lei de variação de suas atividades. O ganho em obedecer a essa diversificação natural é duplo: do ponto de vista terapêutico, a conformidade com ela significa, para o senso comum, evitar investir ou apostar todas as suas fichas num único tipo de atividade; do ponto de vista filosófico, ela impede a adesão monomaníaca a um só sistema de pensamento. Se tudo isso fizer sentido, o resultado, em termos interpretativos, consistirá em res-

---

[10] *THN*, I, IV, 7, pp. 268-9; trad., pp. 301-2.

[11] *THN*, I, IV, 7, pp. 269-70; trad., p. 302.

tituir à filosofia humiana alguma coerência que ela parece perder nas leituras que a tornam dualista, ao separarem ceticismo e natureza, filosofia e senso comum. Se a diversidade é constitutiva do homem, o vaivém entre o homem comum e o filósofo não passa de um reflexo dessa condição.

Com o revigoramento proporcionado pela diversão (jantar, gamão, conversa com os amigos etc.), o filósofo pode retornar às suas meditações, porque, entregando-se a seus devaneios ou a um passeio solitário à margem do rio, sua mente se encontra de novo na disposição adequada a elas. E o mesmo estado de espírito é exigido do leitor que irá segui-lo pelas especulações dos livros II e III do *Tratado*. Esse leitor terá de estar na mesma disposição favorável ou tranquila (*easy disposition*) que o próprio filósofo alcançou; do contrário, ele precisará seguir sua "inclinação" (*inclination*) e esperar a volta de sua "aplicação e bom humor".[12]

Aplicação e bom humor. Esses dois conceitos sintetizam bem a novidade da filosofia humiana em relação aos modelos antigos: diante da impossibilidade de atingir a tranquilidade do sábio, a mente deve ser entretida em aplicações moderadas; e, em vez de uma serenidade da alma inalcançável, o que se deve buscar é o bom humor. O ideal do sábio estoico é inatingível, já que não se pode pautar a conduta inteiramente pela razão, e o máximo de sabedoria consistirá em trocar paixões violentas por paixões amenas ou calmas — que, ainda assim, seguirão sendo *paixões*.

Efetivamente, o papel decisivo que a "ciência da natureza humana" de Hume atribui às paixões e ocupações dá bem a medida de seu distanciamento em relação às seitas filosóficas do passado e de sua maior proximidade com as filosofias de pensadores que lhe são temporalmente mais próximos. Nesse sentido, é patente a afinidade de sua concepção antropológica com ideias de Malebranche e de Locke, por exemplo, cujas indagações acerca das paixões e atividades humanas são tão bem caracterizadas por aqui-

---

[12] "If the reader finds himself in the same easy disposition, let him follow me in my future speculations. If not, let him follow his inclination, and wait the returns of application and good humour" (*THN*, I, IV, 7, p. 273; trad., p. 305).

lo que Jean Deprun chama de "filosofia da inquietude". Quais seriam as marcas fundamentais comuns da *inquiétude* de Malebranche e da *uneasiness* de Locke (embora os dois conceitos não sejam inteiramente intercambiáveis)? Segundo Deprun, o que caracteriza estas e outras filosofias dos séculos XVII e XVIII é o seu esforço em mostrar, em contraposição à analítica do tédio de Pascal, que a inquietação é traço essencial da natureza humana, e que toda e qualquer agitação ou ocupação da alma, remédio à letargia e inação, é benéfica ao indivíduo. O primeiro princípio norteador dessa antropologia foi assim explicado pelo Abbé Dubos:

> A alma tem suas necessidades, como o corpo, e uma das maiores necessidades do homem é ter o espírito ocupado. O tédio [*énnui*] que segue rapidamente a inação da alma é um mal tão doloroso para o homem, que ele frequentemente empreende os trabalhos mais penosos a fim de evitar a pena de ser atormentado por ele.[13]

O homem faz tudo para se manter ocupado, a fim de evitar o tédio. Esse primeiro princípio é chamado de "princípio de ocupação" por Deprun, que mostra que esse "horror à inação, à letargia, ao vazio, é um dos temas dominantes da sensibilidade francesa do século XVIII".[14] Já a segunda regra da filosofia da inquietude é por ele chamada de "princípio de otimização". De acordo com esta, a ocupação, além de certa intensidade, causará mais pesar do que prazer.[15] Como o primeiro princípio, essa regra também é fundamental para a antropologia humiana, conforme se pode verificar especialmente pelo modo como se posicionou em relação à discussão do luxo no século XVIII. Por mais sensual que seja, diz Hume, nenhum prazer pode ser considerado vicioso nele mesmo. O luxo

---

[13] Jean-Baptiste Dubos, *op. cit.*, pp. 2-3. Cf. "Da tragédia", em David Hume, *EMPL*, pp. 163-4.

[14] Jean Deprun, *La Philosophie de l'inquiétude en France au XVIIIe siècle*, Paris, Vrin, 1979, p. 71.

[15] *Idem*, pp. 72-3.

em excesso (demasiada preocupação com os requintes culinários, por exemplo) pode indicar embotamento para outros prazeres e é sinal de falta de temperamento ou gênio, mas a satisfação que proporciona só é viciosa se vier a consumir todo o ganho do indivíduo que sucumbiu a ela, não lhe deixando "capacidade para aqueles atos de dever e generosidade requeridos por sua posição e fortuna".[16] Em seu comentário a respeito da "querela do luxo", Luiz Roberto Monzani assinala que aquilo que Hume denomina "luxo vicioso" parecer ser "o que entendemos por monomania ou ideia fixa", e a imagem que mais prontamente ocorre dela seria a de um *jogador cuja paixão foi levada a tal ponto que absorve toda a sua vida e drena todos os seus bens*. A comparação é absolutamente feliz, e este texto se limitará, em grande medida, a desenvolvê-la. Diferentemente daqueles que censuram o luxo, Hume não o considera "o pior dos males da sociedade política"; a satisfação só pode ser viciosa se monopolizar todos os ganhos e todas as despesas de um indivíduo.[17]

Uma vez de acordo que deve obedecer também a esse princípio natural da otimização, o filósofo não poderá se entregar com excesso à sua inclinação principal. Especular deve ser então uma atividade entre outras, uma "curiosidade inocente", que leva àqueles "poucos prazeres seguros e inofensivos conferidos à raça humana".[18] A descoberta da verdade e o afastamento da obscuridade deleitam a mente, mas só são corretamente praticados se bem temperados por outros afazeres. É a boa distribuição das ocupações que caracteriza a condição ideal do temperamento e do humor para Hume, e isso está bem longe de um elogio da "quietude". A centralidade do princípio de otimização para a ciência da natureza humana aparece numa passagem decisiva da *Investigação sobre o entendimento humano*, que fala do "modo de vida misto" que a natureza secretamente estipulou para os seres humanos. Funda-

---

[16] "Do refinamento nas artes" (que foi primeiramente chamado "Do luxo"), em *EMPL*, pp. 209 e 218.

[17] Luiz Roberto Monzani, *op. cit.*, pp. 52-3.

[18] *EHU*, p. 11; trad., pp. 25-6.

A aposta de David Hume

mental para o entendimento da filosofia humiana, essa passagem merece ser citada na íntegra:

> O homem é um ser racional e, como tal, recebe da ciência seu adequado alimento e nutrição. Tão estreitos, porém, são os limites do entendimento humano que pouca satisfação pode ser esperada nesse particular, tanto no tocante à extensão quanto à confiabilidade de suas aquisições. Além de ser racional, o homem é também um ser sociável, mas tampouco pode desfrutar sempre de uma companhia agradável e divertida, ou continuar a sentir por ela a necessária atração. O homem também é um ser ativo, e é forçado, por essa inclinação e pelas variadas necessidades da vida humana, a dedicar-se aos negócios e ofícios; mas a mente exige algum descanso e não pode corresponder sempre à sua tendência ao trabalho e à diligência. Parece então que a natureza estipulou uma espécie mista de vida, como a mais adequada aos seres humanos, e secretamente os advertiu a não permitir que nenhuma dessas inclinações se *imponha* excessivamente, a ponto de incapacitá-los para outras ocupações e entretenimentos.[19]

* * *

An vivere tanti est?

Anônimo[20]

Por que alguém decide começar a filosofar? Como quer que possa se responder a essa questão, uma coisa pelo menos é certa para Hume: ninguém decide se dedicar à filosofia porque foi levado a isso unicamente por sua razão. Observação semelhante vale

---

[19] *Idem*, p. 6; trad., p. 23.

[20] "Viver é tão precioso assim?" Frase de origem desconhecida, citada por Montaigne em "Da experiência", *Essais*, ed. cit., v. III, p. 378.

para a aceitação de um sistema filosófico, por exemplo, o ceticismo. O único efeito do ceticismo, afirma ele a propósito do ceticismo de Berkeley, é "causar perplexidade, indecisão e embaraço momentâneos". Os argumentos céticos *não admitem resposta e não produzem convicção*.[21] Ninguém filosofa ou aceita uma filosofia porque foi racionalmente convencido a fazê-lo. A decisão de filosofar pode aparentar ser uma das decisões mais sérias tomadas por uns poucos homens, mas ela em nada difere das demais escolhas, pois está ligada a uma promessa de prazer similar àquele que se espera obter noutras ocupações. Mas não parece um tanto gratuito conceber assim a filosofia como "mais uma" entre as atividades humanas, comparando-a às demais diversões? Essa gratuidade é, sem dúvida, aparente, pois a continuidade entre natureza e filosofia parece pedir para ser explicada exatamente a partir daqui: a compreensão do *valor* que se confere às ocupações sérias, aos passatempos, à filosofia, não pode ser desvinculada da compreensão da *importância* que se dá à vida.

Qual a medida correta para a conduta da vida, e essa medida não seria também idêntica para a filosofia? A mesma pergunta poderá ser feita de outra maneira: até que ponto se deve levar a sério um jogo que, como todo jogo, para ser bem jogado, não pode ser levado a sério demais? É para esse difícil equilíbrio entre seriedade e jogo que Hume chama a atenção quando escreve:

> A vida humana é, numa palavra, mais governada pela sorte do que pela razão; deve ser considerada mais um passatempo tolo do que uma ocupação séria, e é mais influenciada pelo humor particular do que por princípios gerais.[22]

A vida se assemelha mais a um jogo de azar do que a um ofício grave e solene. Antes que se acuse o autor de frivolidade, é

---

[21] *EMPL*, p. 155; trad., p. 210.

[22] "O cético", em *EMPL*, p. 145. A frase toda merece ser citada no original: "In a word, human life is more governed by fortune than by reason; is to be regarded more as a dull pastime than as a serious occupation; and is more influenced by particular humour, than by general principles".

preciso entender bem o sentido dessa comparação da vida com um *dull pastime*, porque ela serve para rejeitar ao menos duas ideais igualmente desastrosas: a de que a vida humana tem um valor *infinito* e a de que ela não tem valor *nenhum*.

A primeira concepção, de que a vida humana tem um valor intrínseco altíssimo, é a concepção da superstição e da falsa religião, que Hume combate ponto por ponto no ensaio sobre o suicídio:

> Porque a vida humana é tão importante, seria presunção da prudência humana abdicar dela? A vida do homem, no entanto, não tem mais importância para o universo do que a de uma ostra. E, qualquer que possa ser a sua importância, o que ocorre na realidade é que a ordem da natureza a submeteu à prudência humana, levando-nos à necessidade de tomar, a cada incidente, uma decisão a respeito dela.[23]

The life of men is of no greater importance to the universe than that of an oyster. É a ordem natural que ensina a verdadeira dimensão da vida, dizendo que o escrutínio sobre sua importância deve ficar a cargo do temperamento particular e da prudência de cada um, para que a examine a cada ocorrência, não devendo se pautar por regras ou preceitos gerais. Mas esse exame só é bem-sucedido se a prudência humana respeita, em cada caso, aquilo que parece ser ditado pela ordenação natural, o que, por sua vez, será estampado no humor de cada um.

A outra concepção que Hume pretende refutar é a de que a vida não tem valor algum. A vida humana é mais um passatempo estúpido que um empreendimento sério. É como passatempo, no entanto, que ela pode adquirir *algum valor*, e adotar essa posição serve de antídoto a duas *doxas* "extraídas da vida comum" e encontradas com bastante frequência nos "livros de filosofia". A primeira dessas doxas afirma que, diante da brevidade e incerteza da vida, toda busca por felicidade parece desprezível. A segunda

---

[23] *EMPL*, "Do suicídio", p. 265.

assevera que "os projetos mais amplos e generosos" serão frívolos e inúteis se comparados às "incessantes mudanças e revoluções dos assuntos humanos", que reduzem por fim a nada todos os esforços mais benevolentes e os empreendimentos mais ousados dos homens. O problema do raciocínio que subjaz a tais considerações está em que estas, se ganham força de convicção e viram regra de conduta, se tornam contraditórias, pois provocam o arrefecimento daquilo que motiva a vida, levando à inação, o que significaria justamente agir contra a natureza. É o questionamento que se faz o ensaio sobre o cético:

> Tal reflexão certamente tende a arrefecer todas as nossas paixões; mas com isso ela não operaria na direção contrária à do artifício pelo qual a natureza logrou nos induzir à opinião de que a vida humana tem alguma importância?[24]

Mais uma vez, o texto é contundente: *Nature has happely deceived us into an opinion that human life is of some importance*. Transformadas em reflexão filosófica, as máximas da vida comum que acabam por frequentar as páginas dos livros de filosofia agem exatamente na direção contrária (*counterwork*) a esse estranho ardil pelo qual a natureza consegue implantar nos homens a ilusão salutar de que as suas vidas têm "alguma importância". Ora, como se vê, toda a dificuldade de Hume estará em explicar como a *natureza* se transforma em *arte*, isto é, como ela prepara esse *artifício* (*artifice*) graças ao qual os homens têm a impressão de que a vida é "*of some importance*". Mas Hume terá de explicar também, o que não é menos difícil, como se mede essa *alguma* importância.

Parece óbvio pensar que a teoria das ideias e da vivacidade das impressões seja o ponto de partida dessa aferição. De acordo com ela, todo objeto dos sentidos ou imagem da fantasia tem ligação com o sentimento ou emoção, mesmo que essa ligação já não seja notada. Como diz Hume:

---

[24] *EMPL*, "O cético", p. 142.

Creio que se pode estabelecer seguramente, como máxima geral, que todo objeto que se apresenta aos sentidos e toda imagem que se forma na fantasia são acompanhados de alguma emoção ou movimento proporcional dos espíritos animais; e por mais que o costume nos torne insensíveis a essa sensação, e nos faça confundi-la com o objeto ou com a ideia, será fácil separá-los e distingui-los por meio de experimentos cuidadosos e precisos.[25]

Há no *Tratado* outro texto no qual se explica essa agitação dos sentimentos e dos espíritos animais, e no qual se pode perceber uma clara tomada de posição em relação às análises do tédio desenvolvidas por Pascal:

> Aqueles que se comprazem em lançar invectivas contra a natureza humana observaram que o homem é inteiramente incapaz de se bastar a si mesmo, e que, se desfizermos todos os laços que mantém com os objetos externos, ele imediatamente mergulhará na mais profunda melancolia e desespero. É por isso, dizem eles, que estamos continuamente à procura de diversão, seja no jogo, na caça, ou nos negócios; por meio dessas atividades, tentamos nos esquecer de nós mesmos e resgatar nossos espíritos animais daquele torpor em que caem quando não são mantidos por alguma emoção enérgica e vivaz.[26]

Hume afirma que só pode concordar com esse "método de pensamento" (*method of thinking*) dos que declamam contra a natureza humana, porque reconhece que a mente é por si só insuficiente para seu próprio entretenimento (*to its own entertainment*) e que, por isso, ela busca outros objetos como jogo, caça ou negócios, que "possam produzir viva sensação e agitar os espíritos

---

[25] *THN*, II, II, 8, p. 373; trad., p. 407.

[26] *THN*, II, II, 4, pp. 352-3; trad. (modificada), pp. 386-7.

80   A forma e o sentimento do mundo

animais".[27] Como lembra Dubos, é preciso admitir que são poucas as pessoas felizes a ponto de não sentirem desconforto quando se veem abandonadas a si mesmas; são raras as que conseguem ser "boas companhias" para si próprias, e somente um pequeno número pode aprender a arte horaciana de travar amizade consigo mesmo (*quod te tibi reddat amicum*).[28] Mas, é claro, tanto Dubos como Hume só aceitam as constatações de Pascal sobre o mal-estar de restar a sós com o próprio pensamento para lhes inverter o sinal. Não é apenas o indivíduo que é infeliz sozinho; a sociedade também é naturalmente agradável porque apresenta objetos da maior vivacidade, isto é, seres racionais e pensantes que comunicam seus sentimentos e afetos mais íntimos, deixando ver, no momento em que surgem, as emoções causadas pelos mais diferentes assuntos. Privar os homens desse prazer seria lhes retirar a vantagem de experimentar paixões de pessoas mais ou menos próximas com o distanciamento que as torna menos perturbadoras, pois em sociedade elas são vividas como ideias de reflexão que podem se converter numa "espécie de paixão". Uma paixão certamente um pouco mais fraca do que aquela de quem a sentiu diretamente, embora forte o bastante para agitar agradável e beneficamente o ânimo daquele a quem é comunicada, e que é por ela comovido mediante simpatia.[29]

* * *

> [...] o espírito humano se revela melhor no jogo que nas questões mais sérias.
>
> Leibniz, *Novos ensaios*, IV, xvi, § 9

Mas o que explica os aspectos quantitativos do prazer e da dor numa impressão ou ideia, e como eles se convertem em aspec-

---

[27] *THN*, II, II, 6, p. 353; trad. cit., p. 387.

[28] Dubos, *op. cit.*, p. 3.

[29] *THN*, II, II, 6, p. 353; trad., p. 387.

tos qualitativos, isto é, como uma impressão ou sentimento pode se converter em algo de maior ou menor importância, em suma, num "valor"?

A explicação que o *Tratado* apresenta para a "quantificação" do prazer beira o simplismo: qualquer objeto muito grande (o oceano, uma planície extensa, uma cadeia de montanhas etc.) ou qualquer coleção muito numerosa (um exército ou uma multidão) provocam sensível emoção na mente, "um prazer dos mais intensos que a natureza humana é capaz de experimentar", efeito composto da conjunção dos diversos elementos de que consiste a sensação. A conclusão é óbvia:

> Portanto, cada parte da extensão, bem como cada unidade numérica, quando concebida pela mente, vem acompanhada de uma emoção separada. Essa emoção nem sempre é agradável; entretanto, por sua conjunção com outras, e porque agita os espíritos animais no grau adequado, contribui para produzir a admiração, que é sempre agradável.[30]

Como não há ideia que não corresponda a uma impressão, há um atomismo não apenas na teoria das ideias, mas também na teoria do prazer e da dor. Hume afirma algo semelhante ao que diz Locke sobre o prazer e a dor como motivos da ação:

> O principal motor ou princípio de ação da mente humana é o prazer e a dor, e quando essas sensações são retiradas de nosso pensamento e sentimento, ficamos, em grande medida, incapazes de paixão ou ação, de desejo ou volição.[31]

Aquele *of some importance* que dava o índice de valor da vida parece poder ser medido nesses termos quantitativos, uma vez que

---

[30] *THN*, II, II, 8, pp. 373-4; trad., pp. 407-8.

[31] *THN*, III, III, 1, p. 574; trad., p. 613.

não só as impressões e ideias simples, mas também as mais complexas estão ligadas ao prazer que contêm. A importância que se dá à vida seria, assim, diretamente proporcional à quantidade de sensações boas que se adquire. Ou seja, deve haver um mínimo de prazer (superior à quantidade de dor) aquém do qual a saída mais razoável é o suicídio: abaixo dele, a vida perderia o sentido, isto é, não mereceria ser vivida. Acima desse mínimo, a importância aumentaria em graus. Há um texto elucidativo a esse respeito na seção sobre a probabilidade das causas do *Tratado*. A passagem que interessa trata da diferença entre dez mil chances de um lado e dez mil e uma de outro. Por que o juízo escolhe dez mil e uma chances de que algo ocorra e não dez mil, embora a diferença seja mínima e impossível de identificar a vivacidade superior de umas sobre as outras? Sem responder diretamente à questão, o texto diz que a solução desse problema de probabilidade é análoga ao que ocorre na afetividade:

> Temos um exemplo análogo no caso dos afetos. De acordo com os princípios acima mencionados, é evidente que, quando um objeto produz em nós uma paixão que varia conforme as diferentes quantidades do objeto, a paixão não é, propriamente falando, uma emoção simples, mas composta de um grande número de paixões mais fracas, derivadas da visão de cada parte do objeto.

Por essa explicação, um homem que deseja possuir mil libras "tem na realidade mil ou mais desejos que, ao se unirem, parecem formar uma paixão só". Mas, se a paixão parece ser uma só, o que explica que o indivíduo prefira uma quantidade maior a uma menor, mesmo quando a diferença é imperceptível (dez mil e uma chances contra dez mil)? A preferência pelo número maior, por ínfima que seja a diferença, não se deve à paixão, mas ao "hábito e a regras gerais" que assim se explicam:

> Mediante uma multiplicidade de exemplos, descobrimos que, quando os números são precisos e a diferença, sensível, o aumento do montante de uma quantia qualquer

de dinheiro aumenta a paixão. A mente é capaz de perceber, por sentimento imediato, que três guinéus produzem uma paixão maior que dois; isso ela transfere para números maiores, em razão da semelhança; e, por uma regra geral, confere a mil guinéus uma paixão mais forte que aquela que confere a novecentos e noventa e nove.[32]

Do ponto de vista estritamente quantitativo, o que se pode obter com mil guinéus não é muito diferente do que aquilo que se compra com novecentos e noventa e nove. (A quantidade "mil", aliás, não é uma "ideia adequada", sendo obtida apenas mediante "ideias adequadas dos decimais que a formam". O que ocorre com ela é análogo à formação de uma ideia universal e abstrata.)[33] A diferença entre mil guinéus e novecentos e noventa e nove é, portanto, irrisória e só se torna significativa porque a mente transfere, por semelhança, para quantias maiores o que sentiu em experiências anteriores com números menores e mais nítidos. O que conta, no entanto, é que as unidades não aparecem isoladas, mas formando uma paixão só, que "supera" a expectativa de prazer dada pela quantidade um pouco menor. Como no caso da conexão de causa e efeito, o costume opera sobre a imaginação produzindo lá uma crença, aqui uma paixão.

A repetição quantitativa da experiência, embora importante, talvez não dê inteiramente conta do modo como a natureza ensina os homens a valorizar a vida. Uma explicação mais consistente e completa parece depender da compreensão do papel essencial desempenhado pela inventividade das paixões no interior da filosofia humiana.[34] Na natureza humana, a invenção é ativada sempre que a mente se vê diante de uma dificuldade: toda vez que observa uma

---

[32] *THN*, I, III, 12, p. 141; trad., pp. 174-5.

[33] *THN*, I, I, 7, p. 23; trad., p. 47.

[34] O papel da invenção na constituição da natureza humana foi devidamente assinalado por Gilles Deleuze em seu *Empirisme et subjectivité: essai sur la nature humaine selon Hume* (Paris, PUF, 1980, 3ª ed.), ainda que o tenha restringido ao âmbito da sociedade e da cultura.

contradição, irregularidade, inconstância ou exceção, a mente tenderá a buscar uma solução, num procedimento análogo àquele em que procura evitar alguma perturbação ou desconforto, como o tédio. Por exemplo, na controvérsia sobre a continuidade da existência dos objetos externos (negada pelo cético, afirmada pelo senso comum), o incômodo que a mente sente a impele a encontrar uma solução conciliatória, uma solução por assim dizer "de compromisso":

> Para eliminar nosso desconforto acerca desse ponto, fabricamos [*we contrive*] uma nova hipótese, que parece compreender ambos os princípios, o da razão e o da imaginação. Trata-se da hipótese filosófica da dupla existência, das percepções e dos objetos, que satisfaz nossa razão, ao admitir que nossas percepções dependentes são descontínuas e diferentes; e, ao mesmo tempo, é agradável para a imaginação, por atribuir uma existência contínua a outra coisa, a que chamamos *objetos* [...]. Incapazes de reconciliar essas duas inimigas [natureza e razão], procuramos tanto quanto possível amenizar nosso desconforto [*to set ourselves at ease*], dando sucessivamente a cada uma aquilo que ela pede, e criando a ficção de uma dupla existência [...][35]

Noutra passagem, explicando a origem das ideias de justiça e propriedade, o *Tratado* afirma que a parcialidade dos afetos pode ser corrigida por um remédio que não se deve à natureza, mas a um *artifício*. A palavra em inglês é a mesma que foi usada mais tarde no ensaio sobre o cético — *artífice* —, mas como se quisesse evitar a solução pelo artifício, o texto se emenda incontinente dizendo: "ou, falando mais propriamente, a natureza providencia, no julgamento e entendimento, um remédio para aquilo que é irregular e incômodo nas afetos".[36] Tudo aquilo que desajusta o

---

[35] *THN*, I, IV, II, p. 215; trad., p. 248.

[36] *THN*, III, II, p. 489; trad., p. 529.

A aposta de David Hume

equilíbrio e a regularidade é sentido como incômodo, e a mente busca *naturalmente um artifício* para remediá-lo. Esse processo inventivo depende sobretudo das paixões: "Nada é mais atento e inventivo que as nossas paixões",[37] sempre vigilantes e criativas diante do que possa vir a incomodar, e se podem se tornar geradoras de artificialidade — do rigor da sociedade e das normas culturais —, é porque as regras artificiais, embora em parte as restrinjam, são o meio mais seguro e cômodo de continuar evitando o desconforto e gerando novas satisfações.

* * *

A curiosidade cativa o sábio; a vaidade, o tolo; o prazer, a ambos.

David Hume[38]

Seria preciso tentar explicar como funciona essa inventividade própria das paixões, pois, caso se consiga tornar claro o seu mecanismo, ele ajudará a compreender melhor como a natureza ensina esse artifício pelo qual se dá valor ou "algum valor" à vida.

No ensaio sobre o cético há indicações que podem levar a uma resposta mais precisa sobre esse ponto. A natureza ensina que a vida, tendo *alguma* importância, deve ser considerada mesmo assim mais um passatempo do que uma ocupação séria:

A vida é como um jogo: pode-se escolher o jogo, e a paixão gradualmente se apodera do objeto adequado.[39]

Life is like a game: se as ocupações, como o jogo, são indispensáveis à mente, é a paixão que torna a ocupação ou jogo escolhido uma atividade propriamente interessante, porque o indivíduo

---

[37] *THN*, III, II, VI, p. 526; trad., p. 565.

[38] *EMPL*, "Do refinamento nas artes", p. 212.

[39] *EMPL*, "O cético", p. 143.

vai aos poucos se afeiçoando a ela e se apoderando de um objeto que lhe causa sempre mais satisfação. A leitura da seção 10, parte III, livro II do *Tratado*, pode ajudar no entendimento dessa relação complexa entre vida, jogo e paixão. Mais ainda, por tratar da "curiosidade, ou o amor à verdade", essa última seção do *Tratado* ajuda também a entender essa paixão muito particular que está na raiz da inclinação para a filosofia e da tomada de decisão por ela, já que, como afirma o autor, de um ponto de vista retrospectivo todas as discussões feitas ao longo da obra supunham a curiosidade, que era "a primeira fonte de todas as *nossas* investigações".[40] Há, assim, entre vida, jogo e essa inclinação peculiar que está na base da filosofia uma ligação que merece ser estudada mais de perto.

A argumentação que tenta explicar essa "curiosidade inocente"[41] também chamada "amor à verdade" se inicia afirmando que, das duas espécies de verdade existentes, a que diz respeito à relação entre ideias é mais interessante do que a atinente às questões de fato para revelar o modo de proceder dessa paixão. Isso porque, no caso da descoberta de verdades geométricas, a mente se limita a dar assentimento às conclusões justas, e, na resolução de questões algébricas, as operações não são acompanhadas de quase nenhum prazer, se é que não são seguidas de dor. Noutras palavras, é justamente a ausência de prazer nas relações de ideias que revela algo essencial, pois é "prova evidente de que a satisfação que algumas vezes obtemos com a descoberta da verdade não procede desta [verdade] considerada meramente enquanto tal, mas somente se dotada de certas qualidades".[42]

O exemplo das matemáticas mostra que, para que a descoberta da verdade traga satisfação, não basta que a verdade desco-

---

[40] *THN*, II, III, 10, p. 448; trad., p. 484 (grifo nosso).

[41] A reflexão filosófica é uma "curiosidade inocente", um daqueles "poucos prazeres seguros e inofensivos concedidos à raça humana", dizia a passagem capital da *Investigação sobre o entendimento humano* citada na nota 18 deste capítulo.

[42] *THN*, II, III, 10, pp. 448-9; trad., p. 484.

A aposta de David Hume

berta seja apenas "certa e justa", mas que também seja acompanhada de certas propriedades. E a primeira condição indispensável para tornar a verdade prazerosa é o "gênio e capacidade empregados na sua descoberta". O que é fácil e óbvio "nunca é valorizado", e até aquilo que é difícil em si mesmo recebe pouca consideração se é alcançado "sem dificuldade e sem um extremo esforço do pensamento ou juízo". Entretanto, embora seja a fonte principal de satisfação com a ciência, o exercício do gênio ainda não é suficiente para proporcionar "algum contentamento considerável". Além dele, é preciso mais um ingrediente:

> A verdade que descobrimos também tem de ter alguma importância.[43]

Of some importance: não é certamente fortuito que a mesma locução surja em duas passagens capitais da obra humiana; pelo contrário, ela parece dar uma chave preciosa para compreender a continuidade entre vida e filosofia presente nessa obra. Pois, se nos *Ensaios* é a natureza que ensina que a vida tem lá sua importância, de maneira análoga, no *Tratado*, a atividade do pensamento só dá satisfação quando busca e descobre verdades que sejam de alguma relevância. O intrigante é saber de que maneira essa *certa* utilidade e importância das verdades científicas age sobre aqueles que, abrindo mão de recompensas talvez mais imediatas, se entregam a sua descoberta. Por que filósofos que não manifestam o menor interesse público, nem estima pela humanidade, acabam por consumir seu tempo, destruir sua saúde e desprezar riquezas em busca de verdades que consideram "importantes e úteis para o mundo"? Por que, apesar da sua falta de civismo e de humanidade, eles perderiam todo o gosto pelos estudos, se percebessem que suas descobertas eram *of no consequence*?[44] Aqui como em tantos outros tópicos, a conjunção entre as ideias está longe de ser explicada de modo estritamente racional.

---

[43] *THN*, II, III, 10, p. 449; trad., p. 485.

[44] *THN*, II, III, 10, p. 450; trad., p. 485.

Na sequência do texto da última seção do livro sobre as paixões, os pontos da argumentação são retomados e explicitados. O prazer do estudo consiste no exercício do gênio e do entendimento, mas não só: para que ele se complete é preciso que a verdade seja importante, não porque a importância acrescente algo à satisfação, mas porque ela é necessária em alguma medida para... *fixar a atenção*.[45] Resta, porém, outro aspecto. Além da ação da mente e da certa relevância do objeto de estudo, há ainda uma observação de caráter geral a ser feita: toda busca tem de ser coroada de algum êxito. Quando a mente busca com paixão algum objetivo, no final esse objetivo mesmo passa a ter interesse, ainda que de início ou até *em si mesmo* ele fosse completamente desinteressante e irrisório. Por isso, por paradoxal que pareça, pode-se dizer que o fim é um fim *qualquer*, que não está propriamente conectado com a paixão, e somente o mecanismo afetivo permite fazer a ligação entre essas ideias inicialmente desconexas — a paixão e seu objeto! O procedimento é análogo ao que conecta o efeito à causa nas questões de fato. Isto é, se os afetos seguem seu curso natural, com algum êxito na busca será estabelecido um elo entre o fim e a paixão que não existia antes, e a partir daí se sentirá "desconforto" (*uneasy*) se a busca fracassa.[46]

Esse dispositivo que explica a curiosidade ou o amor pela verdade é elucidado mediante dois exemplos ou, mais precisamente, mediante duas comparações: o exercício filosófico pode ser comparado à caça e ao jogo. Por mais que à primeira vista pareçam diferir uma da outra, não há, observa Hume, "duas paixões mais proximamente similares uma à outra que as da caça e da filosofia". Na caça, o prazer consiste "na ação da mente e do corpo; no movimento, na atenção, na dificuldade e na incerteza". Essas ações e agitação da mente e do corpo precisam ser acompanhadas de alguma ideia de utilidade: o homem de grande fortuna e sem nenhum traço de avareza tem prazer em caçar perdizes e faisões, mas não corvos e gralhas, porque aqueles são próprios para a mesa, e estes

---

[45] *THN*, II, III, 10, p. 451; trad., p. 486.

[46] *THN*, II, III, 10, p. 451; trad., pp. 486-7.

A aposta de David Hume

totalmente inaproveitáveis (*useless*). Essa utilidade ou importância (*utility or importance*) não provocam nenhuma paixão real (o homem dado como exemplo é rico e nem um pouco avaro), mas são requeridas apenas para... *dar sustento à imaginação* (exatamente como, há pouco, a relevância da verdade era necessária tão somente para fixar a atenção). Contudo, é fácil pensar que haja alguém capaz de trocar algo mais proveitoso pelo prazer de trazer para casa meia dúzia de galinholas, depois de ter gasto horas a caçá-las. Embora em ambos os casos, isto é, na caça e na filosofia, seja possível desprezar o fim a que se propõem as ações,

> [...] concentramo-nos tanto nele, no calor dessa ação, que nos sentimos muito mal quando desapontados, e ficamos tristes se perdemos nossa presa ou se cometemos um erro em nosso raciocínio.[47]

Essa comparação de coisas aparentemente tão díspares como filosofia e caça não é propriamente da lavra de Hume, pois ela retoma a ideia de *investigação* formulada por Montaigne e reafirmada por Locke. Para Montaigne, mais importante que o assunto é a "maneira" com que ele é tratado. A "agitação" e a "caça" estão no centro do interesse dos homens, e eles têm de agir da maneira que convém a elas. Isto é, não importa se consigam ou não capturar a presa que buscam, pois o essencial é a busca, uma vez que eles são nascidos "para investigar a verdade (*nous sommes nés pour quêter la vérité*)". Já possuir a verdade requer uma potência muito superior.[48] A ideia de que é a investigação o que define a atividade filosófica, independentemente do seu resultado, reaparece na "Epístola ao leitor", que abre o *Ensaio sobre o entendimento humano* de Locke:

---

[47] *THN*, II, III, 10, pp. 451-2; trad., p. 487.

[48] Montaigne, M., "De l'art de conférer", *in*: *Essais*, III, VIII, texto estabelecido, apresentado e anotado por Pierre Michel, Paris, Gallimard, 1973, pp. 191-2.

Aquele que caça cotovias e pardais, embora estas sejam presas bem menos consideráveis, não tem menos divertimento [*sport*] que aquele que se lança num jogo mais nobre; e tem pouca familiaridade com o assunto deste tratado — o entendimento — quem não sabe que, sendo a faculdade mais elevada da alma, ele é empregado com deleite maior e mais constante do que todas as outras. Suas buscas pela verdade são daquela espécie de caça e perseguição [*hawking and hunting*] na qual é a própria busca que dá grande parte do prazer.[49]

Se para Montaigne e Locke o que importa na *investigação* ou *ensaio* é menos o objetivo a ser alcançado, a presa que se captura, do que a *busca*, o *inquérito*, a *inquisição* — "Le monde n'est qu'une école d'inquisition", diz Montaigne[50] —, a contribuição de Hume, ao fazer coro com esses dois autores, reside na tentativa de explicar como, do ponto de vista da teoria das inclinações e paixões, a atividade pode ser mais importante que o fim, ou até como é ela que torna o fim realmente desejável. A escolha de uma atividade (não só da filosofia) depende de cada um. E o prazer e a frustração que a acompanham são proporcionais à paixão com que o homem nela se empenha. É o que lembra o ensaio sobre o cético:

Já observamos que nenhum objeto é desejável ou detestável, valoroso ou desprezível em si mesmo, mas adquire essas qualidades no caráter e constituição particulares da mente que os considera. Não há, portanto, argumentos ou razões diretas que possam ser utilizados com alguma força ou influência para diminuir ou aumentar o apreço que uma pessoa tem por um objeto, para excitar ou moderar suas paixões. Se a Domiciano dá mais prazer cap-

---

[49] Locke, J., *An Essay Concerning Human Understanding*, in: *The Works of John Locke*, Londres, Routledge/Thoemmes Press, 1997, v. 1, p. 4.

[50] Montaigne, M., *op. cit.*, p. 192.

turar moscas, então isso lhe é preferível a caçar feras selvagens, como Guilherme Rufo, ou a conquistar reinos, como Alexandre.[51]

O apreço por um objeto depende da constituição individual, e raciocínio algum fará aumentar ou diminuir diretamente essa estima. Todas essas constatações levam a uma curiosa conclusão acerca da conduta humana em Hume, isto é, acerca dos cálculos que o homem faz em sua vida. Voltando ao exemplo dos mil guinéus, ali se poderia imaginar que a natureza humana é calculista: ela sabe, por experiência e hábito, que mil prazeres representam mais que novecentos e noventa e nove. Mas o que se percebe também é que a paixão sabe inventar um valor que não é necessariamente detectável em termos frios e objetivos. As coisas não podem ser tomadas em valores absolutos. Essa ideia é devidamente explicada no ensaio sobre o "cético".

> De tudo isso se infere que não é pelo valor ou serventia do objeto buscado que podemos determinar o contentamento de uma pessoa, mas meramente pela paixão com que ela o busca e pelo sucesso de sua busca. Os objetos não têm em si mesmos absolutamente nenhuma serventia ou valor. Eles tiram seu valor meramente da paixão. Se esta é poderosa, estável e afortunada, a pessoa é feliz. Não é razoável duvidar que o contentamento de uma jovem trajando um vestido novo para o baile da escola seja tão completo quanto o do maior orador que, triunfante no esplendor de sua eloquência, governa as paixões e resoluções de uma assembleia numerosa.[52]

Tal como na diferença de objetos de desejo entre Domiciano, Guilherme Rufo e Alexandre, aqui também o fascínio da jovem pelo seu vestido não é menor do que o desvelo do orador pela sua

---

[51] *EMPL*, p. 137.

[52] *EMPL*, p. 166.

eloquência. A paixão com que se busca, mas também a repetição, a constância e o *êxito* na busca são os fatores determinantes do valor de um objeto. Entretanto, além da comparação com a caça, o mecanismo atuante na curiosidade ou busca da verdade também pode ser explicado por comparação com a paixão pelo jogo [*passion of gaming*], e nesta se evidencia ainda mais claramente a proximidade de Hume com a discussão do divertimento em Pascal e com a argumentação que Dubos apresenta contra este. A maneira como ele descreve o prazer pelo jogo retoma vários pontos desses dois autores. Tal como na caça, o interesse por uma atividade tem primeiro de fixar a nossa atenção:

> O interesse que temos por um jogo atrai a nossa atenção, sem o que não teríamos nenhum prazer, nessa ou em qualquer outra ação.

Depois de fixada a atenção, surgem outras agitações que, embora mescladas a dor ou desprazer, servem para o objetivo principal, que é aliviar o enfado:

> Uma vez atraída a atenção, a dificuldade, a variedade e os súbitos revezes da sorte fazem que nos interessemos ainda mais; e é desse interesse que resulta nossa satisfação. A vida humana é uma cena tão enfadonha, e os homens em geral são tão indolentes, que tudo que os diverte, ainda que por uma paixão mesclada de dor, no essencial lhes dá um prazer perceptível. Esse prazer aumenta ainda mais, neste caso, pela natureza dos objetos, que, sendo sensíveis e de âmbito limitado, são concebidos com facilidade e agradam à imaginação.[53]

É de notar, além disso, que os ingredientes essenciais que compõem o prazer do jogo são os mesmos que entram na composição

---

[53] THN, II, III, 10, p. 452; trad., p. 488. Cf. Dubos, *op. cit.*, p. 8.

da satisfação com a caça e com a filosofia. Nesses três casos, o prazer advém da combinação de interesse e desinteresse:

> Observou-se que o prazer do jogo não decorre apenas do interesse, pois muitos abrem mão de um ganho certo por essa diversão. Tampouco deriva apenas do jogo, pois essas mesmas pessoas não sentem nenhuma satisfação quando não jogam por dinheiro. Procede antes da união dessas duas causas, embora, sozinhas, elas não tenham nenhum efeito. Ocorre aqui o mesmo que em certos preparados químicos, em que a mistura de dois líquidos incolores e transparentes produz um terceiro que é opaco e colorido.[54]

Esses trechos mostram o quanto a argumentação humiana parece seguir conscientemente, item por item, os pensamentos de Pascal. O que está em questão nas diversões não é a prenda que se ganha, mas a agitação da alma: assim como o que importa na caça não é a presa, mas a caçada, assim também o que interessa no jogo é ocupar a alma, porque, como diz Pascal, é a "ocupação violenta e impetuosa que desvia [os homens] de pensar em si mesmos".[55] Um homem passa a vida "sem tédio" arriscando todo dia uma pequena soma no jogo. Se lhe derem toda manhã o dinheiro que ganharia jogando, sob a condição de não jogar, ele ficará infeliz. Poder-se-ia argumentar que o prazer está no jogo, não no ganho; mas se ele não jogar por nada, "não se animará e se entediará". Entretanto, "é preciso que ele se anime e se engane a si mesmo" imaginando o quanto ficaria feliz em ganhar aquilo que lhe querem dar de mão beijada, caso renuncie a jogar. O jogador não joga pelo dinheiro que ganhará, mas, sem a ilusão de ganhar alguma coisa, ele não se "forma um objeto de paixão" que lhe excite o desejo, a cólera, o receio em relação ao objeto mesmo que ele se

---

[54] *THN*, II, III, 10, p. 452; trad., pp. 487-8.

[55] Pascal, B., *Pensées*, 126, *in: Oeuvres complètes*, edição de M. Le Guern, Paris, Gallimard, 2000, v. 2, p. 585. Esse pensamento sobre o *divertissement* corresponde ao de número 136 da edição Lafuma e ao 139 da edição Brunschvicg.

formou, "como as crianças que se assustam com o rosto que elas mesmas traçaram".[56] Pelo que se viu antes, Hume está plenamente de acordo: é a ilusão que forma um objeto de paixão (*un sujet de passion*), e somente este desencadeia outras paixões inerentes à atividade de jogar: a atenção, a dificuldade, a incerteza, os súbitos revezes da sorte e do azar...

Há ainda uma semelhança a salientar entre as argumentações de Pascal e Hume. Para explicar a "ilusão" que forma a paixão, Pascal não se limita a recorrer a um artifício da natureza como Hume, mas a *dois instintos secretos*: um deles, que leva os homens "a buscar o divertimento e a ocupação fora deles, vem do ressentimento de suas contínuas misérias"; o outro, que "resta da grandeza da nossa primeira natureza", ensina que a felicidade não se encontra no tumulto, mas no repouso. Movidos por esses dois instintos contrários, os homens se formam um "projeto confuso" que resta oculto à visão deles, no fundo de suas almas, e "que os leva a tender ao repouso pela agitação".[57]

No entanto, apesar da semelhança no modo como explicam a paixão pelo jogo, a diferença entre Pascal e Hume é bem significativa. Pascal admite que o que importa na *recherche de la vérité* não é jamais buscar *as coisas mesmas*, e sim a *busca* das coisas, assim como o que apraz não é a vitória, mas o combate mesmo. Pois, no momento em que se alcança a vitória, no instante em que se chega à verdade, os homens já estão saciados e não mais se preocupam em contemplá-la.[58] O foco, portanto, é outro: se não

---

[56] *Idem*, p. 586.

[57] Essa tendência, de buscar o repouso através do movimento, continuará fundamental na nova antropologia da inquietude, ou seja, entre aqueles que, como Malebranche, contestam os princípios de Pascal, conforme explica Robert Mauzi no seu *L'Idée du bonheur dans la philosophie et la pensée françaises au XVIIIe siècle*: "A felicidade está no repouso, sonho oculto no fundo de toda sabedoria; mas ela está também no *movimento*, necessário à vida da alma" (Paris, Armand Colin, 1969, p. 16). O fundamental parece ser que, com a nova antropologia, já não se pode voltar à noção antiga de "tranquilidade da alma".

[58] Pascal, *Pensées*, 647, ed. cit., p. 804, Lafuma, 547; Brunschvicg, 229.

é correto dizer que a busca de diversão é intrinsecamente ruim, se o *divertissement* guarda um aspecto positivo, pois é pela radicalização de sua miséria que o homem entrevê sua grandeza,[59] esse aspecto positivo só entra em linha de conta em função de algo que lhe é exterior, e o movimento só tem significado e valor em vista da salvação ou do repouso. Para Hume, o aspecto positivo está na ação mesma: à primeira vista poderia parecer que os divertimentos — jogar gamão, jantar, conversar com os amigos — só ocorrem em benefício de uma atividade "superior", o exercício intelectual, a meditação filosófica.[60] Mas essa explicação já não dá conta da relação entre filosofia e demais ocupações, pois, do ponto de vista da economia das paixões, não há superioridade de uma atividade sobre a outra. Escolher se dedicar à filosofia não é consequência lógica e natural de raciocínios consistentes; a decisão que leva a ela é menos resultado de uma argumentação *teórica* que fruto de um cálculo *prático*, que se aprende pela observação reiterada da natureza. Cálculo que é entendido como um jogo. Hume pode muito bem não ter sido o iniciador da ideia de autonomia estética (*jogo* vivificador das faculdades da mente, como dirá Kant), mas talvez sua posição seja até mais radical, pois é a partir dele que se pode detectar mais claramente a ideia de que não só a filosofia, mas toda atividade implica sua autolegitimação, devendo ser entendida como um jogo que traz em si as regras de como deve ser jogado. Nenhum objeto tem valor intrínseco, pois o valor só lhe é conferido pela paixão que inventa as regras do jogo. E talvez se

---

[59] Cf. Thirouin, L., *L'Hasard et les règles: le modèle du jeu dans la pensée de Pascal*, Paris, Vrin, 1991.

[60] Essa seria a visão tradicional da relação entre filosofia e jogo. Para Aristóteles, a brincadeira ou jogo não é um fim, mas apenas um meio, isso "porque não podemos trabalhar ininterruptamente"; a *paidea* só existe em vista da atividade (*Ética Nicomaqueia*, X, VI, 2-5, 1176b20 e ss.). Uma perspectiva diferente sobre as relações da filosofia com o jogo desde da Antiguidade pode ser encontra em J. Huizinga, "Formas lúdicas da filosofia", *in*: *Homo ludens: o jogo como elemento da cultura*, tradução de João Paulo Monteiro, São Paulo, Perspectiva, 2007, 5ª ed.

possa dizer que a única peculiaridade do jogo filosófico esteja em conseguir decifrar as regras dos outros jogos.

Esclarecido o mecanismo que é a fonte da curiosidade, é possível voltar ao romance filosófico da última seção do livro I do *Tratado*. Ali Hume apresenta ao leitor os motivos que o levaram a se dedicar à filosofia, elencando os sentimentos que contaram na sua decisão:

> Não posso deixar de sentir curiosidade a respeito dos princípios morais do bem e do mal, a natureza e o fundamento do governo, e a causa das diversas paixões e inclinações que me movem e governam. Sinto-me desconfortável [*I am uneasy*] ao pensar que aprovo um objeto e desaprovo outro, que chamo alguma coisa de bela e outra de feia, que tomo decisões acerca da verdade e da falsidade, da razão e da insensatez, sem saber com base em que princípios o faço. Preocupo-me com a condição do mundo erudito, envolto numa ignorância tão deplorável acerca de todos esses pontos. Sinto crescer em mim a ambição de contribuir para a instrução da humanidade, e de conquistar um nome por minhas invenções e descobertas. Tais sentimentos brotam naturalmente em minha disposição presente; e se eu tentasse erradicá-los, dedicando-me a qualquer outra tarefa ou divertimento, sinto que perderia no quesito prazer; e esta é a origem de minha filosofia.

As paixões que o movem e governam, assim como o que espera ganhar tentando satisfazê-las, são decisivos para que Hume abdique de outros divertimentos pela filosofia, e ele sente que seria um perdedor no tocante ao prazer (*I feel I shou'd be a loser in point of pleasure*), se trocasse a mesa do jogo filosófico por qualquer outra. E, muito embora os próprios princípios que explicam a sua escolha sejam generalizáveis, Hume sabe muito bem que a explicação para a origem da *sua* filosofia não pode ser generalizada, como se a sua tomada de decisão em favor da filosofia pudesse valer para todo e qualquer indivíduo. Se ele pode recomendar a filosofia como uma ocupação adequada aos homens (mais, por exemplo, que a superstição), essa recomendação também vale para atividades que, como as ligadas à literatura e às artes, permitem trocar paixões fortes por paixões mais fracas e constantes.[61] Deixar escapar essa diferença é não ver algo decisivo sobre o modo como se deve jogar em filosofia.

Com boa dose de tranquilidade e otimismo em relação aos princípios que governam a natureza humana, Hume não faz proselitismo da filosofia, porque entende que a maioria dos homens sabe encontrar ocupações condizentes com a importância que dão a suas vidas. O problema é quando a religião ou a filosofia querem lhes explicar qual é o valor que devem atribuir às coisas, pois no afã de generalização elas aumentam ou depreciam demais esse valor. O caso de Pascal é paradigmático, pois revela bem as duas posições que ele visa combater. Para Pascal, o homem pode apostar para ganhar tudo, porque não tem nada a perder; ele é absolutamente miserável, mas tem a possibilidade de ganhar uma grandeza infinita, ganho que passa, sobretudo, pelo reconhecimento de sua miséria.[62] Para Hume, a aposta pascaliana talvez não se carac-

---

[61] Em seu livro sobre a inquietude, Jean Deprun fala ainda de um terceiro princípio, o da "amortização da inquietude pela ficção" ou princípio de irrealidade. Esse princípio também está presente na obtenção de prazeres estáveis e seguros em Hume, sendo importante na conversão das paixões fortes em paixões fracas, mais especificamente ainda na passagem da delicadeza de paixão à delicadeza de gosto.

[62] "Toutes ces misères-là prouvent sa grandeur. Ce sont misères de grand seigneur, misères d'un roi dépossédé." *Pensées*, 107, p. 575, Lafuma, 116; Brunschvicg, 398. A miséria é sinal da queda, a infelicidade, o reverso da felicidade do grão-senhor, do rei decaído de uma natureza melhor, que, no entanto, existiu certamente e pode voltar a existir (105, 107, 108, 109, pp. 574-5; Lafuma, 114, 116-8; Brunschvicg, 397-8, 409, 402). Como se lê nos *Entretiens avec M. de Sacy*, a tese pirroniana da miséria humana e a tese estoica da sua grandeza são complementares, mas ambas errôneas porque recorrem unicamente à natureza, *sem a graça*. Essas duas antropologias decaídas devem ser reinterpretadas à luz da verdadeira antropologia teológica e a correção do erro inversamente simétrico de Montaigne e de Epiteto se daria naquilo que é ensinado pelo Evangelho, a "união inefável das duas naturezas (natureza e graça) na pessoa única do Homem-Deus". Pascal, *Entretiens avec M. de Sacy sur Epictète et Montaigne*, *in*: *Oeuvre*, II, p. 96. Sobre a crítica de

terize bem como uma aposta ou como um jogo segundo os princípios que a própria filosofia de Pascal havia admitido, e que se parecem com os seus. As regras do *pari* são complexas demais, o jogador não investe nada, e pode ganhar tudo de uma vez, não havendo como fugir à impressão de que se está diante de um ultimato, de um tudo ou nada; estando já na rodada derradeira, o desenrolar da partida é muito curto, e, por isso, nela não se aprenda o fundamental, que é aprender a jogar.[63]

A condenação dessa atitude de extremos simbolizada por Pascal não significa, como se vê, frivolidade da parte de Hume. Aliás, ele não se esquece de advertir que a frieza pode vir justamente de um desdém filosófico altaneiro pelas coisas humanas, desdém que logo se transforma quando é a vida do "filósofo sublime" que é posta em jogo:

> Enquanto os outros jogam, ele admira sua aplicação e ardor; mas tão logo faz uma aposta, é transportado pelas mesmas paixões que antes condenava como mero espectador.[64]

Pascal a Epiteto e Montaigne, cf. Jaffro, L., *Post-face au* Manuel *de Epictète*, Paris, Flammarion, 1997, p. 135.

[63] A diferença na concepção do jogo entre Pascal e Hume reflete uma diferença entre duas concepções de método, entre o que se chamou de "geometria do acaso", concebida a partir da "regra das partidas" (o que cabe a cada jogador se a partida fosse interrompida num dado momento), e a ideia de probabilidade, lembrando que Pascal não conhecia o cálculo probabilístico. Sobre a "règle des parties", cf. Thirouin, *op. cit.*, e Henri Gouhier, *Blaise Pascal: commentaires*, Paris, Vrin, 2005, pp. 284 e ss.

[64] *EMPL*, "O cético", p. 141.

II

AS BASES DA APOSTA:
LEI NATURAL, *MATHESIS UNIVERSALIS*
E CÁLCULO MORAL

para Douglas Ferreira de Barros

[...] pois quando se tem capacidade, seja
esta dinheiro ou habilidade, pensa-se que
a boa aplicação dela é algo fácil [...]

Kant[1]

Hume não teria certamente sido levado a conceber a vida e a
filosofia como uma espécie de aposta se não tivesse em mãos as
suas fichas e as suas regras. É que, além das noções tomadas a outros autores (Montaigne, Locke, Pascal, Dubos etc.), a sua aposta
não teria sido possível sem a suposição de que as ações humanas
podem de algum modo ser expressas segundo algum tipo de cálculo. É bem verdade que, se por um lado esse cálculo não pode ser
confundido com relações abstratas entre ideias — todo número
acima de certa quantia é uma abstração incapaz de comover os
homens, como se viu no estudo anterior —, por outro lado ele
tampouco pode ser impreciso como medida. A dificuldade também
poderia ser posta assim: como entender algo que se situa entre os
dois extremos, como situar o ponto em que a excelência da precisão está justamente em conter certa inexatidão?

Não são poucos os comentários versando sobre a relação do
método humiano com a física newtoniana, e parece quase consenso que essa relação é essencial à compreensão do método do *Tratado da natureza humana* — obra que é uma "Tentativa de Introduzir o Método Experimental de Raciocínio em Assuntos Morais",

---

[1] No original, "[...] *denn hat man nur Vermögen, es sey Geld oder
Geschicklichkeit, die gute Anwendung denckt man, ist was leichtes* [...]",
Antropologia Collins, AA, XXV, I, p. 21.

conforme indica o seu famoso subtítulo. Não obstante essa insistência sobre o papel desempenhado pela ciência newtoniana, nem sempre fica claro como a física moderna ajuda entender o que o *Tratado* chama de "raciocínio moral", sobretudo porque a comparação geralmente se limita a dizer que, para Hume, a filosofia, tal com a ciência natural, não deve fazer nem admitir hipóteses, restringindo-se à observação da regularidade dos fenômenos.[2] Mas em geral se esquece ou se passa por alto que esse esses dois aspectos metodológicos (observação empírica das regularidades e recusa das hipóteses) não são propriamente uma descoberta de Hume, e ele mesmo o afirma no "Abstract" do *Tratado*, falando assim de si próprio:

> Ele [o autor] fala das hipóteses com desprezo; e sugere que aqueles nossos conterrâneos que as baniram da filosofia moral prestaram ao mundo um serviço mais notável que lorde Bacon, a quem considera o pai da filosofia experimental. Menciona, nessa oportunidade, o sr. Locke, lorde Shaftesbury, o dr. Mandeville, o sr. Hutcheson, o dr. Butler, que embora difiram entre si em muitos pontos, parecem concordar em fundamentar suas rigorosas investigações acerca da natureza humana exclusivamente na experiência.[3]

Por mais diferentes que sejam, todos esses autores mencionados firmaram suas ideias no chão da experiência e, por isso, todos eles também são citados na "Introdução" do livro como sendo

---

[2] Uma posição instigante, contra a corrente da maioria dos comentários, negando que Hume tenha conseguido aplicar o método experimental em questões morais, é a de James Noxon: "Por fim não é surpreendente que a intenção de Hume de introduzir o método experimental de raciocínio em assuntos morais não teve êxito. Se se entende 'experimental' no sentido de Galileu e Huygens e dos físicos da Royal Society, a tentativa jamais foi feita". *Hume's Philosophical Development: A Study of his Methods*, Oxford, Clarendon Press, 1973, p. 120.

[3] *THN*, "Abstract", p. 646; trad., p. 684.

104   A forma e o sentimento do mundo

aqueles que teriam começado a colocar a ciência do homem num novo patamar, chamando a atenção e despertando a curiosidade do público (e do próprio autor) para ela.[4] O equívoco a se evitar aqui consiste em achar que o elogio que se faz a esses filósofos se deva à filosofia *moral* deles, entendendo-se por *moral* uma *parte* da filosofia, e não a filosofia *toda*. Para Hume, toda a filosofia — a sua, como a desses autores, por distintos que sejam — é uma investigação que quer descobrir como se explicam justamente os raciocínios *morais*, os quais diferem, portanto, dos raciocínios *experimentais*, assim como a ciência da natureza humana difere da filosofia natural ou experimental — isto é, daquilo que hoje se chama física.[5]

Mas aceitando-se, por outro lado, que a ciência da natureza humana adere ao método da ciência newtoniana, uma questão importante a se levantar é até que ponto ela continua sendo uma ciência *exclusivamente* empírica, já que, como é mais que sabido, a física newtoniana que lhe serve de modelo está longe de abrir totalmente mão de princípios matemáticos, como aliás diz o título da obra mais conhecida de Newton. É claro que a posição de Hume não é a mesma de Locke, esse outro empirista radical que, no entanto, foi levado a afirmar que "a moral pode ser demonstrada, assim como a geometria", pois "onde não há propriedade, não há justiça, é uma proposição tão certa quanto uma demonstração em Euclides".[6]

Estando claro, portanto, que filosofia experimental não exclui matematização, o que se proporá a seguir é dar indícios de como a ciência da natureza humana de Hume absorve silenciosamente

---

[4] *THN*, p. XVII; trad., p. 22.

[5] Noutras palavras, *moral* é a classe que engloba todas as disciplinas filosóficas e, ao mesmo tempo, uma de suas subclasses, junto com a lógica, a crítica e a política. *THN*, p. XVI, trad., p. 21. O problema da transposição da filosofia experimental para a filosofia moral é como evitar a circularidade, já que a física, assim como a matemática e a religião natural, dependem, do ponto de vista cognitivo, da ciência da natureza humana (*idem*, p. XV; trad., p. 21).

[6] Locke, J., *Essay*, IV, 3, 18, p. 60.

o *esprit géométrique* de sua época (espírito no qual também se dá a formação científica de Newton), ao mesmo tempo que rejeita radicalmente a geometrização total pretendida pelos sistemas racionalistas. Sem dúvida, o argumento que se tenta defender aqui se vê diante do embaraço de ter de explicar por que no *Tratado* a geometria aparece como uma ciência cuja fonte é empírica. O que se pode responder, por ora, é que talvez a discussão da matematização implícita no pensamento humiano seja o melhor caminho para se compreender também esse ponto, que é, para muitos comentadores, o verdadeiro calcanhar de aquiles da obra. De qualquer modo, tudo isso tem a ver com a questão prática mais fundamental: sem uma matematização mínima, mesmo com todas as suas imprecisões, não se entende absolutamente como os homens podem fazer suas *apostas*. Se não se pode ser tão bom geômetra como Pascal, sempre é preciso fazer algum tipo de cálculo quando se joga.

Não custa refrescar a memória do leitor: o tão comentado subtítulo do *Tratado* lembra bastante outro subtítulo, estampado na primeira (1725) e na terceira edição (1729) do livro de Francis Hutcheson, a *Investigação sobre a origem de nossas ideias de beleza e virtude*. Com efeito, na página de rosto dessas edições se pode ler: "Com uma Tentativa de Introduzir o Cálculo Matemático em Assuntos de Moralidade". Não custa lembrar também que Hutcheson mesmo provavelmente se inspirou em larga medida numa obra ainda mais antiga, publicada em latim, e cuja tradução para o inglês não veio certamente por acaso a lume nesses mesmos anos, em 1727, o *Tratado das leis de natureza*, de Richard Cumberland. Com efeito, o maior interesse do livro de Cumberland não está tanto na defesa que faz, contra Hobbes, da tese da benevolência e da sociabilidade natural do homem; sua novidade está na proposta metodológica: "clonando" em grande medida o método da filosofia que combate, Cumberland propõe nada menos que tentar estabelecer um cálculo geométrico para as ações e para a felicidade humana baseado em ensinamentos euclidianos. É, portanto, pelo viés metodológico que o livro sem dúvida ainda faz por merecer estudos mais detidos. E o que se empreenderá aqui é dar uma visão geral da diferença e da originalidade de seu projeto em relação a Hobbes, enfatizando o seu papel no desenvolvimento da filosofia do sentimento moral.

Embora seu intuito seja o de defender, contra Hobbes, a tese de que a benevolência é natural ao homem, Cumberland tira lições muito proveitosas do método hobbesiano, o que faz do *Tratado das leis de natureza* uma leitura bastante fecunda. O que lhe chama principalmente a atenção na filosofia hobbesiana é a possibilidade de aplicação do saber euclidiano no campo político. Para explicá-lo caberia então repassar brevemente alguns pontos do método resolutivo-compositivo em Hobbes, a começar por um de seus elementos mais importantes, os postulados e demandas. No *De corpore*, a definição dessas noções diz:

> [...] as proposições que se chamam Postulados ou Demandas são efetivamente princípios, mas não da demonstração, e sim da construção, isto é, não da ciência, mas do poder, ou, o que dá no mesmo, não dos teoremas, que são especulações, mas dos problemas, que concernem à prática e à produção de algo.[7]

Postulados e demandas não são princípios de demonstração, não dizem respeito a especulações e teoremas, mas a problemas, eles se referem à "construção" ou "geração" de algo. Sua eficácia, porém, não é menor do que a dos princípios demonstrativos: eles possibilitam o conhecimento integral e completo da natureza de um efeito, porque a geração ou produção engendra todos os movimentos que compõem, que são a causa do efeito almejado. Cumberland percebe bem que, ao insistir no valor dos postulados e na construção genética, Hobbes abre uma via nova para a homogeneização do método em várias ciências, com a transposição do método construtivo — de grande valor na geometria, onde se conhece, por exemplo, por que movimentos se gera e se sabe que um

---

[7] Hobbes, T., *Do corpo. Parte I. Cálculo ou Lógica*, tradução e notas de Maria Isabel Limongi e Vivianne de Castilho Moreira, Campinas, Editora da Unicamp, 2009, p. 159.

círculo é um círculo[8] —, para a física, para a moral e para a política. Essa homogeneidade metodológica, aliás, também abre espaço para uma inversão radical da ordem de prioridades entre o domínio prático e o domínio teórico. Diferentemente do que ocorre com o cartesianismo, o vigor do método geométrico hobbesiano está em situar a unidade das ciências não na teoria, mas no campo prático. A construção, a produção genética pertence antes à aplicação, à *potência* que à *ciência* (*non scientiae, sed potentiae*), o que significa também relativizar o peso absoluto dos princípios demonstrativos: todo saber teórico precisa ter uma aplicação prática, toda ciência deve estar a serviço da potência (*scientia propter potentia*).[9] Cumberland, por seu turno, tentará mostrar a "grande afinidade" das *proposições práticas* com as *proposições especulativas*: em todas aquelas, o efeito é buscado com um fim, e as ações, que estão no poder do indivíduo, como meios. Assim, as proposições práticas "declaram a origem de um efeito a partir de ações humanas", como a primeira proposição dos *Elementos* de Euclides, que, convertida em proposição prática, profere algo sobre o "efeito de uma certa série de ações humanas".[10]

Assim, quando Hume afirma, no subtítulo do *Tratado*, que seu propósito é tentar aplicar a ciência experimental aos raciocínios morais, tal afirmação talvez mereça ser colocada nesse contexto mais amplo em que ética e política não estão em defasagem, e sim em pleno compasso com as inovações do método matemático; quer dizer, parece que o alcance da afirmação de Hume só pode ser bem medido a partir da reviravolta provocada por Hobbes, segundo a qual a ciência deve estar a serviço da potência, o *teorema* deve ser pensado em função dos *problemas*, isto é, em função "da arte de construir".[11] Mas não haveria um exagero ou mesmo

---

[8] *Idem*, p. 27.

[9] *Idem, ibidem*.

[10] Cumberland, *op. cit.*, pp. 183-4. Na sequência, o texto trata da conversão de problemas em teoremas.

[11] "*theorema... propter problemata, id est propter artem construendi.*" Hobbes, T., *Do corpo*, p. 27.

um erro grosseiro em dizer que Hume teria alguma dívida para com a arte construtiva do *De corpore*?

A relação complexa entre geometria e moral em Hobbes reflete o modo pelo qual ele entende a ligação entre o método construtivo e a explicação do movimento. Seguindo o caminho indicado no *De corpore*, pela via analítica se chega às causas simples ou universais encontradas em todos os corpos, e todas essas causas são produzidas por uma única causa, o movimento. Por ser a causa, o movimento é o fio que liga, ou deveria ligar, todas as partes da filosofia, indo da geometria à física e à moral: enquanto na geometria o movimento engendra as figuras geométricas, na ciência natural se investigam quais efeitos são provocados pelos movimentos dos corpos, o que inclui os efeitos causados nos sentidos e na imaginação. Por fim se chega à moral, que estuda os movimentos na mente, pelos quais se engendram apetite, aversão, amor, benevolência, esperança, medo, ira, emulação, inveja etc.[12] O que parece se seguir naturalmente é que o Estado seria formado a partir de movimentos semelhantes, como os homens vinculando-se uns aos outros segundo seus interesses ou paixões.

A filosofia de Cumberland segue um desenho muito parecido, mas justamente para refutar o autor do *Leviatã*. Hobbes tem razão: é por análise que se chega aos elementos mais simples, a partir dos quais se forma ou constrói, por composição, o todo a ser obtido. Mais ainda: o método permite que se postule o fim ou o todo a ser buscado, mesmo que não sejam conhecidos, isto é, pela admissão hipotética de um fim ou todo a ser alcançado, pode-se determinar quais fatores levam à construção dele. É exatamente assim que se conhece melhor o que se pode exatamente esperar do indivíduo e da sociedade. Como explicar melhor a transposição metodológica? Como nem os homens, nem a coletividade sabem exatamente o que é que buscam, pode-se e deve-se partir da seguinte postulação geral: o que permite precisar um pouco melhor o objetivo a ser alcançado é supor que o homem sozinho não consegue obter a

---

[12] Hobbes, T., *Do corpo*, pp. 139 e ss.

maior ou suma felicidade que lhe cabe no mundo, se não for auxiliado pelos outros homens; e que, inversamente, o bem comum só é alcançado se todos os particulares contribuem para a sua obtenção. A cooperação entre o todo e as partes é o que dá consistência à busca de uma felicidade postulada como felicidade coletiva. E esse mecanismo se baseia na benevolência individual, isto é, o indivíduo deve *querer* o bem coletivo, assim como, inversamente, por força de observações e reflexões reiteradas, ele também é capaz de descobrir que sua ação é na verdade apenas uma retribuição daquilo que a natureza, o universo, concedeu de bom para cada indivíduo e cada espécie.[13] Noutras palavras, a postulação inicial de Cumberland é a de que aquilo que os antigos chamavam "sumo bem" não pode ser determinado apenas do ponto de vista da felicidade individual, mas supõe um cálculo a respeito do bem coletivo ou comum. O estabelecimento do sumo bem próprio a cada pessoa implica o cômputo da totalidade de bens, de riquezas materiais e espirituais inscrita na ordem natural, isto é, estipulada pela lei de natureza. Ela é a soma de bens estabelecida por essa lei. Segundo o próprio Cumberland, é principalmente nessa transformação da noção de sumo bem em bem comum que se pode medir melhor a distância que separa o seu próprio intento daquele que é buscado pelos demais escritores morais:

> Por isso, quando *escritores morais* falam da felicidade de cada indivíduo como *seu fim último*, de bom grado eu os interpreto neste sentido: que este é o fim principal entre aqueles que dizem respeito unicamente ao agente... Eu concebo o *único fim principal* ou o melhor efeito como sendo

---

[13] Cumberland, R. *Tratado das leis de natureza*, tradução para o inglês de John Maxwell. A edição utilizada aqui é a fac-similar publicada em Nova York pela editora Garland, 1972 (p. 274). Jean Barbeyrac, que lembra que a primeira edição do livro foi publicada no mesmo ano que o *Direito da natureza e das gentes*, de Puffendorf, fez uma importante tradução para o francês, publicada em 1757, cotejando o original em latim com algumas correções de próprio punho do autor.

110   A forma e o sentimento do mundo

composto da própria felicidade e da felicidade de todos os seres racionais.[14]

A investigação do bem comum se distingue, pois, da determinação do sumo bem ou fim último individual dos escritores morais, porque estes se preocupam tão somente em responder à questão: "Qual é a maior dentre as muitas coisas boas possíveis?".[15] O cálculo moral cumberlandiano é bem mais complexo, uma vez que agora se trata de entender que cada indivíduo deve propor para si um fim que é "composto de sua própria felicidade e da felicidade dos outros", e que o resultado que ele obtém para si é apenas uma parcela desse somatório.[16]

A complexa articulação existente entre busca individual de felicidade e produção coletiva de bem-estar é explicada com base num grande silogismo, no qual o termo ou premissa maior se apresenta na forma da proposição: o fim último é buscar o bem supremo. Já o termo médio ou premissa menor afirma precisamente a proporção de bens a que cada um tem direito respectivamente à soma total do bem coletivo:

> A medida de coisas boas a que cada um tem direito e pode buscar racionalmente não pode ser determinada ou fixada de outra maneira senão pela proporção [*Proportion*] que ele mantém com o sistema de todos os seres racionais.[17]

Por fim, a conclusão afirma que o bem comum se torna o fim principal de todas as ações humanas.[18] Aceitando-se a postulação, ou premissa maior, todo o problema está justamente em como

---

[14] *Idem*, p. 275.

[15] *Idem, ibidem.*

[16] *Idem*, p. 276.

[17] *Idem*, p. 277.

[18] *Idem, ibidem.* Simplificando o raciocínio, a premissa maior afirma: "O fim último é buscar o bem supremo". A premissa menor: "O bem supre-

As bases da aposta

determinar o termo médio, que depende de como cada indivíduo determina suas forças em função de si mesmo e do conjunto. Noutras palavras, aceitando-se o fim postulado, toda a solução do problema gira em torno do termo médio, que depende da natureza individual: cada um tem de saber a medida de suas forças ou poderes a fim de promover o bem comum e, indiretamente, o próprio. O mesmo problema reaparecerá — e não certamente por acaso, como se verá — no grande silogismo teórico-pragmático-moral que é a filosofia kantiana. No sistema kantiano, o fim último a ser buscado pelos homens é fixado pela razão, mas é o Juízo que avalia e afere se os meios e poderes empregados são convenientes para a realização do fim estabelecido. Ou seja, se a razão estipula o fim, o problema do termo médio é determinar em que medida os poderes e faculdades dos agentes individuais são apropriados para a realização desse fim, a realização plena da moralidade entre seres racionais finitos. Em suma, trata-se de aferir a contribuição das aptidões ou habilidades (*Geschicklickeiten*) e destrezas (*Fertigkeiten*) de cada um, e do conjunto das faculdades, inclinações e paixões humanas em geral, para o progresso da história, para a promoção e realização do reino dos fins.

Para Cumberland, é preciso, em primeiro lugar, saber que efeitos devem ser buscados e, em segundo lugar, de que causas ou forças se dispõe para obter esses efeitos; por análise se descobrem os efeitos almejados e depois, por síntese, se estabelece mediante que causas particulares esses efeitos podem ser obtidos.[19] E esse procedimento é análogo ao que ocorre em geometria: "Exatamente como na construção de problemas geométricos", parte-se daquilo que a análise descobriu previamente como o que deve ser buscado (o resultado), e se determina por síntese toda a natureza do efeito desejado.[20]

---

mo é a soma de todos os bens particulares". Conclusão: "O fim último é o bem supremo, alcançado pela soma de todos os bens".

[19] *Idem*, pp. 277-8.

[20] *Idem*, p. 278.

Assim como, em geometria, pontos, retas, curvas e demais propriedades são os meios de construção e geração da linha, da superfície, das figuras etc., assim também, na moral, as aptidões, capacidades e poderes dos indivíduos são os elementos de composição ou "construção" do bem comum a ser alcançado. E Cumberland sugere vários modelos de comparação entre o *more geometrico* e o *more ethico*, entre os quais o mais sugestivo é talvez o que procura explicar a "proporção" moral pela média proporcional ou geométrica.

Como se sabe, o problema da média geométrica consiste em encontrar a média entre duas linhas retas dadas. E as operações necessárias para chegar à resolução do problema são: 1) as linhas têm de ser unidas; 2) é preciso encontrar o meio entre elas; 3) do meio se faz o centro da circunferência; 4) e da circunferência se traça uma perpendicular, que tocará o ponto de conexão entre as duas retas. Como nesta figura,

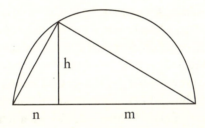

onde h é a média proporcional entre m e n. Ou: $m/h = h/n$; $h^2 = m.n$.

Na transposição empreendida por Cumberland, o que ocorre com a produção social do bem é explicável pelo modo como se encontra a média geométrica: a contribuição de cada um para o conjunto das riquezas numa sociedade é = n (o segmento é variável, dependendo das aptidões naturais de cada pessoa); a contribuição do demais indivíduos juntos, *em relação ao indivíduo particular*, a contribuição coletiva é = m. Se a comparação é aceita, o que cada um ganha com sua participação no "bolo" é sempre maior do que a fatia de sua contribuição individual (h > n). E, concluída a demonstração geométrica de que o ganho final é maior se o indivíduo

As bases da aposta

coopera com os outros, o procedimento, em sua etapa analítica, é assim resumido por Cumberland:

> Da mesma maneira [que na geometria], todos os indivíduos em particular, em sua busca natural de felicidade, *primeiro descobrem* que o objeto de suas buscas deve ser uma medida determinada de bem, *proporcional* a suas necessidades, que é de algum modo mais distinta [*distincter*] que a ideia de felicidade que eles estão buscando. *Depois*, eles fazem uma investigação mais estrita das causas a partir das quais se pode esperar esse bem e, procedendo, em sua análise, das causas próximas imediatas até aquelas que são mais remotas de nós no sistema das coisas, são levados pela natureza a *entender* que todos os seres racionais que nos cercam deve ser considerados como causas de que dependemos em alguma medida e, de acordo com isso, devem se tornar nossos amigos pela benevolência universal. Por conseguinte, essa *análise* nos *instrui* que se deve buscar um *bem maior* do que aquele que *primeiro se ofereceu* por si mesmo à nossa vista, como sendo aquele com o qual nossa própria suprema felicidade está necessariamente conectada, pela natureza do universo (de que somos uma parte); e, portanto, temos de buscá-lo em conjunto com aquele fim mais nobre, o bem público (a honra de Deus e a felicidade da humanidade) ou pôr de lado todas as esperanças a esse respeito fundadas na natureza das coisas.[21]

A análise indica que o bem perseguido em conjunto é maior do que o bem que cada indivíduo entrevia isoladamente de início. Isso é fundamental: segundo a regra capital dos deveres, entre dois bens é preciso escolher sempre o maior, o sumo bem. E, conhecendo por análise o bem ou efeito a ser buscado, pode-se passar à síntese ou determinação da medida da atuação dos poderes individuais:

---

[21] *Idem*, pp. 278-9.

Feitas assim essas descobertas das causas pela *análise*, a mente se aplica na consecução daqueles *fins mais nobres* (em que nossa própria felicidade está abundantemente contida) e ordena e classifica todas as causas segundo a *medida* dos poderes e inclinações que ela descobre neles com respeito àquele fim.[22]

Tendo-se clareza sobre o fim a ser alcançado — o sumo bem coletivo —, a pergunta é quais são os meios ou causas capazes de levar à sua consecução. As qualidades ou poderes individuais, os dons ou talentos naturais, são os agentes dessa realização, operando tais como os conceitos e noções primitivos da geometria (ponto, reta, superfície etc.) na construção ou resolução de problemas. A pretensão metodológica de Cumberland é a mesma encontrada em Hobbes: o fato de que não se possa determinar exatamente o que é adequado ao fim nas ações não diminui a precisão nem a utilidade do cálculo em moral e política, assim como o fato de não se poder construir uma linha absolutamente reta não compromete a verdade e a utilidade dos princípios geométricos.[23] E a confiança na possibilidade de fazer transposição dos procedimentos geométricos para o campo moral é de tal ordem, que ela leva a entrever a viabilidade efetiva de um empreendimento que aparece apenas "sucintamente sugerido", mas não "suficientemente apresentado" por Descartes, a saber, a aplicação da *mathesis universalis* à moral.[24]

Como tornar viável a aplicação do modelo cartesiano das "proporções em geral" à moral e à política? O argumento é simples: aproveitando o ensinamento encontrado no *Discurso do método*, de reduzir as proporções a linhas,[25] cada poder, cada habi-

---

[22] *Idem*, p. 279.

[23] *Idem*, p. 185.

[24] *Idem*, p. 48.

[25] René Descartes, *Discurso do método* (segunda parte), tradução de J. Guinsburg e Bento Prado Jr., notas de Gérard Lebrun, São Paulo, Abril, 1979, p. 39.

lidade, cada talento pode ser representado por uma reta proporcional à importância desse poder ou habilidade na realização do bem-estar comum. Isso supõe que o efeito ou fim desejado (o bem coletivo) seja tomado como uma incógnita, como um valor "x" para o qual cada qualidade ou virtude contribui com uma parcela que é fixada de acordo com a resultante de bondade por ela alcançada. Assim, pode-se considerar a "benevolência" universal como resultado de um conjunto composto de capacidades distintas como fidelidade, gratidão, amor paternal etc., em que cada uma dessas virtudes é figurada por um segmento de reta cujo tamanho é conforme o seu valor no cômputo geral.

A força sugestiva dessa adaptação à política do modelo cartesiano das proporções está, sem dúvida, na capacidade de combinar o aspecto individual e o aspecto social: as qualidades e as aptidões próprias a cada pessoa são um dom da natureza, isto é, elas são expressão mais clara das *leis de natureza*, que estipulam com rigor e justiça aquilo a que cada um tem *direito* para a sua sobrevivência e felicidade, mas também os *deveres*, *débitos* ou *dívidas* de cada um para o bem coletivo. A distribuição que a natureza faz não é apenas restritiva ou negativa: ela não tira de um para dar ao outro; ao contrário, embora as aptidões e qualidades naturais sejam de indivíduos específicos, todas elas são causas de benesses sociais. Aparentando ser à primeira vista apenas propriedades particulares, os dons e talentos naturais são na verdade de utilidade pública, porque, diferentemente do que imagina Hobbes, qualidades como medo, coragem e destemor não são benéficas apenas para o indivíduo delas dotado, não são forças úteis apenas no estado de natureza a serem domesticadas na vida civil, mas, muito pelo contrário, são *virtudes sociais*, úteis para os que dele dependem ou lhe estão ligados (e, como tais, também podem ser figuradas num segmento de reta, no modelo cartesiano das proporções). Mesmo quando voltada para a preservação pessoal, toda qualidade natural também existe em função dos laços sociais que ela ajuda a estreitar, e, inversamente, o reconhecimento social ajuda a reforçar a qualidade natural. Noutras palavras, não faz sentido falar em *jus naturale* num imaginário estado de natureza no qual o indivíduo aparece isoladamente, solitariamente, isto é, *absolu-*

tamente, pois, não havendo partilha, não há nem direito, nem justiça. Ou ainda mais radical e simplificadamente: no limite, não existe emoção privada (para falar com Wittgenstein), porque toda paixão ou afeto (incluindo o medo, a competição, o desejo de glória etc.) já é desde sempre, por natureza, um sentimento mais ou menos coletivo, benéfico para uma coletividade mais ou menos numerosa, e a construção do Estado em Hobbes não pode efetivamente ser consumada pelo método geométrico, simplesmente porque ele não consegue mostrar como as paixões individuais do estado de natureza podem ser convertidas em valores positivos, que entram no cálculo político como os elementos na construção geométrica. Elas são fatores irracionais, que não podem ser equacionados, a não ser por sua eliminação: daí a necessidade de um pacto, que, na verdade, é um elemento que se acrescenta posteriormente, que não estava entre os elementos encontrados na análise. Em suma, a resolução hobbesiana tem o defeito de chegar a elementos que, no interior da sua dinâmica, são incompatíveis com a constituição da sociedade e do direito e é por isso que ela tem de recorrer ao pacto.

Para Cumberland, há certamente uma espécie de "convenção" ou de acordo, de adesão voluntária à instituição da sociedade, e o modo como ele a explica ajuda a entender o problema da descontinuidade metodológica em Hobbes. Por que a comparação com as matemáticas é essencial? Como se viu, toda postulação, já por sua definição, é uma demanda ou petição que precisa ser feita para passar à demonstração, no caso, a construção de algo. O erro hobbesiano estaria não tanto em imaginar uma perfeita simetria entre as postulações do geômetra e do homem político, mas em supor que, nos dois casos, ela pode ser perfeitamente *arbitrária*. Para ele, a instituição político-jurídica seria tão artificial quanto os elementos de que o matemático precisa para fazer seus cálculos. Mas, para Cumberland, o erro é visível: o fato de que as noções possam ser estabelecidas *arbitrariamente* pelo matemático segundo o *De corpore* não é prova de que a postulação em que se baseia a sociedade seja meramente artificial ou instituída, pois ela está contida — assim como a matemática — *na própria natureza das coisas*. Hobbes leva a simetria longe demais, ao acreditar que a auto-

As bases da aposta

117

ridade do poder se constrói da mesma maneira que o consenso artificial em torno de uma definição e de um axioma euclidiano, como se o legislador, o filósofo e o geômetra pudessem ser exatamente a mesma pessoa.[26]

Hobbes pode ser muito bom metodologista, mas ele é, no fundo, um mau calculista, um mau matemático, o que se pode constatar pelo fato de ele não avaliar corretamente a distribuição dos bens, dos direitos e dos deveres estabelecida pela natureza. Não por outro motivo ele entende o direito natural como a liberdade que cada um tem sobre seu poder de conservar a própria natureza e a própria vida, usando os meios que seu julgamento ou razão considerem os mais aptos para tanto.[27] Tão cioso do método geométrico, Hobbes comete um grosseiro erro de cálculo, fazendo o arbítrio passar por reta razão: ele imagina poder fazer crer que, no estado de natureza, o homem dispõe nada mais, nada menos do que de todo o universo, quando a natureza ensina uma lição de matemática mais elementar, a de que há uma proporção inscrita na ordem das coisas, a observância da qual não é vantajosa para um só, mas para todos.[28] É essa proporção ou medida que a reta razão deve, portanto, buscar reconhecer.

Uma parte importante da argumentação de Cumberland consiste em mostrar que a orientação dada pela lei natural não é apenas algo que se percebe pela razão, mas também é sentida fisiologicamente pelo próprio corpo. Isso o leva a uma investigação sobre

---

[26] Sobre o consenso em que se fundariam os axiomas de Euclides em Hobbes, cf. *Do corpo*, p. 159. Sobre a "legislação" arbitrária do filósofo e do matemático sobre os vocábulos que empregam, ver p. 43. Lendo os cursos de Lógica de Kant se pode ver o quão próximo ele está de Hobbes no que se refere à arbitrariedade das definições matemáticas (e lógicas), passo fundamental para a compreensão — inteiramente no espírito hobbesiano — de que as matemáticas operam sinteticamente, isto é, por construção de conceitos. Ver, por exemplo, *Logik Blomberg*, p. 132: "Todas as definições matemáticas são, portanto, fictícias, e não passam, pois, de conceitos feitos, arbitrários, distintos, da coisa".

[27] Hobbes, *Leviatã*, I, 14, ed. cit., p. 189.

[28] Cumberland, *op. cit.*, p. 64.

a disposição do organismo para a autopreservação, para a benevolência e para a necessidade de assistência dos outros. Há uma ordenação, uma medida natural, que estima o que cada indivíduo e a sociedade têm de fazer por analogia com o modo pelo qual a vida animal está organizada: a medida das coisas boas a que cada um tem direito é determinada pela justa proporção em que o indivíduo se encontra em relação ao todo, exatamente da mesma maneira que

> [...] a nutrição adequada para a preservação e o incremento de cada membro particular no animal saudável é determinada pela proporção que ela mantém como o estado mais florescente de todo o corpo.[29]

Hobbes não vê o fato óbvio de que o homem é impotente diante do poder da natureza, de que a organização (*frame*) mesma do seu corpo, a sua saúde, depende por inteiro do "grande sistema de corpos" que o cerca. A vida humana está condicionada por poderes como o do sol e o do ar, aos quais não se dá muita atenção, mas que são agentes indispensáveis à sua preservação, além da concorrência de várias outras causas principais e subordinadas, como um justo temperamento do corpo, uma configuração bem-proporcionada de suas partes, um solo fértil, comida e abrigo suficientes.[30] Se Hobbes percebe bem que *a lei natural é a mesma tanto na física como na política*, pois que o movimento que forma os corpos físicos segue a mesma lei natural pelo qual os cidadãos irão formar o corpo político, ele, contudo, em virtude de seu materialismo e mecanicismo, reduziu por demais a sua construção a poucos elementos, sem compreender a infinidade de fatores de que depende a conservação do organismo, conservação que, no caso

---

[29] *Idem*, p. 277. Cf. "*That the happiness of each Individual (from the Prospect of enjoying which, or being depriv'd of it, the whole Sanction is taken) is deriv'd from the best State of the whole System, as the nourishment of each Member of an Animal depends upon the nourishment of the whole Mass of Blood diffus'd thro' the whole*" (p. 21).

[30] *Idem*, p. 241.

da vida humana, inclui também desde sempre o auxílio de outros seres humanos. O que quer dizer: a matematização é um instrumento, não a solução, e o erro de Hobbes parece ter sido o de pensar que ele chegaria *efetivamente* à causa simples de tudo, o movimento.

A lei natural não é tão simplista... Para refutar as explicações mecanicistas de Hobbes, Cumberland mobiliza todo um conjunto de conhecimentos físicos e medicinais de sua época (Harvey, Willis etc.), com os quais procura apresentar uma reavaliação da anatomia e da fisiologia humana: o corpo não é um mero mecanismo, como querem Descartes e Hobbes, mas uma estrutura (*frame*) que espelha a estrutura do universo, ele não é só mero indicador instintivo do que é bom ou ruim como nos animais, mas um sensor mais apurado, cujo bom funcionamento ou temperamento (*good temper*) dá a medida daquilo que é próprio a cada um, daquilo que é a felicidade a ser alcançada por cada um e pelos outros, em companhia. Cumberland deixa assim preparado todo o campo para que Hutcheson venha detectar, em ligação com o corpo, a existência de uma sensibilidade diferente da sensibilidade animal, um sentimento que está além desta, mas que é também *anterior* à razão. Intersecção da lei de natureza e da sociedade, o "corpo" humano é um ponto de confluência do mundo inteiro, e a proporção admirável nele encontrada possibilita a percepção de uma justiça distributiva já na ordem natural, que leva cada um a compreender o que lhe é exigido e devido sempre em contato com os demais. Cada indivíduo só percebe o que é seu caso se encontre no gozo da própria boa disposição e temperamento, o que não foi o caso de Thomas Hobbes. Vítima do desgoverno de suas emoções, de seu próprio destempero, incapaz de enxergar o mínimo que seja da ordenação cósmica, ele transfere a própria *desmedida* ao homem natural que descreve.

Contrapondo-se à *hybris* hobbesiana, Cumberland coloca a discussão sobre a capacidade que o homem tem de aferir a quantidade natural e o alcance de seus próprios poderes no centro da discussão filosófica. Como se indicou antes, o seu sistema depende em grande parte do conhecimento das capacidades humanas, das qualidades que cada um percebe em si e traz para o convívio coletivo. Aferir como as capacidades humanas podem ser integradas num termo médio adequado que leve à conclusão do silogismo político depende da compreensão da conexão entre meios e fins na ordem natural:

> Pois a lei de natureza, ou razão, ponderando os poderes da natureza, não pode nos propor aquilo que é impossível como um fim, nem prescrever fazer uso daqueles meios que excedem os limites de nosso poder, porque ambos seriam inúteis e inconsistentes com nossas faculdades. Mas a razão é claramente contrária a tentativas vãs e inconsistências.[31]

Hobbes é incapaz de entender a quantificação inscrita na natureza, porque, em virtude de sua adesão incondicional ao mecanicismo, ele não consegue explicar bem para si mesmo o nexo entre meios e fins, que é irredutível ao simples movimento do apetite. Ele nivela todas as capacidades humanas, considerando-as todas em função do benefício que alcançam em termos de prazer e conservação. Tal nivelação das qualidades se torna patente na análise que ele faz dos poderes (*powers*, *potentiae*) dos homens no estado de natureza: como ali eles vivem em estado de guerra, um não é tão superior ao outro que não possa ser derrotado pelo outro, o mais forte não é tão mais forte assim que não possa ser subjugado pelo mais astuto etc., podendo-se portanto dizer que no estado natural os poderes humanos se equivalem, isto é, tendem a se anular. Com isso se pôde postular falsamente a igualdade natural dos homens, passando-se inteiramente ao largo da constatação empírica da diferenciação natural entre os indivíduos, cujas faculdades, inclinações e mesmo órgãos são diversificados, atendendo a finalidades diferentes, assim como cada indivíduo detém habilidades diferenciadas, que são computadas de modo diferente no "corpo" político. Ao contrário do que ocorre em Hobbes e em Rousseau, no jusnaturalismo britânico que se origina em Cumber-

---

[31] Richard Cumberland, *op. cit.*, p. 194.

land o estado de natureza não é um estado de igualdade, mas de repartição desigual. A sociedade e os indivíduos, reconhecendo a desigualdade original, terão o dever de corrigi-la ou minimizá-la.

Essa concepção de uma distribuição desigual e diferenciadora dos bens e poderes leva a consequências importantes em dois âmbitos aparentemente distintos: a economia e a compreensão das faculdades humanas.

A impressão que se tem, ao ler Cumberland, é a de que ele parece querer dizer o tempo todo que Hobbes não está à altura do método que conhecia, em que a ciência deve estar a serviço da potência. Os poderes e qualidades naturais desempenham função similar à dos elementos matemáticos (como ponto, linha, reta, círculo etc.) na resolução de problemas geométricos; as capacidades mentais e morais são os elementos necessários ou *causas* para a construção ou geração de um efeito prático, exatamente como na explicação do método compositivo do *De corpore*. Isso significa uma maneira totalmente diferente de pensar as faculdades e, no fundo, uma verdadeira subversão da "epistemologia": pois enquanto Descartes concebe o entendimento e as demais faculdades a partir de sua essência ou natureza, com Hobbes o modelo matemático permite pensá-las a partir daquilo que são capazes de produzir. É sabido que a passagem da ciência à potência foi decisiva para o modo de conceber as definições na filosofia espinosiana e também leibniziana,[32] como fica claro nesses dois hobbesiano-leibnizianos que são Lambert e Kant. Em via de comprender que as matemáticas operam por síntese, e não por análise, Kant aprende provavelmente com Lambert uma lição determinante para sua concepção do alcance, dos limites e também do modo como operam as faculdades: conforme mostra o *Novo Organon*, toda faculdade pode ser entendida como desempenhando a função de postulado na resolução de um problema prático, ou seja, toda tarefa (*Aufgabe*) prática requer faculdades ou capacidades sem as quais

---

[32] De Espinosa, pode-se consultar a carta IX a Simon de Vries e a carta LX a Tschirnhaus; de Leibniz, as *Meditationes de Cognitione, Veritate et Ideis*, ed. Gerhardt, IV, p. 424.

não ocorre a operação ou as operações que podem tornar realidade o efeito que se deseja.[33]

O ganho em passar a compreender a faculdade pelo que ela produz e não pela sua essência é, obviamente, grande do ponto de vista da elucidação do trabalho das faculdades, pois com isso se pode entrever a possibilidade de fazer um inventário de todas as operações e as faculdades a partir daquele que seria o seu "resultado" operacional. Como se apontou de início, a semelhança entre Cumberland e Kant é tanto maior quanto ambos postulam um fim para seus sistemas e, a partir dele, podem estipular como cada faculdade pode contribuir com ele.[34] E, de fato, a ideia de operatividade, de contribuição para um sistema de fins é central, pois o recenseamento das operações mentais a partir de sua "capacidade produtiva" surge em claro paralelo com a possibilidade de calcular o valor do *trabalho*: como se está tentando mostrar, o nascimento da economia e o da crítica da razão só são possíveis desde o momento em que, com Hobbes, a ação prática passa a ter o primado

---

[33] Lambert, J. H., *Novo Organon ou Pensamentos sobre a investigação e designação do verdadeiro e sua diferença do erro e da aparência*, "Dianoiologia", §§ 528 ss., Berlim, Akademie Verlag, 1990, v. 2, pp. 262 ss. Sobre o "catálogo" das diversas operações do espírito, cf. § 161, p. 82.

[34] A tradução de Barbeyrac do *Tratado* de Cumberland permite ver melhor a proximidade com a filosofia kantiana. O título do capítulo 4 "*De dictaminibus practicis*" é assim traduzido por ele: "Das Máximas Práticas da Razão". E ele resume o conteúdo do capítulo, sobre essas máximas ou proposições práticas: "Que as *ideias práticas* ditadas pela razão são certas proposições que marcam a ligação das ações humanas com seus efeitos; e que essas proposições, mostrando a causa própria ou necessária do efeito que propomos, prescrevem ao mesmo tempo um meio suficiente, ou necessário, para chegar ao fim". É preciso lembrar que, diferentemente da proposição especulativa, a importância da proposição prática está em que ela tem força de uma prescrição, que ela revela um dever. Ainda na tradução de Barbeyrac: "Pois, ainda que considerando a sua forma, [a proposição prática] pareça exprimir uma proposição especulativa, ela tem, por fundo, força de proposição prática, pois que ela descobre o fundamento natural da obrigação".

sobre a teoria, em que "toda especulação se faz em vista de alguma obra ou ação".[35]

Um sistema exaustivo das faculdades humanas é factível, assim como é possível entrever uma sistematização econômica e social das capacidades ou poderes individuais quando se percebe que o método geométrico admite a possibilidade de conversão das proposições teóricas em tarefas práticas. Mas Hobbes não viu que a comparação entre as diversas atividades humanas era passível de ser feita, pois pensava num isolamento (a faculdade só servia ao indivíduo) e numa igualdade entre elas (todas elas se equivalem, isto é, no limite, se anulam). Para Cumberland, ao contrário, o estado de natureza é, desde sempre, um estado social, e as forças concedidas pela natureza já são "forças socialmente produtivas", porque não existem potencialmente em algum lugar mítico, mas apenas dentro de alguma relação social, único espaço em que se consegue aferir *comparativamente* o seu valor. Segundo sua concepção, toda relação entre dois indivíduos já é uma "transação" no sentido econômico da palavra, contendo uma quantificação. É assim também que se torna possível um cálculo do valor das ações e do *trabalho* humano:

> [...] *pouco* ou *nada* é transacionado [*transacted*] em sociedade entre os homens que não dependa do conhecimento do *número* e de *medidas*; e, portanto, se todas as *questões* que dizem respeito à prática forem tratadas *corretamente*, elas têm de ser *reduzidas* à evidência e à certeza *matemáticas*: tais são as que determinam o *valor*, tanto das coisas como do trabalho [*labour*] e das ações humanas, quer comparando-os uns com os outros, quer com uma terceira coisa, o *dinheiro* [*money*], do que há, portanto, várias espécies, para a redução do valor das quais à moeda mais conhecida é necessário *aritmética*, natural ou artificial.[36]

---

[35] Hobbes, *Do corpo*, p. 215.

[36] Cumberland, *op. cit.*, pp. 186-7.

Toda transação humana pode ser convertida num valor e, em última instância, em dinheiro, forma última a que se reduz a evidência e a certeza matemáticas.[37] Parece que Cumberland realiza, assim, aquilo que não foi diretamente possível ao cartesianismo, e se pouco depois a filosofia moral britânica, com Hume e Adam Smith, se ramifica não só na história e na antropologia, mas também na economia, isso se deve em grande parte à aplicação que Cumberland tentou fazer da *mathesis universalis* ao plano das ações práticas. A verdade do direito natural na sua versão geométrica não é o Estado, nem o contrato social, como em Hobbes, mas a sociedade civil e a economia política.[38]

Cumberland sabe bem do que está falando quando propõe um substitutivo ao *Leviatã*: o legislador hobbesiano e sua justiça não são páreos para a justiça econômica do deus-geômetra difuso na ordem natural. A própria matemática o indica: assim como em

---

[37] "*adeoque si omnia accuratè tractarentur, ad evidentiam ac certitudinem Mathematicam quaesita praxes reducerentur*", diz o texo tem latim. O trecho todo, na sempre precisa tradução de Jean Barbeyrac, diz: "*de sorte que, si l'on traite exactement les questions de pratique, elles pourront toutes être reduites à une évidence & une certitude mathématique. Telles sont celles où il s'agit de déterminer la valeur, tant des choses que du travail ou des services humains, en les comparant, ou ensemble, ou avec une troisième chose, savoir, la monnaie, dont il y a aussi diverses sortes. Ici on a besoin d'arithmétique, ou naturelle, ou artificielle, pour réduire les valeurs des diférentes espèces à un nom le plus connu & le plus commode*".

[38] Ao discutir a relação entre o espírito geométrico e o direito natural, Wolfgang Röd não percebe o quanto o problema de Cumberland é ao mesmo tempo próximo e distinto do de Hobbes, já que o seu interesse não é a fundação do Estado num contrato, mas a relação entre as leis de natureza e a busca do sumo bem, ou como a sociedade é o lugar da realização da felicidade. A sociedade, na medida em que é natural, não depende necessariamente de um Estado, não sendo justo, portanto, falar de uma "filosofia" ou de uma "metafísica do Estado" em Cumberland, como quer Röd. Cf. *Geometrischer Geist und Naturrecht. Methodengeschichtliche Untersuchungen zur Staatsphilosophie im 17. Und 18. Jahrhundert*, Munique, Verlag der Bayerischen Akademie der Wissenschaften, 1970, pp. 60 ss. Apesar de certa generalidade, a obra, porém, não deixa de ter interesse, pelo paralelo que traça entre os métodos matemáticos e os do direito natural.

álgebra se pode tornar conhecida uma quantidade desconhecida supondo-a conhecida e indicando a relação em que ela se encontra com quantidades conhecidas, assim também a ética pode supor o supremo bem como uma quantidade desconhecida estipulando-o como uma quantidade conhecida e estabelendo sua proporção com capacidades conhecidas capazes de produzir aquele bem superior.[39] O fim a que se quer chegar é comparável à incógnita de uma equação, que pode ser descoberta a partir de quantidades conhecidas se estas estão numa certa relação com o termo desconhecido. Que consequência se pode tirar desse raciocínio? O que faria da ética um terreno tão surpreendente quanto a matemática é que, tanto como nesta, o termo desconhecido pode ser maior do que as expectativas, já que as ações e faculdades, seus efeitos e resultados, quando postos em cooperação, por vezes proporcionam um ganho bem maior do que o antecipado ou esperado:

> Frequentemente *acontece* (e devemos nos empenhar para que aconteça tão frequentemente quanto possível) que os bons efeitos de nossos poderes cresçam por progressão geométrica (como no aumento decorrente de juros sobre juros, na agricultura e no comércio, quando a cada ano o aumento do ano anterior é acrescido ao capital principal), donde resulta um amplo aumento tanto da felicidade pública como da privada, além do que pode ser distintamente previsto.[40]

Os efeitos das *potentiae* humanas não são apenas negativos, uma vez que elas não são conflitantes umas com as outras, a ponto de se anularem por seu egoísmo e de ser preciso o Estado para regular as suas desmedidas.[41] Ao contrário: *potentiae nostrae effec-*

---

[39] Cumberland, *op. cit.*, p. 186.

[40] *Idem, ibidem.*

[41] A contraposição a Hobbes fica patente com a ilustração dada no final do capítulo IV: "E mais ainda, mostrando como *sinais negativos* se assemelham a *movimentos contrários* ao movimento proposto, e como os *trabalhos*

tus bonus secudùm geometricam progressionem crescere, como diz o texto original. Quando elas estão bem engrenadas, os efeitos bons, os bônus, os lucros, os dividendos advindos das potências humanas crescem em progressão geométrica, e a única coisa a fazer é cuidar para que isso ocorra o mais frequentemente (*curandùmque est ut quàm saepimissè id fiat*). A boa observação da lei de natureza já não redunda em boa justiça, estrito senso. A sua correta observação conduz ao pleno desenvolvimento das forças humanas, e a sociedade ou agrupamento civil daí resultante constitui uma alternativa bastante mais vantajosa, isto é, *rentável* ao pesado aparelho político-jurídico do Estado hobbesiano e do jusnaturalismo em geral. É certo que se tem em tudo isso uma espécie de justificação antecipada do utilitarismo e do otimismo econômico do liberalismo. De fato, o *Tratado das leis de natureza* mostra, incontornavelmente, que moral, política e jurisprudência agora não mais se dissociam da economia. Pois é nele que se reconhece, talvez pela primeira vez, a possibilidade de estabelecer uma comparação metódica entre o desenvolvimento das faculdades, dos poderes humanos e o capital: as *potentiae* são agora calculáveis em proporção a um *proventus sorti*, como diz o texto latino, ao *main stock*, como diz a tradução em inglês, ao *capital de biens*, na tradução de Barbeyrac.

Os ensaios de formalização contidos no livro de Cumberland fazem entender melhor a passagem do jusnaturalismo à economia política clássica, pois eles deixam ver que a "via axiomática, jurídico-dedutiva" e a via empírica da fundamentação do regime de governo não são excludentes na Grã-Bretanha.[42] Não há dúvida de que a equiparação entre riqueza e capacidade humana, entre dinheiro ou capital e habilidade (equiparação tão significativamen-

---

de diferentes homens, conspirando para o mesmo efeito, correspondem *a uma composição de movimentos concorrendo* para formar uma e mesma linha" (*op. cit.*, 188). Os movimentos, em Hobbes, correspondem antes a *choques*.

[42] A distinção entre essas duas vias, mas também a explicação de que os dois sistemas estão combinados na origem do liberalismo europeu, é formulada por Michel Foucault em seu *Naissance de la Biopolitique. Cours au Collège de France, 1978-1979*, Paris, Gallimard, 2004, pp. 40 ss.

As bases da aposta

te expressa na palavra alemã *Vermögen*, comentada por Kant na frase citada em epígrafe) é apresentada de uma maneira bastante otimista. De qualquer modo, a relação entre a produção de riqueza e as faculdades humanas estabelecida pela *mathesis universalis* cumberlandiana já contém o germe de sua própria crítica, caso seja verossímil a aproximação que se fez aqui entre o surgimento da economia política e o da crítica das faculdades e de seus usos. O cálculo geométrico tem como contrapartida o reconhecimento e a valorização de atividades não produtivas. A importância que se dá ao tempo livre, aos *divertissements* da conversa de salão, dos jogos, do *hobby*, o enaltecimento do ócio nas *fêtes galantes* e a representação do convívio informal nas *conversations pieces*, tudo isso pode ser visto como tentativa de distanciamento e diferenciação de uma elite ascendente ou decadente em relação ao trabalho, com o elogio da inatividade restabelecendo a oposição entre artes liberais e artes mecânicas (que na mesma época um autor como Diderot se empenhava em relativizar). Mas não é menos certo que o próprio século XVIII reconheceu os problemas intrínsecos ao ganho de tempo e produtividade advindos da divisão do trabalho, onde cada um pode render mais atuando de forma especializada, mas perde proporcionalmente em independência e autonomia. Já presente em Adam Smith, a consciência desse desvirtuamento do homem moderno aparece com toda a sua força em Adam Ferguson e em seu seguidor na Alemanha, Friedrich Schiller, autores em que — combinação altamente interessante e fecunda — o enaltecimento da *virtude republicana, do heroísmo cívico*, está intrinsecamente ligado à noção de *jogo*. É no homem que joga que se encontra a plenitude da vida: tema de origem estoica também certamente não por acaso retomado por esses criadores da economia política clássica que são Francis Hutcheson, David Hume e Adam Smith.

Por fim, a complexa combinação de geometria e antropologia que se tentou esboçar aqui serve talvez para relativizar a afirmação que Michel Foucault faz em *As palavras e as coisas*, quando escreve que as matemáticas não tiveram nenhuma importância no processo de constituição do "homem" como objeto de saber e em objeto de seu próprio saber: "foi o retraimento da *mathesis* e não o avanço das matemáticas que permitiu ao homem constituir-se como objeto do saber". Crer que a antropologia "define seu projeto" no dia em que a matemática faz do homem o seu objeto, afirma Foucault, é "tomar um contraefeito de superfície pelo acontecimento fundamental".[43] A perspectiva foucaultiana parece não levar em conta o percurso que a *mathesis universalis* fez no âmbito do pensamento britânico, de Hobbes à economia política clássica. O cálculo moral britânico leva, nesse aspecto, grande vantagem sobre seu similar cartesiano, pois, como a sequência deixará claro, não foi certamente pequena a proeza que alcançou ao combinar matematização e sentimento, cômputo jurídico, político e econômico e refinamento moral e estético. Mas, se for isso, a aposta de David Hume não está muito longe do *pari* de Pascal. Pois, para ele, como para seus colegas britânicos, toda a dificuldade estaria em estipular como se dá a delicada proporção da razão com o sentimento. Foi aceitando esse desafio que Hume, a despeito de ter sido mau geômetra, conseguiu combinar à sua maneira o *esprit géométrique* e o *esprit de finesse*.

---

[43] Foucault, M., *As palavras e as coisas*, tradução de Salma Tannus Muchail, São Paulo, Martins Fontes, 2000, pp. 480 e 485.

O CÁLCULO DAS VIRTUDES

No estudo anterior foram apresentadas as linhas gerais do direito natural de Richard Cumberland, segundo o qual a felicidade individual se explica pela contribuição que cada qualidade ou virtude individual dá à sociedade e pela retribuição que o indivíduo dela recebe. Essa reciprocidade era entendida por ele como uma postulação no sentido euclidiano da palavra. A passagem do estado natural ao estado social é comparável à resolução de um problema geométrico em que o saldo resultante do empenho individual junto com o empenho coletivo é sempre maior do que o que cada qual investe sozinho. Opondo-se, assim, vantajosamente à lógica do egoísmo hobbesiano, o *Tratado das leis de natureza* pretende apresentar uma forma da *mathesis universalis* que se propõe a fazer o que Descartes não fez, porque o método permite agora submeter as ações a um cálculo que mede socialmente as aptidões de cada um, expressando quantitativamente cada virtude individual. Em Cumberland já se percebe claramente o que viria a ser a economia clássica, uma vez que, para ele, toda relação entre dois indivíduos é passível de contabilização que, entre outras tantas coisas, pode também calcular o valor das ações e do trabalho humano.

O raciocínio cumberlandiano tem a forma de um grande silogismo. Conhecido, por análise, o termo inicial (o sumo bem almejado é o bem coletivo, que é maior do que o bem individual), o termo médio diz: cada indivíduo pode contribuir para esse bem coletivo em conformidade com suas forças. E a conclusão: o *bem comum* é o *fim principal* que se deve prescrever às ações humanas.

O que faltou a Hobbes, segundo o *Tratado das leis de natureza*, foi ligar melhor o método resolutivo-compositivo à finalidade prática das ações, e essa ligação teleológica torna, como foi visto, o sistema cumberlandiano bastante semelhante ao sistema kantiano. Kant pôde chegar a uma explicação dos poderes mentais bastante diferente da encontrada no dogmatismo, porque, seguindo os passos de Hobbes e Lambert, ele compreendeu as faculdades em função de sua atuação como forças, isto é, pela conversão delas em *problemas* ou *tarefas* (*Aufgaben*), tudo isso combinado com o fim que lhes é prescrito pela razão.

Na forma definitiva que o sistema toma em Kant, o "grande silogismo" que o constitui pode ser apresentado pelo seguinte esquema:

Filosofia teórica	Antropologia pragmática	Filosofia moral
Habilidades (*Geschicklichkeiten*)	Destrezas-Pendências (*Fertigkeiten*) (*Klugheit*)	Sabedoria (*Weisheit*)
Entendimento	Juízo	Razão
Representação/conceito	juízo (termo médio)	Silogismo
Conhecimento escolar	Conhecimento mundano	Conhecimento cósmico
Saber teórico —>	Meios —>	Fins

Enquanto puramente teórica ou lógica, a representação é o conceito mais geral e genérico, que não pode ser definido por nenhum outro conceito. Ela é totalmente "neutra". Saber lidar com representações, isto é, combiná-las, separá-las, abstrair de notas características, fazer uma definição correta, construir um juízo, um silogismo, são habilidades (*Geschicklichkeiten*), que diferem de indivíduo para indivíduo. A diferença nesse caso é meramente de grau, e em princípio todas essas operações teóricas podem ser aprendidas por qualquer um. Foi até aqui que chegou a filosofia em seu sentido dogmático: o intelecto, as faculdades são definidas por sua natureza ou essência, e o poder calculador do homem só difere do cálculo divino em grau, e se não estivesse submetido às condições do tempo, o intelecto humano chegaria à mesma quantidade de verdades que o intelecto supremo. Mas a posição de Kant se diferencia já aí, como se apontou antes. Mesmo as faculdades entendidas em seu *uso* teórico (entendimento, imaginação etc.) são concebidas como *fazeres*, segundo a máxima metodológica explicada na carta a Sigsmund Beck de 1º de julho de 1794: "Mas só podemos entender e comunicar aquilo que nós mesmos podemos fazer".[1] Além disso, para passar à efetividade ou aplicabilidade, as habilidades teóricas precisam ser convertidas em destreza (*Fertigkeit*), em *know-how*, numa aplicação ao mundo, e as *proposições* que fazem essa conversão são chamadas *máximas* de prudência. Por fim, a filosofia, como *sabedoria*, é a unificação de todas as aptidões, isto é, de todos os saberes teóricos e pragmáticos em vista do fim último que a razão postula. A razão é a faculdade que estipula os fins, enquanto o juízo é a faculdade que discerne a adequação dos meios para chegar a um fim. As proposições aqui são postulados práticos, e o conjunto de proposições daria um silogismo prático-moral.[2]

O que há de comum também entre Kant e Cumberland é que eles concebem a razão como a faculdade dos fins. Mas é justamente isso que será recusado pela filosofia do sentimento moral. Para esta, o cálculo racional, mesmo que pensado em termos de benevolência por Cumberland, continua sendo um cálculo, uma abstração muito distante para ser empreendida pelo comum dos mortais. Três pontos serão decisivos para a recusa da razão como faculdade hegemônica: 1) se é ela que estipula os fins, o que distingue um fim interessado, calculista, de um fim benévolo?; 2) não existiria uma instância, uma faculdade, que, diferentemente da razão,

---

[1] *AA*, XI, p. 515. Cf. Rx. 2398: "*Wir begreifen nur, was wir selbst machen können*". *AA*, XVI, p. 345. Rx. 2394: "*etwas begreifen: zureichend zu einer absicht einsehen (es selbst machen können)*". *Ibidem*, p. 343. E *KrV*, B XIII, *AA*, III, p. 10: "*Sie [die Naturforscher] begriffen, daß die Vernunft nur das einsieht, was sie selbst nach ihrem Entwurfe hervorbringt...*".

[2] É em sentido semelhante que Michel Foucault comenta as passagens do *Opus Postumum* que buscam explicar o homem como termo médio entre mundo (*Welt*) e Deus (*Gott*): "O *medius terminus* é aqui o sujeito judicante (o ser mundano pensante, o homem...)" (*AA*, XXI, p. 27). Foucault, M., *op. cit.*, pp. 67 ss. Ou seja, a antropologia é o ponto de passagem entre o saber teórico e o saber religioso-moral.

O cálculo das virtudes

seja desvinculada de todo interesse?; 3) se tal faculdade existe, o mecanismo inteiro pode ser invertido. Noutros termos, para que o fim seja destituído de todo resíduo interesseiro, ele tem de ser fixado imediatamente, instintivamente. O fim será algo próprio do instinto, enquanto a razão passará a ser a faculdade de encontrar os meios para realizar tais fins. É assim que Francis Hutcheson reinterpretará o sistema cumberlandiano, transformando o cálculo geométrico-racional deste no seu cálculo "moral-sentimental".

Hutcheson é absolutamente taxativo em recusar a razão como a responsável pela determinação dos fins. O verdadeiro fim só pode ser objeto de uma inclinação natural instintiva. Conceder, no entanto, ao instinto ou ao sentimento o posto principal no que diz respeito à direção da conduta humana esbarra na objeção óbvia de que eles agem contra todo "bom-senso", por serem imprevidentes e imprudentes. A isso Hutcheson responde:

> Caso se diga que as ações por instinto não são efeito da prudência ou da escolha, essa objeção se mantém com a mesma inteira força em relação às ações que decorrem do amor-próprio, pois o uso de nossa razão é requerido para encontrar os meios apropriados de promover tanto o bem público como o bem privado. E assim como tem de haver um instinto ou determinação prévia à razão que nos faz buscar tanto o bem privado quanto o bem público como nosso fim, há também a mesma oportunidade [*the same occasion*] para fazer uso de prudência e escolha na eleição dos meios apropriados para promover ambos.[3]

---

[3] Hutcheson, F., *IBV*, II, 3, p. 133. Cf. "Não sei por que alguns não querem admitir que aquilo que decorre de instintos ou paixões possa ser virtude; mas como eles se saem disso? Eles afirmam que a virtude surge da razão. Mas o que é a razão senão aquela sagacidade que temos na consecução de algum fim? O fim último proposto pelo comum dos moralistas é a felicidade do próprio agente, e isso certamente ele está determinado a buscar por instinto. Ora, outro instinto, voltado para o público ou para o bem dos outros, não pode ser um princípio da virtude tão apropriado quanto o instinto para a felicidade privada?" (*Idem, ibidem*).

Tanto o bem público como o privado são objetos de inclinação imediatos para a natureza humana, que já traz em si uma predisposição social. À razão ou ao entendimento cabe tão somente a busca dos meios para atingir os fins que o indivíduo busca instintivamente para si e para o grupo a que pertence. A inversão equivocada de meios e fins por parte dos moralistas racionalistas se deve principalmente à necessidade que sentiram de separar a parte racional da parte sensual do homem, e que os leva a assegurar que a virtude está ligada somente à razão:

> Eles nos dizem que a virtude nasce inteiramente da razão, como se razão ou conhecimento de alguma proposição verdadeira pudesse mover à ação onde não se propôs nenhum fim, nem afeto ou desejo em vista desse fim.[4]

Esta é exatamente a posição de Hume: como se pode imaginar instituir a razão como condutora da ação, se os princípios racionais são frios, não têm poder de convencimento algum, e não podem, por isso, levar à ação? Eles são inteiramente ineficazes, são incapazes de agir sobre o indivíduo, porque não tem a capacidade de comovê-lo — de mexer com o seu ânimo, com seus afetos, seu sentimento. Mas isso supõe também que, dotados de uma propen-

---

[4] *IBV*, p. 243. Cf. *ECP*, II, p. 139. O termo *affection*, central na filosofia hutchesoniana, pode ser vertido em português tanto por afeição como por afeto (as duas palavras serão usadas aqui). Indica um estado de ânimo, um sentimento favorável em relação a algo, qualquer inclinação afetiva, amistosa ou amorosa por uma pessoa, e também uma inclinação ou pendor (às artes, à política etc.). A ideia de propensão ou inclinação é essencial. Nos textos vem muito frequentemente acompanha da preposição *toward*, indicando movimento em certa direção. Indica, portanto, um movimento "natural", como numa física moral. Os tradutores alemães, como Lessing, a traduzirão acertadamente tanto por *Affekt* como por *Neigung* (inclinação), traduções adotadas por Kant. No início a inclinação corresponde a um "afeiçoamento" com alguém ou com um objeto, tornando-se uma afeição ou afeto. Além da boa medida, essa inclinação se torna *paixão* (*passion*). Certamente, o conceito foi pensado também como oposição ao "movimento" físico e psíquico, na acepção egoísta que lhe é dada pela filosofia hobbesiana.

O cálculo das virtudes

são natural à benevolência, os homens têm um órgão próprio para aprovar as emoções e ações condizentes com a sua inclinação natural. Como explica Hutcheson, sentimento é outro nome que se pode dar ao instinto, e ambos são totalmente diferentes da razão:

> Portanto, como cada um pode se convencer a si mesmo mediante atenção e reflexão detida, há uma determinação natural e imediata para aprovar certos afetos, e as ações deles resultantes; ou um senso natural da excelência imediata que há nelas, que não se refere a nenhuma outra qualidade que possa ser percebida por quaisquer outros sentidos ou pelo raciocínio. Se chamamos a essa determinação um *sentido* ou *instinto* [*a sense or instinct*], não estamos supondo que ele seja daquela espécie dependente dos órgãos corpóreos, aqueles que mesmos os animais possuem. Ele deve ser uma determinação constante fixada na própria alma, tanto como nossos poderes de julgar e raciocinar. E é bem claro que a *razão* é apenas um poder subserviente [*a subservient power*] de nossas determinações últimas, quer da percepção, quer da vontade. O fim último é fixado por algum sentido [*some sense*] ou por alguma determinação da vontade: por algum sentido nós desfrutamos a felicidade, e o amor-próprio a isso determina sem raciocínio. A razão pode apenas apontar os meios; ou comparar dois fins previamente constituídos por outros poderes imediatos quaisquer.[5]

A inversão em relação aos sistemas racionais da moral não deixa dúvida: se é preciso descobrir e estabelecer uma ordem entre os diferentes poderes (*powers*) da "fábrica bastante complexa e confusa" que é a natureza humana, isso não quer dizer que a razão ou entendimento seja o poder "talhado para governar" (*fit to govern*), pois o entendimento apenas "julga sobre os meios ou fins

---

[5] *Idem, System*, I, 4, p. 58.

subordinados".[6] O fim último (*ultimate end*) depende de algum sentido ou da vontade, porque a felicidade só pode ser percebida pelo sentido, e não por algum raciocínio. Ainda bem diferentemente do que ocorre em Kant, o desejo em seu sentido eminente, isto é, o desejo ou vontade do bem público não está ligado à razão, mas ao sentido. Em suma, a razão não tem poder de motivação algum, já que não pode escolher e querer nenhum fim, sendo somente uma faculdade que conhece relações entre as coisas e que compara os diversos fins que lhe são apresentados:

> Nossos sentidos constituem objetos, acontecimentos e ações *bons*; e temos o poder de *raciocionar* [*reason*], refletir e comparar os diversos bens e descobrir os meios próprios e eficazes de obter o maior deles para nós mesmos e para os outros, de modo a não se deixar levar por qualquer aparência de bem relativo ou particular.[7]

O texto dá por assente que a incumbência da razão não é pequena, já que ela não apenas escolhe entre os meios de chegar aos fins, mas também, dentre os diversos fins, reconhece qual o maior, não deixando que seja perdido de vista, o que, sem dúvida, não é pouco quando se trata de buscar o sumo bem. Todas as relações entre sentimento e razão se explicam da mesma maneira.[8]

---

[6] *Idem*, *System*, I, 3, p. 38.

[7] Hutcheson, F., *ECP*, I, 2, p. 39. Cf. p. 139. Atuando de maneira imediata, o senso moral também não pode errar. A razão é responsável pelo erro: "É nossa razão que apresenta uma falsa noção ou aparência [*species*] à faculdade moral. A falta ou erro está na opinião e no entendimento, e não no senso moral" (*System*, I, 9, p. 203).

[8] Algo semelhante acontecerá em Hume, para quem não apenas moral e crítica constituem matéria de gosto, com a razão ou raciocínio contribuindo apenas para fixar o padrão geral dele (*EHU*, p. 165, trad., p. 222): todo fazer filosófico é em geral análogo à poesia e à música (*THN*, I, 3, 8, p. 103; trad., p. 133), pois em filosofia é preciso seguir o sentimento e o gosto, já que raciocínio algum, por rigoroso que seja, tem por si só força de convencimento, e a palavra final dependerá sempre do impacto que causa sobre a mente, como

O cálculo das virtudes

A reflexão que Hutcheson desenvolveu a respeito do primado do sentimento sobre a razão tem por objetivo mostrar que os indivíduos não agem só por motivos egoístas, nem entram em sociedade apenas com o intuito de ganhar. A aposta (*wager*) que fazem não é uma aposta meramente interessada.[9] Segundo ele, a matematização moral não pode ser inteiramente racional, diferentemente do que ocorre no *Tratado das leis de natureza*, no qual tudo depende da *recta ratio*. Isso porque é desde logo claro que o cômputo moral é uma quantificação complexa, envolvendo amor-próprio, virtudes, aptidões naturais, a resultante de bem público advinda das ações, a distribuição de justiça etc., tudo isso em proporção com a natureza mesma das coisas. Para compreender a complexidade do conjunto, será por isso necessário fazer uma breve rememoração dos princípios ou axiomas do cálculo apresentados na segunda *Investigação*.[10]

O primeiro axioma se refere à "virtude", e seu enunciado diz que o mérito moral é medido pela resultante de bem público produzido pelo agente, num cálculo a que se chega multiplicando sua benevolência por suas habilidades.[11] O segundo axioma afirma

---

ocorre na crença. O papel da razão é fundamental, porém complementar: ela compara e escolhe, mas também generaliza e procura imprimir justeza e exatidão. Sendo assim, ela é subsidiária, embora indispensável ao cálculo moral e ao cálculo da justiça.

[9] Hutcheson, F., *ECP*, I, p. 27.

[10] "A fim de descobrir o cânone universal para computar a moralidade de quaisquer ações, com todas as suas circunstâncias, quando julgamos as ações feitas por nós mesmos ou por outros, temos de observar as seguintes proposições ou axiomas" (*IBV*, II, p. 128).

[11] "1. A importância moral de qualquer agente, ou a quantidade de bem público por ele produzida, está na razão composta de sua benevolência e habilidades; ou (substituindo as letras iniciais das palavras, quando M = resultante do bem, e μ = resultante do mal) M = B x H" (*Idem, ibidem*). Onde B = benevolência; H = habilidade; M = momento. Momento é sinônimo de importância. Em latim: impulso, movimento, variação, ou seja, indica na física newtoniana a quantidade de movimento (*momentum*). É uma grandeza que representa a magnitude da força aplicada a um sistema rotacional a uma determinada distância de um eixo de rotação. Poderia ser traduzido por re-

que a resultante de interesse privado produzido por qualquer pessoa também é uma razão composta, entre seu amor-próprio e suas habilidades.[12] No caso em que as habilidades sejam iguais, diz o terceiro axioma, o bem público resulta da benevolência; inversamente (quarto axioma), onde a benevolência é igual, ele decorre da habilidade.[13] O quinto axioma diz que a virtude ou mérito do agente, sendo estipulada segundo o benefício público alcançado, será sempre, em circunstâncias iguais, inversamente proporcional às qualidades que o agente possui.[14] Esse quinto axioma é fundamental para toda a filosofia do sentimento moral: a pessoa que tem mais talentos não é necessariamente a que mais contribui para o bem do conjunto. Está implícito na sábia distribuição da natureza que o indivíduo mais talentoso é o que *necessariamente* deve contribuir com a maior parcela de benefícios. Mas sua moralidade só começa a contar mesmo, propriamente, quando a ação dele implica *uma força que está além daquilo que ele recebeu da natureza*. O cálculo cumberlandiano não previa essa diferenciação. *A virtude tem de estar além das aptidões* (abilities), *das qualidades naturais*. Eis o ponto em que Hume e Smith se distanciarão de Hutche-

---

sultado ou resultante. A discussão sobre a transposição de princípios físicos para a moral, essencial em Hutcheson, Hume, Smith e Ferguson, ainda será discutida no próximo estudo.

[12] "2. Da mesma maneira, a resultante do bem ou interesse privado que qualquer pessoa produza para si mesma está na razão composta de seu amor-próprio e de suas habilidades; ou (substituindo as letras iniciais) I = AP x H [I = interesse privado; AP = amor-próprio]" (*Idem, ibidem*).

[13] "3. Se, comparando a virtude de duas ações, as habilidades dos agentes são iguais, a resultante de bem público produzido por elas em iguais circunstâncias é proporcional à benevolência; ou M = B x 1". E: "4. Se a benevolência em dois agentes é igual, e outras circunstâncias as mesmas, a resultante do bem público é proporcional às habilidades; ou M = H x 1" (*Idem, ibidem*).

[14] "5. Portanto, a virtude dos agentes, ou sua benevolência, é sempre diretamente proporcional à resultante de bem produzido em circunstâncias semelhantes, ou inversamente proporcional a suas habilidades; ou B = M/H" (*Idem, ibidem*).

O cálculo das virtudes

son, percussor, nesse aspecto, da moral kantiana. Mas isso também deve ser entendido com vagar.

Para dar conta do cálculo, os axiomas não podem ser empregados isoladamente, pois a gama de possibilidades de ação é bastante ampla. O sexto axioma tenta dar conta das variações:

a) algumas ações são boas para o indivíduo, mas ruins para o público;

b) outras, inversamente, ruins para o indivíduo, e boas para o agente;

c) podem ser úteis ou perniciosas para ambos;

d) o resultado da ação nunca se traduz tão somente em termos de benevolência, ou seja, esta sempre estará mesclada a alguma parcela de amor-próprio;

e) se a benevolência sempre aparece misturada, o amor-próprio, por sua vez, jamais atua sozinho. O "mal" é um limite, assim como o extremo da benevolência.

A dificuldade do cálculo está em que ele tem de contemplar também as circunstâncias em que ocorrem as ações, na maioria das quais é impossível eliminar o interesse particular de quem age, interesse este que ora coopera, ora conflita com o bem geral.[15]

---

[15] "[...] mas na maioria das ações temos de considerar o amor-próprio como outra força, que ora conspira com a benevolência e lhe assiste, quando somos estimulados tanto por considerações de interesse privado como do bem público, ora se opõe à benevolência, quando é de algum modo difícil ou penoso executar a boa ação, ou ela é prejudicial, em suas consequências, para o agente. No primeiro caso, $M = (B + AP) \times H = BH + APH$, e portanto $BH = M - I$, e $B = M - 1/H$. No segundo caso, $M = (B - AP) \times H = BH - APH$; portanto, $BH = M + APH = M + I$, e $B = M + I/H$" (*idem*, pp. 128-9).

As diferentes tipologias

Condescender com a condição particular, com o instinto de preservação do agente, levar em conta sua dificuldade de desempenhar uma ação benévola, são fatores nada desprezíveis no cálculo moral. Para fazer entender melhor o que está em jogo, Hutcheson avança como hipótese o caso-limite, no qual o interesse é inteiramente deixado de lado e os talentos do indivíduo produziriam, sem nenhuma perda, um "momento" proporcional de bem público (isto é, onde a divisão da resultante de bem pela habilidade, M/H, é igual a 1). Se algum indivíduo alcançasse esse feito, ele seria a prova do bem fundado da jactância estoica, que afirmava ser possível igualar os deuses em virtude, já que uma tal criatura inteiramente inocente seria capaz de realizá-la com o máximo de seu poder.[16]

Essa condição, naturalmente, é inalcançável. Nenhum mortal pode atingir a unidade em que a resultante virtuosa de sua ação seja igual à de suas habilidades, porque sempre há uma "perda" de força devido às circunstâncias em que a ação se dá e à condição "imperfeita" do agente (assim como o movimento dos corpos nunca se produz sem certas condicionantes locais e temporais). O que fica claro pelo exemplo inverso: mudando as polaridades, pode-se dizer também que mesmo os indivíduos mais egoístas ou mais mesquinhos jamais agirão por uma vontade demoníaca, inteiramente má, por uma *pure desinterested malice* ou pelo "calmo desejo da miséria" do outro, expressões contraditórias já nos próprios termos.

Os seres humanos se situam entre os anjos e o diabo. Quer dizer: o coeficiente de participação moral de cada um no conjunto

---

[16] *Idem*, p. 130. Hutcheson está se referindo a Sêneca (*De providentia*, VI, 6). Cf. Plutarco, *De communibus notitiis contra stoicos*, 33, 1076 a-b. A demonstração da igualdade de virtude com os deuses é simples: mesmo que estes produzam um bem-estar infinito, porque suas habilidades são infinitas, a proporção entre as habilidades e a virtude é exatamente a mesma que a da "criatura supostamente inocente", pois o quociente de M/H jamais pode ser maior que 1.

O cálculo das virtudes

de uma sociedade é medido por suas qualidades boas, mas também existem qualidades aparentemente más que contribuem para o conjunto.

O interesse do sistema criado por Hutcheson está em que ele busca entender o quanto cada um contribui para o bem coletivo, mesmo quando age em benefício próprio — e, Hobbes e Mandeville não deixam de ter razão, ele sempre tem de agir assim numa certa medida. Pode-se inclusive dizer que os seres humanos têm o direito de agir até mesmo contra a ordem instituída, se estão buscando um bem ainda maior do que esta — foi assim que a defesa hutchesoniana do direito de rebelião teve repercussão considerável na guerra de independência americana. Tudo é questão de como entender os fatores e as polaridades em jogo. Ou seja, o grande interesse do cálculo apresentado por Hutcheson não está tanto em permitir uma hierarquia das ações, que vão das mais às menos virtuosas ou das mais às menos egoístas, o que, sem dúvida, não deixa de ter sua importância, mas isso já havia sido em grande medida alcançado por Cumberland. A novidade hutchesoniana está em perceber que a quantificação tem de ser combinada com uma descrição da sociedade e com uma caracterização dos indivíduos. As qualidades individuais são mais ou menos prezadas conforme a estimativa dos valores que uma sociedade enxerga como sendo aqueles que são os mais virtuosos. Cada sociedade determina o peso próprio de cada qualidade moral.

Com seu cálculo e com sua demarcação dos extremos em que ocorre toda ação viciosa ou virtuosa, Hutcheson conseguiu traçar assim uma tipologia dos caracteres morais. Como foi visto há pouco, existe um limite máximo de contribuição benévola das habilidades humanas. Nenhum indivíduo é capaz de entrar com cem por cento de suas aptidões, pois ele tem um déficit do ponto de vista da produção do bem coletivo, já que também tem de se preservar. Ou seja, o saldo de cada um no livro-caixa do bem comum nunca é só positivo; os agentes têm de fazer retiradas para se conservar, mas esses saques são os recursos necessários para que eles possam subsistir e saldar seus deveres ou dívidas com o todo. Ocorre exatamente como no cálculo de Cumberland: a participação do indivíduo que tem mais aptidões, que recebeu mais na partilha natural, tem necessariamente de ser maior. É assim em Hutcheson, em Hume e em Adam Smith: os indivíduos que receberam mais da natureza (berço, educação, propriedades etc.) ou que desenvolveram melhor suas aptidões, têm de retribuir na mesma proporção. O que não deixa de ser uma sugestão interessante para a formação ética de uma elite. A doação, nesse caso, é incalculavelmente maior para suprir a necessidade daquele que recebe do que a perda para o doador. Mas não há como fixar rigorosamente ou por lei o quanto os mais afortunados ou os mais hábeis devem dar aos mais necessitados:

> No entanto, nenhuma determinação pode ser feita da quantidade ou proporção precisa que deve ser doada pelo homem bom. Os diferentes vínculos na vida, o número dos indigentes e o grau de suas misérias tornam diferentes quantidades e proporções razoáveis em épocas diferentes. Leis fixando uma certa quantidade ou proporção em relação à riqueza do doador seriam irrazoáveis; e diminuiriam muito a beleza de tais ações. A liberalidade apareceria então como pagamento de imposto, ou como saldar uma dívida legal. Os espectadores nada poderiam concluir acerca da disposição honrada ou generosa do doador, e a liberalidade deixaria de ser o laço de amor, estima ou gratidão.[17]

A "medida" de liberalidade não pode ser fixada, pois é da competência do coração generoso dotado de prudência.[18] Decretar qual deva ser o valor da contribuição significa agir na contra-

---

[17] Hutcheson, F., *System*, I, pp. 305-6.

[18] *Idem*, I, p. 308. Certamente, a máxima pode parecer ingênua diante da voracidade infinda do individualismo, mas ela se apresenta como mais prudente e eficiente do que a simples taxação da riqueza. A desigualdade natural — não do ponto de vista jurídico estrito, pois aqui todos são iguais (*idem*, I, pp. 299-300), mas do ponto de vista da diferença de capacidade — tende a desaparecer não pela igualização forçada, mas, mantendo-se as diferenças individuais, pela compreensão de que é do interesse de cada um contribuir para que a distribuição dos bens seja mais igualitária.

O cálculo das virtudes

mão do que seria desejável: é a própria sociedade, são os próprios integrantes da elite que devem se imbuir de boas opiniões sobre a generosidade, para que ela seja socialmente eficiente, isto é, uma forma duradoura de aderência e coesão. Pois, sendo os maiores beneficiários dela, são eles os únicos que podem entender melhor que a sociedade digna do nome é a estufa na qual se desenvolvem as aptidões naturais dos homens: eles mesmos são a melhor prova disso e devem retribuir o que obtiveram, pois sem a sociedade não teriam sido nada. O defeito principal do egoísmo e do individualismo não está tanto em que o individualista não enxerga os outros, mas em não conseguir enxergar a si mesmo, enquanto beneficiário de um sistema que ele não reconhece. A reciprocidade entre o indivíduo e a comunidade é, na verdade, circular: não é bem verdade que os indivíduos trazem para a sociedade qualidades que contribuem para o bem coletivo; no fundo, é a sociedade que permite que eles desenvolvam as suas habilidades naturais, os seus talentos particulares, pois

> [...] na solidão não haveria exercício para muitos dos poderes e instintos naturais de nossa espécie; nem amor, nem diversões sociais, nem comunicação de prazer, de estima ou de júbilo.[19]

A distância em relação ao estado de natureza hobbesiano e rousseauniano é imensa: o estado de natureza desses autores seria um estado em que os instintos naturais do homem seriam sufocados. É que eles não entendem que o "natural", em termos absolutos, não existe: os poderes naturais, como já anunciava Cumberland, são desde sempre sociais. Ou seja, Hobbes pode simplificar muito a descrição da natureza humana — o que representaria para os homens uma vida melancólica e enfadonha[20] —, porque não é capaz de entender que a diversificação, a diversidade, é um princípio inscrito na lei natural e realizado na sociedade. A observação

---

[19] *Idem*, p. 288.

[20] *Idem, ibidem*.

da lei natural revela que os homens não são autossuficientes, mas dependem da ajuda dos outros. Ora, essa ajuda não é de um só tipo, mas requer habilidades diferenciadas, mesmo nos grupos mais modestos. E a sociedade é o lugar de desenvolvimento dessa diferenciação acentuada das tarefas:

> Não só isso, é bem conhecido que o produto do trabalho de certo número dado [de pessoas], vinte, por exemplo, ao prover as coisas necessárias ou conveniências da vida, será muito maior atribuindo a um certa espécie de trabalho de um tipo, no qual ele logo adquire habilidade e destreza, e a outro um trabalho de tipo diferente, do que se cada um dos vinte fosse obrigado a empregar a si mesmo, por turnos, em todas as diferentes espécies de trabalho requeridos para sua subsistência, sem ter destreza suficiente em nenhuma delas. No método anterior, cada um busca uma grande quantidade de bens de um tipo, e pode trocar uma parte dele por bens obtidos por trabalhadores de outros tipos, quando pode estar com necessidade deles. Um se torna perito [*expert*] na lavoura, outro no pastoreio e pecuária, um terceiro no ofício de pedreiro, um quarto na caça, um quinto em fundição, um sexto nas artes de tear, e assim por diante. Desse modo, cada um se supre, por meio de permuta, de obras de artistas completos. No outro método, dificilmente alguém poderia ser destro e hábil em algum tipo de trabalho.[21]

A reciprocidade entre indivíduo e sociedade implica diversificação. Alguns temas capitais se entroncam nesse ponto: a continuação dessa diversificação será aquilo que a divisão do trabalho tem de pior; ela não integra, mas desagrega e aliena, ela destrói não só a unidade social, como também individual, com a perda das virtudes políticas. Mas se Hutcheson antecipa a ideia de divisão do trabalho, ele mesmo já percebe os seus desvirtuamentos, que

---

[21] *Idem*, pp. 288-9.

O cálculo das virtudes

acredita possam ser evitados, caso se observe a moderação prescrita pela lei de natureza e a distinção, assinalada há pouco, entre *virtude* e *habilidades*. Ou seja, se de um lado ele pode ser considerado o percussor imediato de Adam Smith,[22] por outro seu distanciamento crítico com respeito ao funcionamento autônomo da lógica do interesse e da utilidade não é menos claro, pelo que ele também antecipa a crítica à divisão do trabalho de Adam Ferguson e Schiller. O indivíduo sem habilidade e sem posse pode ser cidadão mais virtuoso que o mais rico ou mais poderoso, mesmo que o resultado de sua ação, em termos rigorosamente utilitários, seja igual a zero. Pois, por paradoxal que pareça, a valoração que sua ação recebe é qualitativamente diferente, é muito *maior* que a meramente quantitativa: sua ação *impressiona* mais e, portanto, é mais eficaz para a coesão social. Hutcheson, inscrevendo-se na mesma linha de Shaftesbury e Montesquieu, dirá que o mérito da virtude é mais importante que todo ganho pela habilidade, pois só a virtude é realmente *republicana*.

Como quer que seja, o cálculo moral hutchesoniano estabeleceu um quadro no qual se pôde fazer melhor a caracterização de alguns tipos morais, como é o caso de Hume. A descrição que Hume faz do *gentleman* revela muito bem qual deve ser o modo de agir dos que se encontram no topo da sociedade. Como ficou mostrado no primeiro ensaio, o *gentleman* é o homem refinado que subverte a hierarquia aristocrática, porque não procura agra-

---

[22] A diferença entre Hutcheson e Smith é admiravelmente explicada por Élie Halévy. Mostrando que Hutcheson e Hume "já haviam discernido a importância" do princípio de divisão do trabalho, ele afirma que coube a Adam Smith "ver nele uma demonstração do teorema da identidade natural dos interesses, colocando em evidência o liame lógico dele com o princípio de utilidade. A divisão do trabalho não é para ele [Smith], como é para Hutcheson, uma causa, mas um efeito da troca, com o que se acha verificada a tese fundamental segundo a qual o bem geral não é o objeto consciente, mas o produto de certa maneira automático das vontades particulares. Pois a divisão do trabalho, com a opulência geral que dela deriva, não resulta de um cálculo de 'prudência' ou de 'sabedoria' humana." Halévy, É. *La formation du radicalisme philosophique: la jeunesse de Bentham, 1776-1789*, Paris, PUF, 1995, p. 115. O autor agradece Ruy Fausto pela gentileza da indicação.

dar especialmente os superiores, tendo, ao contrário, uma deferência maior para com aqueles que estão em inferioridade na escala social, deferência esta que é uma dentre as muitas formas de retribuir a condição mais afortunada que lhe foi conferida pela natureza e pela sociedade. Quem obteve mais, deve devolver mais. Claro que se trata de um juízo moral individual: é o *gentleman* que deve fazer esse cálculo de generosidade, mas ele só vê que deve ser assim porque o observa e aprende na sociedade em que vive (aliás, ele não mereceria sequer o nome se não procedesse dessa maneira). Vivendo numa sociedade em que não houvesse exemplos dessa maneira de proceder, ele não teria aprendido a fazer esse cálculo. O que ele aprende não é apenas um dever, uma dívida; é também um prazer, e um prazer maior do que se vivesse numa sociedade em que tivesse de manter seus servos sob suspeita e vigilância constantes — ou pagar taxas e impostos para se desfazer de seus excessos.

Essas considerações ajudam também a perceber melhor por que, para Hume assim como para Hutcheson, o "tipo mediano", a condição mediana de vida é a mais desejável de ser alcançada, por ser a mais propícia à felicidade. Mesmo que a generosidade possa ser vista como um prazer, os que estão no topo da sociedade têm preocupações demais com a manutenção de sua posição, enquanto os de extração mais humilde têm de lutar muito para ter uma pequena parcela no baú da felicidade. Na condição mediana, não há abundância, não se vive nem na idade de ouro dos poetas, tampouco na penúria, como no estado de natureza hobbesiano, porque ela é a que mais se aproxima da medida estabelecida pela natureza das coisas.[23]

---

[23] A questão é discutida por Hume justamente no ensaio denominado "Da condição mediana da vida" e na seção III, Da Justiça, da *Investigação sobre os princípios da moral*. Os dois textos são fundamentais para perceber que, apesar do seu ceticismo, ele supõe um equilíbrio, uma temperança ou frugalidade, que espelha a própria ordem da natureza. É assim que sua filosofia da moderação (seu ceticismo *temperado*) decorre em grande parte de

A TIPOLOGIA HUTCHESONIANA

A visão de que a condição mediana do homem é a mais propícia à felicidade também supõe a delimitação estabelecida por Hutcheson de que o ser humano não é nem absolutamente mau, nem absolutamente bom. Os caracteres humanos se situam no interior desse espectro cujos limites, inatingíveis, são o anjo e o demônio; a "maldade" e a "bondade" são, portanto, variáveis segundo a índole e a formação de cada um. Assim, se a regra moral, a regra da virtude, em Hutcheson é bem clara: "procurar o máximo de felicidade para o maior número",[24] sua observância, contudo, não deve levar a ultrapassar a medida que a natureza impõe a cada um. Há um balanceamento correto entre as diversas paixões e afecções humanas, balanceamento em que a tendência ao bem comum não está distante do amor-próprio, e se há descompensação, ela se deve ao costume, ao hábito, à artificialidade, e não à constituição original da natureza humana. A advertência de Hutcheson vai nos dois sentidos: não se deve deixar que a obediência ao bem coletivo seja excessiva, que os afetos públicos, o desejo de virtude e honra levem o indivíduo a uma identificação com a figura do cavaleiro andante de Cervantes, nem, inversamente, que o egoísmo leve à rapinagem e à guerra. Em suma, uma

---

sua dívida não declarada para com o direito natural, como já se indicou e como ainda se verá mais claramente. A inspiração parece vir mais uma vez de Hutcheson: o estado intermediário [*middle state*] da mente é a situação em que ela se encontra livre de toda *uneasiness* (*ECP*, p. 40). Estudando a relação entre razão e experiência em Hume, Raymond Williams afirma que o "homem caridoso" humiano é, ao mesmo tempo, o senhor e o empregador; ou seja, a visão que Hume exprime em suas obras, não podendo ser confundida com a de um utilitarista, é, ainda assim, a visão da classe dominante (*A produção social da escrita*, São Paulo, Editora Unesp, 2014, p. 185). Williams entende que o escritor escocês estava preso aos preconceitos de sua classe, o que, pelo que se tentou mostrar antes, é uma visão um tanto simplista da complexa concepção moral e social de Hume.

[24] Hutcheson, F., *IBV*, II, 3, p. 125.

deficiência nas afecções voltadas para o indivíduo também é uma desregulagem da ordem natural.[25]

A tipologia dos caracteres morais em Hutcheson ganha traços ainda mais interessantes quanto trata da condição dos indivíduos que estão nos níveis mais baixos da escala social. A aprovação das ações e dos sentimentos é anterior ao cálculo das vantagens, prescindindo da contabilidade destas. Uma propriedade sem nenhum atrativo ou conforto não passa a ser considerada bela quando se sabe que foi construída por gente simples, mas em ações que não revertem em quase nada para o proveito público a sua beleza pode ser "maravilhosamente ampliada", caso se diga que era tudo o que o pobre indivíduo podia fazer em tal ou qual situação.[26] Este caso é diferende daquele em que uma pessoa desprovida de recursos físicos ou mecânicos ("desprovida das armas da natureza ou da arte") presta aos outros ajuda que está muito além de suas capacidades, correndo riscos que não sabe como enfrentar, pois age de modo imperfeito, desrespeitando a "sábia economia da natureza" (*wise oeconomy of nature*), que observa corretamente, nas ordens inferiores do reino animal, uma distribuição adequada do medo e da coragem.[27]

Mas o contraponto entre coragem e medo não deve enganar. A ação generosa do agente no limite dos recursos físicos ou materiais é de suma importância para explicitar a diferença entre o gesto propriamente virtuoso e a benevolência resultante dos talentos ou dotes. É assim que se pode dizer, por comparação com Hume, que o *gentleman* não faz mais do que é sua obrigação, do que lhe é prescrito pela natureza, quando esta lhe concedeu recursos superiores à média, e o próprio indivíduo mediano desfrutará de uma felicidade já proporcionada a ele, enquanto o homem depauperado é a tipificação mais clara de uma ação ou sentimento nobre, *porque independe das capacidades naturais ou adquiridas*. O ganho em bem público, o número de pessoas beneficiadas por

---

[25] *Idem, System*, p. 262.

[26] *Idem, IBV*, II, 3, p. 132.

[27] *Idem, System*, pp. 150-1.

um homem da elite pode ser enorme (esse aspecto quantitativo terá grande importância na generalização das regras de justiça), mas sua virtude, ainda assim, será menor que a do agente pobre cuja ação ou afeto não altera em nada o saldo de bem público. É que o bem aqui alcançado não é material, não é visível. Seu poder de estreitar os laços afetivos, contudo, é proporcionalmente muito maior. Com isso, Hutcheson proporá uma visão completamente diferente do que é ser um "herói": a virtude heroica não está necessariamente na grandeza da ação, mas no gesto simples e condizente com a condição individual de cada um.

A Virtude e as virtudes

A explicação do que é a virtude e do que é o "heroísmo" adequado a ela contraporá Hutcheson e Hume. O pomo da discórdia entre eles é a afirmação hutchesoniana de que há virtude principal ou uma virtude em senso estrito, distinta das demais qualidades consideradas virtuosas, o que será negado por Hume. Segundo Hutcheson, essa diferenciação é clara quando o cálculo tenta estabelecer que a resultante de bens advinda das aptidões não pode ser confundida com a benevolência em sentito estrito:

> A virtude, portanto, ou bondade do temperamento [*temper*] está numa proporção direta para com a resultante de bem, se as outras circunstâncias forem iguais, e numa proporção inversa com as habilidades. O que quer dizer que, quanto maiores forem as habilidades, menos evidenciada será a Virtude numa dada resultante de bem produzido.[28]

A distinção é central: a virtude ou temperamento bondoso é diferente das habilidades. O que se viu antes é que os indivíduos mais bem providos de capacidades eram aqueles que também de-

---

[28] Hutcheson, F., *Investigação*, II, p. 241.

veriam contribuir mais para o bem coletivo. O que agora se vê é que a ação deles é naturalmente proveitosa para o corpo social, mas, por isso mesmo, eles não são heroicos ou virtuosos o bastante. Não há nada, além do que é dado, que possa dizer que eles são efetivamente benévolos. No caso do indivíduo inteiramente desprovido de habilidade, a sua virtude, ao contrário, aparecerá com mais evidência. Ou seja, o homem "pobre" expressa muito mais diretamente sua moralidade, porque, no seu caso, tudo aquilo que faz de bom não tem um suporte natural ou material.

Tentando colocar o problema de uma maneira mais direta: a Virtude (com letra maiúscula) pode ser considerada um dom natural? Se ela for uma dádiva natural, até que ponto se pode dizer que o indivíduo é virtuoso, até que ponto ele é *ativo* nessa virtude? Hutcheson dá como exemplos de aptidões: juízo penetrante, memória confiável, imaginação viva, paciência para suportar trabalho, dor, fome, desprezo às riquezas, às calúnias e à morte. São capacidades naturais mais que qualidades morais, embora certamente boas e apreciáveis. Mas não podem ser confundidas com a Virtude.

Dentro dessa lógica, todo indivíduo já está integrado de certa maneira ao grupo e, mais ainda, à sociedade, visto que mesmo o indivíduo egoísta contribui a seu modo para a riqueza do conjunto. E é também dentro dessa lógica que a contribuição dos sujeitos mais simples institui uma nova forma de considerar a virtude e o heroísmo:

> À primeira vista, a aplicação de um cálculo matemático em assuntos morais pode parecer talvez extravagante e selvagem; mas alguns corolários, que serão facilmente deduzidos na sequência, podem mostrar a conveniência dessa tentativa, caso ela possa ser levada adiante. Por ora, devemos extrair apenas este, que parece ser o mais prazeroso, mesmo para os estratos mais baixos do gênero humano, a saber, que nenhuma circunstância externa da fortuna, nenhuma desvantagem involuntária, pode excluir qualquer mortal da virtude mais heroica. Pois, por menor que seja a resultante de bem público que qualquer um pode

realizar, no entanto, se suas habilidades são proporcionalmente pequenas, o quociente que expressa o grau de virtude pode ser tão grande quanto qualquer outro. Assim, não apenas o príncipe, o homem de Estado, o general são capazes de verdadeiro heroísmo, embora estes sejam os caracteres principais cuja fama se difunde por várias nações e épocas; quando, no entanto, encontramos num comerciante honesto o amigo afável, o conselheiro confiável e prudente, o vizinho caridoso e hospitaleiro, o marido terno e o pai afetuoso, o companheiro calmo mais prestativo, o generoso assistente de mérito, o cauto apaziguador de contendas e debates, o promotor do amor e do bom entendimento entre os conhecidos; se consideramos que estes eram os bons ofícios que sua condição no mundo [*his station in the world*] lhe deu oportunidade de realizar para a humanidade, temos de julgar esse caráter tão amável quanto aqueles que o esplendor externo induz o mundo desavisado [*unjudicious world*] à opinião de que "eles são os únicos heróis da virtude".[29]

Não é só o príncipe, o homem de Estado, o comandante que podem ser chamados de heróis; o cidadão comum que pratica os deveres próprios a sua condição também é merecedor desse título. O princípio e fim de todo caráter moral é conhecer sua condição, seu "posto" na sociedade e no mundo, porque só assim se reconhecem os deveres (os bons ofícios = *good offices*) que se tem a oportunidade e a capacidade de realizar. Trata-se certamente de uma série de deveres, de deveres *distintos*, conforme o indivíduo se encontre diante de uma situação em que tenha de agir como pai de família, como amigo, como apaziguador etc., e desconhecer a própria condição, querer ir além desse lugar, só pode ser fruto de uma confusão imaginária com a posição ocupada por outro. Hutcheson antecipa sem dúvida algumas das observações de Rousseau sobre a corrupção social na qual os homens buscam satisfazer

---

[29] *IBV*, p. 134-5.

necessidades e desejos que não são os seus, que nascem pela comparação com o desejo dos outros.

Essa visão do heroísmo relativo, condizente com a posição do homem no cosmo e na sociedade, resgata a relação e a diferença entre deveres principais e deveres médios, entre deveres perfeitos e imperfeitos, ou entre a moral no seu sentido absoluto e no seu sentido relativo da filosofia estoica. Na versão que dela é apresentada por Cícero, o dever perfeito se refere ao sumo bem (*finis bonorum*), e a ação que lhe corresponde é designada pelos gregos com o nome de *kathórtoma*, enquanto o dever médio (*kathêkon*) diz respeito aos preceitos de conduta da vida comum.[30] Os deveres perfeitos são entendidos a partir de quatro características com as quais a natureza distinguiu em geral os seres humanos. São eles: (1) a conservação de si e a reprodução, com diferença em relação aos animais, já que o homem pode usar a inteligência para aproveitar melhor a experiência passada e planejar melhor o futuro; (2) a ligação por laços de sociabilidade e afeto, o que estimula o desenvolvimento de requisitos para a vida social, como responsabilidade e coragem; (3) a paixão de descobrir a verdade nos momentos de ócio, à qual se junta certo "apetite de preponderância" (*appetitio quaedam principatus*), que, nos bem formados pela natureza, se manifesta pelo desejo de não se submeter a ninguém, exceto ao mestre da verdade (*praecipienti aut docenti*) e ao que governa justa e legitimamente (*iuste et legitime imperandi*), donde provém a grandeza da alma e o desprezo das coisas humanas; e, por fim, (4) "aquela não pequena força da natureza e da razão", que faz o homem ser o único animal a sentir o que é a ordem, a conveniência, a moderação nos atos e nas palavras.[31] Os quatro deveres fundamentais — que são mandamentos referentes à ordem cósmica — estão ligados a quatro capacidades principais implantadas pela natureza (inteligência ou razão, sociabilidade natural, paixão pela verdade e senso do decoro; sem estas, o homem não

---

[30] Cícero, *Dos deveres*, I, 7 e ss., tradução, introdução e notas de Carlos Humberto Gomes, Lisboa, Edições 70, pp. 17-8.

[31] *Idem*, I, 11-4, trad. cit., pp. 19-20.

O cálculo das virtudes

consegue alcançar a vida "honesta"). Além da inclinação natural à sociabilidade, também fundamental para a discussão sobre o sentimento moral e estético na filosofia britânica é a quarta capacidade, que passará para a tradição como senso da conveniência e do decoro. Cícero a define como o "órgão" que capta a beleza e elegância tanto das coisas visíveis como daquilo que, analogicamente, é belo e harmonioso no mundo do espírito. Hutcheson fará desse senso do decoro o operador central de sua filosofia, reformulando-o na noção de sentimento estético e moral, o que demandará uma discussão mais pormenorizada. Por ora, basta dizer que o senso de decoro ciceroniano funcionará para ele como o senso de *medida* por excelência, o qual detecta as belas proporções entre as coisas e a justeza das ações morais: como em Cícero, ele é um senso imediato, que capta a verdadeira ordem inscrita na natureza das coisas. O lugar apropriado do homem no mundo e a quantidade de felicidade que pode ser alcançada dependem inteiramente do bom funcionamento dessa faculdade.

Os diversos tipos de qualidade. A doutrina ciceroniana das várias *personas*

Para bem compreender o lugar próprio de cada um, o que é o caráter de cada indivíduo, é preciso ter claro, segundo Cícero, que a natureza criou os homens como seres que têm, por assim dizer, duas personalidades ou dois papéis a desempenhar.[32] Um desses papéis deve ser comum a todos os outros mortais; o outro é peculiar ao caráter ou ao temperamento individual. Assim, uns são dotados de grande graça (*multos lepos*), outros, como Marco Escauro e Marco Druso, de particular seriedade; Caio Lélio era muito alegre, enquanto seu amigo Cipião, cuja ambição era maior, muito mais triste; Sócrates era conversador, espirituoso, fingidor, irônico, enquanto Pitágoras e Péricles obtiveram sua autoridade

---

[32] "*Intelligendum etiam est duabus quasi nos a natura indutos esse personis*". *Idem*, I, 105, trad., p. 53.

sem nenhum gracejo etc. etc. Saber encontrar qual é a índole própria a cada um é, portanto, um dos *officia*, um dos deveres principais, que depende justamente do senso que dá a justa medida da conveniência própria a cada ação ou sentimento:

> É, pois, absolutamente necessário que cada um, naquilo que de peculiar existe e não naquilo que de negativo há, se atenha ao seu caráter, podendo assim ser mantida aquela conveniência que todos nós procuramos alcançar. Devemos agir desse modo de maneira a que não tenhamos de nos opôr às leis universais da natureza e a que, preservada esta, sigamos a nossa própria índole e por esse modo, embora se verifique existirem naturezas melhores do que outras, tenhamos, contudo, a oportunidade de orientar nossas realizações segundo a nossa própria natureza; nem mesmo se conseguirá, com efeito, coisa alguma lutando contra a natureza ou perseguindo algo que não nos é possível alcançar.[33]

Assim como o próprio comediante sabe escolher a fábula a que convém melhor a sua índole, assim também os homens devem agir no palco da vida, não atuando contra a natureza, mesmo quando se encontram em situações adversas ou tenham de escolher profissão ou cargos públicos, isto é, quando tenham de desempenhar um terceiro e quarto papéis, além dos dois principais, assumindo uma terceira e quarta *personas* no mundo.[34] Essa última

---

[33] *Idem*, I, 110, trad., p. 55.

[34] "A esses dois tipos [*Ac duabus iis personis*], acerca dos quais anteriormente falei, junta-se um terceiro que o acaso e as circunstâncias nos impõem. Um quarto tipo poderá ainda, por nossa própria iniciativa, ser acrescentado. O poder, o comando, a nobreza, as honras, as riquezas, a influência, assim como os seus contrários, encontram-se efetivamente dependentes do acaso, sendo regidas de acordo com as circunstâncias. No que concerne àquelas personagens [*personam*] que intencionamos representar, têm elas origem na nossa vontade — por conseguinte, uns dedicam-se à filosofia, outros, ao direito civil, outros ainda, à eloquência e, no caso das próprias virtudes, numa

questão também diz respeito à "qualidade" ou "virtude" em que o jovem cidadão livre tem o desejo de se destacar na sociedade em que vive, e com isso se pode retornar ao problema principal de Hutcheson: os antigos ensinam que há uma Virtude em sentido eminente, ou ensinam uma multiplicidade de virtudes, assim como há inúmeras qualidades distintas, próprias a cada índole particular? Ou ainda, existe algum indivíduo que realiza efetivamente em si a Virtude? Se a resposta puder ser análoga àquilo que Cícero diz do sábio, a resposta será evidentemente negativa: os deveres primordiais só podem ser plenamente satisfeitos pelos sábios, enquanto os demais deveres são comuns a todos os mortais, e se alguns homens eminentes como os Décios, os Cipiões gozaram a fama de corajosos, ou Fabrício ou Aristides são chamados de justos, ou Catão e Caio Lélio são chamados de sapientes, isso ocorre apenas por semelhança e aparência de sapiência (*similitudinem speciemque sapientium*), e não devido à sapiência mesma desses homens.[35] Há, portanto, uma diferença entre a verdadeira perfeição, a verdadeira virtude, e a aparência de virtude, a virtude imperfeitamente realizada. Ou seja, do ponto de vista estrito do dever absoluto, ninguém foi realmente corajoso, justo ou sábio.

O problema aparece também relacionado à questão da ligação do *honestum* e do *utile*. Ao se perguntar de que maneira peripatéticos e acadêmicos viam a relação entre "honestidade" e "utilidade", Cícero lembra que, embora os estoicos dissessem que o honesto é preferível ao útil, o tema é tratado de maneira mais esplêndida por aqueles que afirmam que algo só pode parecer útil se for honesto do que por aqueles que dizem que há coisas úteis que não são honestas, e honestas que não são úteis.[36]

Essas questões reaparecem integralmente no interior do pensamento britânico, quando Hutcheson percebe o direcionamento que Hume quer imprimir a sua filosofia moral. O que precisamen-

---

preferem uns sobressair enquanto outros noutras" (*idem*, I, 115, trad. cit., pp. 56-7).

[35] *Idem*, III, 16, trad., p. 119-20.

[36] *Idem*, III, 20, trad. p. 121.

te separa a posição de Hutcheson da de Hume e de Adam Smith é a tese de que, para ele, existe a Virtude, que é diferente das outras qualidades também chamadas virtudes, virtudes estas que podem ser quantificadas pela resultante de bem social produzida, ou por aquilo que é a sua *utilidade*. Ou seja, Hutcheson tem uma posição mais próxima daquela que separa o *honestum* do *utile*, que entende que há coisas "honestas" que não são úteis, como a ação do homem pobre que não redunda em nenhum proveito material para a coletividade. Confundir a Virtude com as outras qualidades é confundir os deveres absolutos e os deveres medianos, confusão que decorre justamente de uma má leitura do *De officiis* de Cícero. De fato, para Hutcheson alguns eruditos entenderam mal o propósito do livro, acreditando que há ali um "sistema completo da moral ou ética", quando, na verdade, a doutrina do sumo bem e da Virtude se encontra noutro lugar, a saber, no *De finibus* e nas *Tusculanas*. Nos *Deveres*, Cícero teria seguido a distinção estoica entre virtude, que é o único Bem, e os *officia* ou "deveres exteriores da vida". Isto é, os livros sobre os deveres tratam apenas das coisas indiferentes, nem boas, nem más. Em resumo, segundo a *Breve Introdução*, o propósito dos livros *De officiis* teria sido

> [...] mostrar como pessoas em postos superiores [*higher stations*], já bem instruídas nos fundamentos da filosofia moral, deveriam se conduzir na vida, a fim de que, em perfeita concordância com a virtude, elas possam obter grandes vantagens, poder, popularidade, honras e glória.[37]

Deixando de lado se a intepretação de Hutcheson é pertinente ou não com a filosofia ciceroniana, o que importa aqui é o fato de que, supondo-se que o alvo seja mesmo Hume e seus seguidores (o que parece claro tanto pelo texto em latim, que diz *viri quidam docti*, quanto pelo texto da versão inglesa "*some very ingeniuos men*"), a crítica é radical e deve ter dado o que pensar, porque, em

---

[37] Hutcheson, *Short Introduction*, p. 4. Hutcheson pode se apoiar na passagem do *De officiis*, 43-4.

O cálculo das virtudes

termos muito simples, o que ela está querendo dizer é que a filosofia moral de Hume se refere tão somente aos deveres médios ou imperfeitos. Prescindindo dos deveres mais importantes e indispensáveis, aqueles que fazem do homem aquilo que ele é e deve ser, isto é, abstraindo da necessária concordância com a perfeita virtude e com a obrigação de "seguir a natureza", Hume parece não perceber ou não levar em conta a diferença entre um livro de ética e um manual para homens da sociedade, com meros preceitos para como se conduzir na vida. Ele funde as diferentes "personas" no seu papel social, e o posto que o homem deve ocupar na ordem cósmica (isto é, seu dever principal de obedecer à natureza) é assimilado ao lugar ou ao papel que ele desempenha na ordem mundana. A discussão sobre a "utilidade" (Hume) e a "honestidade" (Hutcheson) diz respeito também a essa diferenciação ética entre o desempenho de diferentes papéis ou deveres.

A TIPOLOGIA HUMIANA:
VIRTUDES RESPEITÁVEIS E VIRTUDES AMÁVEIS

Por sua parte, Hume pode assimilar muito bem o golpe, porque sua posição é perfeitamente descrita por Hutcheson e, tanto quanto este, ele também acredita ter em sua defesa a autoridade dos antigos:

> Mas o mesmo Cícero, à semelhança de todos os moralistas da Antiguidade, amplia muito suas ideias de virtude quando raciocina como filósofo, e inclui sob essa honrosa denominação todas as qualidades e todos os dotes espirituais dignos de louvor.[38]

Também não caberia discutir aqui a pertinência dessa leitura humiana de Cícero. Bem mais interessante é o confronto entre a sua e a de Hutcheson. A sua posição já aparece num trecho do

---

[38] Hume, D., *EPM*, "Apêndice" 4, trad. cit., p. 408.

livro III do *Tratado*, que pode ser lido como crítica a Hutcheson, o qual teria cometido o erro comum aos sistemas da ética, ao tentar distinguir as aptidões naturais (*natural abilities*) e as virtudes morais, distinção sem nenhum sentido, já que, embora todas essas qualidades (*qualities*) naturais ou morais não sejam de todo iguais, elas "coincidem em suas características mais importantes". Pois o fundamental é que não há outra maneira de explicar ou descrever as aptidões senão pelo mesmo critério que mede as virtudes, ou seja, a aprovação que recebem. Querer uma definição racional do que seja um talento natural ou uma virtude é cometer o erro de confundir as faculdades do sentimento e da razão já bem denunciado por ninguém menos do que o próprio Hutcheson. Ou seja, tanto as virtudes mais veneráveis como as habilidades mais comuns serão reconhecidas, em graus distintos, somente pelo sentimento, que a elas se dirige enquanto qualidades dignas de amor (*love*) ou de estima ou respeito (*esteem*). Assim, tal como Salústio dizia que tanto o caráter de César (amor) como o de Catão (respeito) são virtuosos, embora suscitando sentimentos diferentes, as qualidades naturais são merecedoras de aprovação, quer por serem amáveis (como o espírito, o senso de humor etc.), quer por serem respeitáveis (como o bom-senso e o gênio). As qualidades amáveis (*amiable*), o indivíduo as quer encontrar nos amigos; as virtudes veneráveis ou respeitáveis (*awful*), ele as deseja para si mesmo.[39]

No fundo, porém, amor e respeito não são tão diferentes, provindo de causas semelhantes, já que ambos se devem a qualidades que despertam prazer naquele que as contempla. Esse prazer pode ser mais grave ou sério, se o objeto contemplado é grande e causa forte impressão, ou produz humilhação ou temor; mas há também objetos que, como a benevolência, estão mais ligados ao amor.[40] Indo também na mesma direção, Adam Smith se apropriará da distinção humiana entre as virtudes veneráveis ou respeitáveis

---

[39] Hume, D., *THN*, III, 3, 4; trad., pp. 647-8.

[40] *Idem*, p. 648, nota. Todas essas considerações, um pouco ampliadas, voltam a aparecer no "Apêndice" 4 da *Investigação sobre os princípios da moral* (trad., p. 407).

O cálculo das virtudes

e as virtudes amáveis ou sociáveis.[41] E ela também comparecerá no opúsculo pré-crítico *Observações sobre o sentimento do belo e do sublime* de Immanuel Kant.

A TIPOLOGIA KANTIANA: AS QUALIDADES BELAS E AS QUALIDADES SUBLIMES

As *Observações sobre o sentimento do belo e do sublime*, de 1764, costumam ser lidas como uma obra que, como já assinala o título, retomaria a *Investigação filosófica sobre a origem de nossas ideias do belo e do sublime*, publicada em 1757. Se não há nenhuma dúvida sobre a influência do livro de Burke sobre Kant e sobre a estética alemã do século XVIII, por outro lado é preciso reconhecer que ela talvez seja menos decisiva para a compreensão do opúsculo kantiano — e do desenvolvimento da sua moral — que a leitura atenta que o autor fez de Hutcheson e de Hume. Talvez seja mais justo dizer que Kant combina o ponto de vista burkiano da divisão entre belo e sublime com o ponto de vista tipológico humiano das qualidades respeitáveis e das qualidades amáveis, procedendo assim em total acordo com o seu método de buscar notas características semelhantes entre conceitos.

Mas, apesar dessa semelhança mais imediata com Burke e Hume, o opúsculo tem uma configuração que lembra bastante a da filosofia do sentimento moral, o que se nota pela sua disposição. A primeira seção é certamente a mais burkiana, pois nela se trata de traçar oposições entre o sentimento do belo e do sublime na natureza, nas artes etc. Contudo, esse encaminhamento, que vai das distinções estéticas às distinções morais, segue a divisão das *Investigações* de Hutcheson, a primeira delas dedicada à ideia de beleza e a segunda à ideia de virtude, no que o autor segue confes-

---

[41] Smith, A., "Of the amiable and respectable virtues", capítulo V do livro I da *Teoria dos sentimentos morais*, ed. cit., pp. 23 ss.

sadamente a visão ciceroniana do senso de decoro, órgão sensível e também moral.[42]

Que haja uma clara ressonância da discussão moral britânica nas *Observações* fica evidente pela leitura do início da seção II, intitulada Das Qualidades do Sublime e do Belo no Homem em Geral. Ali as qualidades humanas são distribuídas entre respeitáveis ou sublimes, e belas ou amáveis:

> O entendimento é sublime, o engenho é belo. A ousadia é sublime e elevada; a astúcia, pequena, porém bela. Cautela, disse Cromwell, é virtude de burgomestre. Sinceridade e probidade são simples e nobres; gracejo e adulação amável, delicados e belos. Gentileza é a beleza da virtude. A solicitude desinteressada é nobre, a polidez e a cortesia são belas. Qualidades sublimes infundem alto respeito; as belas, porém, amor. Pessoas cujo sentimento tendem preferencialmente ao belo só procuram amigos honestos, constantes e sérios quando estão necessitados; para o entretenimento, elegem companhias agradáveis, gentis e graciosas. Quando se aprecia demais alguém, torna-se impossível amá-lo. Embora suscite admiração, está por demais acima de nós para que ousemos nos aproximar dele com a intimidade do amor.[43]

Faculdades humanas como entendimento e engenho (*Witz*) podem ser concebidas não por sua natureza mental, mas como qualidades "mundanas", assim como todas as outras qualidades são pensadas desde o ponto de vista de seu valor para a sociedade e divididas em sérias ou sublimes e sociáveis ou agradáveis. Kant está certamente próximo dos moralistas britânicos quando traça a sua tipologia a partir do "desempenho" social das virtudes. Mas

---

[42] Como também se comentará detidamente na sequência, Hutcheson escolhe como epígrafe das duas *Investigações* a passagem do *De officiis* acima discutida sobre o senso de conveniência ou de decoro (I, 4).

[43] Kant, I., *Observações sobre o sentimento do belo e do sublime*, trad. cit., p. 25.

O cálculo das virtudes

não só isso: ele também estabelece um cálculo que vai do menor ao maior grau de participação no bem público, tendo como padrão exatamente a regra hutchesoniana segundo a qual sempre é preciso buscar um bem maior, promovendo a felicidade do maior número de pessoas — o que Kant chama de *gemeinsame Pflicht* (dever total ou coletivo).[44] Isso lhe permite definir três espécies de caracteres, que são: o caráter virtuoso ou sublime, o caráter belo ou amável, que é bondoso, compassivo e condescendente, e o caráter que age de acordo com a opinião dos outros ou segundo a aparência exterior. Os dois últimos caracteres são implantados pela natureza para suprir a ausência do "sentimento moral universal" (*das allgemeine moralische Gefühl*), isto é, os indivíduos com esses traços atuam em proveito do todo segundo os sentimentos de simpatia e condescendência ou de honra e pudor, respectivamente. O resultado de sua ação é certamente menor do que a do caráter sublime, que é regido por princípios mais gerais.

O interesse dessas distinções é ver o quanto elas dependem da moral hutchesoniana e humiana, isto é, embora se possa dizer que a armadura social (a divisão das qualidades "respeitáveis" e "amáveis") venha de Hume, assim como a estética deve ser posta em boa parte na conta de Burke (com o par "sublime" e "belo"), o eixo moral da argumentação vem de Hutcheson. Isso porque Kant estabelece uma continuidade entre as ações imediatamente benévolas e as ações justas, ou seja, entre aquelas que são motivadas por um sentimento imediato de bondade e aquelas que "corrigem" acertadamente o impulso ou afeto imediato, contrapondo-lhe um sentimento de equidade que permite alcançar resultados mais eficazes do ponto de vista da moral. A compaixão é um sentimento bom, mas *cego*. O exemplo utilizado é recorrente entre os pensadores britânicos: ao se deixar levar por sentimentos de comiseração para com os necessitados, o indivíduo compassivo estará "em débito com um terceiro" (*einem anderen schuldig*) e impedido,

---

[44] *Idem*, p. 31.

dessa forma, de cumprir com o "dever estrito da justiça" (*die strenge Pflicht der Gerechtigkeit zu erfüllen*).[45]

Hume também apresenta vários exemplos de indivíduos benévolos e humanitários, cujo procedimento, no entanto, é um desastre do ponto de vista da *utilidade pública* (que é, para ele, o único critério decisivo em questões sobre o *dever*): o gesto de dar esmolas leva à ociosidade, o tiranicídio (por amor à humanidade) leva a uma ainda maior crueldade por parte dos tiranos e a liberalidade dos príncipes pode consumir "o pão de cada dia de homens honestos e trabalhadores".[46] Embora os exemplos sejam parecidos, o sentido deles na argumentação de Hume e de Kant é bem diferente. Nos dois casos, trata-se sem dúvida da impossibilidade de generalizar as ações benévolas, o que levaria à ruína da sociedade. Mas a diferença é clara, e a inversão de papéis chama a atenção: enquanto para Hume a correção é dada pela *razão*, no Kant pré-crítico ela ainda é feita pelo *sentimento*. E essa diferença é fundamental para o que os dois autores entendem por justiça. A justiça, para Hume, serve para corrigir o desvio de sentimentos demasiado intensos e restabelecer a boa ordem natural. Para Kant, ela aparece como uma ampliação dos sentimentos bons, fazendo com que se estendam a um maior número de indivíduos. Com isso, ele segue inteiramente Hutcheson: a justiça não pode ser entendida como uma virtude *artificial*, como pretende Hume, porque, como ensina o jusnaturalismo, ela obedece à partilha estabelecida pela natureza.[47] Os princípios da justiça não se explicam por uma razão utilitarista, que atende tão só a interesses pontuais de uma sociedade, devendo ser entendidos como generalizações que permitam a distribuição mais justa dos bens naturais e dos socialmente produzidos. A benevolência deixa de ser uma afeição parcial e passa

---

[45] *Idem, ibidem.*

[46] Hume, D., *EPM*, seção 2, Da Benevolência, trad. cit., pp. 238-9.

[47] É claro que Hume afirma que são os seus princípios que estão de acordo com os jusnaturalistas. Cf., por exemplo, *EPM*, trad. cit., p. 256. Sobre as regras de justiça e propriedade como princípios estabelecidos pelo artifício humano, cf. *THN*, III, 2, 2, trad. cit., pp. 525 ss.

O cálculo das virtudes

a abarcar o maior número de pessoas que o indivíduo pode favorecer com suas forças, mas ainda assim ela continua sendo sempre um afeto, uma afeição. Ela só é mais geral. Como dirá Hutcheson:

> Aquela disposição, portanto, que é a mais excelente e ganha naturalmente a mais alta aprovação moral é a boa vontade calma, estável, universal para com o todo, ou a benevolência a mais extensiva.[48]

É essa disposição que Kant adota como princípio tanto da benevolência como da justiça. Ambas dependem dessa benevolência, dessa boa vontade ou benquerença universal:

> Se, ao contrário, a benevolência universal tornou-se em vós o princípio ao qual subordinais todas as vossas ações, o amor pelo necessitado permanece, sendo, porém, inserido, de um ponto de vista superior, na verdadeira integralidade de vosso dever [gemeisame Pflicht]. A benevolência universal é um fundamento de compadecimento com sua desgraça [ein Grund der Teilnehmung an seinem Übel], mas também, e ao mesmo tempo, da justiça [der Gerechtigkeit], cujos preceitos vos obrigam a renunciar a essa ação.[49]

Essa passagem dá a medida exata da separação entre Hutcheson e Hume no que se refere à justiça, vale dizer, entre uma justiça fundada na benevolência para com o todo e uma justiça fundada na criação de regras de *interesse* para a sociedade, ou ainda, entre uma justiça embasada na ampliação crescente do sentimento benévolo e uma justiça que procura estipular racionalmente quais os melhores meios para se chegar a regras de convívio ou a um

---

[48] Hutcheson, F., *System*, p. 69.

[49] Kant, I., *Observações sobre o sentimento do belo e do sublime*, trad. cit., p. 31. O cotejo entre os dois textos serve para mostrar que o opúsculo segue exatamente a tradução de Lessing para o alemão: ali onde o texto de Hutcheson diz *universal good-will*, Kant dirá *allgemeine Wohlgewogenheit*.

bom termo entre litigantes, corrigindo os desvios necessários a toda formação natural das sociedades (o que explica por que Hume tenha ficado a meio caminho entre a origem natural delas e contratualismo).

Mas o texto pré-crítico dá ainda a medida exata da diferença entre os dois autores no que se refere à moral. Pois ele mostra por que tanto o caráter amável como o caráter movido pelos sentimentos de honra não são propriamente virtuosos, isto é, amor e honra são apenas "virtudes por adoção" (*adoptierte Tugenden*). Só o caráter moral é conduzido por aquilo que Kant chama de "virtude genuína" (*echte Tugend*). Sua explicação está, como se vê, bem próxima da posição de Francis Hutcheson e parece ser mesmo um comentário preciso do ponto exato em que os dois autores britânicos discordam. Pois, como se acabou de ver, Hutcheson insiste, contra seus "discípulos infiéis", que existe uma virtude diferente de todas as demais qualidades, as quais também são chamadas virtudes apenas por conveniência de linguagem. E, de fato, a diferenciação entre a Virtude e as virtudes, entre os deveres perfeitos e imperfeitos, será essencial para que a moral kantiana chegue à distinção entre vontade pura e vontade condicionada. Kant irá paulatinamente radicalizando a diferença entre a virtude e as demais qualidades moralmente boas, como a benevolência.[50] Sua perfeita compreensão do problema o leva a formular de maneira impecável tudo o que está em jogo no problema da quantifica-

---

[50] Seria interessante reconstituir o percurso desse distanciamento de Kant em relação a Hutcheson, acompanhando a leitura que ele faz de Adam Smith. Lendo a *Teoria dos sentimentos morais* no início dos anos 1770, Kant aprofunda a separação entre o padrão ideal de moral e o padrão comum, o padrão absoluto e o relativo, nas expressões de Smith. Isto é, ele acaba por criar um fosso entre a Virtude e as virtudes, o que não ocorre no opúsculo "hutchesoniano", já que, embora distintas, a continuidade gradativa entre elas é possível, ao passo que na moral crítica não há passagem possível ou apenas uma passagem ao infinito. Para a diferença de padrões morais em Smith, cf. *TMS*, pp. 26 e 247. Para a distinção entre benevolência e justiça, provavelmente também decisiva para Kant, cf. livro II, seção 2, cap. 1, p. 78 ss.

O cálculo das virtudes

ção das qualidades humanas e da virtude moral, quando diz na *Antropologia*:

> Todas as outras qualidades boas e úteis dos homens têm um *preço*, pelo que se deixam trocar por outras de igual qualidade: o talento tem um *preço de mercado* [*Marktpreis*], pois o soberano ou o senhor local pode precisar de várias maneiras de um homem assim; — o temperamento tem um *preço afetivo* [*Affektionspreis*], e a gente pode se dar bem com um companheiro agradável —; mas o caráter tem um *valor* intrínseco [*inneren Werth*] e está acima de todo preço [*ist über allen Preis erhaben*].[51]

Ao buscar as próprias noções, Kant, como sempre, também "organiza" todo o pensamento anterior: as qualidades boas e úteis têm sim um valor social, como tentaram aferir, por cálculo, Cumberland e Hutcheson. Elas também têm um preço da "ordem do afeto", como ensinam ainda Hutcheson e Hume, que é medido pelo grau de atração social de um temperamento. Mas há algo que não se deixa absolutamente medir em termos quantitativos, que é o caráter moral.

---

[51] Kant, I., *Antropologia*, trad. cit., p. 188. A última frase guarda uma memória interessante do trajeto percorrido por Kant, quando diz que o valor interno do caráter é *sublime* [*erhaben*] acima de todo preço. Uma divisão diferente é apresentada na *Metafísica dos costumes*: no sistema natural, o homem tem preço igual ao dos animais (*pretium vulgare*), destacando-se deles apenas pela capacidade do entendimento (*pretium usus*), mas mesmo assim o valor externo de sua utilidade (*äusserer Werth seiner Brauchbarkeit*) em relação a outros homens ainda é menor do que o "meio universal de troca" que é o dinheiro, que detém um valor eminente (*pretium eminens*). Enquanto pessoa moral (*homo noumenon*), o homem está cima de qualquer preço (*AA*, VI, pp. 434-5). Aqui o valor afetivo das qualidades desaparece para se dar destaque ao valor de uso e à inferioridade de todos os talentos em relação ao meio universal de troca que é o dinheiro. O horizonte, no entanto, continua o mesmo, pois se vê bem aqui como a antropologia tem uma relação umbilical com a moral, o direito e a economia.

Como quer tenha sido a evolução posterior de Kant, é importante assinalar que a Virtude no opúsculo pré-crítico ainda não é uma virtude ligada à vontade pura, ou seja, à razão. A "verdadeira virtude" (*wahre Tugend*) só pode ser propagada mediante princípios "que, quanto mais universais, a tornam tanto mais sublime". Princípios universais são máximas de generalização ou universalização no sentido hutchesoniano de que a ação ou o afeto deve sempre se estender ao maior número de beneficiários — o que é uma forma antecipatória, mas certamente ainda bem distinta da universalização da máxima em lei pelo imperativo categórico. Da mesma maneira, os princípios da virtude benevolente não são de modo algum regras especulativas absolutamente válidas; ao contrário, sua validez está ligada ao coração, ao sentimento: eles são "a consciência de um sentimento que vive em cada coração humano, e que é bem mais vasto do que os fundamentos particulares da compaixão e da amabilidade".[52] Com isso fica claro que, se de um lado a virtude verdadeira é diferente das virtudes de adoção, de outro não há distância entre elas, já que todas elas têm de ser aprovadas pelo sentimento (*Gefühl*), que pode ser mais intenso e restrito e, por isso, mais caloroso e afetivo, ou mais dilatado e amplo, mas também, com isso, mais frio. A passagem entre um grau e outro é de ordem quantitativa, de uma quantidade que, uma vez mais, não pode ser dada pelo entendimento ou pela razão, pois é uma diferenciação no interior do sentimento.[53] Kant acredita po-

---

[52] Kant, I., I., *Observações sobre o sentimento do belo e do sublime*, trad. cit., p. 32.

[53] Kant é inteiramente fiel a Hutcheson, que explica a correção da faculdade moral como uma correção de grau. A correção moral é, no fundo, uma ampliação do afeto particular a um afeto pela felicidade mais geral, de um sistema ou um raio de ação mais restrito a um mais amplo. Ao contrário de Hume, isso vale, inclusive, para a passagem da benevolência para a justiça: "A piedade em si mesma nunca aparece deformada; um afeto mais amplo, porém, o amor à sociedade, o zelo em promover a felicidade geral é um princípio mais amável, e é a ausência disso que torna um caráter deformado. O que mostra apenas o que confirmaremos agora, ou seja, dentre os muitos afetos aprovados há diversos graus: alguns mais amáveis do que outros. É somente assim que corrigimos aparentes desordens nessa *faculdade moral,*

O cálculo das virtudes

der solucionar toda a dificuldade de explicar como esse mesmo sentimento opera de duas maneiras distintas, afirmando na passagem capital do livro:

> Creio resumir tudo o que foi dito quando afirmo que esse sentimento é o *sentimento da beleza e da dignidade da natureza humana*. O primeiro é um fundamento da benevolência universal, o segundo, do respeito universal, e se num coração humano tal sentimento se apresentasse na mais alta perfeição, esse homem também amaria e apreciaria a si mesmo, mas apenas na medida em que é um dentre aqueles aos quais se estende seu vasto e nobre sentimento. Apenas quando se subordina a inclinação particular a essa outra tão ampla, é que se podem empregar os bons impulsos com equilíbrio, atingindo o nobre decoro, que é a beleza da virtude.[54]

A verdadeira aprovação moral, que não se confunde com um afeto particular, só pode ser dada num sentimento que é, ao mesmo tempo, sentimento da beleza e da dignidade da natureza humana. A fusão do sentimento do belo e do sublime, da benevolência e do

---

assim como corrigimos nossa razão. Assim como aprimoramos e corrigimos o pouco gosto pela harmonia habituando o ouvido a composições mais finas, o pouco gosto pela beleza mostrando obras mais finas que produzem um prazer mais elevado, assim também nós aprimoramos nosso *gosto moral* [*moral taste*] apresentando a nossa mente sistemas mais amplos e afetos mais extensos a eles direcionados; e assim objetos mais finos são exibidos à faculdade moral, que os aprovará mesmo se esses afetos se opõem ao efeito de afetos mais restritos, que considerados neles mesmos são realmente amáveis. Aqui não há necessidade alguma de se referir a algum poder de percepção mais elevado ou à razão [*No need here of reference to na higher Power of perception, or to reason*]. *System*, p. 172. Cf. também p. 171: "Tal como outros de nossos poderes perceptivos imediatos são aptos a cultura e aprimoramento, assim também o é esse senso moral, sem que se pressuponha qualquer referência a um poder superior da razão ao qual suas percepções tenham de ser referidas".

[54] *Idem*, pp. 32-3.

respeito num só pode ser chamada de "nobre decoro" (*edler Anstand*) ou de "beleza da virtude" (*Schönheit der Tugend*). Virtude e beleza, nobreza moral e sua manifestação sensível adequada não se separam. Esta é uma lição ciceroniana que Hutcheson não esqueceu: a moralidade não se dissocia daquilo que convém, o *honestum* é sempre acompanhado do *decorum*. Também no Kant pré-crítico, a moral não pode ser dissociada da beleza.

A MULTIPLICAÇÃO DOS SENTIDOS
E O MISTÉRIO DO SENSO INTERNO

Quando se pergunta pelo lugar do sentimento do belo na filosofia de Francis Hutcheson, a resposta não parece deixar dúvidas: ele é uma maneira de mostrar que o homem dispõe de uma capacidade de ter ideias mais refinadas do que aquelas que lhe são dadas pelos sentidos. Ao proporcionar percepções mais delicadas e nobres que as sensações externas, o senso de beleza abre caminho para a demonstração de que o homem também tem um senso imediato da beleza moral, que o torna apto a aprovar as ações virtuosas e rejeitar as viciosas, sem o auxílio da razão. Ele também desempenha uma função imprescindível na chamada prova *a posteriori* da existência, sabedoria e bondade divinas, já que a visão da beleza do universo é o ponto de partida para a inferência de que só uma mente superior poderia criá-lo. Assim entendidos, os argumentos em favor da existência de um senso de beleza no homem são apenas um degrau na escada que leva à moralidade e à prova físico-teleológica, objetivos principais da filosofia. Mas será que o senso "estético" em Hutcheson se deixa confinar assim a essa função subsidiária, que aliás ele mesmo lhe atribui?[1]

A interpretação aqui proposta pretende evitar, antes de tudo, essa leitura mais difundida, de que a investigação sobre a beleza seja mero trampolim para a investigação da virtude; pretende evitar com isso uma interpretação que separe os dois tratados de que se compõe a *Investigação* de Hutcheson, pois esse modo de proce-

---

[1] A posição de que o senso do belo desempenha uma função subsidiária ao senso moral é defendida, por exemplo, por David Fate Norton em seu *David Hume: Common-Sense Moralist, Sceptical Metaphysician*, Princeton, Princeton University Press, 1982, p. 63.

der incorre muito provavelmente no anacronismo de separar moral e estética, separação esta que em grande parte só foi historicamente possível graças às elaborações conceituais dele.[2] O nó é complexo: por um lado, o filósofo irlandês, permanecendo fiel ao pensamento antigo, preserva a ligação clássica entre o útil e o agradável, entre o deleitar e o ensinar, entre apreciação estética e apreciação moral, o *decorum* e o *honestum*; por outro lado, paradoxalmente, essa mesma ligação dá origem a uma visão da autonomia estética e artística jamais antes vista. Existem ou até coexistems *duas* estéticas em Francis Hutcheson: uma, em vínculo estreito com a moral, levará a discussões decisivas sobre a personagem de ficção e a estética do teatro e do romance em Diderot e Lessing; a outra, mais próxima da discussão sobre a forma, desembocará na autonomia estética, com Adam Smith e Kant. E com essas duas vertentes coexistindo em sua obra, pode-se dizer que ela já vive de certo modo a tensão tão contemporânea entre o formalismo e o conteudismo. Em termos mais gerais se poderia dizer que a prova da existência do sentimento estético desinteressado constitui a base de afirmação da existência de um senso moral desinteressado, embora, do ponto de vista sistemático estrito, o senso estético não possa ser pensado isoladamente do senso moral. A dificuldade é saber como ele pode ao mesmo tempo atuar separadamente e em harmonia com este.

Para começar a entender melhor a função e a articulação desses dois sensos, é inevitável tocar noutro problema importante, que diz respeito à proximidade metodológica e conceitual da *Investigação* de Hutcheson com o *Ensaio sobre o entendimento humano* de Locke. Como no método histórico de Locke, o que se busca na *Investigação* é mostrar a *origem das ideias* de beleza e virtude, num percurso em que boa parte da terminologia também é tirada do

---

[2] A observação também vale em grande medida para Shaftesbury, no qual ocorre a mesma dificuldade de entender a relação entre os dois sensos. Cf., por exemplo, a explicação da apreensão da virtude por analogia com o senso do belo na *Investigação sobre o mérito e a virtude* (*Characteristicks*, II, p. 16).

Essay lockiano: sensação, percepção, ideias simples e complexas, qualidades primárias e secundárias, poderes, mente etc. Mas a primeira impressão geral que se tem ao comparar os textos dos dois autores é ambivalente: não há dúvida de que as ferramentas nocionais e metodológicas encontradas no empirista facilitam bastante o trabalho de exposição, mas isso também leva ao problema de saber até que ponto se pode afirmar que o autor da *Investigação* é, de fato, um *lockiano*. Dada a grande repercussão e difusão do *Essay* de Locke nos séculos XVII e XVIII, é plausível supor que, além da facilidade expositiva, o autor tenha se valido de uma linguagem conhecida e já bastante disseminada entre o público, usando-a para fins bastante diferentes daqueles a que havia sido originalmente empregada. Numa filosofia que sabe que mexer com o ânimo dos homens é mais importante que convencer a razão, os vocábulos, a linguagem empregada, o didatismo são veículos indispensáveis para levar o público a se entusiasmar pela boa causa. Mas o emprego estratégico que Hutcheson faz dos conceitos lockianos está certamente longe de solucionar a questão.[3]

A distância que o separa de Locke é claramente marcada pelo próprio Hutcheson no *Ensaio sobre a natureza e conduta das paixões e afecções, com ilustrações sobre o senso moral*, obra publicada três anos depois da *Investigação*. Como que para dissipar possíveis dúvidas sobre sua adesão ao ideário lockiano, o "Prefácio" ao *Essay* afirma ser desejável que

> [...] aqueles que se dão o trabalho de provar a apreciada máxima segundo a qual "todas as ideias surgem da *sensa-*

---

[3] Duas boas discussões, uma mais ampla e outra mais sucinta, da proximidade-distância entre Hutcheson e Locke são empreendidas por Laurent Jaffro em dois textos de apresentação ao "senso moral". O primeiro é "La formation de la doctrine du sens moral: Burnet, Shaftesbury, Hutcheson", *in*: Jaffro, L. (org.), *Le sens moral: une histoire de la philosophie morale de Locke a Kant*, Paris, PUF, 2000, principalmente pp. 40-2. O segundo é intitulado "Hutcheson (1694-1746): des bons sentiments au calcul de l'utilité", *in*: Caillé, A.; Lazzeri, C.; Senellart, M., *Histoire raisonnée de la philosophie morale et politique: le Bonheur et l'utile*, Paris, La Découverte, 2001, pp. 420-4.

ção ou *reflexão*", tivessem explicado que não se deve entendê-los como se o sentido em que a tomam seja o de que todas as nossas ideias são, ou *sensações externas*, ou *atos reflexos* sobre *sensações externas*. Ou, se por reflexão, como imagino, querem dizer um *poder interno de percepção*, eles teriam de ter examinado cuidadosamente os diferentes tipos de *percepção interna*, assim como fizeram com as *sensações externas*, de modo que pudéssemos ver se as primeiras não são tão naturais e necessárias quanto as últimas.[4]

A referência aos primeiros parágrafos do segundo livro do *Ensaio sobre o entendimento humano* de Locke é mais que evidente: é preciso marcar com toda nitidez a distância que separa a nvestigação sobre a origem do belo e da virtude de uma teoria que afirma que todas as ideias podem em última instância ser reduzidas a uma origem nos sentidos externos ou numa reflexão sobre as operações que o entendimento faz sobre essas ideias.[5] Essa demarcação é tão importante quanto mostrar o absurdo da explicação segundo a qual todas as afecções e paixões têm origem no amor-próprio. Ou seja, denunciar as consequências desastrosas da teoria lockiana das ideias é quase tão importante quanto refutar

---

[4] Hutcheson, F., *ECP*, pp. 5-6. Desse importante prefácio de *ECP* há tradução para o português de Marcos Balieiro em *O Iluminismo escocês*, coletânea organizada por P. P. Pimenta, São Paulo, Alameda, 2012, pp. 159-65.

[5] Como é mais que sabido, para Locke mesmo as operações da reflexão dependem de alguma impressão ou movimento que afeta o corpo, isto é, só há ideias a partir do momento em que o indivíduo tem sensações. Sobre isso, ver o *Ensaio sobre o entendimento humano*, II, 1, 23, p. 86: "Pois, uma vez que parece não haver ideias na mente antes que os sentidos nela as introduzam, concebo que as ideias no entendimento são coevas com a *sensação; a qual é uma impressão ou movimento tal produzido nalguma parte do corpo, que produz alguma percepção no entendimento*. É sobre essas impressões produzidas em nossos sentidos por objetos externos que a mente parece primeiro se ocupar, em operações como as que chamamos percepção, lembrança, consideração, raciocínio etc.".

o egoísmo hobbesiano,[6] já que ela leva à afirmação de um epicurismo, de um hedonismo, de um nivelamento de toda satisfação, ao não estipular diferença alguma entre os prazeres, não só entre os advindos dos sentidos e os produzidos pelas operações da mente, mas também entre aqueles pertencentes a cada uma dessas classes. E para refutar o sensualismo do pai do empiristas modernos Hutcheson o leva ao paroxismo: todo o problema da redução das ideias a sensações consiste em que o número de sentidos humanos conhecidos pelo empirista é *pequeno demais*. Como diz o "Prefácio":

> Algum estranho amor pela *simplicidade* na estrutura da natureza humana ou o apego a alguma *hipótese* favorita levou muitos escritores a passar por alto grande número de percepções simples que podemos encontrar em nós. Fixamos em *cinco* o número de nossos *sentidos externos*, embora se possa facilmente defender que sejam *sete* ou *dez*.[7]

Não haveria prova mais contundente do que esta passagem para mostrar o quanto Hutcheson não é lockiano. O empirista só conhece cinco sentidos externos, mas nada impede que se fale, com certos autores de gênio (*some ingenuous authors*), em sete ou dez.[8] O adversário poderia responder com a velha navalha de Ockham: *sensus non sunt multiplicandi*, mas tal princípio pode ser contrabalançado pela autoridade de "cavalheiros de bom gosto" que

---

[6] A assimilação do empirismo lockiano e do egoísmo hobbesiano — ambas filosofias consideradas "epicuristas" — é traçada na sequência do texto do "Prefácio" (*idem*, p. 6; trad., p. 161).

[7] Hutcheson, F., *ECP*, p. 5; trad., p. 161.

[8] *Idem, System*, p. 5. Para uma enumeração e catalogação *quase* exaustiva de todos os sensos (externos, interno, senso público ou comum, senso moral, senso de honra, senso de decência, de dignidade etc., ver *ECP*, seção I, pp. 15-8.

A multiplicação dos sentidos e o mistério do senso interno

[...] nos falam de grande número de sensos, gostos e paladares para a beleza, harmonia, imitação na pintura e poesia; e não podemos encontrar também na humanidade paladar para a beleza nos caracteres e nos modos?[9]

Diminuir o número dos sentidos reduzindo-os aos meros órgãos da sensação é fazer uma gestão insensata (*foolish management*), cujo resultado é dar à filosofia uma "forma austera e desajeitada", que afasta as pessoas gentis e refinadas. Para Hutcheson, a rigidez do pensamento filosófico é sinal claro de indiferença à pulsação de uma vida existente além das percepções sensíveis e da reflexão sobre elas, insensibilidade que se reflete na própria penú-

---

[9] *Idem, IBV*, pp. 9-10. Entre os *"gentlemen of good taste"* que defendem a existência de vários sentidos, deve se contar certamente Shaftesbury (ver, por exemplo: *Moralistas, uma rapsódia filosófica, in: Characteristicks*, II, p. 401) e Addison, nos "Prazeres da imaginação", a respeito do qual Hutcheson escreve um parágrafo importante nas *Reflexões sobre o riso*: "O engenhoso sr. Addison, no seu tratado sobre os prazeres da imaginação, observou com justeza muitas sensações mais sublimes do que aquelas comumente mencionadas entre os filósofos: ele observa, em particular, que recebemos sensações de prazer daqueles objetos que são grandes, novos, ou belos; e, ao contrário, objetos mais diminutos e limitados, ou deformados e irregulares, provocam em nós ideias desagradáveis. É indubitável que possuímos grande número de percepções que dificilmente podem ser reduzidas a qualquer um dos cinco sentidos, como são comumente explicadas; tais como as ideias de grandeza, dignidade, decência, beleza, harmonia; ou, por outro lado, de maldade, baixeza, indecência, deformidade; e que aplicamos essas ideias não apenas a objetos materiais, mas ao caráter, habilidades, ações". *In*: Hutcheson, F., *Philosophical Writings*, edição de R. S. Downie, Londres, Dent, 1994, p. 52. Tradução de Juliana Ferraci (inédita). Para a "multiplicação dos sentidos" na filosofia do senso moral, veja-se a breve passagem de L. A. Selby-Biggy na "Introdução" de sua seleção dos *British Moralists* (Oxford, Clarendon Press, 1897). Cf. também Norton, D. F., *op. cit.*, p. 41. A redução da sensibilidade humana aos cinco sentidos como sinal da *queda* do homem é um tema recorrente em William Blake, conforme se pode ler nas *Visões das filhas de Albion* (v. 33-4): *"They told me that the night and day were all that I could see;/ They told me that I had five senses to enclose me up* [...]". *In*: Blake, W., *The complete poems*, organização de W. H. Stevenson, Essex, Longmann, 1985, p. 177.

ria do vocabulário filosófico quando comparado à variedade expressiva encontrada nos homens em geral: tal empobrecimento lexical não é senão consequência do aferro à evidência mais óbvia dos cinco sentidos,[10] da mesma maneira que os parcos recursos do "fundo de linguagem" (*fund of language*) dos escolásticos são o resultado de não irem além do "seu admirado Aristóteles", tudo isso inviabilizando a expressão das sutis diferenças entre as diversas paixões e afetos.[11] Aliás, eles nem sequer conhecem essa diferença fundamental entre paixão e afeto.

Seguindo os homens de gosto, o verdadeiro esforço filosófico deve começar pela prova de que o homem é dotado de "poderes perceptivos distintos daquilo que comumente se entende por sensação" (eis o objetivo da primeira seção da primeira *Investigação*, como se pode ler no seu título), porque por fim se tornará manifesto que "sentidos" (*sense*) diferentes proporcionam prazeres diferentes, alguns deles capazes de produzir uma felicidade distinta e mais segura do que a proporcionada pelas sensações e emoções imediatas.[12] Os prazeres advindos do contato com o belo e com a arte, por exemplo, não são apenas objeto da "maior parte do labor dos homens de gosto elegante", pois mesmo os "devotos da riqueza e do poder" lhes dedicam algum período da vida e também as nações, tão logo entrem em períodos de paz, "começam a cultivar as artes". O programa moral, social e político baseado no refinamento estético-filosófico será, como se mostrou antes, radicalizado por Hume, para quem os homens precisam trocar as paixões fortes por paixões mais fracas, renunciando à delicadeza da paixão pela delicadeza do gosto. O senso estético é, assim, por um lado, o órgão para percepções mais sutis, que se dão somente em filigrana, sendo o responsável pela fineza no trato comum e no trato da linguagem, como poder filosófico e linguístico de fazer distinções; por outro lado, o senso estético é ainda um bem superior a quase todos os outros, na medida em que é livre de todo

---

[10] *Idem, IBV*, "Prefácio", p. 7.

[11] *Idem, ECP*, p. 49.

[12] *Idem, IBV*, I, 8, p. 78.

A multiplicação dos sentidos e o mistério do senso interno

interesse, possibilitando uma variação dos objetos de prazer essencial para a concepção da "medicina mental" do período.[13] Por tudo isso, o senso estético já é inseparável da moral.

Em Hutcheson, a argumentação em favor da multiplicação e a diversificação das formas de sentir desempenha, assim, uma função essencial: ela é o antídoto mais eficaz a um reducionismo epistemológico de graves consequências morais. E a "importância do senso interno na vida" (título da oitava seção do primeira *Investigação*) é explicada nos seguintes termos, mais uma vez claramente antilockianos:

> Para concluir este ponto, embora em nossas investigações filosóficas sobre as faculdades humanas essas sensações internas possam ser passadas por alto, descobriremos de fato que elas nos ocupam muito mais e são mais eficazes na vida, para nosso prazer ou inquietação, do que todos os sentidos considerados juntos.

Entre o empírico e o transcendental

É certo, no entanto, que as relações entre Hutcheson e o pensamento lockiano não são tão simples quanto a crítica que endereça ao reducionismo empirista, pois ele aceita as explicações de várias das operações mentais apresentadas no *Ensaio sobre o entendimento humano*: diferentemente da passividade dos sentidos,

---

[13] O gosto, os prazeres da imaginação são o lugar do exercício fundamental da variação e diversificação das atividades. Hume pode ter encontrado também em Hutcheson a defesa daquilo que Deprun chamou de "princípio da otimização": "O melhor estado da natureza humana requer possivelmente uma diversidade de paixões e inclinações, para as diferentes ocupações necessárias para o todo" (*ECP*, p. 47). Sobre o papel da "estética" na medicina mental do período, cf. os *Pleasures of Imagination* (n. 411 do *Spectator*), em que Addison lembra a recomendação de Francis Bacon, no ensaio sobre a saúde, que prescrevia a leitura de poemas, de histórias, fábulas ou a contemplação da natureza para afastar a mente de "investigações emaranhadas e sutis".

composição, comparação, redução, ampliação e abstração são poderes ativos da mente.[14] O problema está em que Locke não explica exatamente como se dá a articulação de todos esses elementos passivos e ativos na mente. Sua filosofia é atomista, posição que se torna sintomática e problemática na teoria de que não há uma unidade espiritual ligando todas as percepções por um vínculo de identidade a um mesmo *eu* ou *self*.[15]

Para responder a essa dispersão das percepções na mente, é preciso mostrar como funciona o chamado "senso interno", noção que Hutcheson também toma de empréstimo a Locke, para lhe dar um sentido completamente outro. Segundo o *Ensaio sobre o entendimento humano*, a alma tem consciência de todas as operações que nela ocorrem, assim como das percepções que lhe vêm dos sentidos, e essa "fonte de ideias" pode ser bem propriamente chamada um senso interno, mesmo que ela não tenha "nada que ver com objetos externos".[16]

---

[14] Hutcheson, F., *IBV*, p. 20; trad., p. 149. No *Sistema da filosofia moral* (pp. 6-7) há uma adesão aparentemente ainda mais clara à doutrina de que as ideias se originam de uma dupla fonte: "Esses dois poderes de percepção, *sensação* e *consciência* [*consiousness*], introduzem na mente todos os seus materiais de conhecimento. Todas as nossas ideias ou noções primárias e diretas são derivadas de uma ou outra dessas duas fontes. Mas a mente nunca para na mera percepção; ela compara as ideias recebidas, discerne suas relações, marca as mudanças feitas nos objetos pela nossa ação ou pela dos outros; ela investiga as naturezas, proporções, causas, efeitos, antecedentes, consequentes, de cada coisa, quando não é desviada por algum apetite inoportuno". No entanto, tal como ocorre com as sensações, o foco do olhar filosófico deve se voltar para outro lugar e não para aquilo em que Locke e seus seguidores fixaram definitivamente suas investigações, o *understanding*: como "esses poderes de julgar e raciocinar são mais conhecidos, e mais bem conhecidos, por todos os filósofos do que quaisquer outros, por isso nós os passamos por alto. Todos esses vários poderes, da sensação externa, da consciência, do juízo e do raciocínio são comumente chamados atos do *entendimento*".

[15] Locke, J., *Essay*, II, 27, 9-29 e ss., p. 234 e ss.

[16] *Idem*, II, I, 4, pp. 78-9.

Pode-se entender como o senso interno hutchesoniano trabalha e em que ele difere do seu congênere lockiano estabelecendo uma comparação com a maneira pela qual Locke explica a origem da ideia que os homens têm do belo, pois o procedimento de Hutcheson na explicação da origem das ideias de beleza e de harmonia segue de muito perto o método ascendente lockiano. Hutcheson também parte das ideias mais simples para chegar às mais complexas. A sua *Investigação sobre a origem de nossas ideias de beleza e virtude* começa estipulando uma série de artigos ou definições:

1) *Sensações* são "ideias suscitadas na mente pela presença de objetos externos e pela atuação destes em nossos corpos".[17] Ao sentir, a mente é passiva, aspecto ao qual se deve dar a devida atenção, já que a passividade, ou o fato de não se poder *manipular* as sensações, é fundamental tanto no sentimento imediato da beleza natural como no da beleza moral.

2) *Sentidos* são poderes que recebem tipos diferentes de percepções. "Assim, *ver* e *ouvir* denotam, respectivamente, o poder de receber ideias de cores e o de receber ideias de som."[18] Os sentidos são diferenciadores ou "especializados", a cada um deles corresponde um órgão específico, com exceção do tato (*feeling*), que se encontra difuso por todo o corpo.[19]

3) A mente pode combinar diversas ideias simples, oriundas de sentidos diferentes. A combinação das ideias simples pode dar origem a três tipos de ideias, que, segundo a divisão lockiana, são os modos, as substâncias e as relações. Para a definição da beleza, o que interessa são os modos, que podem ser divididos em duas classes: a) modos em que se combinam ideias simples da mesma espécie, por exemplo, os números que adicionados produzem uma dúzia ou os pontos que constroem uma linha; b) modos em que são combinadas ideias simples de espécie diferente. Os primeiros

---

[17] *IBV*, p. 19. A tradução aqui citada da primeira seção da *Investigação*, intitulada "Dos Poderes de Percepção Distintos da Sensação", é de Alexandre Amaral Rodrigues, publicada na coletânea *O Iluminismo escocês*, p. 149.

[18] *Idem, ibidem*; trad., p. 149.

[19] *Idem*, pp. 19-20; trad., p. 149.

são modos simples; os segundos, modos mistos. A beleza é exemplo dessa última espécie de ideia complexa, composta de ideias simples de origens distintas. Segundo a explicação de Locke, a ideia de beleza consiste "de uma certa composição de cor e figura, causando deleite no espectador".[20]

Hutcheson aceita, como também fará Hume,[21] a explicação da composição dos modos, e também, em parte, que a beleza seja um modo complexo, combinando figura e cor. Diversamente, porém, do autor do *Tratado da natureza humana*, ele objeta que a explicação é mecânica demais, pois não se vê bem qual a especificidade do belo em relação a outros modos complexos citados junto com ele, como gratidão, um homem, um exército e o universo.[22] A explicação também estaria longe de dar conta da maneira pela qual a combinação pode causar prazer. O prazer estético não estaria nem na ideia simples de cor, nem na ideia simples de figura, nem poderia estar em *qualquer* combinação delas, porque dependeria de algo mais. Para que haja satisfação estética, para que um objeto seja considerado belo no âmbito das artes plásticas, é preciso que a combinação dos elementos comporte uma *proporção* da figura com a cor, da mesma maneira que, para que haja beleza na música, a peça musical tem de apresentar "alguma proporção do tempo, assim como dos sons ou notas", proporção esta que pode ser designada sob o nome geral de "harmonia".[23] Ou seja, o prazer numa arte depende de algo que não é o mesmo noutra arte. A distinção não é irrelevante, pois se trata de fazer jus a dois *sensos* absolutamente diferentes, um ligado ao espaço e outro, ao tempo. O leitor familiarizado com a estética do século XVIII reconhece logo o ar de semelhança dessa distinção entre a beleza nas artes plásticas e a harmonia nas formas musicais, entre o senso plástico e o senso musical, com a futura distinção de Lessing entre as artes plásticas, como artes da simultaneidade ou artes do espa-

---

[20] Locke, J., *Essay*, II, 12, 5, p. 124.

[21] Hume, D., *THN*, I, I, 6, p. 17.

[22] Locke, J., *Essay*, II, 12, 1, p. 123.

[23] Hutcheson, F., *System*, p. 6.

ço, e poesia (ou música), como arte sucessiva ou arte que se desenvolve no tempo. A semelhança não é de modo algum fortuita, pois foi Lessing quem traduziu para o alemão os dois volumes do *Sistema da filosofia moral*.[24] Mas esta é apenas uma das inúmeras sugestões que Hutcheson fez à estética posterior.

A teoria lockiana dos modos complexos não dá conta de explicar a origem da ideia de beleza ou de harmonia, porque, nessa ideia, a ligação entre as percepções não pode ser reduzida a uma mera combinação, supondo antes uma proporção, e uma proporção na qual a vagueza ou imprecisão é tão fundamental quanto a exatidão. Como diz o texto da *Investigação*, trata-se não de uma, mas de "alguma" proporção — *some proportion*. E isso não é apenas uma questão de palavras. Para apreciar, por exemplo, a beleza na arquitetura, pintura ou escultura, não é suficiente saber matemática, não basta conhecer as medidas das proporções arquitetônicas ou as do corpo humano. É preciso também algo mais, uma sensibilidade própria:

> Nossos sentidos externos podem nos ensinar, por mensuração, todas as proporções da arquitetura, mesmo em décimos de polegadas [*to the tenth of an inch*], e a posição de cada um dos músculos do corpo humano, coisas que podem ser retidas por uma boa memória; e, no entanto, é necessário ainda algo mais, não só para que alguém se torne um mestre consumado na arquitetura, pintura ou escultura, mas mesmo para que se torne um juiz razoável de obras dessa espécie, ou para que seja capaz de sentir o prazer mais elevado ao contemplá-las.[25]

Toda obra, para ser bela ou harmoniosa, pressupõe uma medida, um cálculo da proporção, por exemplo, entre as partes de um edifício ou entre os membros do corpo humano, só que essa

---

[24] A tradução foi publicada em 1756. Há uma versão digital, bilíngue, no site da Academia Lessingiana de Wolffenbüttel (http://diglib.hab.de/).

[25] Hutcheson, F., *IBV*, p. 24; trad., p. 154.

medida é insuficiente se não contém, além disso, aquele algo mais capaz de realizar *a ligação da forma com o prazer*. A teoria lockiana simplifica demais a questão, sendo insatisfatória tanto de um ponto de vista meramente *cognitivo*, quanto de um ponto de vista *afetivo*. Claro que qualquer separação entre esses dois planos também é artificial, é herança de uma concepção epistemológica que precisa ser combatida; mas o problema deve ser abordado em duas etapas, precisamente porque o empirismo parece sempre reduzir o segundo plano ao primeiro. Em que consiste a simplificação epistemológica do empirismo?

O *Sistema da filosofia moral* relembra que há ideias que têm origem em mais de um sentido. São elas: duração, número, extensão, figura, movimento e repouso.[26] Mais uma vez a fonte é Locke, que apresenta uma lista semelhante das ideias que podem ser obtidas tanto pela visão como pelo tato: espaço ou extensão, figura, repouso e movimento.[27] Comparando uma lista a outra, Hutcheson parece se equivocar quanto aos dois primeiros conceitos da sua — e isso é bastante importante —, já que alguns anos antes, precisamente ao condenar a superficialidade do sensualismo lockiano, ele afirmava categoricamente que duração e número não provinham dos sentidos externos:

> Temos multidões de percepções sem relação com qualquer *sensação externa*; se por esta entendemos percepções ocasionadas por movimentos ou impressões em nossos corpos, aquelas são as ideias de número, duração, proporção, virtude, vício, de prazeres como honra, congratulação, as dores do remorso, vergonha, compaixão e muitas outras.[28]

Assim como as ideias ou paixões propriamente morais, *número*, *duração* e *proporção* não provêm da sensação externa. O lapso não é tão importante e facilmente explicável. Mesmo que se

---

[26] *Idem, System*, pp. 5-6.

[27] Locke, J., *Essay*, II, 5, 1, p. 95.

[28] Hutcheson, F., *ECP*, p. 5; trad., p. 161.

equivoque sobre a proveniência dos sentidos externos, o *Sistema da filosofia moral* retém o principal aspecto da doutrina, a característica cognitiva radical que define o senso interno: "Duração e número são aplicáveis a toda percepção ou ação da mente, quer seja dependente dos órgãos corporais, quer não".[29]As ideias de duração e de quantificação têm, portanto, uma peculiaridade em relação a todas as outras, que consiste em poderem ser aplicadas a quaisquer outras percepções, sejam elas advindas da sensação externa, seja das operações e paixões da mente. Muito embora totalmente explícita e coerente em seu sentido, a formulação encontrada no *Sistema* é ainda bem pálida se comparada à explicação da nota importantíssima que se pode ler no *Ensaio sobre a natureza e conduta das paixões e afecções*, na qual se procura fazer uma classificação mais circunstanciada das diferentes sensações:

> A seguinte enumeração geral [das "ideias"] pode ser útil. 1) Certos movimentos surgidos em nossos corpos são constituídos, *por lei geral*, como a ocasião de *percepções* na mente. 2) Essas percepções jamais vêm inteiramente sozinhas, mas têm alguma outra percepção junto consigo. Assim, toda sensação é acompanhada pela *ideia* de *duração*, e, no entanto, a ideia de duração não é uma ideia sensível, visto que ela acompanha também ideias da *consciência interna* ou reflexão. Assim, a *ideia* de número pode acompanhar quaisquer ideais sensíveis, mas acompanhar também quaisquer outras ideias, bem como as sensações externas.[30]

As ideias de duração e número não apenas são distintas das demais ideias sensíveis, mas acompanham toda e qualquer percepção, advinda da sensação externa ou das operações internas. No que diz respeito à duração, a concepção hutchesoniana procede a uma inversão radical da explicação encontrada em Locke. Para

---

[29] *Idem, System*, p. 6.

[30] *Idem, ECP*, p. 16.

A forma e o sentimento do mundo

este, a duração está ligada à reflexão ou ao senso interno, pois sua ideia surge quando se nota algum transcurso das percepções ou algum intervalo entre as ideias na mente.[31] Já Hutcheson, ao invés de inferir a duração da sucessão de ideias, a partir da contagem das percepções que passam pela mente, afirmará a tese oposta, nada óbvia, de que a *duração é que é a condição ou pressuposto necessário para a sucessão*. Não pode haver sucessão nem, portanto, soma de ideias, se não há algo que as conecte umas às outras, isto é, sem que haja *algo de comum* a cada diferente percepção:

> O que é a ordem ou sucessão de nossas ideias, se a duração não é uma ideia real distinta que acompanhe todas elas? Ou como pode a sucessão de ideias nos dar ideias de duração, se uma parte da duração não está conectada com cada uma delas?[32]

A duração é o pressuposto geral de toda a consciência: ela não é apenas uma acompanhante qualquer das demais representações que a elas se vincula por nexos contingentes, mas uma representação sem a qual não há ordenação ou seriação delas, ordenação ou seriação que torna possível, por sua vez, qualquer cálculo ou cômputo das percepções que possam ocorrer à mente. O que se passa, portanto, é justamente o inverso do que acreditava Locke — e Hume na esteira dele —, para quem a contagem resultaria de um somatório simples de percepções, como no caso do próprio tempo, onde a soma delas é que permite chegar à ideia da duração. Do ponto de vista da história da filosofia, o resultado está longe de ser irrisório: afastando-se do empirismo, Hutcheson já está com um pé inteiro na filosofia transcendental. E, efetivamente, sua explicação da temporalidade é uma antecipação muito clara da doutrina apresentada na *Crítica da razão pura*, segundo a qual a representação do tempo não é um conceito empírico, mas "uma

---

[31] Locke, J., *Essay*, II, 14, pp. 136 ss.

[32] Carta de Hutcheson a William Mace, 6 de setembro de 1727, *European Magazine*, set. 1788, p. 159.

representação necessária que constitui o fundamento de todas as intuições" e, enquanto tal, a condição geral de possibilidade de todos os fenômenos, internos e externos.[33]

A diferença de perspectiva em relação ao empirismo leva também a uma conclusão diametralmente oposta no que se refere à natureza do número. Se Locke pode ver no número "a ideia mais simples e universal de todas", porque ela é sugerida ao entendimento por qualquer percepção externa ou interna,[34] isso se deve a que ele inverte a ordem dos termos, pois é o número que acompanha todas as diferentes percepções e também relações entre quantidades homogêneas ou heterogêneas.[35] Portanto, também na discussão da natureza do número, o distanciamento em relação ao empirismo põe a indagação na via de uma perspectiva claramente transcendental: embora a relação entre duração e número não seja explicitada, vê-se que ela não difere muito da posição assumida pela filosofia crítica, quando estabelece que a fundamentação epistemológica da aritmética está no tempo.

Sem dúvida alguma, o saldo obtido pela teoria hutchesoniana do tempo e do número é enorme, já que ela avança a hipótese inteiramente nova de que o homem traz em seu íntimo uma capacidade de apreensão deles que não está ligada ao entendimento ou ao raciocínio puro, mas ao sentimento, a um *senso*, a um senso *reflexo* (para usar a terminologia de Shaftesbury), isto é, a um órgão sensível que, no entanto, não depende diretamente das sensações internas ou externas. Que Kant tenha chegado a uma tem-

---

[33] Kant, I., *Crítica da razão pura*, B 46, *AA*, III, p. 56, tradução de Manuela Pinto dos Santos e Alexandre Fradique Morujão, Lisboa, Calouste Gulbenkian, 2010, 7ª ed., p. 70; cf. B 50-51, p. 73-4. *AA*, III, p. 60-1. Cf. também *Forma e princípios do mundo sensível e do mundo inteligível*: "*A ideia do tempo não se origina dos sentidos, mas é suposta por eles*". Tradução de Paulo Licht dos Santos, *in*: Kant, I., *Escritos pré-críticos*, São Paulo, Unesp, 2005, p. 246.

[34] Locke, J., *Essay*, II, 16. O número é assimilado à ideia de unidade (II, 7, 7), da qual é um modo simples.

[35] Carta de Hutcheson a William Mace, 6 de setembro de 1727, p. 159.

poralidade "pura", que tenha vinculado as noções de tempo e de número à *forma da sensibilidade*, isso foi antecipado muito claramente por Hutcheson, quando indica que o senso interno é o órgão em que se dá a percepção da duração e do número, e que essas representações são anteriores às demais sensações, são o pressuposto de toda ordem, série e cálculo. Ou seja, com Hutcheson se torna possível uma outra concepção do tempo — a de que ele é uma condição do *sujeito*.

Conceber a duração e o número como ligados ao senso interno significa dizer que existe uma capacidade de ordenar ou quantificar latente na sensibilidade humana, que é condição geral da quantificação, e mesmo da quantificação exata, racional ou objetiva. Em termos de gênese se pode dizer que o sentimento da quantidade antecede o seu uso mais preciso e, num certo sentido, a matemática pura não passa de um descolamento, de uma separação até certo ponto artificial da quantificação emotiva. O que também significa que a exatidão não é superior a essa forma mais difusa e vaga de quantificar — o que fica claro nos exemplos mencionados acima, da criação e apreensão da beleza e da harmonia. A lição foi muito bem guardada por Hume, quando este lembra que os números são meras relações de ideias, os quais, no entanto, não têm "poder de convicção" algum se não aparecem associados a alguma crença ou paixão. O que entra em operação na quantificação exata é a razão, abstraída ou separada das demais funções ou poderes da mente. O mesmo se vê em Hutcheson.

Tal como a medida exata nas matemáticas, o tempo homogêneo e a ordenação de suas partes é apenas um dentre os muitos modos de manifestação da duração.[36] Espacializar o dado temporal, medi-lo segundo um padrão geométrico ou físico, em suma, "objetivá-lo", é tão só uma das modalidades em que a temporali-

---

[36] A discussão de como se deu a descoberta do sentimento de duração na filosofia britânica se encontra no ensaio "Não há relógio na floresta". Ali ficará mais claro o papel de Hutcheson na subversão do conceito lockiano de tempo e também os meios de que Kant dispõe, a partir dele, para conceber outras formas de temporalidade imunes à crítica que lhe foi endereçado por Bergson.

dade pode se plasmar, e, aliás, uma modalidade extrema, na qual ela aparece cindida de todo dado afetivo ou emotivo. Noutros termos, a contabilização exata do tempo, que, como tal, fundará a aritmética e possibilitará a mecânica ou ciência do movimento em Kant,[37] tem para Hutcheson uma afinidade genética com o "cálculo moral" da duração, e toda a dificuldade está em traçar as semelhanças e diferenças entre essas duas formas de mensuração, o que significa também explicar como a *razão* opera e onde ela se diferencia — se é que se diferencia de todo — do *sentido interno* ou do *sentimento*.

O ESPAÇO

De todo modo, não é somente na doutrina do tempo e do número que Hutcheson avança algumas das teses mais importantes da Estética Transcendental. Isso também ocorre em certa medida na discussão das noções relativas ao *espaço*. Na nota do *Ensaio sobre a natureza e conduta das paixões e afecções* em que faz a enumeração das diversas espécies de "sensações", ele acrescenta ainda uma terceira classe:

3) Descobre-se que algumas *ideias* acompanham as mais diferentes sensações, que no entanto não podem ser percebidas separadamente de alguma qualidade sensível: tais são *extensão, figura, movimento* e *repouso*, que acompanham as *ideias de visão* ou cores, e que no entanto podem ser percebidas sem elas, como nas ideias do tato, pelo menos se movemos nossos órgão ao longo do corpo tocado. Extensão, figura, movimento ou repouso parecem, portanto, ser mais propriamente chamadas ideias que acompanham as sensações de visão e de tato do que sensações de um ou outro desses sentidos.[38]

---

[37] Kant, I., *Prolegômenos*, § 7, A 53, *AA*, 4, p. 281.

[38] Hutcheson, F., *ECP*, p. 16.

A argumentação lembra bastante a explicação de Locke para a origem da ideia de espaço, que provém de mais de um sentido, a visão e o tato:

> Começo pela simples ideia de espaço. Mostrei acima, capítulo V, que adquirimos a ideia de espaço, tanto por nossa visão como pelo tato; o que, penso, é tão evidente, que querer provar que os homens percebem, pela visão, a distância entre corpos de diferentes cores ou entre as partes do mesmo corpo seria tão inútil quanto que eles veem as cores mesmas; tampouco é menos óbvio que podem fazê-lo no escuro pelo sentimento e toque [*feeling and touch*].[39]

A diferença, no entanto, é enorme: enquanto Locke afirma ser óbvio que o espaço pode ser percebido tanto pela visão como pelo tato, o argumento de Hutcheson tem por intuito mostrar que, podendo ser apreendidas pelo tato, as ideias de extensão, figura etc. não estão atreladas à visão; e, inversamente, podendo ser apreendidas pela visão, elas também podem ser separadas do tato. O processo abstrativo lembra em muito a argumentação da Estética Transcendental, e sua conclusão também se aproxima bastante desta: menos que ideias que têm origem na visão ou no tato, extensão e figura são "mais propriamente chamadas ideias que acompanham as sensações [*ideas accompanying the sensatios of sight and touch*] da visão e do tato do que sensações de cada um desses sentidos".[40]

Que seja bem esta a intenção da argumentação, é mais uma vez mostrado pela carta a Mace, que tem como um seus propósitos mostrar que tanto Locke como Molyneux respondem equivocadamente à questão de saber se o cego que recupera a visão pode

---

[39] Locke, J., *Essay*, II, XIII, 2, p. 126.

[40] Hutcheson, F., *ECP*, p. 16.

distinguir somente pelo olhar qual figura é um cubo e qual uma esfera.[41] Segundo Hutcheson, o cego não reconheceria a esfera e o cubo à primeira vista, olhando-os de cima, mas saberia qual era qual, olhando-as depois de lado. Para mostrá-lo, a carta repete a mesma argumentação do *Essay*: de olhos fechados e apenas pelo toque se pode distinguir a extensão "visível", e pelo olhar a extensão "tangível"; ou seja, embora perceptivamente falando, elas sejam diferentes, elas são uma e mesma extensão, a mesma ideia, ou têm uma mesma ideia em comum, sem a qual a pessoa que a adquiriu pela visão jamais compreenderia uma outra que a adquiriu pelo tato. Seguindo o esquema lockiano,

> [...] seria impossível que alguém que tivesse somente a ideia da extensão tangível pudesse apreender algum raciocínio formado por outro que argumenta sobre a extensão visível, enquanto os cegos podem entender matemática.[42]

A capacidade de espacializar é "anterior" à espacialização que ocorre em cada sentido. Mas o argumento ainda tem outro aspecto: ele torna claro que o próprio uso e compreensão da linguagem depende de uma estrutura prévia aos sentidos permitindo uma transposição ou "tradução" entre eles, pela qual o que é visto pela visão pode ser "entendido" pelo tato, e vice-versa. Como se sabe, esse tema clássico tem sua origem no *De anima*, onde Aristóteles procura explicar que existe uma alma além das "almas" de cada sentido (gustativa, olfativa, tátil etc.), um *sensus communis*, um senso ou alma, por assim dizer, central, que torna possível a comunicação entre os diferentes órgãos sensíveis, uma comunicação metafórica entre eles, já que as sensações de cada sentido têm uma analogia entre si, o que faz com que as sensações de um órgão mais "obscuro" como o olfato possam ser expressas por

---

[41] Locke, J., *Essay*, II, 9, 8, p. 109.

[42] Carta de Francis Hutcheson a William Mace, 6 de setembro de 1727, p. 159.

palavras de órgãos mais "claros" como o paladar (*De anima*, II, 9, 421a7).

O *sensus communis* aristotélico se torna, para Hutcheson, um argumento importante contra a redução de número de sentidos em Locke: assim como antes para Addison (a quem ele mencionará nesse contexto), o senso comum é um instrumento decisivo na estratégia de refutar a visão atomista da origem das representações, pois serve como refutação da afirmação de que as ideias provenientes das sensações entram na mente por "canais" distintos, tese central da teoria de Locke, que diz:

> Embora as qualidades que afetam nossos sentidos estejam tão unidas e misturadas nas coisas mesmas que não há separação nem distância entre elas, é claro, no entanto, que as ideias que produzem na mente entram simples e sem mistura nos sentidos.[43]

Ao contrário da tese empirista sobre a "especialização" dos sentidos, é possível afirmar que, embora os sentidos forneçam dados diferentes, eles estão desde sempre ligados a um tecido perceptivo comum, que é prévio e que opera também na produção da linguagem. Só mediante uma rede intersensorial, uma comunicação entre os sentidos anterior a eles, é que os homens se comunicam e entendem. Também aqui a lição será decisiva para a filosofia posterior, e não por acaso observações semelhantes reaparecerão na concepção herderiana do *sensorium comune*, órgão central do corpo e "sede" da linguagem, noção que será retomada mais tarde por Cassirer e, por meio dele, por Merleau-Ponty, para quem a sinestesia não é a exceção, mas a regra.[44]

---

[43] Locke, J., *Essay*, II, 2, 1, p. 88.

[44] Herder, J. G., *Ensaio sobre a origem da linguagem*, tradução de José M. Justo, Lisboa, Antígona, 1987, p. 83. Cf. Merleau-Ponty, M., *Phénoménologie de la perception*, Paris, Gallimard, 1979, pp. 269-70.

Já que ele opera independentemente das sensações, a confiança nesse dispositivo "suprassensível" é de tal ordem, que Hutcheson se permite imaginar o exemplo de um homem ao mesmo tempo cego e paralítico: a demonstração de que esse indivíduo insensível à luz e ao toque teria alguma noção da extensão poderia ser feita, segundo ele, a partir de um engenho em que a mudança de cada face de um corpo sólido fosse acompanhada de um cheiro específico. Obviamente, o cego-paralítico não conheceria o sólido mesmo, mas poderia compreender algumas relações dele e suas diferenças com outros sólidos. Ele teria um senso mínimo de geometria, o que é bastante, no entanto, para mostrar que uma capacidade prévia aos dados sensíveis é o que torna possíveis inúmeros modos de elaborar a espacialidade.

As representações espaciais têm, em resumo, uma natureza inteiramente distinta das "impressões meramente sensíveis": elas antes *acompanham* todas essas sensações do que são delas *derivadas*. Chega-se, com isso, a uma enumeração das percepções bastante distinta da fornecida pelo empirismo lockiano e muito próxima da divisão encontrada na Estética Transcendental:

1) Percepções inteiramente sensíveis: gosto, cheiro, cor etc.

2) Percepções que acompanham diversas outras percepções externas, como extensão, figura, movimento etc.

3) Percepções que acompanham *todas* as outras percepções: tempo e número.

A diferenciação que Kant faz entre matéria e forma da sensação, ou entre sensação e intuição, é antecipada nessa divisão, tanto como a diferenciação entre forma intuitiva do espaço e forma intuitiva do tempo. A noção fundamental que permite traçar essa divisão é a de *concomitância*, que está contida tanto nas ideias do tempo como nas do espaço. A concomitância ocorre de duas maneiras. As representações do tempo e do número são chamadas de "ideias concomitantes universais" (*concomitant universal ideas*), porque elas acompanham *quaisquer* outras ideias, tanto externas como internas (todas as representações são acompanhadas de tempo ou número); já as ideias de extensão, figura, movimento, são ideias que acompanham "as mais diferentes sensações", isto é, as sensações ditas externas.[45]

CONCOMITÂNCIA
E O PRINCÍPIO LOCKIANO DA COEXISTÊNCIA

O estudo da noção hutchesoniana de concomitância tem ainda maior interesse porque ela deriva em grande parte de uma reflexão detida sobre o pensamento lockiano. Pode-se dizer que ela é uma reflexão sobre a ideia de "coexistência", presente no *Ensaio sobre o entendimento humano*, a qual serve para explicar o vínculo entre percepções numa mesma "substância". Segundo Locke, quando se pensa ou fala em "ouro", por exemplo, essa ideia "sempre acompanha" (*allways accompanies*) outras ideias ou "está li-

---

[45] Hutcheson, F., *ECP*, p. 16. David Fate Norton chama acertadamente a atenção para o caráter *a priori* das ideias concomitantes, mas sua exposição é bastante problemática do ponto de vista interpretativo. Sem mencionar uma vez sequer a proximidade com a crítica kantiana, e negando que as ideias concomitantes sejam uma maneira de combater o ceticismo, Norton afirma que o "argumento transcendental" (?) de Hutcheson está próximo das formas transcendentais de Platão, porque ele tem por objetivo "estabelecer a existência de aspectos até então não percebidos da realidade" (*op. cit.*, p. 67, nota). O problema da argumentação de Norton aparece claro nessa frase: ao tentar demonstrar o realismo de Hutcheson (interpretação em si correta, mas que está certamente em outro lugar), ele acaba considerando o dispositivo transcendental como a própria natureza do real. Certo, Hutcheson fala em "natureza real" do tempo e do espaço, mas certamente, como em Kant, para distingui-los de uma mera ficção. Ora, a distância em relação ao realismo e a proximidade com as distinções kantianas ficam evidentes quando Hutcheson adverte, por exemplo, que existe uma "natureza real" na três dimensões do espaço, mas só a solidez ou terceira dimensão poderia ser pensada de modo independente, já que a linha e a superfície jamais podem ser pensadas independentemente do conhecimento. Hutcheson, F., *Logic, Metaphysics and Natural Sociability of Mankind*, edição de J. Moore e M. Silverthrone, tradução de M. Silverthrone, Indianapolis, Liberty Fund, 2006, p. 102.

gada" (*is joined*) a alguma "espécie particular de amarelo, de peso, de fusibilidade, de maleabilidade, de solubilidade" etc.[46]

A questão é de central importância para o conhecimento (que se faz pelo acordo ou desacordo de ideias) e para o alcance do entendimento humano, já que, segundo Locke, na ausência de um substrato comum de todos os atributos, é a coexistência das ideias simples formando ideias complexas que indica o que é a "substância". O problema é que, não podendo conhecer a origem ou natureza das ideias simples que formam os compostos, o entendimento é incapaz de explicar como se dá a relação entre elas, isto é, ele não consegue enxergar uma "conexão ou inconsistência *visível necessária*" entre as partes que compõem a ideia.[47] Noutros termos: como a mente humana, por sua própria limitação, não tem acesso às qualidades reais "invisíveis" dos objetos, nem um conhecimento adequado de suas qualidades primárias, na formação das ideias de substância ela se vê obrigada a trabalhar quase que exclusivamente com qualidades secundárias (existentes apenas nela), sem poder, no entanto, relacioná-las às qualidades primárias, que existem realmente nos objetos.[48]

A adesão à teoria das qualidades primárias e secundárias e a constatação de que a coexistência estabelece um vínculo entre os termos relacionados levam Locke a conceber uma versão mais leve do nominalismo, pelo qual, aliás, foi bastante criticado. Como se sabe, a teoria da abstração é fundamental em Locke para explicar a origem dos sinais linguísticos, a formação de classes e os raciocínios lógicos, pois essas operações mentais dependem da possibilidade de isolar o termo sobre o qual se quer falar ou raciocinar, separando-o de todas as ideias que estão a ele anexadas. A abstração só ocorre quando a mente separa uma ideia de "todas as outras existências e circunstâncias da existência real, como tempo, espa-

---

[46] Locke, J., *Essay*, IV, 1, 6, v. 2, p. 44.

[47] *Idem*, IV, 3, 11, v. 2, p. 57. Cf. os parágrafos anteriores, 9 e 10.

[48] *Idem*, IV, 3, 12-4, v. 2, pp. 57-8.

ço ou quaisquer outras ideias concomitantes [*or any other concomitant ideas*]".[49] Como explicar, por exemplo, a origem da ideia geral de "branco" ou de "brancura"?

> [...] observada hoje na cal e na neve a mesma cor que recebeu ontem do leite, a mente considera apenas essa aparência, e a torna representativa de todas [aparências] dessa espécie; e tendo dado o nome de brancura a ela, por esse som ela significa a mesma qualidade, onde quer que a imagine ou a encontre; e assim são feitos os universais, sejam eles ideias ou termos.[50]

Para obter o conceito geral de brancura, é preciso abstrair de todos os corpos brancos concretos em que ela aparece. Do ponto de vista nominalista estrito, isso seria uma aberração, uma não--entidade, ao mesmo tempo particular e universal, ou seja, um branco que, tornando-se signo de todos os outros brancos, já não é nem um branco concreto, nem um branco em abstrato. Contrariamente a Locke, o nominalismo diria que não é só difícil como impossível separar uma ideia das "circunstâncias do tempo e do espaço, e de quaisquer outras ideias que possam determiná-la a esta ou aquela existência particular".[51] Berkeley reforçará a tese da coexistência, contra o abrandamento dela que Locke é forçado a fazer por força de sua problemática teoria da abstração: para o bispo de Cloyne, a mente não pode formar (*frame*) a ideia de cor excluída da ideia de extensão, assim como não pode ter a ideia de movimento excluída das ideias de cor e extensão, nem a ideia de um triângulo em geral que não seja oblíquo ou retângulo, isóceles, equilátero ou escaleno, nem uma ideia universal de "homem", que não seja um indivíduo como Pedro, Paulo ou Tiago.[52]

---

[49] Locke, J., II, 11, 9, p. 119.

[50] *Idem, ibidem.*

[51] *Idem*, III, 3, 6, p. 293.

[52] Berkeley, G. *Principles of Human Knowledge*, "Introdução" § 7 ss.,

Ora, é fácil perceber o quanto as ideias "concomitantes" de Hutcheson estão distantes da inseparabilidade encontrada num nominalismo como o de Berkeley. Para ele, a concomitância não ata uma representação a um objeto particular concreto, isto é, uma representação particular sempre a outra representação particular, numa ligação também sempre circunstancial (a cor vermelha aparece ora ligada a uma fruta, ora a vestido etc., sempre em condições e circunstâncias particulares concretas); ao contrário, a concomitância vincula necessariamente uma representação a quaisquer representações (no caso das ideias concomitantes universais), ou a um certo tipo de representações (ideias concomitantes do segundo gênero). Não se trata, em suma, de uma impossibilidade de dissociação dada no próprio domínio dos sentidos, mas de uma indissociabilidade que envolve representações de domínios distintos, em que o dado empírico ou o conceito racional é ligado a uma representação independente e diversa deles, antecipando claramente a noção do juízo sintético *a priori* (ligação que "amplia" por vincular representações não idênticas nem homogêneas). Dito no linguajar kantiano, quando se une, por exemplo, cor e figura, o elo entre elas existente não é o da inseparabilidade nominalista, mas uma união anterior a qualquer experiência: embora a cor seja de origem empírica, sua ligação necessária com uma representação espacial, isto é, não oriunda da sensação não o é.

Mas, curiosamente, nesse ponto é preciso dar razão a Locke *contra* o nominalismo berkeliano. É perfeitamente possível separar cor e figura, principalmente quando se quer mostrar que a figura, que a extensão, é independente da cor ou de quaisquer outras qualidades secundárias:

> *Figura* e *cor anexada* [*bounded colour*] não são a mesma coisa para mim. A figura acompanha a cor anexada, mas a mesma ideia ou uma ideia perfeitamente igual [a de figura] pode surgir pelo tato, sem nenhuma ideia de cor,

---

in: *The Works of George Berkeley*, edição de A. A. Luce e T. E. Jessop, Nelden, Kraus Reprint, 1969, v. 2, pp. 27-8.

junto com as ideias de dureza, frio, suave. Um homem que nasceu cego pode aprender matemática com um pouco mais de trabalho que alguém que enxerga, se ele tiver as figuras bem recortadas em madeira.[53]

A posição anfíbia de Locke, a meio caminho do nominalismo e do realismo, é muito mais interessante que essas duas outras, porque ela faz avistar, mesmo que sem querer, um tipo absolutamente novo de ligação. Se, de um lado, ele reafirma o antirrealismo de que não se chega à natureza mesma das coisas, de outro, a ideia de ouro não se prende só a um tipo concreto de amarelo, a um peso particular etc., mas também, como ele deixa escapar, à "amarelidão", à "gravidade", à "fusibilidade", à "maleabilidade", à "solubilidade" etc. Isso aponta para a possibilidade de um nexo necessário de outra ordem entre a qualidade primária e a qualidade secundária. Ora, o problema, para Hutcheson, é que ele jamais pode mesmo ser explicado se se insiste em tomar a qualidade primária exclusivamente como qualidade real. O espaço ou extensão, por exemplo, é um conceito cuja natureza não é a de um ser real como a dos seres físicos, mas pertence ao domínio da mente. Como quer que seja, Locke percebe que a coexistência admite um vínculo mais estrito entre as representações, embora os únicos casos em que ele constata essa conexão necessária sejam nexos entre ideias primárias:

> Com efeito, algumas poucas qualidades primárias têm uma dependência necessária e uma conexão visível umas em relação às outras, assim como a figura supõe necessariamente a extensão, e receber ou comunicar movimento por impulso supõe solidez.[54]

---

[53] Carta de Francis Hutcheson a William Mace, 6 de setembro de 1727, pp. 158-9.

[54] Locke, J., *Essay*, IV, 3, 14, v. 2, pp. 57-8.

Fica claro por esse texto que o erro de Locke é assimilar a dependência necessária a um nexo *visível*, a uma evidência dada ao nível dos sentidos. De qualquer maneira, o interessante é que o vetor realista de seu sensualismo tenha posto Hutcheson — paradoxalmente — na pista de uma conexão necessária para além dos dados sensíveis. E não foi só ele que percebeu isso. Também Kant, em via de chegar à compreensão do juízo sintético *a priori*, afirma que muitos não entenderam as proposições de coexistência[55] e que ele mesmo "só mais tarde" entendeu o que Locke quis dizer com os juízos de coexistência.[56] A pergunta é: não teria havido aí uma ajudazinha da parte de Hutcheson?

A ASSOCIAÇÃO DE IDEIAS

Não deixa de ser espantoso que Hutcheson se limite a desenvolver a noção de concomitância no limite exíguo de uma nota do *Ensaio sobre o entendimento humano*, dedicando-lhe ainda algumas poucas linhas nas outras obras. Esse aparente descaso se deve ao fato de que a concomitância só pode ser entendida em relação com outras noções e, particularmente, com a associação de ideias, tema central de toda a filosofia britânica.

Embora não apareça com esse nome, a associação de ideias já está presente em Hobbes, na noção de "fluxo de pensamento" ou "discurso mental", segundo a qual os pensamentos que se seguem uns aos outros nunca são tão fortuitos como geralmente se crê, pois, assim como a imaginação é incapaz de fornecer algo que jamais ocorreu aos sentidos, assim também ela é incapaz de associar uma ideia dada a outra que jamais ocorreu na sensação.[57] Ora, o fluxo de pensamentos, a ligação de ideias pela imaginação, é de dois tipos, regular e irregular, e essa divisão será seguida por

---

[55] Kant, I., *Logik Phillip*, *AA*, XXIV, p. 444. Cf. p. 467.

[56] Rx. 5066, *AA*, XVIII, p. 78.

[57] Hobbes, T., *Leviathan*, I, 3. Edição de C. B. Macpherson. Harmondsworth: Peguin, 1980, pp. 94 ss.

Locke, que fala de uma conexão *natural* entre as ideias e uma conexão errônea (*wrong*), "que se deve inteiramente ao *acaso* ou ao *costume*".[58] As conexões indevidas são as responsáveis por grande parte dos erros nas ações e no pensamento, na filosofia e na religião, e explicam também aquele "grau de loucura (*degree of madness*) encontrado na maioria dos homens", loucura contra a qual eles devem se precaver para que não passe da medida.[59]

Pode-se dizer que, tanto para Hobbes como para Locke, a irregularidade ou incorreção das associações se deve a que elas não respeitam a ordem "natural" das coisas; elas são sinais de que algo não anda nos trilhos, o que fica evidente quando o *Ensaio sobre o entendimento humano* aponta que a origem da loucura ou irracionalidade (*unreasonableness*) reside na associação malfeita. Por outro lado, a associação natural ou regular sinaliza um encadeamento mental condizente com a ordem das "coisas mesmas". Para Hobbes, o "discurso mental" transcorre com regularidade porque

> [...] todas as fantasias [*fancies*] são movimentos dentro de nós, resquícios daqueles que ocorreram nos sentidos; e aqueles movimentos que sucedem imediatamente uns aos outros nos sentidos, também continuam juntos, após a sensação. Na medida em que o primeiro [daqueles movimentos] volta a ocorrer, e é predominante, o segundo se segue, pela coesão da matéria movida, do mesmo modo que a água, numa tábua lisa, é puxada para o lado em que uma parte dela é guiada pelo dedo.[60]

Na imaginação, a determinação regular só não é tão exatamente a mesma que nos movimentos físicos porque, sendo muitas as coisas ligadas a algo, não se sabe ao certo qual delas sucedeu a qual. De qualquer modo, subsiste um claro paralelismo entre o que ocorre na ordem natural e na ordem mental (as duas são formas

---

[58] Locke, J., *Essay*, II, 33, 5, p. 282.

[59] *Idem*, II, 33, 4, p. 281.

[60] Hobbes, T., *Leviathan*, I, 3, p. 94.

de movimento), paralelismo este que subjaz também à boa ordenação das ideias morais e políticas. Em Hobbes, assim como em Locke, a simetria do mundo físico e do mundo moral, típica do jusnaturalismo, recebe um reforço das descobertas da ciência (física, medicina etc.).

Um dos pontos mais fortes da filosofia humiana está justamente em ter levado adiante essa confluência de jusnaturalismo e ciência newtoniana, vendo o quanto ela podia render em termos metodológicos, pois que o associacionismo é o ponto culminante dessa junção, não devendo ficar restrito ao espaço que a ele foi reservado em Hobbes e Locke. Hume não deixa de assinalar sua grande virada em relação ao empirismo anterior ao lembrar que, se há algo que pode dar ao autor do *Tratado* o direito a pretender o título glorioso de "inventor", esse algo é "o uso que ele faz do princípio de associação de ideias" por toda a sua obra.[61] Ele certamente não exagera, tendo em vista, por exemplo, que o espaço dado pelo *Ensaio sobre o entendimento humano* às conexões naturais é bem exíguo, limitando-se a dizer que é "dever e excelência da razão ir no encalço" dessas conexões e "mantê-las juntas naquela união e correspondência que está fundada no ser peculiar delas".[62] Mas essa tarefa se refere certamente ao conteúdo das associações naturais, e não que se deva buscar quais são os *princípios* associativos.

Sabe-se que o que Hume fez foi generalizar a associação, transformando-a em princípio fundamental do qual depende grande parte das operações da mente.[63] Mas tal transformação se tornou viável graças à confiança que ele deposita naquela reciprocidade da ordem natural e da ordem mental, confiança certamente ímpar num cético, que o leva a falar de uma "espécie de harmonia preestabelecida existente entre o curso da natureza e o curso de nossas ideias".[64] É, aliás, bastante significativo, e bem pouco retó-

---

[61] Hume, D., *THN*, "Abstract", p. 66; trad., p. 699.

[62] Locke, J., *Essay*, II, 33, 5, p. 282.

[63] Hume, D., *THN*, "Abstract", p. 662; trad., p. 699.

[64] *Idem*, *EHU*, p. 55; trad., p. 88.

rico, que ele lance mão da expressão leibniziana num momento crucial de sua argumentação, mostrando a sua segurança de que a ciência da natureza humana deverá mesmo ocupar o lugar da velha metafísica. O desconhecimento dos poderes e forças que governam o mundo físico só pode ser temível para uma ciência passadista, que quer a essência real das coisas. A falta de acesso à substância já não pode assustar ninguém, desde o momento em que se constata que "nossos pensamentos e concepções seguiram o mesmo caminho das demais obras da natureza".[65] Longe de ser uma compensação, um prêmio de consolação pela perda das essências, o associacionismo representa, na verdade, um ganho real em relação ao substancialismo, pois os princípios de associação, permitindo que se jogue na lixeira uma série incontável de conceitos obsoletos, são os verdadeiros elos que "ligam as diversas partes do universo, ou que nos conectam com as pessoas ou objetos exteriores a nós". E é por isso que eles são "realmente para *nós* o cimento do universo".[66]

Eis o principal pressuposto do pensamento humiano, formulado no subtítulo do *Tratado*: a introdução do "método experimental de raciocínio" nos assuntos morais supõe que haja uma correlação entre os princípios associativos e as leis naturais, como a gravidade, a comunicação do movimento, a coesão das partes etc., aqueles funcionando no mundo mental como estes funcio-

---

[65] Hume, D., *EHU*, pp. 54-5; trad., pp. 88-9.

[66] *Idem*, *THN*, p. 662; trad., p. 699. O pressuposto substancialista e realista que subjaz ao pensamento de Hobbes, Locke e Hutcheson se deve em grande parte ao jusnaturalismo, à crença na lei de natureza, isto é, de que há uma ordem subjacente a ela. O que se está indicando há já algum tempo é que mesmo o cético Hume não escapa a essa crença. Sobre a dívida nada óbvia da teoria humiana da justiça para com a tradição jusnaturalista e, portanto, sobre sua inserção numa "forma escolástica de realismo ou essencialismo", ver Knud Haakonssen, *Natural Law and Moral Philosophy: From Grotius to the Scottish Enlightnment*, Cambridge, Cambridge University Press, 1996, p. 64. A questão é desenvolvida no capítulo "Between superstition and enthusiasm: David Hume's theory of justice, government, and politics".

nam no mundo físico.[67] A mesma correlação é explicitada na conhecida comparação do capítulo sobre a associação de ideias do *Tratado*:

> Tais são, portanto, os princípios de união ou coesão entre nossas ideias simples, ocupando na imaginação o lugar daquela conexão inseparável que as une em nossa memória. Eis aqui uma espécie de *atração*, cujos efeitos no mundo mental se revelarão tão extraordinários quanto os que produz no mundo natural, assumindo formas igualmente numerosas e variadas.[68]

A atração não vale apenas para a ligação entre dois objetos no mundo real, mas também para as conexões no mundo mental, onde seus efeitos são tão extraordinários quanto no mundo natural.[69] Ela se estende também às paixões,[70] às relações de dever e interesse, funcionando, por isso, também nos laços sociais de governo e de subordinação entre os indivíduos.[71] E tal extensão da

---

[67] *Idem, EHU*; p. 30, trad., p. 59: "Elasticidade, gravidade, coesão das partes, comunicação de movimento por impulso — essas são provavelmente as únicas causas e princípios que nos serão dados a descobrir na natureza, e devemos nos dar por satisfeitos se, por meio de um cuidadoso raciocínio e investigação, pudermos reportar os fenômenos particulares a esses princípios gerais, ou aproximá-los deles. A mais perfeita filosofia da espécie natural apenas detém por algum tempo nossa ignorância, assim como a mais perfeita filosofia da espécie moral ou metafísica serve talvez apenas para descortinar porções mais vastas dessa mesma ignorância".

[68] *Idem, THN*, I, 1, 4, pp. 12-3; trad., pp. 36-7.

[69] *Idem, ibidem*.

[70] Cf. a *Dissertação sobre as paixões*: "Não pretendo ter esgotado aqui esse assunto [as paixões]. É suficiente para o meu propósito se tornei claro que, na produção e conduta das paixões, há um certo mecanismo regular suscetível de uma investigação tão acurada quanto as leis do movimento, da óptica, da hidrostática ou de qualquer parte da filosofia natural".

[71] *Idem*, p. 12; trad., p. 36.

analogia para o mundo moral e social pode ser justificada por um ensinamento metodológico do próprio Newton:

> Quando um princípio se demonstrou muito poderoso e eficaz num caso, está inteiramente de acordo com as regras filosóficas, e mesmo da razão ordinária, atribuir-lhe uma eficácia comparável em todos os casos similares. E de fato essa é, para Newton, a principal regra da atividade filosófica.[72]

Hume aplica essa regra newtoniana ao discutir a *utilidade*, princípio que explica a aprovação das qualidades sociais, e que, desse modo, está para a ética assim como a associação está para a mente e a gravitação para o universo. Ao fazer isso, sua astúcia, mais uma vez, não é pouca, já que ele se vale da correspondência entre o mundo físico e o mundo social, entre a lei natural e a regra moral, para justificar o alcance geral do princípio de utilidade e colocá-lo, assim, exatamente no lugar que cabia à *benevolência* no sistema hutchesoniano. Quer dizer, a utilidade vem ocupar o lugar que Hutcheson dá à benevolência na comparação que ele próprio faz entre esta e o princípio da gravitação de Newton:

> Podemos comparar essa benevolência universal para com os homens àquele princípio de gravitação que talvez se estenda a todos os corpos do universo, mas que aumenta à medida que a distância diminui e é mais forte quando os corpos chegam a se tocar, como ocorre no amor da benevolência.[73]

---

[72] *Idem, EPM*, p. 204; trad., p. 268. A regra a que Hume se refere nessa passagem se encontra no livro III dos *Principia* de Newton. A aplicação do princípio supõe, claro, o princípio da semelhança. Como se começou a sugerir no estudo anterior, a transposição da filosofia experimental para a filosofia moral é bem mais complexa e interessante do que parece à primeira vista. Pois o próprio Newton já sugere como fazer a transposição de princípios.

[73] Hutcheson, F., *IBV*, II, p. 150.

A multiplicação dos sentidos e o mistério do senso interno

Hume não vê no seu gesto um golpe contra seu "mestre", visto que para ele seu sistema moral não faz "na prática" senão uma pequena correção da rota planejada por este.[74] Mas ele obviamente não tem como desconhecer que a comparação com a gravidade é fundamental na explicação do mecanismo de funcionamento do cálculo moral.[75] Pois o mecanismo do cálculo moral tem um funcionamento semelhante ao encontrado na gravitação: a *proximidade* com o ser que sofre *aumenta* o afeto imediato (simpatia, compaixão), enquanto a *distância* diminui a força da paixão, propiciando a ampliação ou universalização da benevolência e da justiça. Ou seja, o cálculo da benevolência depende da proporção direta entre intensidade e proximidade, ao passo que a justiça é calculada pela proporção direta entre amplitude/esfriamento do afeto e distância. Hume, obviamente, não tinha como desconhecer isso, tanto mais que o raciocínio reaparece na sua explicação da intensidade ou vivacidade das ideias, como fica claro lendo este trecho sobre o princípio de *contiguidade*:

> É certo que a *distância* diminui a força de qualquer ideia, e que, ao nos aproximarmos de algum objeto, esse objeto, embora não se revele a nossos sentidos, opera sobre a mente com uma influência que imita uma impressão imediata.[76]

---

[74] Pode-se imaginar qual teria sido reação de Hutcheson diante da afirmação de seu "seguidor" de que, quaisquer que tenham sido os princípios de que partiram, os "autores que trataram das leis de natureza" chegaram às mesmas conclusões que ele sobre a utilidade, isto é, que a conveniência e as necessidades humanas são a "razão última de toda regra que estabelecem" (Hume, D., *EPM*, p. 195; trad., p. 256).

[75] Apenas a título de comparação, diferentemente do que ocorre em Hume, inteiramente fiel ao ensinamento hutchesoniano é a retomada da comparação entre gravitação e benevolência por Ferguson nos *Institutes of Moral Philosophy*, Nova York, Garland, 1978, pp. 88-9.

[76] Hume, D., *EPM*, p. 52, trad., p. 84 (grifo nosso).

A mesma coisa ocorre com a semelhança e com a relação de causa e efeito, cujo encadeamento pode se estender a perder de vista, mas quanto mais os termos intermediários se afastem do objeto imediatamente presente, quanto mais *remoto* o efeito que se espera de uma causa, tanto menos força terá a sua ideia na imaginação. O que ocorre com a relação proximidade/distância na semelhança, na contiguidade e na causalidade não é senão uma transferência para o centro da epistemologia humiana (causalidade e cálculo das probabilidades) do princípio central do cálculo afetivo de Hutcheson. Noutras palavras, é o modo como o cálculo hutchesoniano consegue adaptar a noção de gravitação para o plano dos afetos que torna possível encontrar uma maneira de marcar a diferença entre percepções fortes e fracas, diferença esta dada no *sentimento*.[77] Mas, afinal, o que seria esse sensor da intensidade das sensações, paixões e ideias? O que é o sentimento? Para começar a compreender melhor essa noção altamente complexa pode-se lembrar algumas tentativas que a filosofia humiana faz para determiná-la.

Para Hume, o grau de intensidade das ideias, que é o índice da força de conexão entre elas, ocorre no sentimento, e não mediante uma ligação racional. Esse ponto é pacífico, e de algum modo ele explica o que seria o próprio sentimento. Como lembra um comentário clássico, o de André Louis Leroy, se a diferenciação de intensidade ou vivacidade depende do sentimento, então impressão, ideia de memória e ideia da imaginação formariam "uma espécie de progressão descendente pela tonalidade do *feeling*".[78] O assentimento, a convicção, supõe uma *maneira diferente de sentir*:

---

[77] Hume conhece certamente a explicação mecânica de Hobbes, segundo a qual imaginação e memória são entendidas como um sentido que decai (*decaying sense*) ou esmorece (*fading, old and past*) (*Leviatã*, I, 2). Mas sua concepção da *imaginação* não é inteiramente compatível com essa explicação, pois ela tem um valor positivo na associação. Sua teoria, de qualquer modo, como se verá, oscila entre a explicação pelo mecanismo e a explicação pelo sentimento.

[78] Leroy, A.-L, *David Hume*, Paris, PUF, 1953, p. 40.

Uma ideia que recebe assentimento é sentida de maneira diferente [*feels diferent*] de uma ideia fictícia, apresentada apenas pela fantasia. É esse sentir diferente [*different feeling*] que tento explicar, denominando-a uma força, vivacidade, solidez, firmeza ou estabilidade superior.[79]

Citando esta e outras passagens do *Tratado*, Leroy tenta indicar que, como se trata de uma diferença na maneira de sentir, a distinção entre as representações da sensação, memória e imaginação não seria uma distinção de grau, mas de natureza. Entretanto, por tudo o que já se disse a respeito do papel da sensibilidade na quantificação, a diferença entre qualidade e quantidade quase evapora, pois de algum modo quantificar já é qualificar, e vice-versa. Mas a dificuldade sobre a natureza "obscura" do sentimento talvez diminua quando se percebe seu modo de operar.

No *Tratado*, Hume afirma que faltam palavras para exprimir esse sentimento peculiar, e a retomada quase literal desse trecho no "Apêndice" na seção V, parte 2, da *Investigação* segue na mesma toada. Nesse trecho também se afirma a quase impossibilidade de definir o termo, pois uma definição dele seria como "definir a sensação de frio ou a paixão de cólera para uma criatura que nunca teve nenhuma experiência desses sentimentos".[80] A *Investigação* explica ainda mais detalhadamente o que isso quer dizer: o *feeling* ou *sentiment* não se confunde com uma ideia que possa ser acrescida ou anexada voluntariamente a uma ideia, assim como se pode juntar a cabeça ao corpo de um cavalo na imagem de um centauro[81]; ele está vinculado de tal maneira à ideia forte ou fraca, que a ligação entre eles é intrínseca, impremeditada, involuntária.

Os outros termos com que Hume tenta descrever a maneira diferente de sentir ligada a uma ideia ou impressão mais forte receberam bem menos atenção dos comentadores do que a intensidade e a força, mas não são menos importantes do que estes. No

---

[79] *THN*, "Apêndice", p. 629; trad., p. 667.

[80] *EHU*, p. 48; trad., p. 80.

[81] *Idem, ibidem.*

Tratado, a lista inclui solidez, firmeza ou estabilidade (*solidity or firmness or steadiness*), sendo que as duas últimas qualidades reaparecem na *Investigação*.[82] A variedade de termos empregado nas duas obras procura dar conta do "ato da mente que torna as realidades mais presentes do que as ficções".[83] Quer dizer, esse ato, em que a realidade se apresenta mais sólida, firme, estável, constante do que qualquer produto arbitrário ou imaginativo é um ato ligado ao sentimento; ou, inversamente: o sentimento é o índice de estabilização, de firmeza e constância do real. É nele, e não em algum raciocínio, que se conhece que o nexo mental, a sucessão dos pensamentos, exprime a coerência própria das coisas.

Se o sentimento (cujo outro nome é crença) é o sensor que registra a regularidade, a constância do mundo, se a relação entre sentimento e ordem natural é tipicamente hutchesoniana, não é menos certo que Hume a remanejou em seu proveito combinando com ela lições vindas do empirismo lockiano. Essa combinação será de enormes consequências, principalmente quando ele vincula o sentimento ao hábito.

O que ele afirma a respeito deste consiste em grande parte de uma releitura de Locke, para quem as ligações equivocadas entre ideias se devem ao acaso e ao costume. Para Locke, o costume (leia-se: as inclinações, a educação, os interesses etc.) é o principal responsável por aquela "forte combinação não conectada pela natureza", porque ele estabelece no entendimento "hábitos de pensamento" (*habits of thinking*), da mesma maneira que nas determinações da vontade e movimentos no corpo.[84] O costume consegue introduzir ligações habituais insensatas na mente por seguir o caminho que as ideias chegam à mente. Ou seja, a causa *fisiológica* é a mesma, tanto na gênese das ideias, como na combinação associativa. São os "espíritos animais" que

---

[82] *EHU*, p. 49; trad., p. 82.

[83] *Idem, THN*, p. 629; trad., p. 667.

[84] Locke, J., *Essay*, II, 33, 6, p. 282.

[...] uma vez postos em atividade, seguem pelas mesmas passagens a que se acostumaram [*continue in the same steps they have used to*]; as quais, por serem percorridas com frequência, se transformam num caminho suave, e o movimento por ele se torna fácil e como se fosse natural.[85]

Locke percebe que faz aqui uma afirmação arriscada, pois adverte que "tanto quanto podemos compreender o pensamento, *é assim que as ideias parecem ser produzidas em nossas mentes*",[86] e não avança o sinal, porque o que importa é que a hipótese mostra sim para ele como as ideias seguem umas às outras em sua sucessão costumeira — "quando são colocadas na sua trilha" —, "da mesma maneira que isso explica tais movimentações no corpo".[87]

Hume também recorre a essa hipótese fisiológica — essencialmente cartesiana — dos espíritos animais para explicar como a associação indevida de ideias é provocada pelo deslocamento deles, advertindo igualmente que, ao fazê-lo, está indo contra a sua primeira máxima, a que afirma que não se deve recorrer a *causas* além daquelas que lhe são dadas pela experiência.[88] Ora, tanto em Locke, como em Hume, o paralelo entre o mundo físico e o mundo mental se aproxima assim de uma *coincidência*, e de uma coincidência *mecânica* entre eles, já que o surgimento das ideias ou, pelo menos, a conexão entre elas obedece ao mesmo princípio que o movimento dos corpos. Essa explicação fisiológica não é de pouca relevância no conjunto, pois, como afirma o texto citado do *Ensaio*, os espíritos animais percorrendo sempre as mesmas veredas até a mente, acabam desbastando o caminho, dando suavidade a ele, tornando fácil o trânsito por ele, a ponto de se ter a impressão de que ele é *natural*.[89] Noutras palavras, também as asso-

---

[85] *Idem, ibidem.*

[86] *Idem* (grifo nosso).

[87] *Idem.*

[88] Hume, D., *THN*, I, 2, 5, pp. 60-1; trad., pp. 88-9.

[89] Tanto Locke como Hume se baseiam principalmente nas explicações de Malebranche para o modo como as impressões abrem caminho no cérebro,

ciações insensatas se explicam por um mecanismo que está de alguma maneira inscrito *na ordem natural*, uma ordem cujo avalista aqui é a fisiologia.[90] O mesmo ocorre com os desvios por ideias adjacentes que os espíritos animais são levados a fazer, segundo a explicação fisiológica do *Tratado*. Mas aqui o passo é mais ousado: embora tendo o cuidado de dizer que receia a hipótese (*I am afraid I must here have recourse to it*) e parecendo conservar o mesmo esquema da teoria lockiana, o que Hume acaba propondo é uma inversão dela. Pois, na verdade, como bem comprovaria sua "dissecação imaginária do cérebro", o costume, que Locke responsabiliza pelas ligações *antinaturais*, não é apenas absolutamente *natural*, como deve *ser considerado a fonte principal das associações legítimas*. O que era a exceção, vira a regra. É assim que o hábito passa de coadjuvante ao papel principal, tornando-se o verdadeiro mecanismo explicativo dos raciocínios associativos e, com isso, o responsável pela simetria entre o mundo físico e o mundo mental:

---

ali deixando traços ou imagens. As imagens voltarão a passar pelos mesmos caminhos, que se tornam suaves e habituais: "A fim de compreender perfeitamente todas as mudanças que as diferentes condições produzem na imaginação, é absolutamente necessário que não imaginemos os objetos a não ser formando imagens deles: e que essas imagens não são outra coisa que os traços que os espíritos animais fazem no cérebro; que nós imaginamos as coisas tanto mais fortemente quanto mais profundos e mais bem gravados são esses traços e os espíritos animais passaram por eles com mais frequência e com mais violência; e que, quando os espíritos tiverem passado por eles muitas vezes, eles aí entram com mais facilidade que nos outros lugares mais próximos, pelos quais jamais passaram, ou por aqueles que não passaram tão frequentemente". Malebranche, *De l'imagination* (*De la recherche de la vérité*, livro II, 2, 2), edição de Agnès Minazzoli, Paris, Presses Pocket, 1990, p. 105.

[90] A fonte é, mais uma vez, Malebranche: o erro é apenas um desvio do caminho habitual dos espíritos animais, mas se estes o percorrem constantemente, ele pode se tornar loucura. Como em Locke, portanto, a diferença entre loucura e sanidade é apenas de grau (Malebranche, *op. cit.*, p. 89).

O hábito é o princípio pelo qual veio a se produzir essa correspondência, tão necessária à sobrevivência de nossa espécie e à direção de nossa conduta, em todas as situações e ocorrências da vida.[91]

A harmonia preestabelecida da mente e do mundo se deve ao hábito, o que está de acordo com a "costumeira sabedoria da natureza" (*ordinary wisdom of nature*), que prefere entregar um ato tão importante da mente a "algum instinto ou tendência mecânica, infalível em sua operações", a deixá-lo nas mãos do entendimento e suas longas cadeias de deduções.[92]

Para que o leitor não se perca no emaranhado da argumentação: o que Hume faz é ligar o seu conceito de hábito (cuja matriz é hobbesiana e lockiana) à noção de instinto. Ou seja, ele coloca a explicação mecânica, fisiológica, no lugar da explicação da evidência ou quantificação afetiva das associações, e é exatamente nesse ponto que ele se afasta de Hutcheson: como não poderia deixar de ser, a atribuição do hábito a um instinto ou propensão mecânica vem acompanhada de uma estocada irônica naqueles que "se encantam com a descoberta e contemplação das *causas finais*", pois eles têm aqui "um vasto assunto em que empregar seu fascínio e admiração". O mecanicismo e a utilidade são um cimento muito mais eficaz do mundo que a finalidade e a benevolência. Sem dúvida, a história da filosofia e a história das ideias darão a vitória a Hume. Mas será que o preço final pago por seu mecanicismo não foi alto demais? Valeu a pena trocar o finalismo por uma explicação do processo mental em que este em grande parte se limita a reproduzir passivamente o mecanismo do mundo físico?[93]

---

[91] *Idem, EHU*, p. 55; trad., p. 88.

[92] *Idem*, p. 55; trad., p. 89.

[93] Embora Hume afirme que moral e filosofia natural sejam investigações distintas, a analogia entre fisiologia e filosofia dá um roteiro interessante para interpretar sua posição filosófica como "anatomista", e a expressão "dissecação imaginária do cérebro" (*imaginary dissection of the brain*) descreve perfeitamente o que ele mesmo tenta fazer como dissecador da mente. Nas linhas finais do livro III do *Tratado*, ele defende sua posição de anato-

Tenha Hume acertado realmente as contas ou não com o finalismo, é fato que a inversão da significação do hábito implica dar ao *sentimento* uma acepção nova, pois que ele deixa de estar na *origem* e passa a ser uma espécie de *resultado* do ato associativo. Quando tenta precisar melhor que maneira diferente de sentir é esta que invade a mente quando se está diante de uma ideia mais vívida, intensa, estável, a palavra que Hume encontra, e que para ele não deve causar espanto a ninguém, é *crença* (*belief*), "denominação verdadeira e apropriada desse sentimento".[94] A crença corresponde, assim, *a um sentimento derivado do hábito*, de um sentimento habitual, o que é possível porque Hume *naturalizou o costume*, e a consequência disso é uma razoável "desnaturação" do sentimento. Essa conversão do costumeiro e convencional no

---

mista falando da importância do estudo anatômico para o aprimoramento da arte do pintor. Esse trecho foi redigido expressamente para se defender das observações que Hutcheson fizera sobre certa frieza estilística por ele notada nos dois livros anteriores já publicados, e também no manuscrito que Hume lhe enviara do livro III. Se ainda é totalmente defensivo no livro final do *Tratado*, é graças a Hutcheson que Hume procederá posteriormente a uma guinada importante do ponto de vista estilístico: já na *Investigação*, ele é levado a pensar num equilíbrio maior entre o anatomista e o pintor (*EHU*, p. 10; trad., pp. 24-5), equilíbrio que ele antecipa em carta a Hutcheson na qual afirma que, embora julgue suficientes as razões que alega em defesa de sua anatomia da mente, "ao mesmo tempo tenciono fazer uma nova tentativa de conciliar um pouco melhor, tanto quanto possível, o moralista e o metafísico". Carta a Francis Hutcheson, 12 de novembro de 1739. *In: The Letters of David Hume*, edição de J. Y. T. Greig, Oxford, Clarendon Press, 1969, pp. 32-3. A evolução, sem dúvida, se consuma nos *Ensaios*, mas talvez seja o caso de assinalar que a anatomia deixa entrever uma postura *demonstrativa* de Hume, com a qual ele não se limita a descrever e pintar a natureza humana, mas busca também *mostrar* o interior da fábrica. Na sua própria terminologia, Hume parece querer situar-se, além do conhecimento ou da probabilidade, no terreno racional da demonstração ou prova. É que o recurso à fisiologia mecanicista continuou operando mesmo depois do *Tratado*. O problema é semelhante em Locke, que sempre adverte o leitor quando está passando do plano da filosofia "moral" para o da filosofia natural, sem que isso dê conta de explicitar a relação entre qualidades primárias e as percepções da mente.

[94] Hume, D., *EHU*, p. 49; trad., p. 81.

natural, que ocorre também no âmbito moral, político e estético, é responsável por sua tendência à moderação e ao conservantismo. Mas gera também não poucas dificuldades de interpretação, como a de saber se a evidência mesma é natural ou resultado do hábito.

A NECESSIDADE DA ASSOCIAÇÃO

Para explicar como se dá a passagem de uma ideia mais fraca a uma ideia mais forte, de uma ficção da imaginação a uma recordação da memória, o *Tratado* fornece o seguinte exemplo:

> É frequente acontecer que, quando dois homens estiveram envolvidos num episódio, um deles se lembre muito melhor que o outro, e tenha a maior dificuldade do mundo para fazer que o companheiro também se lembre. Ele enumera em vão diversas circunstâncias, menciona o momento, o lugar, as pessoas presentes, o que foi dito, o que cada um fez, até que finalmente toca numa circunstância feliz, que faz reviver o conjunto todo, dando a seu amigo uma memória perfeita de cada detalhe. Aqui, a pessoa que esqueceu recebe inicialmente do discurso da outra todas as ideias, com as mesmas circunstâncias de tempo e lugar, mas as considera como meras ficções da imaginação. Entretanto, assim que é mencionada a circunstância que toca sua memória, exatamente as mesmas ideias aparecem sob nova luz, produzindo como que um sentimento diferente daquela que antes produziam. Sem qualquer outra alteração além desse sentimento, elas se tornam imediatamente ideias da memória e recebem nosso assentimento.[95]

A imaginação tem todos os elementos, todas as *circunstâncias* em que o evento se deu, mas a ligação que ela estabelece entre eles é pálida, não produzindo nenhuma crença ou convicção de que o

---

[95] *THN*, "Apêndice", pp. 627-8; trad., p. 666.

próprio indivíduo vivenciou a situação descrita. O sentimento diferente (*diferent feeling*)[96] pelo qual as ideias aparecem numa luz mais vívida e forte, tornando-se lembrança, se deve a alguma "circunstância feliz" (*some lucky circumstance*), que, à falta de quaisquer explicações mais precisas, deve ser entendida como uma espécie de "acaso necessário", já que algum aspecto na fala do amigo, algum detalhe fortuito do ponto de vista da conexão entre as ideias, é capaz de desencadear uma reação neurológica, como ocorre em qualquer associação, normal ou patológica. O acaso tem de ser necessário, porque o detalhe sugestivo precisa tocar exatamente o ponto preciso do cérebro do ouvinte no qual se encontram depositados os *mesmos* espíritos animais que transmitiram o encadeamento das sensações originais por ocasião da situação descrita, dando origem a um sentimento diferente, a menos que haja alguma lesão ou obstrução daquela região cerebral. A atividade mental se confunde em grande medida com os movimentos do cérebro:

> [...] como a mente é dotada do poder de despertar qualquer ideia que lhe aprouver, quando ela envia os espíritos animais para a região do cérebro em que está localizada tal ideia, esses espíritos sempre a despertam, penetrando precisamente nas vias apropriadas e vasculhando o compartimento a ela pertencente.[97]

Para discutir os problemas inerentes a essa posição mecanicista, cartesiana, de Hume, nada melhor do que lembrar algumas páginas de Malebranche em que ele e Locke muito provavelmente se baseiam. Segundo Malebranche, a ligação dos traços no cérebro é tão cerrada que

---

[96] "Confesso que é impossível explicar perfeitamente esse sentimento [*feeling*] ou maneira de se conceber." *Idem*, p. 629; trad., p. 667.

[97] *THN*, I, 2, 5, pp. 60-1; trad., p. 88.

A multiplicação dos sentidos e o mistério do senso interno

[...] eles não mais podem ser despertados sem todos aqueles que foram impressos ao mesmo tempo. Se um homem, por exemplo, se encontra em alguma cerimônia pública, se ele nota todas as circunstâncias e todas as pessoas que assistem a ela, o tempo, o lugar, o dia e todas as outras particularidades, basta que ele se lembre do lugar ou mesmo de uma outra circunstância menos notável da cerimônia para se representar todas as outras.[98]

A causa da ligação entre os traços é a proximidade temporal e local das impressões: uma vez que se recorde uma delas, todas as outras também são despertadas, e os espíritos animais "encontrando entreaberto o caminho de todos os traços feitos ao mesmo tempo, nele continuam o seu percurso porque por ali eles passam mais facilmente do que pelas outras regiões do cérebro".[99] Para Malebranche, essa teoria é não só o "fundamento de todas as figuras da retórica" (não é preciso lembrar, por exemplo, o "nome principal" de sua coisa, mas apenas de uma parte dela, como na metonímia), mas também espantosamente a "causa da memória e de todos os hábitos corporais que temos em comum com os animais".[100]

Hutcheson também parece ter presente a explicação cartesiano-malebranchista:

> Ora, como é que nós lembramos? Quando nos interrogam sobre um acontecimento passado, sugere-se na pergunta o tempo ou lugar, alguma circunstância ou pessoa ali presente, e essas coisas trazem consigo o fluxo inteiro de ideias associadas. O tema de um debate é sugerido, e a

---

[98] Malebranche, *De la recherche de la vérité*, II, 5, 2.

[99] *Idem, ibidem.*

[100] *Idem.* Conforme anota Agnès Minazolli em sua edição do livro sobre a imaginação em *De la recherche de la vérité*, essa questão dos traços mnêmicos é discutida por Descartes em cartas a Meyssonier (29 de janeiro de 1640), a Mersenne (1º de abril de 1640) e a Mesland (2 de maio de 1644). *De l'imagination*, pp. 9, 13, 57.

pessoa nele versada, quase previamente a qualquer volição, vê os argumentos principais de ambos os lados da questão surgindo em sua mente.[101]

Apesar da semelhança (a lembrança tem algo de involuntário, de mecânico), a argumentação de Hutcheson segue um rumo inteiramente outro. O esforço da memória para reavivar um acontecimento passado pressupõe sempre um conjunto complexo, e perguntar por ele já direciona o questionado para algum tempo ou lugar, para alguma circunstância ou pessoa, para algum índice, enfim, que o faça relembrar de todas as ideias associadas ao evento. Mas isso ainda é certamente insuficiente: o que torna possível a rememoração do evento é uma ou são algumas circunstâncias afetivamente fortes, que transferem a tonalidade desse seu afeto a todas as impressões adjacentes; é a carga de prazer ou desprazer do evento que desencadeia a lembrança e a reação física condizente ao grau de emotividade que ele contém. Inversamente ao que parece indicar Hume no caso do hábito e da crença, o sentimento, a emoção não é resultado, mas está no fundamento da associação.

É claro que os costumes, a cultura, a sociedade se constituem de entrelaçamentos habituais, mas não se deve trocar o efeito pela causa, pois, embora dependa em grande medida do "poder da educação", a disposição (*disposition*) para associar ou conectar ideias é anterior à convenção ou arbítrio. Os liames naturais precedem os vínculos artificiais, e toda a dificuldade está justamente em desembaraçar o nó que prende o hábito à disposição natural associativa, sendo preciso não pouca "paciência e coragem" para examinar quais associações dependem da "fraqueza de nossos instrutores" e quais estão "fundadas na natureza".[102] Sendo uma predisposição natural e involuntária, a associação tende a se espraiar de uma maneira irresistível, incontrolável, e isso explica também por que surgem tantos elos inadequados, cuja força advém

---

[101] Hutcheson, F., *System*, pp. 30-1.

[102] *Idem, ibidem.*

A multiplicação dos sentidos e o mistério do senso interno

da educação e do hábito, mas também de sua própria constituição original:

> [...] temos de observar uma determinação natural involuntária a associar ou unir [*associate or bind together*] todas aquelas percepções que ocorreram frequentemente juntas, e que causaram subitamente uma forte impressão sobre a mente, de modo que ainda acompanham [*attend*] umas às outras, se posteriormente algum objeto excita alguma ou mais de uma delas. Da mesma maneira que é experimentado [*is experienced*] em questões menores, isso afeta nossas apreensões do bem e mal natural ou moral. Se a força da convivência ou de máximas populares representaram por muito tempo certas ações ou acontecimentos como bons e outros como ruins, temos dificuldade em quebrar a associação, mesmo depois que nossa razão se convenceu do contrário. Assim, imagina-se confusamente que certas ações são honrosas, enquanto outras, desonrosas; certas ações miseráveis, e outras, ditosas, assim como se imaginam espectros em cemitérios.[103]

O trabalho se dá, por assim dizer, em duas etapas: é preciso identificar a associação e romper a sua cadeia, caso se constate que ela é fruto de maus hábitos. No entanto, é necessário reconhecer que eles são inevitáveis, que não se pode fugir inteiramente a eles, e que mesmo os laços "negativos" são apenas a comprovação da naturalidade e absoluta necessidade do princípio associativo:

> Ainda que muitas misérias e vícios se originem dessa fonte, podemos ver a absoluta necessidade dessa determinação. Sem ela, a memória ou rememoração, e mesmo a fala, teriam pouco emprego. Quão tedioso seria precisar de uma rememoração particular a cada palavra que ouvimos ou desejamos falar, e encontrar palavras e ideias que estão

---

[103] *Idem*, p. 30.

ligadas pelo costume da linguagem? Seria tão tedioso quanto o trabalho de decifração, depois de já termos descoberto um alfabeto. Ao passo que agora o som e a ideia estão tão associados, que um sempre é acompanhado do outro.[104]

Embora dê origem a "muitas misérias e vícios" (*many miseries and vices*), a associação é natural e absolutamente necessária (*we may see the absolute necessity of this determinantion*): sem ela, operações fundamentais como a rememoração e a linguagem seriam impraticáveis. A memória não opera porque houve uma primeira impressão e a reiteração posterior dela ou de sua ideia no cérebro; do mesmo modo, a linguagem não se deve a um acordo convencional que liga uma ideia a um signo, que serve de substituto a todas as ocorrências da mesma ideia. O empirismo explica a associação como uma espécie de mecanismo (na memória) ou de convenção (na linguagem), porque não percebe que a rememoração e a linguagem se fundam em associações distintas, mas ambas sobre uma *necessidade de ordem afetiva*.

Para Hutcheson, o feixe associativo é muito mais complexo do que se imagina, ele está na base não só das operações mentais, como das ações e paixões, e é difícil porém imprescindível tentar descobrir a sua diversificada ramificação. A explicação lembra sem dúvida a de Hume, quando este afirma que as demais operações mentais são dependentes das três formas de associar; a diferença é que Hutcheson procura mostrar que as associações principais não são apenas naturais, mas *necessárias*, e, nessa medida, elas determinam o procedimento das demais, que são contingentes. De que modo ele concebeu essa relação entre necessidade e contingência das ligações pode ficar claro recorrendo a um leitor que parece ter compreendido muito bem o nó do problema.

Numa passagem do curso de *Antropologia Parow*, em que o tópico tratado é heurístico (quais são as maneiras de chegar mais facilmente a ideias), Kant ensina a seus alunos a diferença existen-

---

[104] *Idem*, p. 31.

A multiplicação dos sentidos e o mistério do senso interno

te entre "acompanhamento" ou "concomitância" e associação. O trecho diz o seguinte:

> [...] o primeiro meio para poder alcançar facilmente ideias a partir da fantasia [*Phantasie*] é a mera associação ou agrupamento [*Vergesellschaftung*] dos conceitos. A associação é diferente do acompanhamento [*Begleitung*]. Pois alguém pode me acompanhar durante algum tempo em ruas estreitas, sem ser por isso alguém associado a mim [*kein Gesellschafter von mir*]. Mas aquele é alguém que acompanha sempre. No entanto, segundo a natureza da fantasia, o acompanhamento é fundamento da associação.[105]

É claro que todo o cuidado é pouco no trato como os textos dos cursos de Kant. Aqui também as ideias não são totalmente inequívocas, mas é importante destacar três pontos. Para começar, a menção de que associação e concomitância são maneiras de obter ideias com facilidade por intermédio da fantasia (*Phantasie*). A natureza da fantasia explica também que a *associação está fundada na concomitância* — ideia capital que, porém, não é desenvolvida. Deve-se notar também, por último, que não é casual que o trecho tente exemplificar a concomitância e a associação através de personificações — aquele que simplesmente acompanha não é um sócio ou associado. É também por uma personificação que esse mesmo curso de antropologia exemplificará, noutra passagem, os dois tipos de ligação entre ideias:

> Passamos agora às *perceptionibus concomitantibus et sociis* [percepções concomitantes e associadas]. É fácil diferenciar as representações acompanhantes [*begleitende Vorstellungen*] das associadas. É como quando um viajante estrangeiro chega a um campo coberto com todas as belezas da natureza; então os objetos atraentes da natureza apenas

---

[105] Kant, I., *Antropologia Parow*, AA, XXV, 1, p. 315.

acompanham seu olhar, mas quando ele se torna senhor e proprietário dessa região, ela é considerada como se fosse associada com ele [*mit ihm als wie vergesellschaftet*]. No entanto, com frequência as representações acompanhantes são tomadas por *perceptiones sociae*.[106]

De novo, a diferença entre as duas formas de ligação aparece explicada por uma personificação: no primeiro momento, das percepções concomitantes, o estrangeiro passeia pelos campos e se limita a contemplar a beleza da paisagem; no segundo, exemplo de associação contingente, ele se torna proprietário do lugar e é assim associado à bela paisagem. Não há como evitar a impressão de que a distinção e o exemplo saem diretamente de uma página das mais importantes do *Ensaio* de Hutcheson, em que ele mostra, nada mais, nada menos, que os prazeres desinteressados, ligados ao belo, produzem uma ligação necessária entre as representações, enquanto os prazeres interessados, ligados ao desejo de posse ou de propriedade do objeto, são frutos de uma ligação contingente. O "senso e o desejo de beleza", diz Hutcheson, é inteiramente distinto do desejo de posse ou propriedade: o senso estético se satisfaz plenamente com a mera contemplação de uma bela paisagem natural ou de obras de arte, com a beleza ou harmonia das ideias ali combinadas, ao passo que o desejo de se apropriar dessa mesma paisagem ou de obras de arte implica em geral uma conjunção "insensata" de ideias, que leva o indivíduo a frustrações equivalentes ao tamanho de seus desejos:

> [...] mas se o senso ou desejo de beleza mesmo for acompanhado [*be accompanied*] do desejo de *posse* ou *propriedade*; se deixarmos que ele seja guiado pelo *costume* e receba *associações* de ideias estranhas em nossa fantasia a respeito de *roupas, equipagem, móveis, criadagem*; se para nosso gosto apenas as modas das pessoas importantes ou as marcas de *distinção* forem belas; se deixarmos tais dese-

---

[106] *Idem, ibidem*, p. 255.

jos crescerem e se fortalecerem, teremos de ser verdadeiramente grandes, antes de podermos ter algum prazer por esse senso, e cada desapontamento ou mudança da sorte nos tornará necessariamente miseráveis.[107]

O senso de beleza, enquanto admiração desinteressada de uma bela paisagem ou de obras de arte, é inteiramente autônomo, podendo ser isolado e separado de qualquer interesse pela posse dos objetos que o ocasionam; já o desejo de comprar a paisagem ou a obra de arte agrega algo estranho ao sentimento de beleza e é causa de sofrimento e *miséria*, se não se está à altura ou em posição de adquiri-las. O fruidor desinteressado se torna proprietário. Essa distinção de fundo permite estabelecer uma dupla atitude perante o belo natural e artístico: originariamente, o objeto belo institui uma adesão imediata, inevitável e incontornável, que está assentada *num elo misterioso mas necessário entre a forma e o prazer que ela desperta*. Os proprietários de terras onde há belas paisagens e de obras de artes, se têm uma relação natural e saudável com elas, consentem o livre acesso a elas; inteiramente outra é a atitude daquele que deseja possuir uma paisagem ou uma obra de arte tão só pelo desejo da posse. Enquanto num caso a ligação prazerosa com o belo é necessária (a explicação disso será buscada daqui a pouco), no outro, a fantasia cria uma associação indevida, na qual o senso de beleza se faz acompanhar de ideias de riqueza, distinção ou fama, que só podem ter uma relação contingente com ele.[108] Noutras palavras, a ligação acessória supõe uma ligação que é necessária. É por *imaginar* que o proprietário de obras de arte (que produzem fruição verdadeira, autossuficiente, isenta de paixão egoísta) goza de uma felicidade incomum, a mesma que

---

[107] Hutcheson, F., *ECP*, p. 74.

[108] As associações de ideias "estranhas" (*strange*) decorrem das leis, dos costumes de um país, do "humor" das pessoas com que se priva etc. É por esse contato que objetos em si mesmos indiferentes a qualquer senso passam a ser desejados ou rejeitados, em virtude de alguma ideia agradável adicional ou de alguma ideia desagradável a eles conectadas (Hutcheson, F., *ECP*, p. 20).

adviria de roupas, equipagens, móveis etc., que o candidato a proprietário põe a perder a própria felicidade, pensando que ela só pode ser alcançada se ele obtiver as mesmas coisas que o outro ou ocupar um posto mais elevado que aquele que é naturalmente o seu. O nó é, sem dúvida, bastante complexo. Para evitar o egoísmo, todo indivíduo precisa ser alimentado com ideias, com sentimentos alheios, mas ao mesmo tempo não pode se deixar levar por eles:

> Se mantemos nossos sentidos em sua pureza, e sem misturá-los com *ideias estrangeiras* [*foreign ideas*], eles não podem fornecer emprego suficiente para a vida: se ideias forasteiras vêm se juntar, os objetos se tornam difíceis e incertos, e nosso *gosto* ou *fantasia* cheios de inconstância e capricho [*our relish or fancy full of inconstancy and caprice*].
>
> Da mesma maneira, os prazeres da *imaginação* podem ser fruídos por todos, e são uma fundação segura de prazer, se abstraímos da *propriedade* [*if we abstract from property*], e mantemos nossa imaginação pura. Tais são os prazeres na observação da natureza e mesmo das obras de arte, que são ordinariamente expostas à visão.[109]

A mente deve ser entretida com ideias "externas", estrangeiras, mas ao mesmo tempo saber manter sua integridade e pureza. Ao contato com a natureza e com obras de arte, é preciso separar, tentar manter o prazer estético puro, isto é, incontaminado por ideias que não aquelas derivadas desse prazer. Seria certamente

---

[109] Hutcheson, F., *ECP*, p. 105. Uma referência importante aqui são os artigos que Addison publicou no *Spectator* sobre os "Prazeres da imaginação". Esses textos vêm corroborar as intuições de Hutcheson, para quem os prazeres da imaginação estão implantados "na própria compleição de nossa natureza" (*in the frame of our nature*), *idem*, p. 84. Cf. também *System*, p. 19, parágrafo em que se trata das ideias addisonianas de grandeza e da novidade. Como se viu anteriormente, Addison é para Hutcheson um dos *gentlemen* em que ele se apoia para afirmar a multiplicidade dos sentidos e a sinestesia ou comunicação entre eles.

necessário muito fôlego para explicar mais detidamente a cartada magistral de Hutcheson, que põe de uma só vez na mesa duas peças fundamentais de toda a filosofia do século XVIII: autonomia estética e alienação imaginária no desejo do outro. Uma é obra da *ligação necessária* no seu sentido mais pleno; a outra, costume e hábito, *associação indevida*. Esta é apenas o reverso daquela, e com isso se pode dizer que Francis Hutcheson ajuda a entender melhor por que a crítica social de Rousseau ao "homem do homem" é contemporânea da *Crítica do juízo* de Kant. O que, espera-se, ficará mais claro na sequência.

O SENTIMENTO INTERNO E O *EU*

Ainda que bastante sucintos, os dois trechos do curso de *Antropologia Parrow* citados para explicar as relações concomitantes e associativas, além de mostrar o interesse de Kant pela ligação entre nexos contingentes e nexos necessários, servem também para mostrar que para Hutcheson a dificuldade e a importância de lidar com as associações está precisamente em não se saber quando elas *estão presentes*, isto é, de que há associações que passam em geral despercebidas, e o achatamento epistêmico proposto pelo empirismo — sua redução de tudo ao sensível mais imediato — só serve para manter a inconsciência de grande número dessas articulações. Pois, assim como não se percebe que um outro, um "estrangeiro", pode interferir indevidamente nas *minhas* representações (querer se tornar algo além do que é prescrito pela ordem da natureza é ser comandado pelo desejo de imitar o outro), assim também o empirismo parece querer passar a ideia de que não há percepção de um *eu* presente, que *acompanha todas as minhas representações*. O problema da alteridade e da intersubjetividade foi pensado por Hutcheson em íntima conexão com a subjetividade, com a ideia de sujeito.

Como é que Locke e Hume discutem o problema da identidade pessoal? Para compreender o problema em todo o seu alcance, é conveniente relembrar a refutação que Locke faz da ideia de continuidade do *self*.

Uma das teses mais importantes de Locke contra o inatismo é aquela em que ele diz ser difícil entender como alguma coisa pode ser impressa na mente sem que a mente a perceba.[110] A tese pretende constatar uma identidade entre a mente e tudo o que nela se passa, uma identidade entre mente e consciência, e entre consciência e pensamento. Como afirma o *Essay*: "Consciência é a percepção do que passa na própria mente do homem".[111] E essa consciência é tudo o que se pode chamar de *self*. O *self* ou identidade pessoal é um

> [...] ser inteligente pensante, que tem razão e reflexão, e pode considerar a si mesmo como ele mesmo, como a mesma coisa pensante, em diferentes tempos e espaços; isso ele o pode fazer apenas por aquela consciência que é inseparável do pensamento e, como me parece, essencial a ele: pois é impossível para qualquer um perceber sem estar percebendo que percebe. Quando vemos, ouvimos, cheiramos, degustamos, sentimos [*fell*], nós sabemos que o estamos fazendo.[112]

Que a consciência *acompanhe* (*accompanies*) toda a atividade de pensamento é o que faz de cada indivíduo ser o que é, a mesma coisa pensante em lugares e tempos distintos; a consciência que acompanha todas as ideias da mente produz a identidade pessoal de um ser dotado de razão.

A identidade do *self* lockiano tem, no entanto, alguns aspectos problemáticos: como, para não se recair nos erros do inatismo, a consciência tem de ser concebida segundo o modelo das sensações e percepções presentes (*Thus it is always as to our present sensations and perceptions*), todo o *eu* ou *self* passado ou futuro tem de ser identificado ou reduzido ao *eu* presente, ao *self* atual:

---

[110] Locke, J., *Essay*, II, 1, 5, p. 42.

[111] *Idem*, II, 1, 19, p. 85.

[112] *Idem*, II, 27, 9, p. 238.

[...] a identidade de cada pessoa alcança até onde essa consciência pode ser estendida para trás a qualquer ação ou pensamento passado; ele é o mesmo *self* agora que foi antes; e é com esse mesmo *self* com o *self* presente que agora reflete sobre ele que foi feita aquela ação.[113]

Como se vê, o problema está em que a ação passada só faz parte do mesmo *eu* inteligente, se este "consegue *repetir* a ideia de alguma ação passada com a mesma consciência que ele teve da primeira vez [*at first*], e com a mesma consciência que ele tem de alguma ação presente".[114] O problema irá se repetir em Hume: assim como toda imaginação é mais fraca do que a memória, assim também toda memória é mais fraca que a impressão presente, o que se exemplificaria pelo exemplo do pintor:

> O pintor que quisesse representar uma paixão qualquer tentaria observar uma pessoa movida por uma emoção semelhante, a fim de avivar suas ideias e dar-lhes uma força e vivacidade superiores às encontradas nas ideias que são meras ficções da fantasia. Quanto mais recente essa memória, mais clara a ideia, e quando, após longo intervalo, o pintor voltasse a contemplar seu objeto, sempre acharia a ideia deste bastante enfraquecida, se não apagada por completo.[115]

O que se pode inferir do exemplo é que, mais tempo, menos tempo, o apagamento da lembrança é inevitável; daí a necessidade de recorrer ao objeto atual. A impressão presente é sempre o critério de evidência, o que fica claríssimo em Locke, cujo propósito é reduzir duas consciências temporais distintas a uma mesma consciência presente, só havendo, portanto, em última instância para ele representação ou consciência *atual* das impressões passadas. A

---

[113] *Idem, ibidem.*

[114] *Idem*, II, 27, 10, p. 239.

[115] *THN*, I, 3, 5, p. 85; trad., p. 114.

lembrança do passado estará, dessa maneira, sempre em defasagem com relação à evidência presente, e como sua rememoração é sempre descontínua, como não se pode tornar presente toda a série de percepções que leva a ela, isso também torna, por sua vez, descontínua a consciência e, com ela, a própria identidade do sujeito: como nos eventos passados "nossa consciência é interrompida", diz Locke, também "perdemos de vista nossos *selves* passados".[116]

Essa explicação é combatida por Hutcheson na carta a William Mace, num trecho em que ele explica que seu interlocutor não deve se deixar levar pela suposição lockiana de que a mente não passa de um agrupamento de percepções:

> A respeito de sua noção da mente como apenas um sistema de percepções, imagino que o senhor descobrirá que cada um tem uma percepção simples imediata do *self*; com o qual todas as suas outras percepções estão de algum modo conectadas, caso contrário eu não poderia ser de modo algum afetado com prazer e dor por nenhuma ação, afeição ou percepção passada, ou não teria nenhum incômodo ou preocupação presente com algum evento ou percepção futura; ou como poderia haver alguma unidade da pessoa, ou algum desejo de felicidade ou aversão pela miséria futuras? Minhas percepções passadas ou futuras não são as minhas percepções presentes, mas seriam tão distintas quanto as suas percepções são das minhas; que seja de outra maneira, acredito que cada um é consciente disso.[117]

Como no caso da conexão necessária entre ideias, o *self* precisa ser entendido conjuntamente em todas as suas dimensões, o que significa dizer que a questão não comporta um corte inteiramente arbitrário entre o plano epistêmico e os demais planos, como fizeram Locke e Hume, que admitem a continuidade do *self* no

---

[116] *Idem*, II, 27, 10, pp. 238-9.

[117] Carta de Francis Hutcheson a William Mace, 6 de setembro de 1727, p. 158.

direito, na política e na moral, mas não o fazem no âmbito do conhecimento. É precisamente esse corte que explica a cegueira deles.[118] Ora, mais uma vez o equívoco se deve a que eles concebem uma neutralidade da percepção, isolando-a de todo sentimento de prazer ou desprazer. Esse corte em que o mecanismo e a teoria aparecem de um lado, e a moral e as paixões, de outro, leva também a uma incompreensão a respeito das diferentes dimensões do tempo, fazendo com que toda a consciência seja reduzida à consciência atual.

Hutcheson sabe, no entanto, que a questão tem grande relevo no horizonte epistemológico, pois é claro para ele que aqui a continuidade do *self* é importante para solucionar a questão da fragmentação ou descontinuidade dos próprios objetos percebidos. Com a impossibilidade de conhecer a substância real das coisas, o que garante que aquilo que não está sendo percebido continue existindo? Eis o problema cético radical levantado por Berkeley: todo ser só é, se é percebido.

Embora pareça uma solução radical, o desaparecimento do *self* é apenas mais um reflexo da simetria entre mundo e mente pressuposta pelo empirismo, como fica claro nas explicações de Hume, pois se de um lado o *eu* evapora, espelhando a própria descontinuidade dos objetos, por outro a *mente* é a própria imagem da causalidade, isto é, dos nexos associativos.[119] Por mais que o empirismo assuma que a mente é o ponto de partida, e tudo o mais fora dela deva ser deixado de lado, ela continua sendo, na verdade, a imagem, o espelho do mundo. Bem outra é a posição de Hucheson. Se Locke tem razão quando diz que não se pode

---

[118] A propósito, a posição de Mace é absolutamente central: segundo David Berman, é a ele que se deve atribuir a teoria do *self* como um feixe de percepções, tal como encontrada no *Tratado da natureza humana*. A indicação é de Dave Fate Norton, *op. cit.*, pp. 79-80 (nota).

[119] "Quanto à causalidade, podemos observar que a verdadeira ideia de mente humana é a de um sistema de diferentes percepções ou diferentes existências, encadeadas pela relação de causa e efeito, e que produzem, destroem ou influenciam e modificam-se umas às outras." *THN*, I, 4, 6, p. 261; trad., p. 293.

conhecer nem a substância das coisas, nem a substância do *eu*,[120] isso não quer dizer que o *eu* possa ser considerado absolutamente um estranho. O senso interno ou consciência é aquilo que em cada um conhece as próprias percepções, juízos, reflexões, volições, desejos etc., que não podem "estar ocultos à mente em que se encontram":

> Por meio desse poder da mente, cada um conhece a si mesmo e tem uma percepção de si mesmo e pode dirigir sua atenção a si mesmo e a suas ações. Por isso, pode haver conhecimento pleno tanto dos espíritos quanto dos corpos; a natureza interna de ambos é desconhecida, mas as propriedades [*affectiones*] são conhecidas.[121]

Locke está certo: não há conhecimento da essência do *eu*. O *self* é conhecido somente por suas operações e qualidades, mas ele não está numa relação meramente contingente com estas: a ligação não pode ser meramente associativa, ela tem de ser como a da concomitância, isto é, necessária. Para explicar como o sujeito se constitui como o fio da continuidade das representações será lícito fazer ainda uma comparação com a filosofia kantiana, desta vez com a noção de consciência de si.

Senso interno e *eu puro*

Assim como Hutcheson, Kant partilha da opinião de Locke segundo a qual é impossível ter acesso ao substrato das coisas empíricas, mas não o segue nas consequências atomistas, relativistas, idealistas ou céticas a que essa constatação conduz: como é mais que sabido, para ele a experiência é um todo coeso, e o que garante a continuidade, permanência e unidade do objeto não são

---

[120] Carta a Mace, 6 de setembro de 1728, p. 158.

[121] Hutcheson, F., *Logic, Metaphysics and Natural Sociability of Mankind*, p. 117.

A multiplicação dos sentidos e o mistério do senso interno

as formas puras da intuição (tempo e espaço), mas o que ele chama de "unidade sintética da consciência". É o *Selbst* numericamente idêntico que converte o agregado sensível num "objeto" no sentido rigoroso da palavra.[122]

Certamente não é fácil entender como se chega à explicação dessa "apercepção pura" ou "originária", nem como ela é o selo de garantia objetiva das representações que vincula. O ato que liga as representações numa só ou numa identidade de todas é descrito como uma ação da espontaneidade do entendimento, pela qual se toma consciência da ligação necessária de todas as representações numa mesma unidade transcendental. O *eu penso*, outro nome para esse ato puro do entendimento, é uma autoconsciência de tipo peculiar, que não se dirige ao conteúdo das representações, mas à propriedade que lhes é comum de poderem ser *pensadas*, isto é, consideradas representações de um mesmo sujeito ou *eu* (*meine Vorstellungen*).[123] O *eu penso*, afirma Kant, "deve *poder* acompanhar [*begleiten*] todas as minhas representações", isto é, produzir a representação *eu penso* não significa produzir uma substância pensante como a cartesiana, mas apenas essa peculiar consciência de si (*Selbstbewusstsein*) que "tem de poder acompanhar todas as outras representações".[124] Diferentemente da consciência lockiana, a autoconsciência kantiana não acompanha, mas deve *poder* acompanhar todas as suas representações. Em suma, o *eu* não é uma percepção empírica atual de si, mas uma apercepção que está presente todo o tempo, mesmo que dela não se tenha consciência.

A Dedução estabelece, por isso, uma distinção entre a ação empírica de acompanhar (mais uma vez *begleiten*) as diferentes representações e o ato que identifica todas elas como pertinentes ao mesmo *eu*: aquela é uma mera ação da consciência empírica que acompanha toda representação;[125] este, a produção de uma

---

[122] Kant, I., *Crítica da razão pura*, A 107, A 104. *AA*, IV, p. 81; trad., p. 147.

[123] *Idem*, B 132, *AA*, III, p. 109; trad., p. 132.

[124] *Idem*, B 131-132, pp. 107-8; trad., pp. 131-2.

[125] "Pois consciência é o que sempre acompanha [*accompanies*] o pen-

consciência transcendental, que *acrescenta* (*hinzusetzen*) uma representação à outra, gerando a síntese. Somente a consciência transcendental é capaz de vincular todas as representações no conceito de um objeto, que "antes" da síntese operada pela vinculação dele num juízo (ligação tornada possível pela consciência do *eu penso*) é apenas um amontoado desconexo de sensações ou representações. A consciência empírica é incapaz de fornecer essa representação, que depende de um conceito ou juízo sobre o objeto: todo conceito ou juízo, mesmo de um objeto empírico, só é finalmente possível pela determinação da diversidade empírica dada na apercepção pura.[126]

Ao mesmo tempo em que afirmam a unidade transcendental da apercepção, os textos da *Crítica da razão pura* também são bastante explícitos em afirmar que o senso interno é a unidade empírica da consciência, e, portanto, uma consciência que procede por associação. Sob esse aspecto, o afastamento em relação ao senso interno hutchesoniano é total; a verdadeira unidade da experiência é dada no *eu puro*, não no sentimento. Mas será que é mesmo assim? Quando o leitor compara as diversas passagens da *Crítica* a respeito da noção de senso interno, a impressão que ele tem é de estar diante de uma estátua bifronte, em que o que se mostra é ora a sua face empírica, ora a sua face pura. E, nela, portanto, se replica exatamente a mesma diferença que acaba de ser afirmada no caso da consciência, dividida em duas, uma empírica e outra transcendental. Que o senso interno tenha também uma face transcendental, sobre isso a Estética não deixa dúvida. Juntamente com a apercepção pura, o tempo também é uma condição transcendental para *a tomada de consciência de que as representações são representações "minhas"* (*meine*):

> Também posso de fato dizer: minhas representações [*meine Vorstellungen*] se seguem umas às outras, mas isso

---

sar e é ela que torna cada um o que ele chama de si mesmo [*self*] [...]" Locke, J., *Essay*, II, 17, 9, p. 238.

[126] Kant, I., *Crítica da razão pura*, B 139-140, p. 113; trad., p. 139.

A multiplicação dos sentidos e o mistério do senso interno

significa apenas que somos conscientes delas [*wir sind uns ihrer... bewusst*] como uma forma temporal, isto é, segundo a forma do sentido interno.[127]

Seria certamente um deslize afirmar que essa consciência que se tem aqui é empírica. Ao contrário, o sentido interno aqui é uma forma. Ou seja, os textos deixam claro que, assim como a consciência, o sentido interno tem um aspecto empírico e outro transcendental (mas não era nessa direção que ia Hutcheson?). E, no fundo, toda a dificuldade em saber como se dá a separação/ligação entre o *eu puro* e o *eu empírico*, entre o *eu penso* e o sentido interno, é um problema — com o perdão da redundância — já interno ao sentido interno. O que mostra a sua importância vital, pois essa condição o situa entre a objetividade e a subjetividade. Kant é bastante claro neste ponto: é pelo senso interno que se pode conhecer a própria unidade sintética da apercepção. Explicando melhor, se o *eu penso* não pode ser uma substância de nenhuma ordem, sendo a mais pobre de todas as representações, se ele não é conhecimento intuitivo, se não há uma intuição intelectual capaz de produzi-lo, por outro lado o modo como é conhecido não pode ser simplesmente discursivo, pois então seria "vazio", puramente lógico. Mas o *eu penso* é transcendental, e não lógico, e portanto ele é conhecido apenas por seus predicados[128] numa ligação com uma intuição no tempo dada no sentido interno, porém jamais como sujeito, isto é, enquanto ocupando a posição de sujeito num juízo. Resta intacta, no entanto, toda a dificuldade de entender o nexo entre os predicados pelos quais o *eu* pode ser conhecido e a sua representação no tempo, dificuldade a que Kant se refere quando diz que as funções lógicas "não dão a conhecer ao pensamento nenhum objeto, nem por conseguinte me dão a conhecer a mim próprio enquanto objeto". O único objeto possível de conheci-

---

[127] *Idem*, B 54, *AA*, III, p. 62; trad., p. 76.

[128] *Idem*, B 404, p. 330. Mas não era exatamente isso que dizia Hutcheson no seu curso de Lógica: a natureza interna, dos corpos e do espírito, só pode ser conhecida por suas *afecciones*?

mento não é o *eu* que determina, o "sujeito *determinante* da relação que constitui o juízo", pois deste não se tem consciência, mas apenas do "*eu determinável*", isto é, daquela "intuição interna", que nada mais é que o conjunto ou diversidade que pode se ligar à "condição da unidade da apercepção".[129] O texto, obviamente, não avança muito, indicando, ao contrário, a impossibilidade de conhecimento *direto* do *eu penso*: enquanto determinante, este não pode ser *determinado*. (Haveria ainda aqui uma circularidade: a *determinabilidade* na *intuição interna* supõe já novamente o tempo, isto é, o sentido interno.) Se o *eu* não pode ser conhecido por si só, isoladamente, sobra apenas a possibilidade de uma aproximação indireta desse *eu*, na medida em que ele é determinável, o que ocorre quando se percebe o nexo dos "conteúdos" dados no sentido interno com a unidade aperceptiva.

Ocioso insistir sobre a diferença desse *eu puro* em relação a tudo o que veio antes, sobretudo em relação ao cogito cartesiano. O problema é que desembaraçar o nó que liga o *eu puro* ao sentido interno não é tarefa tão simples. Uma saída para seguir melhor o fio de continuidade entre eles (supondo que ele exista, pois do contrário a coerência do pensamento estaria comprometida) é examinar a "dupla face" do sentido interno, que Kant vinha procurando entender desde bastante cedo, como se pode ver, por exemplo, pela distinção entre um sentido absoluto e um sentido relativo dada na reflexão 288:

> O senso [*Sinn*] ou é sentido absoluto, ou sentido relativo; pelo segundo referimos nossa sensação ao objeto, pelo primeiro, a nós mesmos. O sentido absoluto é sentimento [*Gefühl*].[130]

Lida como distinção entre sentido externo e interno, a reflexão é banal. Mas ela é relevante do ponto de vista genético, porque

---

[129] *Idem*, B 406, pp. 332-3.

[130] Rx. 288, Ak. XV, 1, p. 108.

mostra que, no princípio, a dupla face do senso interno era a maneira pela qual se podia tentar responder tanto ao problema da objetividade, como da subjetividade. É preciso um polo de identificação e continuidade para a dispersão das ideias, um sentido que enfeixe a multiplicidade dos sentidos, um "lugar", "órgão", um "senso" em que eles se encontrem. Ou seja, antes de encontrar na apercepção transcendental o ponto de apoio para o desaparecimento da unidade substancial — do mundo e da alma —, Kant considerou seriamente a validade de uma resposta como a de Hutcheson, para quem a continuidade do mundo e do sujeito se daria na forma do sentimento interno. Todo esse desenvolvimento fica claro na reflexão 224:

> O sentido é interno ou externo; interno só é chamado um sentido e com ele se entende a apercepção. Esta, porém, não é um sentido, mas com ela apenas tomamos consciência das representações dos sentidos externos e interno. Ela é meramente a referência de todas as representações a seu sujeito comum, não ao objeto.
>
> A forma do sentido interno é o tempo. A forma da apercepção é a unidade formal na consciência em geral, que é lógica. Temos, porém, diversos sentidos internos. Sentimento.[131]

Wir haben aber mehrere innere Sinne. Gefühl. A frase é significativa, porque mostra que Kant levou heuristicamente a sério a sugestão de Hutcheson (e dos espíritos refinados de sua época) de que os homens têm mais sentidos do que fazem acreditar os empiristas.[132] Nos textos pré-críticos, o sentido interno é tratado,

---

[131] Rx. 224, Ak. XV, 1, p. 85.

[132] Cf. Rx. 277: "A causa da divisão em cinco sentidos não é apenas porque cinco espécies de sensação são especificamente diferenciadas uma das outras, mas porque distinguimos nitidamente o mesmo número de órgãos. O sexto sentido meramente subjetivo e todos os outros [sentidos] subjetivos não são contados no número de sentidos, mas de sentimentos" (*AA*, XV, 1, p. 108). Mas se Kant segue a crítica à simplificação empirista, ele também fará

além disso, como a força ou faculdade secreta (*geheime Kraft*) responsável pelos juízos, isto é, pela capacidade não só de distinguir uma coisa de outra (também encontrada nos animais), mas de discernir por que notas características uma representação difere da outra. O sentido interno se identifica, assim, com a capacidade de refletir, já que é a operação de discernimento por notas características que torna possível "fazer das próprias representações objetos de seus próprios pensamentos". O senso interno é, assim, a faculdade fundamental (*Grundvermögen*) "sobre a qual repousa toda a faculdade superior de conhecer".[133]

Kant percebeu muito bem todo o alcance da filosofia do sentimento, e sua leitura é, mais uma vez, o caminho mais curto para chegar ao ponto crucial. Não ter acesso às coisas em si é um interdito incontornável, mas tudo seria diferente caso se pudesse compreender melhor *o enigma que é o sentido interno*. Caso esse enigma pudesse ser solucionado, o que se teria seria nada mais, nada menos que a possibilidade de erigir a ontologia e a psicologia como ciências. É o que sugere esta passagem da *Crítica da razão pura*:

> A observação e a análise dos fenômenos penetram o interior da natureza e não se pode saber até onde chegarão, com o correr do tempo. Mas, para os problemas transcendentais, que ultrapassam a natureza, não poderíamos de modo algum achar resposta, mesmo que nos fosse revelada toda a natureza, uma vez que não nos é dado observar a nossa própria mente com outra intuição que não seja a do nosso sentido interno. Com efeito, neste reside o misté-

---

uma crítica na direção contrária, condenando a simplificação que consiste em tentar solucionar tudo pelo recurso ao sentimento. Cf. *AA*, II, p. 396 (referência a "Shaftesbury e seus asseclas") e *Antropologia Collins*, XXV, I, pp. 22-3.

[133] Kant, I., *Die falsche Spitzfindigkeit der vier syllogistischen Figuren erwiesen. AA*, II, p. 60.

rio da origem de nossa sensibilidade [*das Geheimnis des Ursprungs unserer Sinnlichkeit*].[134]

O obstáculo que impede o acesso às coisas mesmas e à mente não está na realidade. Por maior que seja a prospecção científica no íntimo delas, essa prospecção não será capaz de trazer à tona o modo como um objeto se relaciona com a sensibilidade e qual é o fundamento último dessa unidade. (Contra suas próprias prescrições, o erro de Locke e de Hume foi o de não se colocarem esse limite, tentados que foram em explicar a origem das ideias por uma causalidade de ordem física.) Mas, também do lado subjetivo, o *eu* só se conhece como fenômeno. Esse duplo impedimento só poderia ser abolido quando se iluminasse melhor, não o mundo, mas aquele núcleo chamado senso interno em que se dá o contato do subjetivo e do objetivo. Kant pensa, naturalmente, que isso é impossível. Contudo, o simples fato de sugerir que a chave do enigma está ali, já é interessante o bastante. A familiaridade dele com o pensamento britânico o ajudou a entender onde se localizava o ponto crítico da teoria do conhecimento. Comentando as soluções de Ferguson e Reid para a dessemelhança entre as qualidades primárias e suas representações na mente, um contemporâneo de Kant, o importante filósofo popular Christian Garve, escreve:

> Entre a sensação, a percepção de uma mudança corpórea, e a percepção, a representação de uma coisa existente fora de nós, há, de um lado, um nexo que é evidente pelo sentimento [*bey dem Gefühl*] e, de outro, uma diferença que é evidente pela visão.[135]

A experiência da *diferença* entre as qualidades primárias e a sensação é patente (*augenscheinlich*) no sentido da visão, mas a

---

[134] *Idem*, A 278/B 334, *AA*, III; p. 225, trad., p. 285.

[135] Garve, C., *Anmerkungen des Übersetzers zu Adam Fergusons Grundsätze der Moralphilosophie* [Notas do tradutor às *Instituições da filosofia moral* de Adam Ferguson], *in*: *Gesammelte Werke*, edição de K. Wölfel, Hildesheim, Olms, 1986, v. 11, pp. 304-5.

experiência do *nexo* entre as duas coisas também é incontornável para o sentimento. Garve observa ainda, no seu relato das ideias de Reid (aproveitadas segundo ele por Ferguson), que não está claro qual o sentido dessa dupla relação de diferença e vínculo entre as representações e as propriedades das coisas mesmas. O interesse do comentário de Garve está em que ele, assim como Kant, também percebe que a filosofia britânica deslocou a questão da representação para um plano que não é o estritamente cognitivo e epistemológico. Foi exatamente isso que Hutcheson fez, com plena consciência dessa dificuldade, quando sugeriu que o vínculo da mente com o mundo se situava noutro plano que o das qualidades primárias e secundárias, isto é, no plano do sentimento.[136] Se suas observações dão conta de dissipar toda a névoa que cobre a questão, é o que caberá verificar um pouco mais adiante.

Em seu distanciamento do empirismo, Hutcheson chegou a colocar um pé no solo transcendental. Que não tenha colocado os dois, não significa nenhum desabono para ele. O erro aqui seria o de querer medir seu labor por uma escala mais kantiana do que a do próprio Kant — até porque, como se tentou mostrar e como se mostrará, este só chegou a resultados importantes refletindo sobre a filosofia hutchesoniana. O que vale a pena não perder de vista é essa suspeita sempre presente em Hutcheson de que o que se percebe pode ser talvez um efeito de superfície, e de que com frequência algo mais intricado e sutil ou mais simples e evidente pode se revelar caso se tenha o *senso* adequado para ele. A perspectiva é heurística: existem coisas importantes por descobrir para as quais não falta mais nada senão o órgão, o modo certo de enxergá-las (e, aliás, toda questão pode merecer este tratamento: um novo

---

[136] Essa perspectiva não epistemológica do contato com o mundo reaparece quando Kant afirma que a orientação do homem pelos pontos cardeais depende de um *sentimento* de uma diferença subjetiva, que distingue a mão esquerda e a direita, pois objetivamente, na intuição externa, não há diferença perceptível entre esses dois lados: "Portanto, em todos os dados objetivos eu me oriento geograficamente apenas por um fundamento de diferenciação subjetivo..." (Kant, I., *Was heisst: Sich im Denken orientieren*, Ak. VIII, p. 135).

A multiplicação dos sentidos e o mistério do senso interno

sentido requer um sentido novo para detectá-lo). Assim como os homens se deixam levar por desejos alheios, assim também a mente procede segundo forças e capacidades que ela mesma ainda não conhece, ou não conhece bem: é o que sucede com aquelas noções que "usamos virtualmente o tempo todo e que ocorrem na fala de cada um", as noções de tempo e de espaço.[137] O empirista quer reduzi-las a sensações ou ideias do entendimento. Ele não percebe que se trata de algo que se encontra noutro lugar, numa outra forma de sensibilidade, como a Estética Transcendental irá procurar demonstrar.

Diante da dificuldade, constatada por Kant, de revelar o enigma do senso interno e estabelecer a posição central que ele ocupa no problema da subjetividade e da objetividade, como pensar o "estatuto" da filosofia de Hutcheson? Seria ela um empirismo, um realismo, uma filosofia transcendental? Na introdução à sua excelente tradução para o francês da *Investigação*, Anne-Dominique Baldès fala com bastante acerto de uma posição "meio observacional, meio transcendental".[138] Essa descrição pode certamente incomodar os que exigem uma postura filosófica sem ambiguidade, mas sua força está provavelmente nesse aparente quiproquó entre o empírico e o transcendental. Se for assim, talvez se possa empregar provisoriamente para descrevê-la a expressão "duplo empírico-transcendental" de Foucault. Sem dúvida, é por ter ao mesmo tempo algo do antropológico e transcendental que a filosofia e a antropologia de Kant terão aprendido muito com a filosofia hutchesoniana. É o que se espera poder mostrar nas análises sobre as ilusões — transcendentais, antropológicas? — do imaginário.

---

[137] Hutcheson, F., *Logic, Metaphysics and Natural Sociability of Mankind*, ed. cit., p. 85.

[138] Hutcheson, F., *Recherche sur l'origine de nos idées de la beauté et de la vertu*. Paris, Vrin, 1991, pp. 15-6.

AS DUAS FORMAS DA IMAGINAÇÃO

Em seu esforço de diferenciação do sensualismo, a filosofia de Hutcheson tem como uma de suas preocupações centrais a busca de percepções indispensáveis à vida e à felicidade dos homens, das quais estes, no entanto, nem sempre têm plena consciência. Em sentido bem preciso, não é nada ruim que o ser humano aja instintivamente, porque é na ação imediata e irrefletida que a natureza humana mostra sua boa índole. Por outro lado, o agir inconsciente pode se confundir com a adoção de costumes e preconceitos, os quais, assumidos como qualidades morais, restringem excessivamente o campo da experiência individual e coletiva. Esse duplo aspecto, positivo e negativo, presente na natureza humana, está relacionado, como já se antecipou, a dois tipos de ligação, uma contingente, mais conhecida como associação, e outra, necessária, entendida como concomitância. A essa distinção correspondem dois modos de operar da imaginação.

A diferenciação entre duas formas da imaginação é "clássica" em Hume, que nela separa os "princípios permanentes, irresistíveis e universais" dos "princípios variáveis, fracos e irregulares": na condição de transição costumeira mediante causalidade, os primeiros são "o fundamento de todos os nossos pensamentos e ações, de tal forma que, se eliminados, a natureza humana imediatamente pereceria e desapareceria". Já os outros não são nem indispensáveis nem úteis à conduta da vida. Ouvir uma voz articulada no escuro e inferir que se trata de uma voz humana é aplicar um raciocínio correto; temer espectros na escuridão, embora seja ainda um raciocínio "natural", é algo contrário à vida e à saúde mental.[1] Mas o risco de não se conseguir deter a loucura de cada um num grau aceitável[2] não deve levar ninguém ao erro oposto, de achar que é possível rejeitar "todas as sugestões triviais da fantasia" (*all the trivial sugestions of the fancy*) e aderir ao entendimento, isto é, "às propriedades mais gerais e estabelecidas da imaginação".[3] Pois, quando age sozinho, o entendimento — que não é senão a imaginação estabilizada — destrói a si mesmo e não alcança nenhuma convicção, sendo inútil à filosofia e à vida comum.[4] A ilação não está muito longe: o "único meio de nos salvarmos desse ceticismo total"[5] é seguir uma conduta que não se afaste tanto da forma mais trivial da imaginação.[6]

Em Hutcheson, a divisão entre concomitância e associação também supõe a concepção de que a imaginação opera de duas maneiras diversas. E, para ele, a imaginação como produtora de associações "indevidas" e de ilusões tem um papel decisivo tanto para a formação da psicologia individual como para o desenvolvimento da "psicologia coletiva". Para analisar isso em detalhe, será preciso fazer uma discussão mais ampla da estética hutchesoniana, discussão que também será empreendida no intuito de fazer um balanço de sua importância.

Entre as principais funções desempenhadas pela imaginação está a de produzir a integração social. Seguindo as análises de

---

[1] Hume, D., *THN*, I, 4, 4, p. 225; trad., p. 258.

[2] Locke, J., *Essay*, II, 33, 4, p. 281.

[3] Hume, D., *THN*, I, 4, 7; trad. cit., p. 300.

[4] *Idem, ibidem*.

[5] *Idem*.

[6] É muito provável que a ideia de um duplo modo de operar da imaginação, que será canônica nos séculos XVIII e XIX, tenha origem no cartesianismo, mais precisamente na leitura que Malebranche faz do artigo 21 do tratado das *Paixões da alma*, que trata das imaginações que não dependem dos corpos. Para Malebranche, há duas faculdades da imaginação, uma, *ativa*, depende do comando da vontade, e outra, *passiva*, está ligada às imagens que os espíritos animais deixam no cérebro (*De la recherche de la vérité*, II, 1, 2).

Shaftesbury, Hutcheson afirma que a natureza produz ilusões ou quimeras que fazem mesmo os indivíduos mais egoístas se tornarem partícipes do interesse coletivo: é assim que o epicurista, que não acredita de modo algum numa vida futura, sonha com uma fama póstera. É assim também que a riqueza o e poder são dispositivos que ela implanta no homem para que este persiga bens ainda maiores, para si e para a coletividade: contrariamente à opinião negativa que os moralistas propagam a respeito delas, as paixões de riqueza e poder criam um "fundo para a realização de bons ofícios" (*fund for good offices*),[7] isto é, riqueza e poder são *meios* que a imaginação inventa para a gratificação de fins mais importantes; eles são "desejos secundários" (*secondary desires*) que operam como instrumentos para a obtenção dos "desejos originais" (*original desires*).[8] Os homens são literalmente "feitos de bobos" (*befooled*) ou "são passados para trás pela natureza" (*outwitted by natureza*). Ela os impele sorrateiramente a tomar parte "do bem público contra a vontade deles".[9]

No entanto, o mecanismo natural da ilusão se torna um dispositivo defeituoso quando ficções originalmente positivas como a ambição e a paixão de riqueza ou de poder deixam de ser meios para a obtenção de bens maiores e passam a ser fins em si. Também por isso é absolutamente imprescindível fazer uma análise de todo

---

[7] *Idem*, *System*, I, p. 104.

[8] *Idem*, *ECP*, p. 19.

[9] *Idem*, p. 29 e 209. Essa passagem tira as expressões de Mandeville, para usá-las contra ele. A teoria da imaginação em Hutcheson se apoia na ideia shaftesburiana de que a imaginação é sempre conduzida, voluntária ou involuntariamente, pela presença interna de um outro, ou seja, de que ela nunca é uma imaginação individual, mas sempre social. Shaftesbury e Hutcheson têm, assim, parcela importante na elaboração da tese kantiana da "sociável insociabilidade" e na ideia de que o indivíduo e a sociedade se refinam mesmo a contragosto. Como se verá adiante, a sociedade e a história não avançam sem a criação de ficções. No estudo "A percepção natural do tempo" se fará também uma discussão mais detida sobre como a explicação das paixões de fama, riqueza e poder em Kant derivam da filosofia de Hutcheson.

As duas formas da imaginação

o sentido interno, um exame crítico das representações, tal como ensinaram os estoicos, seguidos de muito perto por Shaftesbury.[10] Tarefa bastante árdua, tendo em vista que, diferentemente do que pensa Locke, não é nada fácil isolar uma ideia de outras conexas, pois ela sempre aparece ligada pelo menos a uma medida, duração etc. Ora, a dificuldade é tanto maior aqui, pois que se trata de entender como o senso interno está ligado à imaginação, confundindo-se mesmo em grande parte com ela. A imaginação pode ser considerada a operadora da quantificação, porque é ela que liga ideias de tempo, de número e de espaço a outras representações, sem que a mente tenha plena consciência disso. Esse dispositivo imaginário pode ser entendido a partir do seguinte exemplo, que mostra como a imaginação está sempre associada ao senso moral na computação de bens desejáveis:

> A força do desejo privado ou público em relação a qualquer acontecimento é proporcional à *quantidade de bem* imaginada que dele decorrerá para o agente ou para a pessoa amada.[11]

---

[10] Cf. *System*, I, pp. 103 ss. Para quebrar associações indevidas, produtoras de expectativas de prazeres extraordinários e, portanto, causadoras de *uneasiness*, é preciso também fazer uso de "longa meditação e disciplina". Cf. *ECP*, p. 111: os desejos "calmos" são reforçados por constante "meditação e reflexão". A retificação das "fantasias" incorretas, aterradoras ou exaltadas, pela meditação é uma lição que Hutcheson aprende diretamente dos antigos (é preciso não esquecer que traduziu Marco Aurélio), mas nesse tópico são também indispensáveis para ele as análises da *Investigação sobre mérito e virtude*, de Shaftesbury, a que o *Ensaio sobre a natureza e conduta das paixões e afecções* faz explicitamente referência ao examinar a questão (p. 94). Shaftesbury também dá a Hutcheson a explicação do mecanismo positivo que está por trás de todo uso, correto ou incorreto, da imaginação. O tema estoico do exame e uso correto das representações em Shaftesbury é analisado minuciosamente por Laurent Jaffro em seu *Éthique de la communication et art d'écrire: Shaftesbury et les lumières anglaises*, Paris, PUF, 1998.

[11] Hutcheson, F., *ECP*, p. 37.

É a imaginação que amplifica ou diminui o valor de um bem, já que ela antecipa, positiva ou negativamente, a quantidade de algo sobre o qual se tem expectativa ou de algo que se sentiu como um ganho ou uma perda. Quando conectada com a opinião dos outros, a imaginação faz o indivíduo perder toda medida e trabalhar em vão para satisfazer seus desejos:

> Mas quando opinião ou ideias confusas ou fantasia [*fancy*] intervêm e representam certas espécies particulares de gratificações ou grande variedade delas como sendo de grande importância [*as of great importance*]; quando ideias de dignidade, grandeza, magnificência, generosidade, ou qualquer outro aspecto moral [*moral species*] se juntam a objetos de desejo, elas nos abastecem com todo tipo de trabalho, vexação e miséria sem fim.[12]

Do ponto de vista da história da filosofia, o que Hutcheson faz é fundir num único problema a análise da representação (*phantasia* para os estoicos) com a discussão contemporânea sobre a imaginação enquanto poder associativo, mas agregando ainda a ideia de uma quantificação. O problema também pode ser apresentado assim: como a mente trabalha com grande número de ideias, sem que muitas vezes possa se dar conta ou ter consciência clara de todas elas, o vínculo com outras representações que acorrem simultaneamente ao espírito pode funcionar como empecilho à observação adequada e a uma expansão afetiva e, portanto, à obtenção de um grau maior de felicidade ou um número maior de bens, ocasião em que o cálculo é dificultado pela interferência de paixões e representações secundárias; mas pode ocorrer o inverso, com a promoção de um alargamento ou ampliação do que é bom.[13] No primeiro caso, a "fábrica complexa e confusa" que é

---

[12] *Idem*, p. 69.

[13] O cálculo moral aqui obedece à seguinte lógica: uma representação obsedante associada à ideia principal é apenas mais *uma*, que impede a convivência de várias ou inúmeras outras na mente; inversamente, uma represen-

a mente humana tem sua linha de produção total ou parcialmente paralisada por alguma representação obsedante e incômoda, enquanto, no segundo, ela opera em toda a sua capacidade e variedade. A diferenciação que Hume estabelece entre a facilidade ou dificuldade da transição entre as ideias ajuda a explicar o que está em questão. As distrações, os jogos, os prazeres refinados da mesa e da arte fluem com naturalidade, porque não se prendem obsessivamente a uma única representação enfermiça, da qual o "paciente" não desconfia ou não consegue se livrar, tais como as ideias melancólicas que tomam de assalto o pensador abstrato ou aquele sentimento de posse que invade sub-repticiamente o homem desejoso de se apropriar de uma bela paisagem ou de uma bela pintura. A distinção entre a representação saudável e a doentia é uma distinção que se percebe no fluxo associativo das ideias na imaginação, ou, caso isso ajude a entender melhor a questão, é uma distinção entre duas formas de imaginação: oposta à reiteração do mesmo, a variação, a variedade é uma quantidade sugerida ou até exigida pela natureza, e a felicidade depende da combinação de diversas formas de atividade.[14]

---

tação que alarga o ânimo é aquela que tem de recusar uma representação ou paixão particular obsessiva para ganhar uma porção de outros benefícios.

[14] Como em tantos outros pontos, Hume também pode ter se apoiado em Hutcheson quando afirma que a felicidade está na possibilidade de combinação de diferentes maneiras de se ocupar. Pois seu predecessor já havia repensado à sua maneira o "princípio de otimização" assinalado por Deprun na filosofia da inquietação (além de certa medida, todo prazer é prejudicial): "O melhor estado da natureza humana requer possivelmente uma diversidade de paixões e inclinações para as diferentes ocupações necessárias para o todo" (*ECP*, p. 47). O tema da diversificação é certamente mais antigo que a filosofia da inquietude, pois o que está em jogo é o *sumo bem*. Hutcheson compreende o sumo bem de maneira "clássica", como uma hierarquia, uma pirâmide, na qual o bem hegemônico subordina todos os demais bens, e os bens acessórios que não se coadunam com ele são gradativamente descartados; a essa hierarquia corresponde uma faculdade condutora ou hegemônica, que não é a razão, como em Kant, mas o *senso moral*. Já para Hume é possível dizer que não há exatamente hierarquia ou subordinação entre os bens e, portanto, tampouco entre as faculdades e ocupações do homem, mas uma harmonização, uma compatibilização entre eles, que depende mais da natu-

Uma maneira de compreender a complexidade da ligação de ideias é pela análise daquela noção que Hutcheson denomina beleza "relativa" ou "comparativa", assim chamada porque resulta de *imitação*, isto é, de uma conformidade da representação com o original. O objeto representado na imitação pode ser tanto algo real como ideal, e a representação não precisa ser uma cópia fiel do original, mas pode ser alguma ideia ou imagem fixada numa regra ou padrão pela qual se reconhece a referência ao modelo. Assim, estatuária, pintura ou poesia podem fazer uma representação de Hércules se conseguem transmitir os sinais de grandeza, força e coragem que "imaginamos naquele herói".[15] Da mesma maneira, conforme o ensinamento aristotélico, o objeto representado não precisa ser em si mesmo belo ou nobre: o prazer da beleza relativa advém da justeza da representação.[16]

Também muitas outras espécies de beleza encontradas na literatura, como a metáfora, o símile e a alegoria, fazem parte da beleza mimética ou relativa, porque dependem da verossimilhança (*probability*), que é um tipo específico de "semelhança" entre as palavras, os sinais, e o objeto representado ou o caráter.[17] Aqui também a beleza comparativa pode existir, mesmo que o objeto visado não seja belo ou nobre. A semelhança (*resemblance, likeness*) consiste no acerto, na propriedade, no decoro, da linguagem poética em relação àquilo que ela quer exprimir. Do mesmo modo, essa semelhança está baseada na imaginação.

A comparação entre entes ou acontecimentos naturais e disposições do espírito também é uma comparação por semelhança: uma tempestade em alto-mar pode ser considerada emblema da fúria (*wrath*), uma planta ou árvore curvada pela chuva, emblema

---

reza de cada um. Não sendo finalista, ele pode dispensar a faculdade hegemônica, guardando, entretanto, a ideia de que a boa proporção entre os diferentes bens é aferida pelo sentimento e apenas "corrigida" pela razão.

[15] *Idem, IBV*, p. 42.

[16] *Idem, ibidem*. Cf. Aristóteles, *Poética*, 1448b10 e ss.

[17] *Idem, IBV*, p. 43: *"The probability is absolutely necessary to make us imagine resemblance"*.

As duas formas da imaginação

de uma pessoa sofrendo; a papoula com a haste vergada ou a flor murcha cortada pelo arado parecem a morte de um herói na flor da idade; o carvalho velho nas montanhas seria a representação de um império decadente, e a chama devorando a floresta, a guerra. Em suma,

> [...] tudo na natureza, por nossa estranha inclinação à semelhança, pode ser levado a representar outras coisas, mesmo as mais remotas, especialmente as paixões e circunstâncias da natureza humana que nos afetam mais de perto; e, para confirmá-lo e fornecer exemplos disso, basta folhear Homero ou Virgílio. Uma fantasia fecunda [*a fruitful fancy*] encontraria num bosque ou numa floresta um emblema para cada caráter de uma comunidade ou para cada mudança de temperamento ou condição na vida.[18]

Essas análises evidenciam que, em vez de recusar em bloco as ligações fantasiosas, é preciso reconhecer a estranha inclinação dos homens para encontrar semelhanças (*our inclination to ressemblance*), disposição sem a qual não haveria artes agradáveis. E a responsável pela semelhança é a imaginação ou fantasia, que faz, por exemplo, a transposição do emblema encontrado no bosque para o caráter, temperamento e condição dos indivíduos. Que essa transposição se deva ao poder imaginativo, e que seja esse o poder de ampliar ou diminuir a intensidade ou força de uma representação, também fica claro pelos exemplos em que a fantasia cria representações fantasmagóricas: os horrores que nascem do medo ou da compaixão se devem a alguma "associação insensata de ideias" (*some foolish association of ideas*), a qual cria uma ameaça ou perigo sem nenhuma correspondência com a "forma mesma" (*form it self*) do objeto que desperta esses sentimentos. Quando se remove a sensação de medo, uma besta voraz, o mar tempestuoso, um precipício escarpado, um vale sombrio podem dar ensejo a uma sensação de prazer conhecida pelo nome de sublime. Mesmo a

---

[18] *Idem*, p. 44.

"fantástica aversão" a certas formas de animais como os porcos e as serpentes — formas que nelas mesmas seriam neutras — pode ser corrigida, e alguns insetos são realmente "bastante belos".[19] O leitor pode tirar suas próprias conclusões, como, por exemplo, a de que Hobbes estava absolutamente tomado pela própria imaginação desmedida ao escrever o *Leviatã* — imaginação que faz dele um bom escritor, mas não um grande filósofo.

E, sem dúvida, do ponto de vista da beleza relativa ou mimética, o talento literário se deve em grande parte a essa capacidade de encontrar ligações que não dizem respeito à mera forma ou àquilo que se viu anteriormente sob o nome de "harmonia" ou "proporção", características da beleza "absoluta". A beleza mimética precisa possuir semelhança com algum aspecto do objeto ou da ideia que dá ensejo à comparação. Isso também acontece até na música relativa ou imitativa, à qual Hutcheson dedica um pequeno comentário, o qual, no entanto, antecipa nada menos que algumas das mais interessantes observações de Rousseau sobre a música e a linguagem:

> Para várias pessoas, portanto, a música tem outro encanto, que é distinto da harmonia, e que ela ocasiona despertando paixões agradáveis [*agreeable passions*]. A voz humana é obviamente alterada por todas as paixões mais fortes; ora, se o ouvido discerne alguma semelhança entre a melodia de uma música, seja ela cantada, seja tocada num instrumento, alguma semelhança no ritmo, na modulação ou em outra particularidade dessa melodia e o som da voz humana em alguma paixão, seremos por ela tocados de maneira bastante sensível, e melancolia, alegria, seriedade, preocupação surgirão em nós por uma espécie de simpatia ou contágio. A mesma conexão pode ser observada entre a própria ária de uma música e as palavras que expressam alguma paixão à qual nosso ouvido considerou adequada,

---

[19] *Idem*, pp. 62-3. Cf. *Reflections upon Laughter*, ed. cit., p. 48.

de modo que ambas podem nos ocorrer de novo juntas, embora somente uma delas afete nossos sentidos.[20]

A música mimética ou relativa é capaz de representar paixões de forma agradável, porque nela se reconhece a semelhança de uma emoção com a melodia, com o ritmo ou modulação etc. Mais ainda, o vínculo que associa paixões a palavras ou sons cria um elo afetivo entre a linguagem discursiva e a linguagem musical, de modo que ao ouvir a palavra que exprime a paixão o ouvinte pode se lembrar de certa ária de uma peça musical, ou a peça musical pode remeter à ideia ou estado de espírito correspondente àquela paixão. É verdade que esse argumento baseado no poder musical é usado com o intuito específico de mostrar por que os homens variam em seu sentimento do belo, que, no entanto, é universal.[21] Cada indivíduo sentirá mais ou menos o vínculo entre a paixão e a ária, conforme seja mais ou menos afetado pela paixão (o amoroso se comoverá mais com a melodia romântica etc.). A associação é relativa a cada pessoa e pode se transformar numa espécie de camisa de força (o apaixonado só consegue sentir ideias que estejam ligadas a sua paixão), mas não há dúvida de que mesmo nos exemplos utilizados para apresentar o lado negativo da associação se descobre uma satisfação estética genuína, que é exatamente a mesma encontrada nos gêneros mais elevados da arte e da literatura, assim como também na própria aprovação moral das ações e dos sentimentos.

A associação por semelhança ou analogia, como se pode ler no trecho citado, está na base da *simpatia*, que é fundamental tanto para a fruição estética nas artes da imitação, como no reconhecimento das boas intenções morais dos outros indivíduos. Como na música, a imaginação da semelhança entre os afetos e as intenções é o princípio fundamental de construção das personagens no drama e na epopeia. Os heróis do drama e da épica não devem

---

[20] *Idem*, p. 63.

[21] Todos os exemplos são extraídos da seção VI do Primeiro Tratado, intitulada "Da universalidade do senso de beleza entre os homens".

ser entendidos como caracteres perfeitos em sentido moral, mas precisam ser avaliados pelo acerto da imitação, que consiste em adequar as ações e sentimentos às qualidades morais de pessoas reais. E aqui é preciso ir com mais vagar.

A releitura que Hutcheson faz da noção de caráter (*ethos*) da *Poética* aristotélica é bastante coerente com sua moral e foi também importante para os rumos da discussão sobre a personagem de ficção e dos gêneros poéticos em Diderot e Lessing. Nesse ponto se constata, uma vez mais, a posição central do filósofo irlandês no pensamento do século XVIII: se, de um lado, conforme se apresentou antes, a contabilidade das virtudes é o dispositivo que permite a criação de uma tipologia moral e social, como no próprio Hutcheson, em Hume, em Smith e em Kant, por outro, esse dispositivo também abre espaço para a introdução de um modo novo de conceber a personagem ficcional no teatro e no romance do século XVIII, o que evidencia novamente o laço indissolúvel que existe entre estética e moral no pensamento dessa época.

Retomando a discussão aristotélica sobre o prazer que se pode ter com a representação da "deformidade", Hutcheson afirma que, se bem representada, ela pode ter "abundante beleza" na pintura.[22] Observação análoga pode ser feita para a representação de objetos ou pessoas na literatura:

> A mesma observação é verdadeira para a descrição que os poetas fazem de objetos naturais ou de pessoas; e essa beleza relativa é aquilo que eles querem principalmente obter como beleza particular em suas obras. Por *moratae fabulae*, ou *éthe* de Aristóteles, não devemos entender costumes virtuosos num sentido moral, mas justa representação de costumes ou caracteres como são na natureza, e

---

[22] Hutcheson, F., *IBV*, p. 42. A passagem se refere à *Poética*, 1448b4 e ss. Sobre o prazer que se aufere da imitação daquilo que é doloroso de observar na realidade (*luperôs horô*), consultar o estudo *Il piacere delle immagini: un tema aristotélico nella riflessione moderna sull'arte*, de Paulo Butti de Lima (Florença, Leo S. Olschki, 2012), que segue os traços desse tema ao longo da Antiguidade, do Renascimento, chegando até Kant.

[devemos entender] que as ações e os sentimentos sejam conformes aos caracteres das pessoas a quem são atribuídos na poesia épica ou dramática.[23]

As fábulas de caracteres não representam personagens extremamente elevadas do ponto de vista moral. O *ethos* poético diz respeito ao decoro, isto é, à adequação e conveniência das ações e sentimentos da personagem ao caráter da pessoa que é representada. Isso aparentemente contradiz a afirmação feita antes de que estética e moral andam juntas. Mas não é bem assim. De fato, é importante tentar definir o que seja o caráter poético e, ao fazê-lo, se nota que a melhor conduta na ficção é excluir caracteres inteiramente virtuosos ou moralmente perfeitos:

> Talvez se possam sugerir razões muito boas, a partir da natureza de nossas paixões, para provar que o poeta não deveria pintar seus caracteres perfeitamente virtuosos [*perfectly virtuous*]; tais caracteres, com efeito, considerados abstratamente, poderiam dar mais prazer e ter mais beleza do que os imperfeitos que ocorrem na vida, com uma mistura de bem e mal; mas por ora basta sugerir, contra essa escolha, que temos ideias mais vívidas [*more lively ideas*] de homens imperfeitos, com todas as suas paixões, do que de heróis moralmente perfeitos, tais como jamais ocorrem realmente à nossa observação; e a respeito dos quais, por conseguinte, não podemos julgar exatamente se estão de acordo com a cópia.

Ao tentar pintar heróis perfeitos o poeta vai contra o ensinamento aristotélico de que, para haver prazer na imitação, é preciso que se reconheça a semelhança entre o que representa e o que é representado, e caracteres muito elevados não podem ser encontrados na vida comum. As personagens na tragédia devem se encontrar em "situação intermediária", aquela do homem "que não

---

[23] *Idem, IBV*, pp. 42-3.

se distingue muito pela virtude e pela justiça".[24] Personagens menos perfeitas têm a vantagem de tocar mais de perto, porque estão mais próximas da condição dos homens:

> E além do mais, pela consciência de nosso próprio estado [ou condição = *our own State*], somos tocados e afetados mais de perto pelos caracteres imperfeitos, já que neles vemos representados, na pessoa dos outros, os contrastes das inclinações e os conflitos entre as paixões do amor-próprio e as da honra e da virtude, que sentimos frequentemente em nossos próprios peitos. Esta é a perfeição da beleza pela qual Homero é justamente admirado, assim como pela variedade de seus caracteres.[25]

Os caracteres fictícios devem ser moralmente bons, mas possuir algum defeito, isto é, não podem ser modelos de perfeição, porque, se fossem como o sábio estoico, não comoveriam. A ideia foi desenvolvida por Shaftesbury ao comentar o elogio que Aristóteles faz a Homero, quando o Estagirita diz que uma das qualidades do "maior dos poetas" é que ele "sabe *como* mentir".[26] Embora o contexto da argumentação de Aristóteles seja outro, para Shaftesbury esse elogio do "maior dos críticos" indicaria que o poeta não deve tentar representar nenhum caráter perfeito em suas obras, pois este seria "apoético e falso": "Um herói *sem paixão* é, na poesia, tão absurdo como um herói *sem vida e ação*".[27] Uma série de exemplos segue para ilustrá-lo. A paixão que move Aquiles é a glória a ser alcançada "pelas armas e pelo valor pesso-

---

[24] Aristóteles, *Poética*, 1453a7 e ss. Por maior proximidade com as ideias de Hutcheson, a tradução dessa passagem aqui utilizada é a de Eudoro de Souza (São Paulo, Abril, 1973, p. 454).

[25] Hutcheson, F., *IBV*, p. 43.

[26] Shaftesbury, *Characteristics*, I, p. 212. A passagem remete à *Poética*, 1460a19: "Mas Homero ensinou principalmente aos outros [poetas] a dizer mentiras como se deve" (trad. cit., p. 95).

[27] *Idem*, III, p. 160.

As duas formas da imaginação

al" e, por isso, "nós perdoamos ao jovem generoso o seu excesso de ardor no campo de batalha e seu ressentimento, quando injuriado e provocado em assembleia e pelos aliados". A paixão pela glória em Ulisses é ligada à prudência, sabedoria e habilidade e, por isso, "nós lhe perdoamos o ar sutil, astucioso e enganador", pois o espírito de intriga, o modo trapaceiro, o ultrarrefinamento fazem parte do homem político. A "força gigantesca" e o "afã militar" de Ajax não seriam críveis, se não se suspeitasse, de outro lado, "uma honesta simplicidade de sua natureza" e certa lentidão de espírito. As ilustrações prosseguem com Nestor e Agamenão.[28]

Shaftesbury desenvolve aqui uma indicação presente na *Poética*, que remete o poeta ao modelo pictórico. Uma vez que a tragédia deve pintar homens melhores do que a média, o poeta trágico deve se espelhar nos pintores de retratos que "fazendo os homens iguais a nós e respeitando a sua própria forma, pintam-nos mais belos". Da mesma forma o poeta

> [...] quando imita homens irascíveis, negligentes ou com outros defeitos deste gênero no seu caráter, deve representá-los como são e, ao mesmo tempo, como homens admiráveis, da mesma forma que Homero representou Aquiles nobre, mas modelo de inflexibilidade.[29]

Aquiles é nobre, porém rude: a argumentação de Shaftesbury se baseia numa passagem que se suspeita interpolada, mas isso não

---

[28] A argúcia da observação shaftesburiana pode ser conferida comparando-a com esta passagem de Ian Watt: "Robinson Crusoe alinha-se naturalmente com os grandes mitos da civilização ocidental, com Fausto, com Don Juan e Dom Quixote. Todos eles procuram obstinadamente concretizar um dos desejos característicos do homem ocidental. Cada um encarna uma *areté* e uma *hybris* — um valor excepcional e um excesso vicioso —, em esferas de ação particularmente importantes em nossa cultura. Dom Quixote tem a impetuosa generosidade e a obsessão restritiva do idealismo cavaleiresco; dom Juan procura e ao mesmo tempo se atormenta com a ideia da ilimitada experiência com as mulheres. Fausto, o grande sábio, jamais satisfaz sua curiosidade e por isso é condenado". Watt, I., *op. cit.*, p. 77.

[29] Aristóteles, *Poética*, 1454b9 e ss.

diminui a força da leitura. Não basta a representação do homem superior: é o defeito do caráter, o seu excesso, que leva ao infortúnio, e essa é a única forma de comover a audiência e, por conseguinte, de purgar suas paixões.[30] Sem essa combinação de grandeza e imperfeição, não há como atingir as duas paixões essenciais ao prazer trágico: o temor e a compaixão. Por um lado, o herói tem de parecer humano, para que haja *temor* de que algo semelhante possa atingir o espectador; por outro, ele tem de ser levado ao infortúnio sem o merecer, e é isso que produz a compaixão.[31]

Hutcheson pôde tirar bastante proveito de todo o trabalho "filológico" de seu predecessor. Isso fica claro quando comenta os "melhores mitos na tragédia" (*the best plots in tragedy*):

> Quando um bom caráter imperfeito, mediante uma má ação, obtém a suprema miséria para si mesmo, isso desperta paixões complicadas, *piedade* em relação àquele que sofre, *tristeza* pelo Estado, aversão ao vício, *pasmo* e *admiração* pela Providência, por manter as medidas estritas da inviolabilidade e da justiça. Todos nós sentimos essas paixões lendo o *Édipo* de Sófocles, quando vemos que a desgraça desse príncipe foi ocasionada por sua supersticiosa curiosidade acerca de suas futuras riquezas, pela impetuosa violência de seu temperamento, ao duelar sem ser provocado e pronunciar execrações a pessoas desconhecidas. Sentimos paixões semelhantes com as riquezas de Creonte na *Antígona* ou com os destinos de Pirro e Orestes na *Andrômaca* de Racine, ou em nossa *Mãe Infortunada*. Sentimos profunda piedade por esses personagens, mas sem nos queixarmos da Providência; a miséria deles é fruto de suas próprias ações. É com a mais justa razão que Aristóteles prefere esses mitos [*plots*] a todos os outros na tragédia, já que esses caracteres são os que mais chegam próximos aos dos espectadores e, consequentemente, terão a

---

[30] Shaftesbury, *Characterísticks*, III, p. 161.

[31] Aristóteles, *Poética*, 1453a2 e ss.

As duas formas da imaginação

mais forte influência sobre eles. Geralmente temos consciência de alguma boa disposição misturada com várias fraquezas [*with many weaknesses*]: poucos imaginam a si mesmos capazes de atingir a *altura* [*heigth*] de caracteres perfeitamente bons ou de chegar aos seus altos graus de felicidade; e poucos imaginam a si mesmos capazes de descer à baixeza de *temperamentos* perfeitamente *maus* e poucos, portanto, sentem terror com as calamidades de que estes são acometidos.[32]

Perfeitamente coerente com a tipologia moral hutchesoniana, em que as figuras do sábio e do demônio são apenas limites, o parágrafo diz que a representação dramática deve se ater aos caracteres medianos, nem inteiramente bons, nem inteiramente maus. A tragédia não pode representar personagens inteiramente virtuosos, pois sua miséria seria um equívoco de um duplo ponto de vista, pois só faria os espectadores desconfiarem da Providência e desacreditarem da virtude.[33] Ao contrário, os heróis dignos dos melhores enredos são aqueles que despertam sentimentos mistos ou paixões complicadas (*complicated passions*) que "os filósofos mencionaram confusamente, sob alguns nomes gerais, ao lado das paixões egoístas". Essas paixões, no entanto, foram "suficientemente mostradas por poetas e críticos", que sentiram suas diferenças, sem que seu objetivo fosse explaná-las.[34]

Diante dessas observações, fica bastante difícil pretender que o senso moral pode ser absolutamente separado do senso ou gosto "estético": o contexto da discussão sobre os melhores caracteres dramáticos é o da percepção de diferenças pelo senso moral, e a tragédia não funciona apenas como a melhor ilustração de como se percebe uma paixão complexa, mas essa paixão só comove porque os indivíduos a reconhecem como imitação daquilo que se dá, ou seria verossímil que se desse, na vida mesma. A diferença em

---

[32] Hutcheson, F., *ECP*, pp. 60-1.

[33] *Idem*, p. 57.

[34] *Idem*, p. 59.

relação a Shaftesbury pode ajudar a entender melhor isso, já que para este se pode realmente almejar alcançar o "caráter absolutamente perfeito e virtuoso",[35] o que não implica que ele seja desejável na ficção. Já para Hutcheson, a homologia entre estética e moral é plena: o caráter virtuoso é uma exceção, um ser inatingível na moral e, por isso, deve-se evitar representá-lo, a menos que ele apareça como tal, como personagem fantasiosa, o que Cervantes soube representar muito bem no cavaleiro de triste figura, com todo o preço que este teve de pagar por seu idealismo ingênuo. Mas até a figura mais romanesca como a de Quixote pode ser explicada por uma origem que não é só imaginária. Quando se indaga qual a causa capaz de explicar como paixões derivam de ações, a resposta é: elas dependem do *senso moral*, mesmo que os graus em que isso ocorre variem. O herói romanesco se explica por uma combinação de vontade de bem e projeção imaginária:

> Quando formamos a ideia de uma *ação moralmente boa*, ou a vemos representada no *drama* ou a lemos em *poemas épicos* ou *romance* sentimos surgir o desejo de fazer o mesmo. Isso leva muitos temperamentos a uma série imaginada de *aventuras* nas quais desempenham a parte generosa ou virtuosa, semelhante à ideia que receberam.[36]

Mesmo o caso extremo do herói idealista pode ser entendido a partir da ligação do senso moral com a imaginação. A concepção inovadora do herói e da personagem de ficção apresentada por Hutcheson — concepção que prevalecerá no teatro e romance inglês e europeu do século XVIII com os chamados "gêneros médios" — está baseada nessa teoria da imitação dos caracteres, segundo a qual o reconhecimento da imperfeição moral ajuda a sustentar o juízo sobre a conformidade (*agreement*) da criação poética com a realidade.[37] E o reconhecimento maior que se sente pelas per-

---

[35] Shaftesbury, *Characteristicks*, III, p. 160.

[36] *Idem*, p. 55.

[37] Diderot chama a atenção para essa concepção hutchesoniana da per-

sonagens imperfeitas não tem certamente nada de racional, fundando-se antes numa similitude de sentimentos, numa simpatia ou compaixão (*sympathy, compassion, pity*) e numa comparação em que o espectador ou leitor põe lado a lado sua experiência de vida e a experiência romanesca ou dramática, reforçando a impressão de que está diante de conflitos *prováveis*.[38] Diferentemente daquilo que ocorre nas associações aberrantes, excessivamente fantasiosas, aqui a associação imaginária ganha verossimilhança, porque se baseia na evidência da regularidade da natureza humana, capaz de provocar "ideias mais vivas" — exatamente como será na *crença* e *probabilidade* humana.

O teatro deve ser entendido como uma instituição moral, na qual se encenam virtudes condizentes com a estatura real dos ho-

---

sonagem no *Tratado do belo*, que figurará como artigo no segundo tomo da *Enciclopédia*. Mesmo com sua apreciação bastante crítica da diferenciação entre beleza absoluta e beleza relativa, ele retém algo que será essencial para sua concepção das personagens. Por oposição à beleza absoluta, a força da beleza mimética advém da representação da imperfeição e do defeito: "Não se pode, no entanto, negar que a pintura de um objeto que tenha alguma *beleza absoluta* agrade geralmente mais que um objeto que não tem esse *belo*; a única exceção que talvez possa haver a essa regra é o caso no qual a pintura se torna tanto mais interessante quanto mais a conformidade da pintura com o estado do espectador recupera tudo o que se retira à *beleza absoluta* do modelo; o interesse que nasce da imperfeição é a razão pela qual se pretendeu que o heroi de um poema épico ou heroi não podia ser sem defeito". *In*: *Oeuvres*, Paris, Laffont, 1994-1997, v. 4, p. 91.

[38] Cf. o *Elogio de Richardson* de Diderot: "O mundo em que vivemos é o lugar dessa cena: o fundo de seu drama [de Richardson] é verdadeiro; suas personagens têm toda a realidade possível; seus caracteres são extraídos do meio da sociedade, seus incidentes se encontram nos costumes de todas as nações civilizadas; as paixões que pinta são tais que as experimento em mim; são os mesmos objetos que os comovem, são a energia que nelas conheço; todas as dificuldades e as aflições de suas personagens são daquela natureza que me ameaçam incessantemente; ele me mostra o curso geral das coisas que me cercam" (*in*: *Oeuvres*, IV, p. 156). Sobre a representação da natureza humana nos "gêneros intermediários", a "comédia séria" e a "tragédia doméstica" em Diderot, ver Franklin de Mattos, "O filósofo como poeta dramático", *in*: *O filósofo e o comediante*, Belo Horizonte, UFMG, 2001.

mens. A reversibilidade entre a ficção e o real é completa. A ligação compassiva entre ator e espectador no teatro não é distinta do que a que ocorre, na vida, entre o indivíduo que sofre e o que se compadece do seu sofrimento. Uma página que se pode supor certamente de enorme impacto sobre Rousseau descreve o "quão maravilhosamente a constituição da natureza humana está adaptada para despertar a compaixão": o infortúnio transparece tão imediatamente, tão instintivamente, tão maquinalmente, na fisionomia, no semblante, nos gestos, nos gritos do homem aflito, que ele "propaga algo de sua dor a todos os espectadores", e essa "voz da natureza" (*voice of nature*) é compreendida por todas as nações da terra, e todos os que se encontram presentes são impelidos a lhe prestar ajuda, e mesmo um "inimigo injurioso" é por vezes levado a se abrandar.[39] A compaixão é tão forte que, apesar da dor que provoca, não há desejo de atenuar essa dor por algum interesse privado, mas sim o desejo de que o sofrimento do outro cesse. Somente quando se percebe que aliviar esse sofrimento é impos-

---

[39] Hutcheson, F., *IBV*, pp. 160-1. A comparação entre a simpatia hutchesoniana e a piedade natural em Rousseau, entre a *"voice of nature"* e o *"cri de la nature"* é inevitável: "A primeira língua do homem, a língua mais universal, a mais enérgica e a única de que necessitou antes de precisar-se persuadir homens reunidos, é o grito da natureza. Como esse grito só era proferido por uma espécie de instinto nas ocasiões mais prementes, para implorar socorro nos grandes perigos ou alívio nas dores violentas, não era de muito uso no curso comum da vida, onde reinam sentimentos mais moderados". Rousseau, J.-J., *Discurso sobre a desigualdade*, trad. de Lurdes S. Machado, São Paulo, Abril, 1973, p. 254. A *Investigação* de Hutcheson foi traduzida para o francês em 1749 e, entre os tradutores, estava supostamente Etienne Bonnot de Condillac. De qualquer forma, Rousseau, assim como Hutcheson, também pode ter se inspirado diretamente em Malebranche: "À visão de algum mal que surpreende, ou que se sente como não podendo ser sobrepujado pelas próprias forças, lança-se, por exemplo, um grande grito. Esse grito, lançado sem que nele se pense e pela disposição da máquina, entra infalivelmente nos ouvidos daqueles que estão bastante próximos, para proporcionar a ajuda de que se precisa. Ele os penetra, esse grito, e se faz entender por eles, de qualquer nação ou qualidade que sejam, pois esse grito pertence a todas as línguas e a todas as condições, como efetivamente deve ser" (*De la recherche de la vérité*, IV, 13, p. 101).

sível, é que a reflexão e o amor-próprio entram em campo para desviar o pensamento do objeto de compaixão. O tom antecipatoriamente rousseauniano se deixa mais uma vez perceber:

> Mas onde não se faz essa reflexão, as pessoas são impelidas, por uma espécie de instinto natural, a ver objetos de compaixão e se expõem a essa dor, sem que possam apresentar razão para isso, como ocorre nas execuções públicas.[40]

Esse é o mesmo princípio que explica por que os homens afluem aos teatros onde se levam tragédias, embora também entre em conta nesse gosto pelo trágico "outra razão forte", qual seja, "a beleza moral dos caracteres e ações que amamos observar".[41]

---

[40] *Idem*, p. 161. Fica claro o quanto a oposição rousseauniana entre reflexão e piedade, entre razão e sentimento, deve a essas considerações. Rousseau também pode ter sido induzido a colocar o "povo" como único herdeiro da compaixão natural (em oposição aos homens depravados e ao "filósofo", homem desnaturado), por uma nuance de tradução. Na versão francesa se lê nessa passagem: "*Le* peuple *qui est incapable d'une pareille réflexion...*", onde o original diz "people". Hutcheson, sem dúvida, antecipa claramente a oposição entre reflexão e afeto imediato, como se pode ver ainda nessa passagem do *Ensaio sobre a conduta das paixões*: "Seja, portanto, lembrado que as *disposições naturais* da humanidade operarão regularmente naqueles que jamais refletiram sobre elas [*never reflected upon them*] nem formaram noções justas a seu respeito" (p. 4). A reflexão é importante para se chegar a uma generalização do bem, mas com ela se corre o risco de se tornar mais frio, como no amor à humanidade e frieza com o próximo que Rousseau via no filósofo Diderot. Os homens mais simples e mais próximos da natureza têm tanta felicidade com sua condição quanto os indivíduos mais privilegiados: "Podemos facilmente constatar que as *posições mais baixas* da humanidade [lower rank *of humanity*], cuja única renda é seu trabalho corporal, gozam de tanta jovialidade, contentamento, saúde, alegria, do seu jeito próprio, quanto qualquer um na posição mais elevada da vida" (*idem*, p. 120). A felicidade das camadas mais simples é a posse segura do pouco bem que se tem, o despojamento, a não reflexão alienada e conduzida pelo imaginário do outro. É a satisfação com sua condição cósmica e social.

[41] Hutcheson, F., *IBV*, p. 161.

A satisfação estética com a tragédia requer, assim, três níveis da sensibilidade ou três "sensos": o senso para a imitação, que é o prazer no reconhecimento da probabilidade de que as coisas são ou devem ser assim como são representadas; a capacidade simpatética de sentir em si mesmo o sofrimento de qualquer outro indivíduo, a qual supõe a imaginação de que ele é um ser *semelhante*, com os mesmos sofrimentos e conflitos; e um senso para as qualidades ou belezas morais representadas. Pois, afirma Hutcheson, não se aufere prazer de cenas de miséria e sofrimento se não se vê nenhuma qualidade moral no caráter ou ações daquele que sofre. Não haveria ali beleza moral para despertar o desejo de assistir a tais representações, pois ninguém se submeteria a compadecer com um sofrimento meramente *fictício*.[42]

---

[42] *Idem, ibidem*. Comparados à visão mais integrada de Hutcheson, a separação um tanto estanque dos três livros e o apego ao mecanicismo dos espíritos animais são responsáveis por um ponto vulnerável da concepção ficcional de Hume, tal como apresentada no *Tratado*. É ela que o leva a pensar que, no que respeita à vivacidade das ideias, a poesia dramática ou épica é menos forte que a realidade e mesmo que a história: "qualquer que possa ser a emoção que o entusiasmo poético confere aos espíritos animais, trata-se sempre de um mero simulacro de crença ou persuasão [*and whatever emotion the poetical enthusiasm may give to the spirits, 'tis still the mere phantom of belief or persuasion*]" (*THN*, "Apêndice", p. 630; trad. cit., p. 669). A mesma ideia é repetida na Primeira Investigação: "Todas as cores da poesia, por esplêndidas que sejam, não serão jamais capazes de retratar os objetos de tal maneira que se tome uma descrição por uma paisagem real, e o mais vívido pensamento será sempre inferior à mais obtusa das sensações" (*EHU*, p. 17; trad., p. 33). Refutando pontos da teoria humiana da crença, Henry Home mostrará o infundado da explicação: "Nosso autor, com efeito, insiste que a história verdadeira cativa a mente e apresenta seus objetos de uma maneira mais viva do que qualquer narrativa fabulosa é capaz de fazê-lo. Cada qual tem de julgar por si mesmo; não posso admitir que este seja o meu caso. A história, não há dúvida, cativa a mente de modo mais firme que qualquer ficção narrada no estilo histórico simples [*plain historical stile*]. Mas alguém que não tenha uma hipótese a defender pode duvidar que a poesia causa impressão mais forte do que a história? Que alguém que tenha sentimentos vá assistir ao celebrado Garrick no papel de Ricardo ou no de rei Lear: ele descobrirá que a representação dramática causa impressões fortes e vivas, que a história raramente chega a alcançar" ("Of Belief", *in: Essays on the Principles*

Essa complexa articulação do plano estético com o plano moral confere ao pensamento de Hutcheson um lugar único na filosofia do século das Luzes: que a piedade e a simpatia estejam ao mesmo tempo na vida comum e no teatro, isso levará a desdobramentos importantes tanto na elaboração da antropologia, moral e política do Século XVIII (em autores como Hume, Adam Smith, Rousseau e mesmo Kant) como na estética teatral dos gêneros intermediários, de Diderot e de Lessing. O autor da *Dramaturgia de Hamburgo* entende perfeitamente bem como as duas coisas andam juntas, como o teatro é uma instituição *moral* a que não se vai apenas para sentir prazer, mas também para ampliar e generalizar o sentimento de compaixão, isto é, a virtude. Nada mais hutchesoniano:

> Se é, portanto, verdade que toda a arte da criação poética trágica visa a que se estimule com segurança e que se dê duração à própria compaixão, digo eu então que a capacidade da tragédia é esta: ela deve ampliar nossa capacidade de sentir compaixão. Ela não nos ensina meramente a sentir compaixão por este ou aquele infeliz, mas deve nos tornar tão sensíveis, que o infeliz tenha de nos comover e nos cativar, não importa em que época, nem sob que figura... O homem mais compassivo é o homem melhor, o mais disposto a todas as virtudes sociais [*gesellschaftliche*

---

of Morality and Natural Religion, Nova York, Garland, 1976, pp. 223-4). Hume manterá o ponto de vista mecânico do prazer estético, mesmo quando o combina com a teoria aristotélica de que a imitação é prazerosa por si mesma, a fim de explicar as causas por que o espetáculo trágico é capaz de transformar em emoções agradáveis (fracas) paixões em si desagradáveis (fortes) como tristeza, terror, ansiedade etc. A explicação é dada em termos de movimento, no qual a paixão predominante (o prazer com a representação) absorve e converte a paixão desagradável em contentamento: "A afeição, despertando na mente, mobiliza uma imensa reserva de espírito [animal] e veemência, que é toda transformada em prazer pela força do movimento dominante" (*A arte de escrever ensaio*, p. 164). Como se vê, mesmo em *EMPL*, o ponto de vista do anatomista, de fundo cartesiano, continua por prevalecer em pontos fundamentais sobre o ponto de vista do pintor.

Tugenden], a todos os tipos de magnanimidade [*Großmuth*]. Quem, portanto, nos torna compassivos, nos torna melhor e mais virtuoso, e o espetáculo trágico que faz aquilo, também faz isto — ou ele faz aquilo para poder fazer isso.[43]

Para Hutcheson, não se vai ao teatro para ver a mera encenação fictícia do sofrimento. O teatro, como as outras artes imitativas, é uma arte *realista*, de um realismo *moral*, pois a verossimilhança teatral depende de que os homens tenham efetivamente "na vida" sentimentos morais e de que estes sejam transpostos para as personagens em cena. Mais ainda: o teatro supõe que também os espectadores tenham a capacidade de sentir a moralidade presente na encenação, pois se não têm o sentimento em seu íntimo (*in their breast*), jamais poderão reconhecê-lo nos outros.[44]

O ESPETÁCULO DA MORAL

Da mesma maneira que o teatro depende da realidade moral para comover, embora se saiba que é encenação, também a vida real se constitui em grande parte de experiências que têm muito de teatral ou ficcional. E essa reversibilidade do real e da aparência é sinal da inseparabilidade entre senso estético e senso moral.

---

[43] Carta de Lessing a Friedrich Nicolai, novembro de 1756. *In: Briefe von und an Lessing*, edição de Helmuth Kiesel, Frankfurt am Main, Deutscher Klassiker Verlag, 1987, p. 120.

[44] A objeção dos lockianos — de que o senso moral seria uma ideia "inata" — já é prevista e sua resposta, antecipada: não se deve imaginar que esse senso possa oferecer, sem nenhuma observação ou experiência, "ideias de ações complexas" ou de suas "tendências naturais para o bem ou mal", porque "ele apenas nos determina a aprovar a benevolência, onde quer que ela apareça, e a odiar o contrário". Ele é um sentimento de aprovação ou reprovação, de prazer ou desprazer, que não determina *a priori* o caso particular (*IBV*, p. 139). Mas se Hutcheson escapa assim à objeção epistemológica, talvez não seja fácil fugir à de Rousseau: os homens que já têm sentimentos bons, não precisam do teatro; os que não têm, não aprenderão nada com ele.

As duas formas da imaginação

Certamente o enorme êxito que Shaftesbury e Hutcheson alcançaram entre o público letrado da Europa do século XVIII se deve ao modo com que souberam dar cores bastante positivas à ideia de que o mundo é aparência, ilusão, teatro. Seguindo as indicações de Shaftesbury sobre o caráter afetivo da produção das representações na mente, Hutcheson mostra que toda a sociedade se baseia em apreensões inicialmente ilusórias do bem moral, e seu aprimoramento e cultivo ocorre mediante visões parciais, mas cada vez mais amplas, desse mesmo bem. Assim, num país em que se prezam as disposições corajosas, a liberdade, as qualidades de um guerreiro, num país em que riqueza e propriedade são desprezadas, a guerra, a defesa incondicional dos direitos do cidadão e mesmo o roubo executado com destreza são vistos com bons olhos, como ocorria em Esparta; já num país de espíritos mais timoratos, em que a guerra aparece naturalmente como um mal e a liberdade não é objeto de tanto desvelo, tais ações seriam odiosas. O raciocínio é exatamente o mesmo em Hume, como se mostrou antes: há sociedades que prezam o mérito, enquanto outras, o deleite. O que ocorre, explica Hutcheson, é que as ações e qualidades morais são avaliadas sempre segundo o presumível benefício que elas trazem para a sociedade que as admira; elas são vistas sempre segundo alguma excelência moral que se acredita existir nelas, real ou ilusória:

> [...] podemos observar que nenhuma ação de qualquer outra pessoa jamais foi aprovada por nós a não ser sob a condição de alguma apreensão, bem ou mal fundada, de alguma qualidade moral realmente boa. Se observamos os sentimentos dos homens no que se refere às ações, descobriremos que sua aprovação implica sempre alguma aparência realmente amável e benevolente. Podemos talvez cometer erros, julgando que tendem ao bem público ações que não o fazem; ou estupidamente inadvertidos, de tal modo que, enquanto fixamos nossa atenção em alguns bons efeitos parciais, passamos completamente por alto diversas consequências ruins que contrabalançam o bem. Nossa razão pode ser bastante deficiente em seu ofício [*in its office*], ao nos dar representações parciais da tendência das ações;

mas é ainda sempre alguma espécie aparente de benevolência que comanda nossa aprovação.[45]

Toda apreciação positiva, todo reconhecimento de uma boa conduta, começa pela apreensão de alguma qualidade moral que se supõe — corretamente ou não — nela existir. Não há como fugir ao dado percebido, à manifestação, à aparência, mesmo que esta seja quimérica: seria ingenuidade querer alcançar, platonicamente, a moralidade em si, embora também se esteja igualmente longe de uma posição relativista ou cética. A avaliação da intenção moral tem de se fundar sempre na presunção de que a pessoa em questão agiu seguindo algum princípio de bondade ou justiça. Tanto o agente como o espectador pautam sua afetividade moral por aquilo que eles e a comunidade de que participam *imaginam* ser ação ou qualidade benevolente.[46] Inversamente, os homens talvez jamais tenham buscado o vício com paz de espírito, se não fossem conduzidos por "alguma imaginação enganadora de bem moral" (*without some deluding imagination of moral good*) presente nesse vício. Um prazer sensual nunca é capaz de vencer sozinho o senso moral, isto é, de vencê-lo sem a ajuda de "alguma aparência moral" (*some moral species*) produzida por uma falsa imaginação.[47] A crítica de Rousseau ao pior dos males contemporâneos — a submissão do homem à opinião dos outros homens — é talvez a contraprova mais eloquente do vigor das ideias de

---

[45] Hutcheson, F., *IBV*, p. 137. É de se destacar aqui que o defeito na avaliação fica a cargo da razão, que não aprecia corretamente a relação entre a qualidade e seu fim. A diferenciação fundamental se situa entre o erro da razão e a ilusão da imaginação, ilusão que, por ser imediata, não pode ser considerada erro.

[46] *Idem*, p. 144. A ideia provém de Shaftesbury, que dá inúmeros exemplos: é por algum senso de fidelidade ou honra que o rufião se recusa a delatar seus companheiros, mesmo quando ameaçado de tortura e morte, pois ele age segundo algum princípio de virtude, ainda que mal aplicado; pela mesma razão, o malfeitor prefere ficar do lado dos companheiros e morrer com eles a assumir a tarefa de executá-los etc. (*Characteristicks*, II, pp. 22-3).

[47] Hutcheson, F., *ECP*, p. 93.

Hutcheson, pois tal crítica tem por pressuposto que a degeneração da vida social se deve a que esta esteja apoiada — sem nenhuma firmeza — na imaginação. Mas ali onde Rousseau vê uma ruptura, um descolamento, uma alienação do imaginário em relação ao seu suporte afetivo real, a piedade natural, Hutcheson vê exatamente uma continuidade, e isso lhe proporciona uma visão bastante original sobre como teria se dado a instituição das leis. E ele não tem nenhuma vergonha de dizê-lo:

> Sabemos muito bem que uma aparência de bem público foi o fundamento das leis [*ground of laws*] igualmente bárbaras, promulgadas por Licurgo e Sólon, de matar os deformados e fracos a fim de evitar uma multidão de cidadãos inválidos.[48]

Os povos bárbaros não são os únicos que promovem "depuração" social, dizimando crianças e velhos; também os grandes legisladores gregos instituíram leis violentas na ilusão de que elas traziam algum benefício coletivo. Bárbaros, selvagens e civilizados, todos agem movidos por alguma "aparência de bem público", e, apesar de suas grandes diferenças, a *história* de cada nação obedece rigorosamente a um só esquema: de início elas seguem a ilusão que lhes está mais à mão, a "primeira aparência de bem público" (*first appearance of publick good*), a qual é incontornável e só considerada "estúpida" do ponto de vista de uma racionalidade que se presume existir "desde sempre", "a priori", eternamente, mas que é, ela também, em grande parte fruto de uma ilusão.[49] Pois o modo como se deu o desenvolvimento histórico não dá razão à razão, a uma razão descarnada, capaz de chegar à moralidade em si: bárbara ou ingênua, a "primeira aparência" de benevolência é substituída por outra (melhor ou pior, não importa) e esta, por uma terceira, e assim por diante. A narrativa histórica transcorre num movimento de acertos e erros, em que os homens

---

[48] *Idem*, p. 140.

[49] *Idem*, p. 141.

vão deixando para trás imagens mais parciais do bem supremo e trocando-as por imagens mais regulares e *racionais* dele. Hutcheson emprega deliberadamente uma expressão quase tautológica: "espécies aparentes de benevolência" (*apparent species of benevolence*),[50] para dar tanto a ideia de que se trata de uma aparência (espécie, etimologicamente, remete ao aspecto exterior, à forma visível), quanto de que há uma diversidade de "espécies" de imagens, de "tendência real ou aparente ao bem".[51]Assim como as espécies no mundo físico ou natural, no mundo ético se observa o florescimento de um sem-número de espécies de ação moral, todas elas podendo, contudo, ser reduzidas ao princípio comum de que foram motivadas e são sentidas por um movimento da imaginação, cuja origem, no entanto, é o senso moral.

A despeito das divergências importantes, mas pontuais, em relação à ideia de virtude, Hume não procede de modo muito diferente: a sociedade se constitui mediante a sedimentação de regras imaginárias que procuram, inicialmente de maneira tateante, mas

---

[50] *Idem*, p. 137.

[51] *Idem*, p. 139. Nem Lucrécio nem Hobbes deixaram de ser "tocados" ou "impressionados" (*struck*) por "alguma aparência ou espécie moral [*some moral species*]" (*ECP*, p. 76), e dificilmente se encontra um mortal, por mais vicioso que seja, "totalmente insensível a todas as espécies de moralidade [*to all species of morality*]" (*idem*, p. 89), e alguma "espécie de bem moral" é o que dá o maior charme nos prazeres sensuais. A inspiração de que a moral tem vários aspectos ou espécies, tanto em Shaftesbury como em Hutcheson, vem de Marco Aurélio: "Quando você fez de você mesmo jovial e leve (diz o Imperador), considere as *virtudes* de seus diversos conhecidos, a *indústria* e *diligência* de um, a *modéstia* de outro, a *generosidade* ou *liberalidade* de um terceiro; e em algumas pessoas, algumas outras virtudes. Não há nada de mais delicioso do que as semelhanças das *virtudes* [*resemblances of the* virtues] aparecendo, tão frequentemente quanto possível, na conduta de nossos contemporâneos. Tais pensamentos devemos sempre reter conosco". A tradução do parágrafo (IV, 48) é do próprio Hutcheson, e aparecerá modificada na versão que ele e James Moor publicam anonimamente em 1742 das *Meditações* de Marco Aurélio, tradução reeditada pela Liberty Fund em 2008. Supérfluo lembrar a ligação inextricável entre o modo de aparição ou *espécie* (*species*) da virtude e a apreensão dessas espécies pelo *espectador*, tema desenvolvido principalmente na *Teoria dos sentimentos morais* de Smith.

aos poucos de modo mais regular, o bem ou a utilidade do todo. Assim como em Hutcheson, essas regras, no início mais toscas, se refinam constantemente, e a grande importância da arte (e da crítica) está em ampliar o espectro moral, em variar os espelhos em que o indivíduo e a sociedade podem se mirar para ver sua própria imagem de maneira menos deformada. E, claro, em Hume as distorções também podem ser corrigidas por um artifício que é fruto da razão ou da convenção, a justiça. Não obstante todas essas correções, é ponto pacífico para os dois que jamais se chegará a uma virtude ou moralidade absoluta, dissociada de uma imagem particular que dela é produzida pela sociedade em questão ou por seus membros. A lição vem de Shaftesbury, para quem a moralidade e o aprimoramento moral não podem ser objetos de construção racional, mas apenas mediante a apreensão reflexiva das ações e dos afetos próprios e alheios.[52] A história da sociedade e da civilização avança conforme o gradativo apuro do senso reflexo ou

---

[52] A analogia entre o senso para a beleza e o senso para a moral é destacado em vários momentos das *Características*, como na passagem da *Investigação sobre o mérito e a virtude*: "Ora, assim como nos objetos de tipo *sensível*, as *espécies* ou imagens de corpos, cores e sons, se movem perpetuamente ante nossos olhos e agem sobre nossos sentidos, mesmo quando estamos dormindo, assim também, nos *de tipo moral e intelectual*, as formas e imagens de coisas [*forms and images of things*] são não menos ativas e dão trabalho à mente, em todas as circunstâncias, e mesmo quando os reais objetos estão ausentes" (*Characteristicks*, II, p. 17). Como se assinalou de passagem, em Shaftesbury como em Hutcheson, a morfologia do reino animal e vegetal tem um paralelo com a morfologia no reino humano. Com isso, pode-se dizer que a "história natural do homem" de Buffon é claramente antecipada por Shaftesbury não apenas no sentido de que ele se propõe a "traçar o *pedigree*" do homem e "observar seu fim e sua constituição na própria natureza", mas na ideia de uma caracterização e classificação pelas *formas*, pelos caracteres, de homens, costumes, opiniões e épocas. Esse modelo de comparação entre o mundo natural e o mundo moral será tanto mais fecundo, quanto, baseado inteiramente na apreciação das "espécies" (*species*), naquilo que se manifesta, ele recusa uma correlação mecânica entre o mundo físico e o mundo mental — modelo que está por trás da visão racionalista e que se infiltra sub-repticiamente no método empirista de Locke e Hume (como se viu antes). Para uma apreciação da "*natural history of man*" no autor inglês,

moral, e buscar uma razão supra-histórica, uma moralidade transcendente ao seu curso, é grande equívoco, pois se não há "uma amabilidade ou deformidade *reais* nos atos morais", há no entanto uma "amabilidade ou deformidade *imaginárias*" ("there is at least *an imaginary one*"), e essa apreensão imaginária de qualidades morais já é suficientemente forte (ou a única suficientemente forte...) para mover os homens.[53] O erro está em querer que a própria moralidade esteja interiorizada no homem como uma ideia inata, quando a natureza ensina o contrário, que a moralidade é um aprendizado pelo contato com imagens cada vez mais complexas, amplas e ricas da virtude. Locke tem razão: não há ideias nem noções inatas de virtude, e tudo o que a natureza concede são as representações dela produzidas pela imaginação ou fantasia.[54]

A reversibilidade entre interior e exterior, entre a moral e seus aspectos, também é central para o desenvolvimento da antropologia e da filosofia da história em Kant. É verdade que a fundamentação dos costumes exclui todo e qualquer valor à imitação e ao exemplo, os quais não têm significado algum no âmbito da moralidade pura.[55] Mas a antropologia e a história são o lugar de um aprendizado moral diferente, impossível de se realizar sem a aparência. O tema surge justamente na fase "britânica" de Kant e segue intacto até a chamada fase crítica, como se pode notar por este trecho de um curso de *Antropologia* dos anos 1780:

> A natureza, portanto, colocou em nós disposições para produzir ilusões [*Illusionen zu machen*], por meio das quais podemos desfazer os motivos inquietantes de nossas

---

cf. *Shaftesbury e a ideia de formação de um caráter moderno*, de Luís F. S. Nascimento (São Paulo, Alameda, 2012, p. 39), que retoma também os comentários de J.-P. Larthomas e de Laurent Jaffro a respeito da questão.

[53] Shaftesbury, *Characteristicks*, II, p. 25.

[54] "*Tho perhaps the thing itself shou'd not be allow'd in nature, the imagination or fancy of it must be allow'd from nature alone.*" *Idem, ibidem.*

[55] Kant, I., *Fundamentação da metafísica dos costumes*, A 29-30, *AA*, IV, pp. 409-10, tradução de Guido Antonio de Almeida, São Paulo, Barcarolla/Discurso Editorial, 2009, p. 169.

As duas formas da imaginação

paixões. A arte do trato social ocasiona muita coisa boa, oculta o lado ruim do homem e produz ao menos um análogo da virtude [*ein Analogon der Tugend*]. Os homens se comportam publicamente como num espetáculo, cada um estuda apenas aquilo que causa boa aparência, esta ilusão é bastante vantajosa e estimulante para se empreender algo de bom, porque os outros nem sempre podem separar o verdadeiro da ilusão.[56]

A ilusão, ou melhor, a propensão à ilusão é natural ao homem, mas em geral uma ilusão benigna, porque ajuda a diversificar, isto é, temperar as paixões. Como não há razões objetivas para determinar se uma ação é realmente moral ou não, a aparência de moralidade faz as vezes de exemplo e serve para incutir comportamentos que se tornarão habituais e facilitarão a introdução, o exercício, a introjeção de ações realmente virtuosas. Para Kant, o aprimoramento recíproco baseado no espelhamento é uma dentre as "condições materiais" para a instauração futura da moralidade, do reino dos fins, entre os homens, porque permite tomar distância dos apelos sensíveis imediatos, leva à inibição do egoísmo e à atenuação das paixões inquietantes. Esse caminho é certamente muito mais promissor para a paulatina moralização dos homens do que o caminho proposto pelo cinismo ou por Rousseau, que consiste em querer desmascarar a todo custo o jogo social ilusório: no caso do escritor genebrino, diz Kant, a "educação moral de nossa espécie permanece sem solução", já que, se os homens foram "contaminados e corrompidos por maus exemplos", a escola de educação moral não teria como sair do círculo vicioso, ter de encontrar mestres necessariamente bons, mas que ainda precisariam ser educados.[57] Se, de um lado, o imperativo categórico é uma questão estritamente individual, que não admite imitação e supõe a separação do mundo inteligível e do mundo sensível, de outro a educação do gênero humano passa necessariamente pelo teatro da virtude.

---

[56] *Idem, Menschenkunde, AA*, XXV, 2, pp. 930-1.

[57] *Idem, Antropologia*, p. 221.

Kant entendeu bem que, para os moralistas britânicos, a vida social está numa correlação necessária com a vida imaginária, ou ainda de que há uma correlação intrínseca entre a imaginação individual e a imaginação coletiva. Essa relação é sempre perversa, quando não se consegue impedir que o imaginário individual seja invadido pelos preconceitos da opinião coletiva. Por outro lado, sociedade e indivíduo avançam moralmente por um mútuo refinamento e correção de suas imaginações. E Kant sabe perfeitamente que toda a dificuldade está nesse enlace do coletivo e do individual. Isso porque a mente humana tem uma opacidade que desaconselha o caminho da introspecção como forma de conhecimento de si: como já ensinava o Père Malebranche contra Descartes, o *cogito* não é uma ideia clara e distinta, o entendimento não tem conhecimento evidente da essência da substância pensante; tudo o que se sabe é que ele existe, mas sua existência é percebida tão só pelo *sentimento*.[58] A lição tirada daí pela filosofia britânica é clara: a mente não é inteiramente translúcida e, contrariamente ao que afirma Locke (cartesiano, mais uma vez, à despeito de si mesmo), não se tem plena consciência de tudo o que nela se passa. Kant segue na mesma linha: a observação solitária de si é um esforço ingrato, que pode levar não só à melancolia, como também ao desvario e à loucura.[59] É preciso, portanto, evitar toda forma de "egoísmo" teórico, estético e moral, recorrendo ao entendimento, ao gosto e à razão alheios como pedra de toque da verdade, do belo e do bem. Ao egoísmo se opõe o *pluralismo*, "modo de pensar que consiste em não se considerar nem em proceder como se o mundo inteiro estivesse encerrado no próprio eu, mas como um simples cidadão do mundo".[60] Se, como ensina Malebranche, secundado pela filosofia britânica, a alma é objeto apenas do sentido interno, a psicologia já não pode existir como ciência racional, mas apenas como ciência empírica. Que Kant utilizasse a psicologia

---

[58] Sobre esse tema central da obra malebranchiana, ver Luiz Roberto Monzani, *op. cit.*, pp. 135 ss.

[59] Kant, I., *Antropologia*, p. 32.

[60] *Idem*, p. 30.

As duas formas da imaginação 267

empírica de Baumgarten como manual em seus cursos de antropologia é apenas o emblema dessa transformação: não há outra forma de conhecimento da alma (*Seelenkunde*), não há outra maneira de fazer psicologia, que pelo conhecimento do homem (*Menschenkunde*), pela antropologia, pela sociabilidade, pelo reconhecimento do outro.

Por outro lado, sem dúvida, os desejos e opiniões alheias podem despertar paixões inquietantes, que levam a uma miséria maior do que a da solidão. Diante dessa dificuldade de escapar desses dois escolhos, Hutcheson propôs que se tire, por assim dizer, a média entre a solidão extrema e a sociabilidade excessiva. Daí a importância que se deve dar à esfera mais restrita da *amizade*. Como escolher os objetos realmente necessários e bons entre os inúmeros que se oferecem? A questão depende desse aprendizado da imaginação:

> A distinção dos prazeres e sofrimentos em *reais* e *imaginários* ou, antes, entre *necessários* e *voluntários*, seria de algum uso, se pudéssemos corrigir as *imaginações* dos outros, tanto como as nossas; mas se não pudermos, estaremos certos de que quem quer que pense de si mesmo que é um miserável, realmente o é; embora ele pudesse prevenir essa miséria, por uma melhor conduta de sua imaginação. Tudo o que podemos fazer nesse caso é desfrutar uma grande porção dos prazeres *dos laços mais fortes*, com os poucos *sofrimentos* destes, restringindo os graus mais fortes de amor ou de nossas amizades a pessoas de *imaginações corretas*, para as quais os objetos incertos de desejo necessários para a felicidade são tão poucos quanto possíveis. Nossa amizade com essas pessoas será provavelmente para nós uma fonte muito maior de felicidade do que de miséria, uma vez que a felicidade de tais pessoas é mais provável do que o contrário.[61]

---

[61] Hutcheson, F., *ECP*, p. 75.

A forma de corrigir a alienação no desejo alheio não é segregá-la de todo contato com o outro, operação impossível, já que a imaginação está sempre ligada a um outro. A correção deve ser feita pelo convívio com homens de imaginação moderada, que não se deixam tão facilmente levar pelos caprichos da opinião. Hume retomou à sua maneira esse confronto entre duas imaginações, uma mais desenfreada e outra mais regular (que, a partir de certo grau de generalidade, passa a se chamar entendimento): como se tentou mostrar no primeiro ensaio, a convivência, o trato social é uma forma de objetivação do fluxo associativo de ideias, que facilita a apreensão de suas regularidades, ou seja, uma forma de conhecimento da mente, de fazer "psicologia", já que a "alma" não consiste senão nos próprios nexos de associação. Noutros termos: a mente, a regularidade individual "se alarga" com o alargamento do círculo de conhecidos, que é assim, a um só tempo, círculo da troca de conhecimento e do autoconhecimento. Mas o movimento na direção contrária também é importante. A recomendação que o ensaio sobre a delicadeza de gosto e de paixão faz no sentido de que se deve restringir o círculo social a alguns "poucos amigos seletos", de paixões moderadas, não deve ser entendida como uma mera máxima de refinamento social e estético, mas como a indicação da possibilidade de uma expansão afetiva sem risco, já que o prazer aqui não está referido à posse de um objeto inseguro e inconstante: a amizade desapaixonada, desinteressada, é um objeto de prazer que não domina, nem quer ser dominado, que não se quer possuir, porque não se tem medo de perder. Como os objetos do gosto, ela não rivaliza com outros prazeres, mas convive harmoniosamente com todos os prazeres "inocentes".[62]

---

[62] Hume, D., "Da delicadeza de gosto e de paixão", *in*: *A arte de escrever ensaios*, p. 16.

O SENSO DO BELO E A MÁQUINA DO MUNDO

> Onde nos esforçamos em despertar algum desejo ou admiração por algum objeto realmente belo, nós não nos contentamos com a mera narração, mas procuramos, se possível, apresentar o objeto mesmo ou a imagem mais viva dele. E, por isso, o poema épico ou a tragédia proporcionam um prazer vasto e maior do que os escritos dos filósofos, embora ambos visem recomendar a virtude. A representação das ações mesmas, se a representação é judiciosa, natural e viva, nos fará admirar o homem bom, e detestar o vicioso, o inumano, o traiçoeiro e o cruel, por meio de nosso senso moral, sem quaisquer reflexões do poeta para guiar nossos sentimentos.
>
> Hutcheson, *IBV*, II, p. 174

O problema das leituras que tentam separar a primeira e a segunda *Investigação* de Hutcheson, como se o senso para o belo e o senso moral fossem independentes, é que elas não dão conta do "senso moral da beleza nas ações e afetos", tão claro na análise da beleza relativa ou comparativa, relação ou comparação esta que se funda na imitação. Entre os textos mais explícitos sobre o vínculo entre esses dois sensos está a passagem da segunda *Investigação* que fala da existência de um "senso de moralidade" (*sense of morality*) anterior à instrução e que conecta imediatamente o interesse individual com o bem público: esse senso é também a "fundação dos principais prazeres da poesia". Por essa razão, os prazeres advindos da beleza moral ou artística são mais poderosos e fortes do que aqueles que provêm da beleza natural:

> Indicamos, no Tratado anterior, qual é a fundação do deleite com números, medidas, metáforas e símiles. Como, no entanto, a contemplação de objetos morais, quer do vício, quer da virtude, nos afeta mais fortemente, e move nossas paixões de um modo bastante diferente e mais po-

deroso que a beleza natural ou (aquilo a que comumente chamamos) deformidade, as belezas mais comovedoras têm uma relação com nosso senso moral e nos afetam mais veementemente do que a representação de objetos naturais, mesmo nas descrições mais vivas destes. A poesia dramática e a épica estão inteiramente endereçadas a esse senso mediante os destinos de caracteres distintamente representados como moralmente bons ou maus, o que pode ser visto mais plenamente se consideramos as paixões separadamente.[1]

Há uma relação intrínseca entre a bela representação, principalmente no drama e na poesia épica, com o senso moral. Mas, se já não sobra dúvida sobre essa ligação da moralidade com a beleza relativa (mimética), isso de algum modo só adia o problema, já que caberia entender então como é que fica o senso estético absoluto, isto é, aquele que advém da beleza não imitativa. A filosofia hutchesoniana acabaria incorrendo num certo dualismo, num abismo entre os sensos, se não se visse que tipo de vínculo há entre eles. Mas, antes de entender como se evita essa dualidade, é preciso saber como a beleza natural ou a beleza artística em seu sentido absoluto se reportam ao senso próprio para captá-las.

Como foi visto antes, Francis Hutcheson não só aceita a via ascendente do *Essay* de Locke, que parte das ideias simples para explicar a origem das ideias complexas, dos modos, relações etc., mas também segue a explicação que o livro apresenta para a origem da ideia de beleza, como ideia complexa ou *modo misto* que combina ideias provenientes de extratos diferentes. A dificuldade estaria em mostrar como surge o prazer ligado a esse modo composto, já que uma ideia simples ou a reunião de várias delas não implica necessariamente prazer ou desprazer.[2] É verdade que se

---

[1] Hutcheson, F., *IBV*, p. 174.

[2] Em Locke, ainda que prazer e dor sejam fundamentais para a natureza humana (principalmente a dor como estímulo à ação), a sensação e a percepção podem se dar sem mistura com eles, isto é, ser simples: "Pois assim como no corpo há sensação simplesmente nela mesma ou acompanhada de

pode ter prazer com a visão de uma cor ou com a audição de uma nota isolada. Mas o prazer estético não é um prazer "atômico". A refutação do atomismo lockiano fica ainda mais clara por outro argumento: todos os homens, no gozo devido de seus sentidos, são capazes de perceber diferenças entre cores, sons, sabores; há mesmo indivíduos dotados de capacidade visual extraordinária ou de audição muito aguçada, que lhes dá a satisfação de ver ou ouvir diferenças sutis entre cores e sons. Não obstante a grande capacidade de seus sentidos, esses mesmos indivíduos não raro não tiram prazer algum de uma pintura, de uma composição musical ou de uma paisagem. O prazer despertado por uma peça musical é incomparavelmente maior do que o de uma única nota.[3]

O bom ouvido musical (o chamado "ouvido interno") não pode ser confundido com o bom sentido externo da audição. Ao "ouvir" música, o prazer advém de uma capacidade geralmente denominada "gênio ou gosto refinado",[4] pelo que se indica um poder de percepção ou um sentido "superior" de apreensão, que não capta as sensações isoladas, mas a composição do todo.[5] Para diferenciá-lo das sensações visuais, auditivas etc., Hutcheson propõe que esse sentido imediato do belo e da harmonia receba o nome "sentido interno".[6] Na *Breve Introdução*, os poderes mais

---

dor ou prazer [...] assim também o pensamento ou percepção da mente é simplesmente assim, ou, além disso, acompanhado também de prazer ou dor, deleite ou perturbação [...]" (*Essay*, II, XX, 1, p. 176).

[3] Hutcheson, F., *IBV*, p. 22.

[4] *Idem*, p. 23.

[5] *Idem, ibidem*.

[6] *Idem*. Cf. p. 24: "Logo, visto que há tais diferentes poderes de percepção, onde aqueles que são chamados sentidos externos são o mesmo, visto que o conhecimento mais acurado daquilo que os sentidos externos descobrem frequentemente não dá o prazer da beleza ou da harmonia, o qual, no entanto, alguém de bom gosto fruirá simultaneamente sem muito conhecimento; podemos justamente usar outro nome para essas percepções mais altas e mais deleitosas da beleza e da harmonia, e chamar o poder de receber tais impressões um sentido interno. A diferença das percepções parece suficiente para

altos de apreensão são chamados de sentidos "reflexos", porque captam novas formas e percepções a partir daquilo que lhe é apresentado pelos sentidos.[7] E, no *Sistema*, Hutcheson diz que esses sentidos de beleza e de harmonia também podem ser designados como *imaginação*, seguindo a indicação de Addison no *Spectator*.[8]

Todas essas noções, assim como a distinção entre percepções "diretas e antecedentes" e percepções "reflexas e subsequentes",[9] poderiam ainda remeter à diferença entre sensação e reflexão, ou entre sensações externas e interna (*inward sensations*), estas entendidas como modificações ou temperamentos da mente que dão origem às ideias das paixões.[10] Mas qualquer paralelismo com o método lockiano termina certamente aqui. O caminho dos elementos à combinação deles (que vai das ideias passando pelos modos simples até chegar aos modos complexos) não consegue explicar a composição do sentimento do belo, porque não explica a causa do prazer. Mesmo que Locke consiga mostrar que as representações simples provocam prazer (ou dor), o prazer estético não pode ser resultado da soma de prazeres produzidos pelas representações parciais. A satisfação com a contemplação de uma ideia estética tem de apreender todas as "circunstâncias" associadas à ideia, mas certamente muitas delas não têm nada daquilo que se costuma chamar de "percepção sensível".[11] Noutras palavras, na experiência estética entram fatores que não se deixam reduzir às ideias dadas pelos sentidos, ou ao prazer delas decorrente. Como diz uma passagem da *Investigação*:

---

reivindicar o uso de um nome diferente, especialmente quando somos avisados da significação em que a palavra é empregada".

[7] *Idem, Short Introduction*, p. 32.

[8] *Idem, System*, p. 127.

[9] Sobre essas distinções, ver, por exemplo, *IBV*, pp. 19-20, *Philosophiae Moralis*, p. 27.

[10] Locke, J., *Essay*, II, XX, 3, p. 176.

[11] *IBV*, "Prefácio", p. 8.

O único prazer do sentido que nossos filósofos parecem considerar é aquele que acompanha as ideias simples da sensação: há, porém, prazeres muitíssimo maiores naquelas ideias complexas de objetos que recebem o nome de belos, regulares, harmoniosos.[12]

Mas de onde adviria esse prazer, se ele não está localizado nos elementos que compõem a ideia de beleza? Caberia insistir ainda um pouco mais na proximidade e oposição entre os dois autores a fim de tentar explicar aqueles "poderes mais altos" e "mais finos da percepção" que são diferentes da sensação externa.[13]

Hutcheson aceita integralmente a distinção lockiana entre qualidades primárias e secundárias (distinção que remonta, como se sabe, a Galileu), para dela tirar benefícios talvez inimagináveis, mas altamente fecundos para a estética dele e posterior a ele. A questão mais uma vez passa por uma análise das representações. Assim como ocorre nas qualidades secundárias, onde cor ou som isolados não dão conta de explicar o prazer do conjunto, assim também se pode dizer que as qualidades primárias, em si mesmas, *não contêm um grau notável de prazer ou dor.* Como diz uma passagem da *Breve Introdução*:

> Há, portanto, certas percepções dependentes de órgãos corpóreos que são de natureza mediana tanto para prazer como para dor, tendo um grau muito pequeno de cada um deles ligado a elas: há percepções por meio das quais discernimos as qualidades primárias dos objetos externos e algumas modificações que neles ocorrem, a sua magnitude, figura, situação, movimento ou repouso: todas elas são discernidas principalmente pela visão ou tato, e não nos proporcionam, por si mesmas, nem prazer nem

---

[12] *Idem*, p. 22.

[13] Cf. o título da seção 1 de *IBV*: "Sobre alguns poderes de percepção, distintos daquilo que é geralmente entendido por sensação", e da seção 2 do *System*: "Sobre os poderes de percepção mais finos".

O senso do belo e a máquina do mundo

dor; embora nos solicitem frequentemente àqueles eventos que ocasionam desejos ou aversões, alegrias ou tristezas.[14]

Do ponto de vista de sua descrição, há representações que são *of a midlle nature* no que se refere ao prazer e à dor. O original em latim da *Institutio* diz: *Perceptiones quaedam mediae, exiguae cum voluptate aut dolore per se conjunctae* ou, numa tradução literal: "certas percepções médias, exíguas no prazer e dor que trazem por si mesmas conjugados a si". Embora o fator de indeterminação seja importante (*quaedam*, *mediae*, *middle*), o índice é claro: o grau de satisfação ou insatisfação que as qualidades primárias contêm "por natureza" é inequivocamente pequeno (*a very small degree; exigua*).

No entanto, a discussão sobre as qualidades primárias ainda não está terminada. Como qualquer leitor de Locke sabe, as qualidades primárias são "absolutamente inseparáveis" (*uttelry inseparable*) dos corpos. Por mais que se divida um grão de cereal, ele continuará, por menor que seja, guardando algumas características como solidez, extensão, figura e mobilidade, que podem ser ditas qualidades *reais*, "porque existem realmente" nos corpos.[15] Ora, é justamente isso que interessa: sendo modos mistos, compostos de modos simples como figura, mobilidade etc., o belo e a harmonia comportam um inegável fator de *realidade*, que os distingue de imediato das qualidades meramente secundárias, nas quais não se pode conhecer qual é a relação entre o que é sentido e aquilo que causa a sensação. Hutcheson não poderia perder a deixa e, por isso, logo na seção 1 da *Investigação* ele afirma que nas próximas seções "se fez uma tentativa de descobrir qual é a ocasião imediata dessas ideias agradáveis [de harmonia, de beleza], ou que *qualidade real* nos objetos ordinariamente as provoca".[16]

As qualidades primárias seriam, assim, uma parte importante do "realismo" hutchesoniano. A manobra é impecável: aprovei-

---

[14] *Idem, Short Introduction*, p. 26.

[15] Locke, J., *Essay*, II, 8, 9, p. 134; 17, p. 135.

[16] Hutcheson, F., *IBV*, p. 23 (grifo nosso).

ta-se o realismo bastante problemático de Locke para mostrar que ele aponta na direção de outra forma de realismo (que estará presente também na obra de David Hume). Onde é que o realismo lockiano deixa a desejar? O problema para Hutcheson é exatamente o mesmo que ocorre com as qualidades secundárias: qualquer ser humano saudável é capaz de ouvir bem os sons, ver bens as cores etc. Da mesma forma, qualquer um pode discernir, nas figuras, largura, extensão, vastidão de linhas, superfícies, ângulos etc.[17] Todavia, isso é insuficiente para o apuro requerido nos senso de beleza. A diferença é claramente marcada por um texto que merece ser citado na íntegra:

> Que cada um considere aqui quão diferentes nós temos de supor seja a percepção pela qual um poeta é transportado diante da vista de quaisquer desses objetos de beleza natural que nos arrebatam mesmo quando descritos, e a concepção fria e sem vida que imaginamos num crítico obtuso ou num desses virtuoses desprovidos daquilo que chamamos de gosto fino. Essa última classe de homens pode ter maior perfeição naquele conhecimento que é derivado da sensação externa; eles podem dizer todas as diferenças específicas entre árvores, ervas, minerais, metais; conhecem a *forma* [*form*] de cada folha, haste, raiz, folha; e a semente de todas as espécies, a respeito das quais o poeta é ignorante: e, no entanto, o poeta pode ter uma percepção muito mais deleitosa do todo; e não só o poeta, mas o homem de gosto fino. Nossos sentidos externos podem, medindo [*by measuring*], nos ensinar todas as proporções [*proportions*] da arquitetura, até o décimo de uma polegada, e a situação de cada músculo no corpo humano; e a memória pode retê-los; e, no entanto, é necessário algo a mais, não só para tornar alguém um mestre acabado em arquitetura, pintura ou estatuária, mas mesmo um juiz to-

---

[17] *Idem, ibidem.*

lerável nessas obras, ou [alguém] capaz de receber o mais alto prazer contemplando-as.[18]

O texto — parte do qual já foi referida antes — deixa claro que a apreensão das qualidades primárias é apreensão de qualidades reais, mas não há nenhum prazer proveniente dessa apreensão. A apreensão das formas vegetais, por exemplo, não é garantia de fruição estética, pois há outra maneira de apreendê-las, uma apreensão "superior" que supõe essa primeira, mas não se reduz a ela. Trocando em miúdos, há uma dupla condição a ser satisfeita para que haja fruição da beleza e da harmonia: 1) que certas qualidades ou formas existam realmente na natureza e nas obras de arte; 2) que essas qualidades ou formas sejam agradáveis, aprazíveis, isto é, conformes aos sentimentos dos homens. Essas duas condições são descritas no trecho inicial da seção II da primeira *Investigação*:

> Visto que é certo que temos ideias de beleza e harmonia, examinemos que qualidade nos objetos suscita essas ideias, ou é a ocasião para elas. E observe-se aqui que nossa investigação é somente sobre aquelas qualidades que são belas para os homens, ou sobre onde se fundam aqueles seus sentidos para a beleza: pois, como se sugeriu antes, a beleza sempre tem relação com os sentidos de alguma mente; e quando posteriormente mostrarmos como em geral os objetos que nos ocorrem são belos, queremos dizer que tais objetos são agradáveis aos sentidos dos homens [...]

O termo-chave aqui é o adjetivo *"agreeable"*, que abrange os dois sentidos: os objetos belos são agradáveis, aprazíveis aos sentidos, mas também *conforme* a eles, ou *em conformidade* ou *concordes com* eles. E essa conformidade ou concordância com a sensibilidade humana pode ser comprovada de maneira indireta,

---

[18] *Idem*, p. 24.

mediante a comparação com o que ocorre com os animais. Embora muitos objetos não pareçam belos aos homens, há no entanto

> [...] uma variedade de outros animais que parecem se deliciar com eles; eles devem ter sentidos constituídos de outro modo que os dos homens, e ideias de belezas suscitadas por objetos de uma forma bem diferente. Vemos animais adaptados a cada lugar; e aquilo que aparece rude e informe [*shapeless*] aos homens, ou repugnante, pode ser um paraíso para eles.[19]

Há uma adequação ou conformidade de cada animal à forma ou formas que lhe agradam. Ao homem, igualmente, estão reservadas certas formas agradáveis e convenientes à constituição de seus sentidos, mas, no caso, de um sentido mais elevado certamente que o dos animais.

A experiência estética traduz, assim, um contato com o mundo não reduzível às qualidades primárias ou secundárias; é uma experiência na qual uma determinada ordenação exterior se reporta imediatamente ao âmago dos indivíduos, não à sensibilidade, mas ao senso capaz de apreendê-las, que, paradoxalmente, não é outro senão o sentido interior. Não foi por acaso que Kant disse que a ligação entre o objetivo e o subjetivo, se um dia pudesse ser descoberta, estaria no sentido interno. As formas belas fazem pulsar as forças mais íntimas do sujeito, forças que são a resposta adequada do sujeito a uma harmonia *que se dá e não se dá objetivamente*. As qualidades estéticas também estão no mundo, são qualidades reais ou fundadas em qualidades reais como as primárias, mas estas sozinhas não dão conta de produzir o efeito estético. Este tem de ser resultado, também, de algo que não está dado no "fenômeno": as capacidades do sujeito, o seu senso interno, a sua imaginação. A relação é complementar, ao mesmo tempo objetiva e subjetiva. A apreensão da beleza do mundo não configura uma apreensão *cognitiva*, o que se pode apreender da realidade objetiva aqui

---

[19] *Idem*, p. 28.

não é passível de uma explicação *epistemológica*. É uma apreensão que se identifica com o próprio indivíduo, com toda a sua vida interior. Como entender melhor o sentido dessas afirmações?

A distinção entre qualidades primárias e secundárias apresenta a Hutcheson a oportunidade de desenvolver uma teoria radical da sensibilidade estética. Segundo Locke, não se pode pensar que as qualidades secundárias sejam imagens (*images*) exatas ou tenham semelhança (*ressemblance, likeness*) com algo que está no objeto.[20] Não há nenhuma similitude (*similitude*), por exemplo, entre a flor violeta e a cor azul e o aroma doce daquela flor.[21] Hutcheson, mais uma vez, está inteiramente de acordo:

> Como concordam os eruditos, essas sensações [de cor, som, paladar, cheiro etc.] não são quadros ou representações de qualidades externas iguais nos objetos, nem de impressão ou mudança feita nos órgãos corpóreos.[22]

As sensações não são *pictures*, nem *representations* das qualidades externas dos objetos. Já as qualidades primárias têm, sim, similitude com propriedades reais deles, mas tal semelhança não tem a menor importância para a apreciação estética. Se o fato de *também* conter qualidades primárias proporciona uma ancoragem *realista* ao belo, esta não é suficiente para fundar a beleza ou harmonia. Hutcheson é certamente um dos primeiros a propor, ao lado de uma poderosa estética da imitação, uma estética que não é uma estética baseada na mimese. A beleza não imitativa, que se sustenta no próprio jogo de seus elementos, ele a chama de beleza original ou absoluta, por oposição à beleza imitativa, comparativa ou relativa:

> A beleza é original ou comparativa; ou, se alguém preferir estes termos, ela é absoluta ou relativa: observe-se

---

[20] Locke, J., *Essay*, II, VIII, 7, p. 134.

[21] *Idem*, II, VIII, 13, p. 135.

[22] Hutcheson, F., *System*, p. 117.

apenas que, por beleza absoluta ou original, não se entende alguma qualidade que se supõe estar no objeto, que seria bela por si mesma, sem relação com a mente que a percebe [...]

A beleza está na mente, e isso a aproxima das qualidades secundárias:

[...] pois beleza, como outros nomes de ideias sensíveis, denota propriamente a percepção de alguma mente; assim frio, calor, doce, denotam sensações em nossas mentes, para as quais talvez não haja semelhança nos objetos que suscitam essas ideias em nós, embora geralmente imaginemos que há algo no objeto exatamente igual a nossa percepção.[23]

A beleza tem, assim, tanto aspectos das qualidades primárias como das secundárias, situando-se entre elas:

As ideias de beleza e harmonia, sendo suscitadas por nossa percepção de alguma qualidade primária, e tendo relação com figura e tempo, podem com efeito ter semelhança mais próxima com objetos do que as sensações, que parecem não tanto pinturas [quadros = *pictures*] dos objetos, quanto modificações da mente que percebe; e, no entanto, onde não haja mente com senso de beleza para contemplar objetos, não vejo como eles poderiam ser chamados belos.[24]

Não ser retrato, representação de outra coisa, é o que faz a beleza absoluta ou original diferir da beleza relativa ou comparativa:

---

[23] Hutcheson, F., *IBV*, pp. 26-7.

[24] *Idem*, p. 27.

O senso do belo e a máquina do mundo

Por beleza absoluta entendemos, portanto, somente aquela beleza que percebemos nos objetos sem comparação com nada de externo, de que o objeto é supostamente uma imitação ou pintura [*picture*]; tal como a beleza percebida em obras da natureza, formas artificiais, figuras, teoremas. A beleza comparativa ou relativa é aquilo que percebemos em objetos comumente considerados como imitações ou semelhanças de algo outro.[25]

Diferentemente do realismo estético da beleza imitativa, a "beleza absoluta" não apresenta nenhuma relação de imitação para com os objetos reais, tampouco uma relação de conhecimento, embora exista sim um nexo com o real. A autonomia do objeto estético em Hutcheson foi em geral mal compreendida, sobretudo pelos exemplos da beleza matemática fornecidos por ele, os quais certamente só se explicam bem quando se tem em vista o conjunto de seu pensamento. Mas a comparação com a beleza relativa é importante aqui: enquanto esta supõe a semelhança entre a realidade e a representação, a beleza autônoma diz que em certas coisas naturais ou artificiais se encontra algo capaz de evocar um sentimento que, no entanto, "não está nelas mesmas". Como quer que seja, num caso como noutro, o "real" é insuficiente para provocar a sensação de beleza, que depende sempre da parte que cabe ao sujeito, chame-se ela imaginação ou senso interno.

A música absoluta

A estética não imitativa de Hutcheson tem uma formulação mais bem-acabada quanto toca na beleza própria à música, ou *harmonia*:

Na beleza original nós podemos incluir a harmonia, ou beleza do som, se é que essa expressão pode ser aceita,

---

[25] *Idem, ibidem.*

porque a harmonia não é usualmente concebida como imitação de qualquer outra coisa que seja. A harmonia frequentemente desperta prazer naqueles que não sabem o que a ocasiona [*what is the occasion of it*]; e, no entanto, sabe-se que a fundação desse prazer é uma espécie de uniformidade. Se as várias vibrações de uma nota coincidem regularmente com as vibrações de outra, elas produzem uma composição agradável; e tais notas são chamadas harmônicos. Assim, as vibrações de uma nota coincidem no tempo com duas vibrações de sua oitava; e duas vibrações de qualquer nota coincidem com três de sua quinta; e assim por diante com os demais harmônicos. Nenhuma composição pode ser harmoniosa se as notas não forem, pelo menos em sua maior parte, dispostas segundo essas proporções naturais. Além disso, há que se observar atentamente o tom [*key*], que governa o todo, e o tempo e temperamento no qual se inicia a composição; uma mudança frequente e sem arte [*inartificial*] de qualquer um deles, produz a maior e mais inatural discórdia. Isso ficará claro observando a dissonância que surgiria juntando partes de diferentes tons, embora cada um deles seja agradável separadamente. A mesma uniformidade pode, pois, ser observada nos baixos, tenores e sopranos do mesmo tom.[26]

Aqui fica clara a distância em relação à teoria de Locke sobre as qualidades primárias e secundárias: o que existe no plano mecânico das vibrações — qualidades primárias — depende de uma proporcionalidade para se converter em prazer natural, embora mesmo uma discrepância nessa ordem (como dissonância) seja imprescindível como elo da cadeia. Além da proporção entre os sons, a harmonia está baseada num *temperamento*, num tom ou clave que deve governar a composição, e a observação desse conjunto não é estritamente mecânica nem racional, mas de ordem afetiva.

---

[26] Hutcheson, F., *IBV*, pp. 34-5.

O senso do belo e a máquina do mundo

Esse último ponto é importante para afastar a censura de formalismo que se costuma fazer à beleza absoluta, censura que se apoia principalmente na sua tese sobre a "beleza dos teoremas". Hutcheson faz distinções que podem ser contadas entre as primeiras observações acerca da autonomia da arte, e da música em particular, arte que, em seu sentido não relativo, não é imitação nem de algo real, nem de uma emoção realmente existente, como é o caso da música imitativa, anteriormente analisada, na qual uma canção ou ária pode evocar um sentimento já vivido, ou uma emoção já experimentada pode ser novamente despertada por uma melodia. Certamente para Hutcheson, mesmo que seja uma construção rigorosa do ponto de vista formal, a música absoluta, a "harmonia" também transmite algum tipo de "conteúdo", o que pode ser muito bem explicado recorrendo-se a um discípulo de Hutcheson, Adam Smith, que desenvolveu extraordinariamente bem as ideias estéticas do mestre.

Nos *Ensaios sobre questões filosóficas*, publicados postumamente em 1795, Adam Smith deixou um texto intitulado "Da natureza da imitação que ocorre naquilo que chamamos artes imitativas", que é seguido de um anexo dedicado à "Afinidade entre Música, Dança e Poesia".[27] Nesses ensaios, Smith mostra qual a diferença entre a música imitativa, vocal, e a música instrumental, baseando-se na distinção hutchesoniana entre beleza absoluta e beleza relativa. A música instrumental

> [...] não imita como a música vocal, a pintura ou a dança imitariam, uma pessoa alegre, serena ou melancólica; ela não nos conta, como qualquer uma dessas artes contaria, uma estória agradável, séria ou melancólica. Diferentemente do que ocorre na música, na pintura ou na dança, não é por simpatia com a alegria, com a serenidade, com a melancolia ou infortúnio de alguma outra pessoa que a música instrumental nos coloca [*soothes us into*] em cada uma

---

[27] Smith, A., *Essays on Philosophical Subjects*, edição de W. P. D. Wightman e J. C. Bryce, Indianapolis, Liberty Fund, 1982.

dessas disposições: ela mesma se torna um objeto alegre, sereno ou melancólico [*it becomes itself a gay, a sedate, or a melancholy object*]; e a mente assume naturalmente o humor [*mood*] ou disposição que no momento corresponde ao objeto que absorve sua atenção. O que quer que sintamos com a música instrumental, ele é um sentimento original e não um sentimento simpatético: é nossa própria alegria, serenidade ou melancolia, não a disposição refletida de outra pessoa.[28]

O sentimento despertado pela música instrumental é original, não imitado, ele é totalmente diferente do sentimento refletido, da empatia, mediante a qual o espectador, ouvinte ou leitor se coloca na posição daquele que sofre, está triste ou alegre etc. É a *música mesma* que é alegre, serena ou melancólica, é ela que tem um *temperamento próprio*, que não imita o estado de alma específico de ninguém, mas é "a angústia mesma feito coisa", como dirá Sartre muito tempo depois; é ela que absorve inteiramente e transforma a mente que lhe é receptiva, colocando-a no mesmo humor, no mesmo estado de espírito, no mesmo registro de sentimento e temperamento em que está composta. E disso é capaz, apesar da total discrepância entre o material de que é feita e o sentimento que desperta:

> Não há duas coisas na natureza mais perfeitamente discrepantes que som e sentimento; e é impossível que algum poder humano transforme um deles em alguma coisa que apresente alguma semelhança com o outro.[29]

Nenhum poder humano há de mostrar qual a semelhança existente entre o som e o sentimento, pois não há nada de mais

---

[28] Smith, A., *Of the Nature of that Imitation which takes place in what are called Imitative Arts*, *in*: *Essays on Philosophical Subjects*, edição de W. P. D. Wightmann e J. C. Bryce, Indianapolis, Liberty Fund, 1982, p. 198.

[29] *Idem*, p. 198.

O senso do belo e a máquina do mundo

dessemelhante, díspar ou disparatado (*disparate*) do que eles. E, no entanto, é precisamente esse disparate musical que permite explicar a relação paradoxal *pela qual o sentido interno se conecta com o mundo*. E nisso também Smith precisa melhor o pensamento de Hutcheson.

Embora tenha se valido da terminologia e de comparações com a teoria lockiana, a discussão sobre a beleza absoluta na primeira *Investigação* tem por propósito mostrar que a maneira pela qua a música inspira um sentimento original é a mesma pela qual o belo natural desperta sensações agradáveis, e que o dispositivo pelo qual ambas atuam não pode ser determinado por nenhuma diferenciação entre qualidades primárias e secundárias. Assim como a música, a natureza mesma contém objetos cuja composição, ritmo, harmonia, temperamento são capazes de colocar a mente em determinada disposição ou estado, e isso ocorre porque há uma correspondência entre as qualidades "objetivas" dela e o prazer que suscitam em virtude da "compleição mesma de nossa natureza" (*the very frame of our nature*).[30] É a essa receptividade ao belo, à compleição da natureza que se deve dar o nome de *senso da beleza* ou de *harmonia* ou de *imaginação*, como também a denomina Addison: esses sentidos são "poderes de percepção de uma espécie mais fina" do que aquela encontrada nos animais, e detectam "qualidades nos objetos" (*qualities in objects*) que constituem "fontes de prazer constituídas pela natureza", isto é, "os homens tem poderes ou determinações naturais para perceber o prazer que

---

[30] Hutcheson, F., *IBV*, p. 8. O século XVIII inglês seria, nesse sentido, um elo interessante na história semântica do termo *Stimmung*, tal como descrita magistralmente por Leo Spitzer (*Ideas clásica y cristiana de la armonía del mundo: prolegómenos a una interpretación de la palabra "Stimmung"*, tradução de Alfredo Brotons Muñoz, Madri, Abada, 2008). De fato, Hutcheson e Adam Smith representam um forte contraste ao espírito secularizado e antimusical que começa a se formar no Século das Luzes. Profundamente ligado ao pensamento antigo, Hutcheson reconstrói (a partir de Shaftesbury) uma correlação original entre a harmonia musical e cósmica com os temperamentos humanos. Mas seria necessário todo o conhecimento historiográfico e linguístico de Spitzer para indicar como a antiga teoria dos humores pôde se transformar no *temperamento* dos ingleses.

deles emana".[31] Exatamente o mesmo ocorre na maioria das artes inventivas (*ingenious arts*), que são "calculadas para agradar certos poderes naturais, bastante diferentes tanto daqueles que comumente chamamos de razão, como de sentidos externos".[32]

Certas qualidades encontradas na natureza são denominadas belas porque tem uma proporção capaz de agradar, isto é, a natureza as dota de propriedades pelas quais elas são *calculadas (calculated)* para satisfazer certos poderes encontrados nos homens. E que assim seja é visível nos animais, que também devem ter alguma sensibilidade análoga a esta, pois assim como a beleza "tem sempre alguma relação com o senso de uma mente" e os objetos que são belos o são porque agradam os sentidos humanos, assim também há objetos que de modo algum são belos para a sensibilidade dos homens e, no entanto, muitos animais parecem se deliciar com eles, podendo, portanto, ter sentidos constituídos de outra maneira e "ideias de beleza despertadas por objetos de uma forma de todo diferente":

> Nós vemos animais ajustados a todo e qualquer lugar [*fitted for every place*]; e aquilo que para os homens parece rude e informe ou repugnante [*loathsom*], pode ser um Paraíso para eles.[33]

O texto indica que há um ajuste dos animais a uma forma, o mesmo ocorrendo com a natureza humana: mas esse ajuste a certas formas também é um ajuste ao lugar, a uma dimensão do mundo, que é diferente para os homens e para os animais. Noutras palavras, a apreensão do belo não é apenas indicativa de que o homem (ou o animal à sua maneira) está dotado de um senso estético, mas também de um senso de captação de uma regulagem da vida em geral, que o torna apto a sentir as diferentes tonalidades, as diferentes atmosferas do mundo em que se encontra. Re-

---

[31] *Idem, System*, p. 127.

[32] *Idem, IBV*, p. 200.

[33] *Idem*, p. 28.

correndo à explicação do que ocorre com a música, o modo como o senso estético capta o "sentimento original" do mundo é o mesmo pelo qual a música invade a mente, tornando-a alegre, triste, melancólica etc., dependendo da "atmosfera" em que foi composta. Claro que os temperamentos individuais podem tornar os homens mais ou menos sensíveis, mais ou menos propensos a certas colorações afetivas, e o mundo pode parecer mais sombrio ou mais risonho, o que não afeta, entretanto, a capacidade geral que os homens têm para se adequar também a essas alterações.

É natural pensar que essa teoria constitui uma presa fácil para a crítica do finalismo, mas uma objeção dessa ordem simplificaria demais o problema, pois é importante não perder de vista que não se está supondo uma analogia, mas fazendo uma descrição de uma maneira de perceber certas qualidades "cósmicas" que reaparecem (um tanto misteriosamente, como por ora se pode conceder) no estado de ânimo dos homens. Ou seja, na apreensão de um estado de espírito, de uma atmosfera, ainda não se fez nenhuma inferência sobre a benevolência do criador para criar formas belas, e deixar escapar esse ponto é imputar um finalismo excessivo ao autor, quando este pretende insistir justamente no fato de que a correlação entre as qualidades e o prazer só pode ser imediata, só pode ser sentida, e não objeto de raciocínio. Isso não escapou nem a Hume, nem a Kant, esses dois críticos do finalismo, que no entanto perceberam que há alguma coisa mais interessante a ser perseguida no realismo não epistêmico, "sentimental", de Hutcheson.

De fato, eles notaram que o realismo, a adesão mais imediata ao mundo podia não estar tanto na percepção, nos dados da percepção, mas numa dimensão talvez mais difusa e, ainda assim, coerente da experiência, dimensão que precisa de um órgão próprio para captá-la. Isso talvez possa ser explicado a partir de alguns textos do grande adversário do finalismo que foi Hume.

FORMA E SENTIMENTO

Mostrando que o valor dos objetos não está neles mesmos, mas na paixão diferente que cada indivíduo lhe atribui, o ensaio sobre o cético de Hume defende abertamente a posição relativista no que diz respeito à aprovação moral e estética, pois, embora neste último caso se possa dizer que "há algo que se aproxima de princípios no gosto mental", de uma certa uniformidade na natureza humana, observa-se no entanto, afirma o cético, "considerável diversidade nos sentimentos de beleza e mérito", que se deve ao fato de que as qualidades boas ou ruins, amáveis ou más, "não estão realmente nos objetos, mas pertencem inteiramente ao sentimento da mente que condena ou louva".[34] Esse ponto de vista cético conflita, como já foi muitas vezes demonstrado, com a tese do ensaio sobre o padrão de gosto, mas certamente não há contradição entre as duas posições, uma vez que se pode pensar que o cético ressalta a diversidade das circunstâncias e dos estados de ânimo momentâneos na apreciação estética e moral, enquanto o texto sobre a justa medida da percepção estética trabalha a regularidade, como num estado em que as diferenças circunstanciais e individuais tendem a desaparecer. Isso é explicado no ensaio "Do padrão do gosto":

> Fica claro então que, em meio a toda a variedade e inconstância de gosto, há certos princípios gerais de aprovação e de censura, cuja influência um olhar cuidadoso pode rastrear em todas as operações da mente. Dada a estrutura original da fábrica interna, algumas formas ou qualidades particulares são calculadas para agradar, e outras para desagradar, e se falham em seu efeito numa instância particular qualquer, isso se deve a algum aparente defeito ou imperfeição no órgão. O homem em estado febril não poderia sustentar que seu paladar é capaz de decidir sobre sabores, tampouco outro, vítima de icterícia, pretender dar um veredicto sobre cores. Em cada criatura há um estado saudável e um defectivo, e só do primeiro se pode supor que nos fornecerá um verdadeiro padrão de gosto e sentimento. Se no estado saudável do órgão se verifica uma

---

[34] Hume, D., "O cético", *EMPL*, p. 130.

inteira uniformidade de sentimento entre os homens, ou uniformidade considerável, podemos tirar daí uma ideia da beleza perfeita, tal como a aparição de objetos à luz do dia para os olhos sadios de um homem é denominada a cor verdadeira e real deles, mesmo que se considere a cor um mero fantasma dos sentidos.[35]

A despeito de toda variedade e inconstância, existe sim uma uniformidade e regularidade na apreciação do belo, que depende tanto da condição saudável do gosto quanto de algo que é objetivo, porque, para a apreensão correta do belo, se requer uma correlação entre a "estrutura original da fábrica interna" (*original structure of the internal fabric*) e "algumas formas ou qualidades particulares" (*some particular forms or qualities*). Estas últimas *são calculadas para agradar*. Não só a ideia, o vocabulário também é hutchesoniano: como diz o parágrafo seguinte, devido à "estrutura original da mente", alguns objetos são "naturalmente calculados para proporcionar prazer".[36] Hume não pensa estar transgredindo nenhum limite perigoso, quando reafirma que esse prazer foi concebido pela natureza como uma espécie de cálculo. Algumas formas são *calculated to please*, diz a primeira passagem; alguns objetos *naturally calculated to give pleasure*, a segunda. Tal concessão a Hutcheson também pode ser feita sem nenhum problema, pois o *padrão de beleza*, natural ou artístico, está inscrito na ordem ou partilha natural das coisas. É exatamente este o ponto fundamental: sem o senso de beleza não haveria apreensão da sábia economia da natureza. A compreensão *dessa proximidade da estética com a lei de natureza, com o jusnaturalismo*, é imprescindível para dar conta do pensamento desses autores.

De acordo com Hume, a relação entre a "ordem" do mundo e a sensibilidade desaparece quando há intervenção de fatores externos, quando a fantasia ou imaginação não é colocada na situação adequada, assim como o sabor do vinho provado pelos

---

[35] *Idem*, "Do padrão do gosto", *EMPL*, p. 179.

[36] *Idem, ibidem*.

sobrinhos de Sancho era alterado em virtude de uma corda e um cadeado encontrados no fundo do barril; com a interferência de elementos estranhos se perde a "perfeita serenidade de mente", a atenção, a concentração devida ao objeto, em suma, se obscurece a "relação que a natureza estabeleceu entre a forma e o sentimento".[37] *The relation, which nature has placed between the form and the sentiment*... A frase está em Hume, não em algum autor preocupado em mostrar como beleza e ordem cósmica são sinônimos da sabedoria e benevolência divina. E ela é mesmo central no seu pensamento, isto é, naquilo que de melhor esse pensamento colheu da filosofia de Hutcheson: pois o nexo da forma com o sentimento não é mero atributo do homem refinado, como poderia parecer, mas, visto com mais cuidado, é o modelo de todo cálculo fundamental para a vida, isto é, o cálculo mesmo *da* vida e de sua *justa importância*. A experiência da forma é uma experiência literalmente vital, é o reconhecimento mais "exato" de um padrão, enquanto percepção da boa medida inscrita na natureza, pela qual se regulam ou ao menos devem ser regulados os sentimentos e ações humanos. É verdade que, de algum modo, só o crítico sensível, o artista de gênio e a mulher e homem refinados chegam ao real padrão de beleza. No entanto, o preceito prático de que é saudável substituir a delicadeza de paixão pela delicadeza de gosto não é mero convite à vida hedonista: nele está embutida a "regra" geral de que, quanto mais próximos os homens estiverem desse marco regulatório, tanto melhor para a felicidade deles, alcançada ou não nos salões mundanos.

É bem sabido que a vida humana se sustenta inicialmente, para Hume, num aporte dado pela natureza: como os animais, os homens obedecem de início ao instinto, guia muito mais seguro para a vida do que a razão, porque esse "poder mecânico" instrui o "raciocínio experimental" do qual depende a conduta da vida, por exemplo, quando o homem aprende a se movimentar ou a

---

[37] *Idem*, p. 178.

evitar o contato com o fogo.[38] Mas se o instinto é imprescindível de início, ele é insuficiente para dar conta de todos os diferentes estágios da vida humana. Ele pode levar o homem a uma felicidade "natural", o que é muito pouco diante da complexa demanda que constitui a felicidade "moral". Ocorre ainda, como se viu, que o hábito, tão essencial na formação dos raciocínios morais, tem o inconveniente de colocar a vida numa rotina que pode não ser inteiramente saudável, caso exclua uma diversificação. A reiteração, segundo o mecanismo que se tentou explicar antes, é prazerosa, mas além da medida se torna viciosa, um obstáculo àquela disposição mental que é a mais adequada e saudável de todas, àquela "perfeita serenidade da mente", na qual se pode sentir o apelo da "forma", de uma organização que fala ao sentimento interior e pela qual o homem também deveria se organizar "interiormente": até onde pode ir um prazer, onde ele deve cessar para se combinar harmoniosamente com os demais deveres, ocupações e satisfações, até que ponto se é capaz de diversificação? A essas perguntas sobre a harmonia interna, sobre a composição sensata da vida human, nenhuma razão ou instinto é capaz de responder, o bom equacionamento das quais deve ficar mais uma vez a cargo do sentimento.

Mas é chegado o momento também de se indagar sobre como compatibilizar tudo isso, essa relação entre forma e sentimento em Hume, com sua posição francamente mecanicista, isto é, antifinalista. Com muita acuidade, ele abre mão aqui de tentar uma explicação mecânica, e seu ceticismo e seu mecanicismo têm de dar uma vitória parcial ao finalismo. É a partir dessas considerações sobre o efeito provocado pelas formas que se pode compreender melhor por que, do ponto de vista estético estrito, o cético Filo é levado a concordar com o finalista Cleantes, numa passagem bastante comentada dos *Diálogos sobre a religião natural*:

> Em muitos aspectos do universo e de suas partes, especialmente dessas últimas, a beleza e a adequação das cau-

---

[38] *Idem*, *EHU*, p. 55, 108; trad. cit., pp. 88-9 e 152.

sas finais impressionam-nos com uma força irresistível, a tal ponto que todas as objeções aparecem-nos como meros ardis e sofismas (de fato, segundo creio, é isso que realmente elas são), e não podemos sequer imaginar como nos seria possível atribuir-lhes alguma importância.[39]

O cético Filo pode recusar o finalismo moral (inferência da ordenação do mundo à benevolência e à inteligência divinas), e ao mesmo tempo aceitar sem grandes receios o finalismo estético de Hutcheson (e Shaftesbury). A concordância entre Filo e Cleantes se dá em detrimento da diferença entre suas posições filosóficas (diferença que, como se dirá depois, é sempre apenas de medida ou de grau),[40] porque ambos estão de acordo que a força de convicção da beleza é maior do que qualquer raciocínio em contrário. Sem dúvida, a relação do mecanismo com os fins provoca grande admiração, como explica o seguinte trecho da *Investigação sobre a origem de nossas ideias de beleza e virtude*:

> [...] no que concerne à beleza dos animais, tanto na sua estrutura interna, ao conhecimento da qual chegamos por experimento e longa observação, quanto na sua forma exterior, descobrimos ampla uniformidade entre todas as espécies conhecidas por nós, na estrutura daquelas partes de que a vida depende mais imediatamente. E quão espantosa é a unidade do mecanismo, quando descobrimos uma quase infinita diversidade de movimentos, todas as suas ações ao andar, correr, voar, nadar; todos os seus sérios esforços de autopreservação, todas as suas contorções extravagantes [*freakish*], quando estão alegres e brincalhões, em todos os seus diferentes membros, executadas por um único simples dispositivo de um músculo se contraindo, aplicado com inconcebível diversidade para responder a

---

[39] Hume, D., *Diálogos sobre a religião natural*, tradução de José Oscar de Almeida Marques, São Paulo, Martins Fontes, 1992, VIII, p. 142.

[40] *Idem*, XII, p. 171.

todos esses fins! Muitos mecanimos [*engines*] poderiam ter obtido os mesmos fins; mas então haveria menos uniformidade, e a beleza de nossos sistemas animais e de animais particulares seria bem menor, se deles essa surpreendente unidade de mecanismo tivesse sido removida.[41]

Essas linhas tornam explícito o que está suposto nas descrições de Hume: o que torna possível dizer que as formas são calculadas para provocar prazer é que elas contêm um cálculo espantoso, pelo qual um único dispositivo ou invenção (*contrivance*) dá a um só músculo uma flexibilidade tal, que é capaz de fazê-lo responder a enorme diversidade de fins. Em certo sentido, o "argumento" não é novo. Pascal já havia afirmado a limitação do entendimento humano, mostrando sua impossibilidade de compreender a infinidade que é corpo de um ácaro (*ciron*),[42] e Malebranche também já assinalara a grande complexidade do cérebro humano e mesmo do menor dos animais em relação à mais composta das máquinas: querer explicar como atuam as diferentes engrenagens e relações existentes no cérebro é não só desnecessário, é buscar compreender o incompreensível.[43] Mas a inflexão shaftesburiano-hutchesoniana é diferente, porque já não se trata de usar a "infinitude em pequenez" como prova da impotência humana em explicar e abarcar a grandeza divina; o que se pretende é chamar a atenção para a "exuberância" que a natureza consegue alcançar com grande parcimônia de recursos. Para dizê-lo mais uma vez, a constação imediata dessa composição admirável não constitui prova de qualquer desígnio, porque isso já suporia raciocínio, uma inferência sobre a inteligência benevolente.[44] É por isso que Filo

---

[41] Hutcheson, F., *IBV*, pp. 32-3.

[42] A descrição está no pensamento "sobre os dois infinitos", *Pensées*, 185 (Brunschvicg, 72, Lafuma, 199), ed. cit., p. 609.

[43] Malebranche, *De la recherche de la vérité*, IV, 13, edição de J.-C. Bardout, Paris, Vrin, 2006, p. 102.

[44] A relação entre o senso interno e sua causa final só é explicada na seção 8 da *Investigação*.

não deixa de dar seu acordo, embora, noutra passagem, a exposição que Cleantes faça do olho humano na parte III suponha um "planejador".[45] A visão do indivíduo que vê o interior do animal e se extasia com sua *inward structure* não é a do cientista natural que o quer dissecar em suas partes, mas que contempla o conjunto. Duas visões podem ser integradas, e a coerência filosófica não deixa margem para uma distinção absoluta entre o anatomista e o pintor.

O proveito a tirar dessa comparação entre Hutcheson e Hume é a compreensão do modo como os dois concebem a "saúde" física e mental dos homens, fator incontornável para a busca da felicidade. Hutcheson entende a estrutura humana como sendo naturalmente bem-ordenada em seus órgãos e instintos, o que no entanto é insuficiente para que se alcance a felicidade sob o aspecto moral. "Dotada de grande variedade de sentidos [*senses*] e de desejos", a natureza humana aparece, deste ponto de vista, como uma "fábrica complexa e confusa, sem nenhuma ordem ou propósito regular consistente", a menos que se consiga divisar alguma organização ou subordinação entre os seus diferentes poderes.[46] A constituição moral do homem supõe, portanto, essa organização ou subordinação de suas diferentes faculdades, que devem ser comandadas pelo senso moral. Sem ele, a formação e desenvolvimento dos poderes de cada um é desestruturada, caótica. Mas o sentido estético tem um papel fundamental aqui: é ele que *sente* se a organização é harmoniosa em todos os seus aspectos. A "felicidade" não é atômica, não está dada nos elementos parciais, mas no conjunto, no sumo ou soma dos bens.

Desde muito cedo pessoalmente preocupado com sua melancolia, Hume segue aqui a *medicina mentis* hutchesoniana: a mente é sem dúvida um *heap of contradictions*, mas, como seu mecanismo não dá lugar a uma faculdade hegemônica, só o *feeling*

---

[45] "Considere, analise o olho; examine sua estrutura e seu plano, e diga-me com toda a sinceridade se a ideia de um planejador não lhe ocorre imediatamente, com tanta força como a de uma sensação." Hume, D., *Diálogos sobre a religião natural*, p. 51.

[46] Hutcheson, F., *System*, I, pp. 38 e 74.

de cada um é capaz de perceber se a "fábrica se organizou". É o sentimento também que funciona como antídoto a uma suscetibilidade natural muito grande. Um juízo ou um senso saudáveis, fortes (*strong, sound*) são capazes de perceber a forma, porque não são afetados por uma sensibilidade muito delicada, presa fácil de paixões. O que pode ser ilustrado com um exemplo. Sem que necessariamente expresse um desapreço pelo homem que se destina a descrever, uma carta de Hume procura mostrar que a sensibilidade naturalmente delicada, sem a correção do sentimento saudável, foi a má sina de Rousseau:

> Nunca houve homem tão merecedor de felicidade tão pouco calculado [*so little calculated by nature*] pela natureza para obtê-la quanto ele. A extrema sensibilidade [*the extreme sensibility*] de seu caráter é uma das grandes causas disso; porém mais ainda os frequentes e violentos ataques de mau humor [*spleen*], descontentamento e impaciência a que está sujeito, quer pela constituição de sua mente, quer pela de seu corpo. Em geral, porém, ele é a melhor companhia do mundo, quando quer se submeter à vida com os homens... De minha parte, nunca vi homem, e apenas poucas mulheres, de comércio tão agradável... Uma de suas fraquezas é que gosta de se queixar. A verdade é que ele é infeliz, e prefere imputar a razão disso antes a sua saúde, circunstâncias e infortúnios do que a seu humor e disposição melancólica.[47]

O SENTIDO DA FORMA

A relação entre forma e sentimento institui uma relação não epistêmica do sujeito com o mundo, que é também a medida interna mais fina de sua saúde e bem-estar. Como afirma Hutcheson:

---

[47] Carta de Hume à condessa de Boufflers, 3 de abril de 1766, citada em *Letters of David Hume to William Strahan*, Oxford, Clarendon Press, 1888, pp. 79-80.

"Os *sentidos internos* não são propriamente *avenidas de desprazer*. Nenhuma forma é ocasião de mal-estar positivo".[48]

A satisfação com a forma advém de um cálculo instantâneo, que apreende inconscientemente uma simetria e um sem-número de relações contidas num número restrito de fatores. A vida é esse cálculo estranho em que os elementos produzem um resultado maior do que seu número.

Assim como serve de modelo à vida interior, a forma orgânica, a beleza dos seres vivos, também serve de parâmetro para a forma estética, o belo artístico. A apreensão da música constitui a ilustração mais clara disso. O jogo interno de seus elementos produz um resultado que não pode ser novamente reduzido a seus elementos simples. Mais ainda: a audição musical é um modo de entender como se apreende não só uma forma particular, mas um ritmo, uma harmonia, assim como no sistema astronômico se observa a dinâmica, a harmonia das esferas, sem que com isso se incorra já numa inferência teleológica desembocando na existência e bondade divinas. A música não é mera reprodução, mas um "acompanhamento", uma obediência à constituição dinâmica e não estática das coisas. Noutras palavras, a independência do discurso musical tem talvez maior equivalência com o processo natural, porque sua escansão não visa ao "elementar", não se baseia numa análise ou dissecção dos elementos constitutivos do mundo, mas a sua pulsação, o seu ritmo, a sua tonalidade afetiva, e o modo como se é sensível à música indica o modo como se deve ser sensível à ordenação do mundo.

---

[48] "*The* internal senses *are not properly* avenues of pain. *No form is necessarily occasion of positive uneasiness*" (*ECP*, p. 108). A comparar com o que dirá mais tarde Nietzsche: "Já de espécie mais refinada é aquela alegria que surge à vista de tudo o que é regular e simétrico, em linhas, pontos, ritmos, pois por uma certa semelhança é despertado o sentimento por tudo o que é ordenado e regular na vida, exclusivamente ao qual se tem de agradecer todo bem-estar [*Wohlbefinden*]: no culto do simétrico se venera, portanto, inconscientemente, a regra e a simetria como fonte da felicidade fruída até agora; a alegria é uma ação de graças". *Humano, demasiado humano*, II, § 119, *in*: *Obras incompletas*, tradução de Rubens Rodrigues Torres Filho, São Paulo, Abril, 1979, p. 133.

O senso do belo e a máquina do mundo

É espantoso, assim, como Hutcheson e Smith chegaram a uma combinação bastante original e radical da autonomia do discurso estético (musical, literário, pictórico), combinando formalismo a sentimento do mundo.[49] Talvez não seja despropósito examinar aqui como isso foi formulado por Adam Smith.

O prodígio obtido pela música instrumental reside na possibilidade de provocar uma disposição afetiva a partir da combinação de notas, ritmo etc., sem recorrer à imitação de algo ou à narrativa de uma história:

> A música [instrumental] raramente quer contar alguma história particular ou imitar algum acontecimento particular, ou sugerir em geral algum objeto particular, distinto da combinação de sons de que é composto. Sua significação, portanto, pode ser dita completa em si mesma, e não requer intérpretes para explaná-la.[50]

Its meaning, therefore, may be said complete in itself: a frase poderia ter saído de um formalista da música como Hans Lick, e de fato não é pouco o avanço de Smith comparado à teoria musical de sua época. Mas o que o torna ainda mais radical é que ele antecipa a objeção a todo formalismo: o "formalismo" da música não é desprovido de sentimento. O poder da música instrumental

---

[49] A comparar com a *sensation d'univers* provocada por um poema, segundo Paul Valéry: "Eu disse: sensação de universo. Quis dizer que o estado ou emoção poética me parece consistir numa percepção nascente, numa tendência a perceber um *mundo*, ou um sistema completo de relações, no qual os seres, as coisas, os acontecimentos e os atos, se eles se parecem, *termo a termo*, àqueles que povoam e compõem o mundo sensível, o mundo imediato do qual são emprestados, eles estão, por outro lado, numa relação indefinível, mas maravilhosamente justa, com os modos e leis de nossa sensibilidade geral". Valéry, P., "Propos sur la poésie", *apud* Davi Arrigucci Jr., *Humildade, paixão e morte: a poesia de Manuel Bandeira*, São Paulo, Companhia das Letras, 2009, 2a ed., p. 286.

[50] Smith, A., *Of the Nature of that Imitation which takes Place in what are called Imitative Arts*, in: *Essays on Philosophical Subjects*, Indianapolis, Liberty Fund, 1982, p. 205.

sobre o coração e os afetos não é tão forte quanto o da música vocal, mas ele existe e provém da relação entre os sons, do ritmo e da medida, ele está "em parte na memória, em parte na expectativa", depende da retenção de tudo o que veio antes e da antecipação de tudo o que se espera que virá. A "conclusão consiste no efeito combinado e acumulado das diferentes partes do todo".[51]

Com estruturação própria, baseada no tempo e na medida, na repetição e variação do tema, a composição não imitativa tem ainda alguma analogia com o discurso articulado, mas não segue a "ordem" e o "método" próprios ao *logos*.[52] O discurso da música instrumental é mais livre que o das outras narrativas, na medida mesma em que sua "narrativa" não quer contar uma história. Essa observação foi fundamental para romper com a suposição implícita nas retomadas do *ut pictura poeisis* horaciano, suposição de que haveria continuidade ou analogia entre as artes baseadas na história (mito) e a artes baseadas na composição ou desenho. Se o "tema" na literatura e o "tema" na pintura podem ser reversíveis, porque ambas imitam aquilo que representam — e imitam, portanto, algo que está fora delas —, na música o tema é composto de modo interno a ela. A música não busca no mundo real, na história ou no mundo mitológico a inspiração temática para suas obras, como acontece na pintura naturalista ou na pintura classicizante:

> Aquilo que se chama o tema de tal música é meramente, como já foi dito, uma certa combinação dominante de notas, à qual ela volta com frequência, e com a qual todas as suas digressões e variações apresentam certa afinidade. Ele é de todo diferente daquilo que se chama o tema de um poema ou de uma pintura, ou algo bastante distinto daquela combinação, de palavras, de um lado, ou de cores, do outro, das quais eles são compostos, respectivamente. O tema de uma composição da música instrumental é uma

---

[51] *Idem*, p. 204.

[52] *Idem, ibidem.*

O senso do belo e a máquina do mundo

parte daquela composição: o tema de um poema ou pintura não é parte de nenhum deles [poema ou pintura].[53]

Um bom comentário a esse texto é certamente o fragmento 444 do *Athenäum*, de Friedrich Schlegel, em que ele escreve que a musical instrumental diz bem mais e melhor sobre aquilo que ela "quis dizer" do que as próprias declarações de músicos ou compositores, quando tentam explicar o que eles mesmos quiseram dizer. Para fundamentar a afirmação, a "argumentação" de Schlegel lança mão da palavra alemã *Gedanke*, que significa em geral "pensamento", "ideia", mas na linguagem técnica da música quer dizer *tema*. Ou seja, um tema já é uma ideia, um pensamento, e por isso, sem nenhuma necessidade de recorrer ao discurso articulado ou à voz, a pura música instrumental é capaz de produzir sozinha um *texto*.[54]

Não é certamente pequena a consciência que Smith tem da história da arte e do pensamento estético. O que ele tem em mente, entre outras coisas, quando discorre sobre o caráter não imitativo da música é combater precisamente a ideia de que a música é "expressão" de sentimento ou de pensamento. O efeito da música não é produzir no ouvinte, por simpatia, sentimentos ou pensamentos semelhantes aos de outra pessoa:

A melodia e harmonia da música instrumental [...] não sugerem distinta e claramente outra coisa que seja diferente da melodia e harmonia. Qualquer que seja o efeito que ela produz, ele é o efeito imediato da melodia e harmonia, e não de algo outro que seja significado ou sugerido por elas: elas, de fato, não significam e não sugerem nada.[55]

---

[53] *Idem*, p. 205.

[54] Schlegel, F., *O dialeto dos fragmentos*, São Paulo, Iluminuras, 1997, p. 141. Sobre isso, cf. Charles Rosen, *A geração romântica*, São Paulo, Edusp, 2000, pp. 120-1.

[55] *Idem*, pp. 205-6.

Qualquer ideia, qualquer sentimento que a música instrumental venha a produzir, será sempre produto de sua organização interna. Fora disso, ela não sugere nada, nem significa nada. Adam Smith formulou com todas as letras aquilo que pouco depois na Alemanha, com Herder, Goethe, Moritz e Schelling, seria compreendido com o nome de *símbolo*.

O SENTIMENTO E A DESCOBERTA
DO JUÍZO REFLEXIONANTE

> O reino dos afetos e da paixão é o reino da beleza; por uma lei misteriosa que liga o sentimento à forma, que o faz aspirar por ela e já na origem o identifica a ela, a imagem do mundo recebida com paixão, a imagem do mundo vivida e sofrida com todo o ser do homem trará na sua representação a marca do belo.
>
> Thomas Mann, "Schopenhauer"[1]

Assim como a vocação da beleza absoluta na música é a música instrumental, assim também se pode dizer que, nas artes plásticas, sua vocação não seria nem a pintura idealizada, classicizante, nem a naturalista ou realista, mas a arte abstrata. Herdeiros de Aristóteles, para quem o belo (*to kalos*) é ordem, simetria, delimitação, tais como ensinados nas matemáticas (*Metafísica*, 1078a34 e ss.), Hutcheson e Smith por certo não poderiam antecipar teoricamente a aproximação da forma pictórica com as figuras geométricas, tal como fizeram pintores abstratos como Cézanne, Klee e Kandinsky, mas se é possível transferir para as artes plásticas o que se disse sobre a música, a direção a que apontam seria semelhante. Com isso se pode de algum modo, se não salvar, ao menos remediar as afirmações bastante rudimentares de Hutcheson sobre a beleza contida nas figuras geométricas e nos axiomas.

Também se pode reavaliar de outro ângulo a sua busca por uma regra capaz de dar conta do prazer estético provocado pelas simetrias da forma e pela harmonia musical. Certamente o mérito de sua investigação não está na formulação da proporção da medida ideal de beleza, que se encontraria na razão composta entre uniformidade e variedade (quanto maior variedade na unidade,

---

[1] *Essays*, Frankfurt am Main, Fischer, 2002, p. 254.

tanto mais harmonia), e que representaria um princípio análogo ao dos axiomas apresentados no cálculo moral.[2] O que interessa na proporcionalidade estética, além da relação com a ordem instituída pela natureza, é o que ela diz sobre o sentido interno e as demais faculdades do homem. Isso ficará claro recorrendo mais uma vez a Adam Smith, quando ele descreve um concerto bem-composto:

> Um concerto bem-composto de música instrumental, pela quantidade e variedade dos instrumentos, pela variedade das partes que são executadas por eles, e pela perfeita concordância ou correspondência de todas essas diferentes partes; pela harmonia exata ou coincidência de todos os diferentes sons que são ouvidos ao mesmo tempo, e pela feliz variedade de medida que regula a sucessão daquelas [partes] que são ouvidas em momentos diferentes, apresenta um objeto tão agradável, tão grande, tão variado, e tão interessante, que ele sozinho, sem sugerir nenhum outro objeto por imitação ou de qualquer outra maneira, pode ocupar e, por assim dizer, preencher completamente toda a capacidade da mente, de modo a não deixar nenhuma parte de sua atenção vacante para pensar o que quer que seja. Ao contemplar tal imensa variedade de sons agradáveis e melodiosos, arranjados e sintetizados, tanto em sua coincidência como em sua sucessão, num sistema tão completo e regular, a mente na realidade se deleita não apenas com um grande prazer sensual, mas com um prazer altamente intelectual, não distinto daquele que advém da contemplação de um grande sistema em qualquer outra ciência.[3]

---

[2] "Mas, para falar no estilo matemático, aquilo que chamamos de beleza nos objetos parece estar numa razão composta de uniformidade e variedade: de modo que, onde a uniformidade dos corpos é igual, a beleza está em função da variedade; e onde a variedade é igual, a beleza está em função da uniformidade." *IBV*, p. 29.

[3] *Idem*, pp. 204-5.

Um concerto, como variedade, combinação e concorrência simultânea de vários instrumentos para um fim único, é o melhor exemplo do sentido de um cálculo matemático na estética: a música instrumental, por si mesma, produz um novo objeto inteiro, como uma figura geométrica, que ocupa de tal modo a mente inteira, *que ela não precisa buscar nada fora de si para se satisfazer*. Num concerto, como num mundo à parte, porém em vínculo mágico com o mundo real, a mente pode se satisfazer consigo mesma, sem se *inquietar*. Ao mesmo tempo, a explicação do concerto estipula que a música não é "linguagem das sensações", como em Rousseau, ou "jogo de sensações", como ainda aparece descrita na *Crítica do juízo*, mas um "prazer altamente intelectual", no melhor dos sentidos, comparável ao prazer proporcionado pela *contemplação* de um belo sistema científico. A arte dá muito que pensar, como dirá Kant sobre a atividade do artista genial. E, sem nenhuma dúvida, a proximidade com o juízo reflexionante não é pequena, nem casual.

É que, olhando retrospectivamente, algumas noções essenciais da Terceira Crítica, deixam ver o quanto Kant se ocupou com a filosofia de Francis Hutcheson, num estudo que lhe foi importante não apenas no que se refere ao juízo estético como também no que se refere ao juízo teleológico. Kant percebe, por exemplo, que Hutcheson se engana quando fala de beleza das figuras geométricas, e do prazer que elas provocam, mas esse engano é apenas parcial, pois ele soube identificar que a fórmula da "unidade na variedade" exprime uma regra importante para o conhecimento subjetivo, isto é, aquele que diz respeito às faculdades da mente. Uma passagem que torna isso bastante claro se encontra no curso de *Antropologia Parow*. O comentário feito no trecho é tanto mais significativo, quanto ocorre num momento em que a reflexão kantiana ainda não chegou a uma resposta definitiva à questão. Na passagem se afirma que não se pode dizer rigorosamente que haja beleza numa figura geométrica e, se houver, ela não é levada em consideração. Mas uma demonstração geométrica, "se é curta e fácil, tem uma beleza para nós", pois o contentamento se funda aqui na *facilidade (Leichtigkeit)*. E a explicação para isso é a de que existe um

O sentimento e a descoberta do juízo reflexionante

acordo da demonstração com as leis subjetivas do conhecimento, pelo qual o trabalho da mente é facilitado:

> Algo, portanto, concorda com as leis objetivas, se no conhecimento podem ser encontradas verdade, convicção e distinção, mesmo quando ele é obtido com dificuldade; concorda, ao contrário, com nossas leis subjetivas, se faz a atividade de nosso entendimento entrar num jogo fácil.[4]

A beleza da demonstração está na simplicidade, que facilita o trabalho do entendimento. A filosofia crítica, sem dúvida, rejeitará firmemente a ideia de que os raciocínios e demonstrações matemáticas possam produzir algum prazer equivalente ao do belo. No entanto, ela manterá a ideia de que a satisfação estética é o modelo que explica o prazer advindo do contentamento sentido pela mente quando esta depara com leis que facilitam as suas operações, que tornam mais simples o caminho para a unificação delas. É assim que, embora haja diferenças entre eles, o juízo teleológico está fundado num prazer semelhante ao do juízo estético. Ao contrário do que se passa nos juízos determinantes, regidos pelas categorias, onde "não encontramos em nós mesmos, nem podemos encontrar, o menor efeito sobre o sentimento de prazer", quando se descobre compatibilidade entre "duas ou mais leis empíricas heterogêneas da natureza", essa descoberta é "fundamento de um prazer considerável" e mesmo de espanto ou admiração (*Bewunderung*), que não cessa "mesmo quando já se está suficientemente familiarizado com o objeto dela". Kant explica que, na verdade, o prazer em relação ao acordo das leis da natureza com as faculdades já não é mais sentido apenas e tão somente "porque o prazer foi misturado pouco a pouco com o mero conhecimento e não foi mais particularmente notado", mas esse prazer "certamente existiu a seu tempo".[5] Mas que isso seja assim, pode ser mostrado pelo caso inverso: a representação da disparidade das

---

[4] *Antropologia Parow*, AA, XXV, I, p. 380.

[5] Kant, I., *Crítica do juízo*, Introdução, B XL, *in: Duas introduções à*

leis naturais, de sua heterogeneidade, é sentida como um *incômodo* — ela "nos desagradaria por completo" (*würde uns durchaus misfallen*) — para o entendimento, que tem uma carência ou necessidade (*Bedürfnis*) de encontrar "universalidade dos princípios da natureza", ou para o juízo, que não conseguiria subsumir as regras particulares a poucos princípios gerais, sendo incapaz assim de adequar a pluralidade de fenômenos à faculdade de conhecimento. A ausência de unidade na diversidade das leis empíricas tem consequências para a própria organização e sistema das faculdades, pois sem ela haveria uma lacuna no sistema da crítica da razão pura.[6]

Os argumentos são muito parecidos aos da *Investigação sobre a origem de nossas ideias de beleza e virtude*: o prazer da simplificação produzida pelos teoremas desaparece com o hábito e com a maior rapidez que se imprime ao cálculo, o que não quer dizer que ele não exista ou tenha existido quando foram descobertos ou conhecidos.[7] O costume empresta rapidez e automatismo às operações mentais, fazendo com que já não se sinta satisfação com apreensão da diversidade sob a unidade e não se perceba que há um senso próprio para captar esse prazer.[8] Assim como a geometria, também a astronomia pode ser explicada de forma semelhante: a despeito da infinidade de astros existentes, a regularidade dos movimentos celestes proporciona "belezas que encantam os astrônomos, e tornam agradáveis os seus cálculos tediosos".[9] Outro exemplo, mais próximo ainda da Terceira Crítica: a "exata uniformidade na estrutura e situação das menores fibras" na "quase infinita multidão de folhas, frutos, sementes e flores de cada espécie" encanta o botanista ou botânico engenhoso (*charms the in-*

---

crítica do juízo, organização de Ricardo R. Terra, São Paulo, Iluminuras, 1995, p. 116.

[6] Kant, I., "Primeira introdução à Crítica do juízo", *in*: *Duas introduções à Crítica do juízo*, pp. 38 e 41.

[7] Hutcheson, F., *IBV*, pp. 71-2.

[8] *Idem*, p. 72.

[9] *Idem*, p. 31.

genious botanist).[10] A uniformidade na variedade não é reconhecida pelo sentido particular, nem por um entendimento descolado de toda sensibilidade, aquele que faz cálculos ou dissecações tediosas. Ela se revela somente em ligação com o sentido interno, com a imaginação, com o prazer associado a eles. De um modo análogo ao que ocorre na música, as relações, as afinidades entre as formas vegetais e animais[11] ocupam, preenchem a mente toda do cientista com espanto e admiração, dada a desproporção entre a infinda riqueza, a inesgotabilidade dos produtos, e a simplicidade dos meios de produção.

Em resumo, encontrar acordo (*agreement*) ou unidade numa infinidade de objetos constitui o "fundamento da beleza ou prazer (*foundation of the beauty or pleasure*)" que sempre acompanha a descoberta "científica". E a satisfação com descobertas dessa natureza é bastante diferente daquele

> [...] estado incômodo da mente [*uneasy state of mind*] em que apenas medimos linhas ou superfícies com auxílio de uma régua ou quando estamos fazendo experimentos que não podemos reduzir a um cânone geral, mas apenas amontoamos uma multidão de observações particulares incoerentes. Ora, cada uma dessas experiências descobre uma nova verdade, mas sem nenhum prazer ou beleza, a despeito da variedade, até que descubramos algum tipo de unidade ou as reduzamos a algum cânone geral.[12]

A disparidade, a heterogeneidade, a impossibilidade de reduzir observações particulares a uma regra geral é sentida como incômodo, com desprazer, ela é *inquietante* (como se lê na "Primeira introdução à crítica do juízo"),[13] enquanto a simplificação, a homogeneização da diversidade produz um prazer imediato, como

---

[10] *Idem*, p. 32.

[11] *Idem*, p. 33.

[12] *Idem*, p. 37.

[13] Kant, I., *Duas introduções à crítica do juízo*, p. 45.

aquele que se verifica numa obra em que o artista soube submeter grande número de elementos numa bela composição.

Contra essa aproximação de *IBV* com o juízo reflexionante se poderia objetar que as considerações de Hutcheson sobre o prazer ligado à descoberta no trabalho científico e artístico ainda estão concebidas no interior de um finalismo dogmático, de uma teleologia realista, enquanto a conformidade a fins em Kant é meramente reguladora. A objeção pode ser facilmente respondida, caso se perceba que, ainda aqui, a apreensão das afinidades, das regularidades etc. é uma apreensão imediata, anterior a qualquer inferência ou raciocínio. Ou seja, mesmo que *depois* a beleza e a constatação da uniformidade venham efetivamente a servir de trampolim para o argumento cosmológico da existência, *nesse momento lógico* da argumentação ela é apenas uma constatação de que um prazer interno corresponde inexplicavelmente a uma ordenação externa e a uma unidade das leis. O espanto com a regularidade deve ser entendido por si mesmo, porque com ele não se faz *ainda* nenhuma afirmação sobre a causa dessa regularidade. Se é assim, pode-se agora explorar mais fundamente a proximidade com o juízo reflexionante, e com a diferença entre o juízo teleológico e o estético.

A comparação entre os diferentes sistemas e entre os animais particulares é possibilitada pela uniformidade dos princípios, e a parcimônia dos meios é espantosa, porque com ela se chega a uma grande variedade de fins. Embora esse espanto seja essencial — inclusive para posteriormente alicerçar o argumento teleológico —, tal admiração diante da economia dos órgãos não deve ser confundida com outro tipo de sentimento muito importante, que deve ser, mais uma vez, separado de toda e qualquer apreciação da finalidade ou do êxito na obtenção dos fins. O que significa dizer que o mesmo fenômeno pode ser interpretado a partir de visões complementares, mas, no fundo, diferentes.

A razão, como já se mostrou, é a faculdade que discerne a adequação dos meios aos fins e as diversas relações entre as coisas. Diferentemente da razão ou entendimento, que se volta para a utilidade ou interesse do conhecimento, para sua aplicabilidade, o prazer em questão aqui é um "prazer imediato no conhecimento

O sentimento e a descoberta do juízo reflexionante 309

(*a immediate pleasure in knowledge*)". A utilidade de uma descoberta ou invenção, se é que ela existe, é colocada entre parênteses, e a mente se volta unicamente para a engenhosidade da construção. Ou como explica Hutcheson:

> Temos, portanto, um prazer em contemplar os efeitos da arte e do projeto [*design*], em qualquer mecanismo engenhoso [*ingenious machinery*] adaptado a propósitos valiosos, em qualquer utensílio bem adequado a seus fins, quer esperemos fazer uso dele, quer não.[14]

A compreensão racional de que o meio é adequado ao fim, isto é, de que a máquina bem engenhada serve real e efetivamente ao fim objetivo é acompanhada de uma fruição subjetiva de sua mera feitura, *mesmo se não se fizer nenhum uso dela*. Ou seja, em obras de arte (*works of art*, expressão usada em seu sentido lato) haveria um duplo prazer, um superior, que advém da "execução do projeto", e um outro, que consiste na "beleza da forma".[15] É exatamente o que ocorre com o contentamento que se sente diante dos teoremas de Euclides ou das leis de Newton: os homens "se encantam com a beleza desse conhecimento, além da utilidade dele".[16] Tal encantamento ocorre não obstante se desconheça o emprego a que uma descoberta engenhosa se destina, e continua ocorrendo, mesmo quando já seja aplicada de modo prático. O prazer com esses conhecimentos continua a estimular

> [...] mesmo quando não temos nenhuma perspectiva de obter outra vantagem de tais modos de deduzir que o prazer imediato de contemplar a beleza; tampouco o amor à fama poderia nos despertar a tais métodos de dedução, se não tivéssemos consciência de que os homens se aprazem

---

[14] Hutcheson, F., *System*, p. 128.

[15] *Idem*, pp. 128-9.

[16] *Idem*, *IBV*, p. 38.

imediatamente com eles, por esse sentido interno da beleza deles.[17]

Hume soube aproveitar admiravelmente essa distinção. Na explicação da paixão conhecida como curiosidade ou amor à verdade a principal circunstância requerida para tornar a verdade "agradável" é, como já se comentou extensamente, o "gênio e a capacidade empregadas em sua invenção e descoberta". Que seja o *exercício* do gênio (*genius*) e das faculdades intelectuais o fator preponderante na satisfação sentida pelos homens que se empenham pelo saber científico, fica claro pela observação de que conhecimentos a que se chega sem dificuldade são tediosos e não deixam nenhum rasto de contentamento.[18] É certo que a descoberta científica precisa ter alguma importância ou utilidade para a humanidade, mas, como também se mostrou, essa importância nem sempre é "objetiva" e pode passar muito tempo para que seja reconhecida. É o que geralmente sucede com as opiniões dos pensadores *abstrusos*, que podem ser de valia, tanto para se chegar a finas descobertas, como porque "sua compreensão exige algum esforço" e se tem, por isso, "o prazer de ouvir algo que é inusitado": "Um autor que não nos diz nada que não possamos aprender em qualquer conversa de café merece pouca consideração".[19]

As descobertas e invenções atraem pelo que provocam na mente, e a saudável aplicação do espírito ao examiná-las não se confunde com nenhuma paixão ou inclinação interessada na finalidade delas. O que fica claro pela ilustração de um homem que examina detidamente a excelente edificação dos fortes de uma cidade. Se todas as fortificações e equipamentos militares da cidade "se mostrem adequados a cumprir suas finalidades", o observador "obterá um prazer e uma satisfação proporcionais". Pode-se objetar que a satisfação advém da utilidade, uma vez que as fortificações são necessárias e úteis aos habitantes da cidade, com os

---

[17] *Idem*, pp. 38-9.

[18] Hume, D., *THN*, II, 3, 10, p. 449; trad., pp. 484-5.

[19] *Idem*, "Do comércio", *EMPL*, p. 195.

O sentimento e a descoberta do juízo reflexionante

quais o observador pode estar ligado por proximidade ou simpatia. Mas a sua satisfação será igual, mesmo que ele seja um estrangeiro e até guarde certo ódio aos moradores do lugar.[20]

O prazer que se sente com as descobertas é um prazer que não se volta para um objeto de desejo, isto é, ele não tem sua origem em nenhum interesse. É uma paixão mais fraca que os "afetos reais", uma paixão fraca ou prazer da *imaginação*, que se entretém unicamente com seu próprio labor mental.[21] Adam Smith explicou por outro ângulo o mesmo sentimento. Existem objetos, diz, que "são considerados sem nenhuma relação peculiar conosco ou com as pessoas de que julgamos os sentimentos": belezas naturais, ornamentos de um edifício, a expressão numa pintura, proporções entre quantidades, os assuntos gerais de ciência e arte, os "diversos aspectos em que se mostra a grande máquina do universo", e tudo isso não se refere diretamente ao interesse do próprio indivíduo, nem ao daquele com quem está em contato, e, portanto, o prazer que advém desses objetos não se deve a nenhuma simpatia pelo outro. A comunicação de prazer se dá aqui independentemente do objeto, uma vez que os indivíduos não estão preocupados com o que podem obter dele; este é tão só a ocasião de reconhecerem que julgam da mesma maneira e exercem igualmente seus próprios talentos do gosto e do bom julgamento.[22] Tal prazer é tanto maior quando se reconhece um talento ainda superior, capaz de surpreender e causar admiração pela agudeza e compreensão, que não se limita a distinguir a beleza da feiura ou dizer que dois mais dois é igual a quatro, mas revela pequenos detalhes e diferenças imperceptíveis numa obra bela, e discerne com facilidade as mais intrincadas e complexas proporções matemáticas. É nisso que se funda a grande admiração causada pelas "virtudes intelectuais".[23]

Aqui se pode ver quão complexa é a moral da filosofia britânica, que está longe de poder ser identificada com uma moral uti-

---

[20] *Idem*, *THN*, II, 3, 10, p. 450; trad., p. 486.

[21] *Idem*, pp. 449-50; trad., pp. 485-6.

[22] Smith, A., *TMS*, I, 4, p. 19.

[23] *Idem*, p. 20.

litarista. Com efeito, um dos pontos mais sutis de sua trama aparece com clareza no momento em que ela explicita que o próprio das "qualidades intelectuais" não é ser algo proveitoso, diretamente quantificável. A vantagem, o benefício social que delas resulta é indireto, e elas valem primeiro pela sua atualidade ou exercício e apenas secundariamente por aquilo que promovem ou executam. Uma invenção inútil, mas engenhosa, não deixa de ter seu atrativo para a mente. Essa distinção fundamental é mais uma vez muito bem assinalada por aquele que foi considerado o antecessor direto do utilitarismo, Adam Smith:

> A utilidade dessas qualidades [intelectuais], pode-se pensar, é o que primeiramente as torna recomendáveis para nós; e, sem dúvida, a consideração disso, se chegamos a lhe prestar atenção, lhes dá um novo valor. Originalmente, no entanto, aprovamos o juízo de outro homem não como algo útil [*useful*], mas como algo correto, acurado, conforme com a verdade e a realidade [*agreeable to truth and reality*]: e é evidente que lhe atribuímos essas qualidades por nenhuma outra razão senão porque achamos que ele concorda com o nosso. Da mesma maneira, o gosto não é aprovado originalmente por ser útil, mas por ser justo, delicado e precisamente adequado a seu objeto. A ideia da utilidade de todas as qualidades dessa espécie é um pensamento posterior [*after-thought*], e não o que primeiramente as torna recomendáveis para nossa aprovação.[24]

O prazer decorrente da admiração pelo gênio artístico e pelas capacidades intelectuais do cientista repousa na constatação de que os outros também julgam da mesma maneira. O prazer, portanto, não resulta de nenhuma outra coisa senão *do exercício da própria capacidade de julgar*. Tudo aquilo que se disse antes sobre a avaliação das qualidades humanas e sua quantificação *more geometrico* desemboca justamente nesse ponto: o senso interno, liga-

---

[24] *Idem*, p. 21.

do ao senso moral, não é uma capacidade como as outras, mas sim a capacidade particular de apreciar e julgar imediatamente as outras capacidades todas. As forças humanas podem ser medidas por aquele que é seu benefício no interior de uma sociedade, e a aprovação moral que as acompanha é dada imediatamente na faculdade respectiva, o senso moral. Essa aprovação, no entanto, não pode ser confundida com um sentimento de prazer de outra espécie, o da "justeza" de uma ação ou de uma paixão condizente, adequada, com a situação, sentimento de prazer este que se refere ao exercício da virtude ou de alguma qualidade moral, independentemente do êxito logrado pelo agente. Todas as faculdades humanas podem ser apreciadas sob esses dois ângulos: aquele pelo qual obtêm algo e aquele pelo qual se contempla o mero desempenho delas. Hutcheson lembra que em Aristóteles as ações de ver, recordar, conhecer, de praticar a virtude são "*exercícios* de certos poderes naturais" que não visam à obtenção de nenhum dos prazeres que naturalmente os acompanham, mas são praticados por si sós, isto é, há uma propensão natural para eles.[25]

Se é assim, deve haver também uma capacidade de sentir o desempenho das faculdades que não se confunde com usufruir dos produtos que delas resultam. Smith a distingue desta e das outras faculdades, retomando o seu nome antigo de "senso de decoro" ou "senso de propriedade", porque o contentamento próprio ao exercício dessa capacidade enquanto faculdade particular vem da adequação ou acerto com que julga o exercício das demais faculdades, incluindo a si mesma. Existem duas maneiras, diz ele, de julgar a propriedade ou impropriedade (*propriety/impropriety*) dos sentimentos do outro indivíduo em relação aos da própria pessoa: ou o objeto que desperta tal sentimento é considerado como interessando ou afetando um dos dois, ou ele é um objeto que não tem relação com nenhum dos dois.[26] Nesse último caso, dado o "de-

---

[25] Hutcheson, F., *IBV*, p. 208 (grifo nosso). No mesmo contexto, o *Sistema* (p. 128) também remeterá ao mesmo passo da *Ética nicomaqueia* (X, 2, 1174a 4-8).

[26] Smith, A., *TMS*, p. 19.

sinteresse" de ambos pela coisa mesma, o foco do senso de propriedade é tão somente o acordo entre os dois sujeitos no seu modo de avaliação dos objetos em geral. E é também apenas mediante esse senso "subjetivo" que os sujeitos chegarão a concordar sobre suas próprias faculdades e suas paixões e afecções em geral:

> Cada faculdade no homem é a medida pela qual ele julga a mesma faculdade em outro. Eu julgo a sua visão pela minha visão, o seu ouvido pelo meu ouvido, a sua razão pela minha razão, o seu ressentimento pelo meu ressentimento, o seu amor pelo meu amor. Tampouco tenho ou posso ter outro meio de julgar a respeito deles.[27]

O juízo sobre as faculdades dos outros não tem uma medida externa, objetiva, e é por isso que ele, juízo, pode ser dito a medida de todas as medidas, a faculdade da medida por excelência. Embora as diferenças entre Hutcheson, Hume e Smith sejam certamente pequenas, é preciso notar que Smith assimila o senso interno de medida ao juízo, enquanto, sempre preocupado com a distinção entre sentimento e razão, Hutcheson faz questão de distingui-los. Para ele, o senso interno não avalia a adequação dos meios ou o êxito na consecução dos fins, incumbência que recai sobre seu irmão gêmeo, o juízo, ao qual ele está umbilicalmente ligado, do qual, entretanto, também se distingue porque põe de lado toda referência objetiva ou interessada. O matiz terminológico tem seu interesse, quando se lembra a semelhança dessas observações com as funções do juízo em Kant, faculdade que assimila tanto o sentido objetivo do *judgment* — avaliação da adequação dos meios aos fins — quanto o sentido subjetivo, de senso interno, que é a apreciação da atividade em si mesma, sem finalidade externa, apreciação esta cuja validade repousa inteiramente sobre o acordo subjetivo entre os judicantes: o acordo se dá entre eles porque julgam da mesma maneira, e o prazer advém do exercício justo da faculdade de julgar. Não se deve menosprezar a impor-

---

[27] *Idem, ibidem.*

O sentimento e a descoberta do juízo reflexionante

tância disso no interior do sistema crítico: assim como *exteriormente* o Juízo observa se os resultados objetivos estão sendo obtidos pelos meios adequados, *dentro do sistema* ele é o responsável pelo exame subjetivo da justeza e alcance das faculdades e poderes, incluindo a própria capacidade de julgar. A filosofia britânica não estava certamente longe do juízo reflexionante.

SENSO INTERNO E REFLEXÃO

Mais decisiva que a discussão sobre a primazia ou anterioridade da descoberta do juízo reflexionante é a discussão sobre o ganho conceitual das noções. E, desse ponto de vista, o resultado mais uma vez não é irrisório. Paralelamente ao juízo de gosto, o sentimento de prazer estético desempenha uma função antropológica indispensável, e Kant mesmo terá dificuldade em demarcar as linhas que separam o âmbito estético do domínio mais geral da vida.

Pois é preciso lembrar, mais uma vez, que todas essas discussões do sentimento estético não podem ser destacadas da antropologia e da filosofia moral de que é parte integrante. Em Hutcheson, a paciente descrição do sentimento do belo se desenvolve muito em função da rejeição dos padrões "epicuristas" de explicação do prazer e da dor como motores da ação humana e, mais explicitamente ainda, contra as teses de Locke, de que a natureza humana é movida principalmente pela inquietação ou desconforto (*uneasiness*) e de que o desejo é maior ou menor conforme a intensidade da inquietação. O desejo, para Locke, é essencialmente a saída de um estado atual de desconforto para obtenção de algo cujo gozo "implica a ideia de deleite".[28] À explicação se agrega ainda um argumento de natureza providencialista: a inquietação é o acicate usado por Deus para fazer os homens deixarem a inércia e a inatividade, levando-os ao exercício, ao emprego e aprimoramento de suas habilidades. A refutação dessas ideias foi adiantada há

---

[28] Locke, J., *Essay*, II, XX, 6, p. 177.

pouco: como já lembrava Aristóteles, a ação pode ter um objeto exterior a ela, mas o mero exercício das faculdades e dos órgãos já é sentido como um prazer. Locke confunde, portanto, dois tipos de sensação: *o deleite com a obtenção de algo que se busca* e *a satisfação com o êxito na busca*.

Para mostrá-lo, Hutcheson procede a uma refutação em regra das afirmações lockianas, refutação esta que será um dos pilares de toda a antropologia posterior. Pode-se aceitar com Locke que o desejo está geralmente ligado a uma sensação incômoda, ou seja, que ele é também um desconforto ou se faz geralmente acompanhar de uma sensação desconfortável (*uneasy sensation*). Mas isso não significa que se deve confundir a sensação de desconforto que acompanha o desejo com a sensação agradável (*pleasant sensation*) que se espera alcançar com um acontecimento ou com um objeto.[29] A expectativa de um acontecimento surge de representações agradáveis anteriores ao desejo, e o desejo veemente de que elas ocorram é que pode gerar ansiedade e desconforto. A prova de que Locke se equivoca ocorre numa demonstração por absurdo, já que ninguém deseja um objeto ou acontecimento apenas e tão só para se livrar da sensação desagradável ligada ao desejo:

> Sensações que são *prévias* ao *desejo*, ou não conectadas com ele, podem excitar o desejo de algum acontecimento, apreendido como necessário para se obter ou continuar a sensação, se ela é prazerosa, ou para removê-la, se é incômoda; mas *a sensação incômoda que acompanha o desejo mesmo ou está conectada com ele* não pode ser um motivo para aquele desejo, que ela pressupõe. A *sensação* que acompanha o desejo é geralmente *incômoda* e, consequentemente, nosso desejo jamais é despertado com o propósito de obtê-la ou continuá-la; nem tampouco o desejo é despertado com o propósito de remover essa sensação incômoda, pois o desejo é despertado previamente a ela.[30]

---

[29] Hutcheson, F., *ECP*, p. 24.

[30] *Idem*, p. 24.

O sentimento e a descoberta do juízo reflexionante

Locke pressentiu corretamente que há uma satisfação concomitante à obtenção do objeto do desejo, mas a confundiu com o desejo mesmo. Ele não soube fazer clara distinção entre a "agradável sensação de alegria", satisfação muito mais *calma* que "está conectada ao êxito ou gratificação de qualquer desejo", e a sensação que resulta do objeto mesmo que satisfaz o desejo. Confundir as duas sensações significa igualar o desejo por coisas absolutamente díspares, significa dizer que sentir desejo de objetos triviais ou indiferentes equivale ao desejo por objetos valiosos, já que tanto faz o objeto buscado, se o que importa é aliviar a sensação de mal-estar que o acompanha. Pode-se assim desejar que uma palha se mova com tanta intensidade quanto se deseja obter riqueza e poder:

> A expectativa de *prazer* do desejo *gratificado* nos excitaria igualmente a desejar a miséria dos outros tanto quanto a felicidade deles, uma vez que o *prazer da gratificação* poderia ser obtido da mesma maneira por ambos eventos.[31]

Como bem mostra Luiz Roberto Monzani, uma vez que em Locke a *uneasiness* se identifica com o desejo, ou pelo menos é acompanhada dele, o essencial no desejo é se livrar da sensação penosa, ou seja, antes de "qualquer consideração de outra ordem", o motivo que primeiramente determina a vontade é "ir em direção à supressão" da insatisfação.[32] No entanto, se é assim, o desejo em Locke é um conceito de dupla face, pois, enquanto identificado à *uneasiness*, ele é "a consciência de mal-estar presente e, enquanto desejo, é a consciência de um bem ausente".[33] Duplamente negativo, portanto, o desejo é "percepção da ausência de alguma

---

[31] *Idem, ibidem.*

[32] Monzani, L. R., *op. cit.*, pp. 178, 179 e 185. O desenvolvimento que se faz aqui se beneficia do fino comentário do autor aos textos de Locke e de Malebranche.

[33] *Idem*, p. 185.

coisa cuja presença provocaria prazer ou deleite e cuja ausência está provocando a insatisfação".[34] Mas, como assinala ainda o autor, é difícil entender como "um mesmo estado de consciência possa abrigar simultaneamente essa dupla função. Não se trataria, na verdade, de dois estados distintos?".[35]

Em sua crítica a Locke, Hutcheson também nota a dificuldade de assimilar o desejo à sensação de mal-estar. Isso está relacionado a uma visão que o opõe simultaneamente a Locke e a Malebranche, esses dois defensores da "inquietação", a despeito de todas as diferenças entre eles: com efeito, embora Locke critique Malebranche afirmando que o homem não age primeiramente em busca do sumo bem, mas movido por suas "preocupações cotidianas, diárias",[36] ambos se identificam na constatação de que a causa da ação está numa carência, numa negatividade, numa ausência inquietadora, aqui de uma satisfação momentânea, lá do bem supremo. Numa palavra, eles não conseguem ver o que há de positivo no movimento do desejo.

Não há como negar que Locke tenha *certa* razão: existem, de fato, desejos ligados à dor, cujos objetos, uma vez obtidos, provocam prazer. Esses desejos, como sede, fome e busca do outro sexo, são chamados pela tradição de *apetites*.[37] Mas a grande maioria dos objetos é de início *indiferente* a dor e prazer, porque não se pode dizer que são propriamente objetos de desejo. O ponto é de capital importância. Se, no caso do apetite, a relação do desejo para com seu objeto é inapelável (os animais "sabem" por instinto o que "querem"), e a satisfação ou insatisfação, inevitável, para além desse campo mais estrito do apetite imediato o objeto do desejo humano é sempre *vago* e depende de associações imaginárias. Esse limite preciso da passagem do apetite sensível aos desejos de segunda ordem demarca exatamente onde começam a história e a cultura. Quer dizer, Locke parece ter entendido a his-

---

[34] *Idem*, p. 176.

[35] *Idem*, p. 185.

[36] *Idem*, p. 181.

[37] Hutcheson, F., *ECP*, p. 67.

O sentimento e a descoberta do juízo reflexionante

tória e a cultura como a reiteração dos desejos mais imediatos, como a continuação de um estado permanente de luta para evitar o mal-estar — tudo isso comandado por uma sabedoria divina que impede os homens de ficarem parados. Hutcheson mostra contra isso o fato óbvio de que o mal-estar cultural não é natural, ele decorre de desejos mal compreendidos, *provocados pela transformação de objetos em si indiferentes em objetos de desejo.*

O dispositivo que transforma algo em si mesmo neutro em objeto desejado foi explicado por Shaftesbury mediante a noção de afeição ou propensão, que é um modo de se inclinar ou afeiçoar por alguma coisa, afeiçoamento que, como já foi indicado, pode se converter em hábito, paixão e até em mania. Essa noção foi decisiva para a moral, a antropologia e a filosofia da história posterior. É bem possível, por exemplo, que a explicação de Rousseau para o surgimento de carências e necessidades artificiais no estado social tenha a ver com ela: o homem natural limita seus desejos aos poucos apetites animais, enquanto o homem de sociedade vê proliferar diante de si uma profusão de objetos de desejo que não conhecia.[38] Em Kant, ela também aparece claramente: a afeição ou inclinação por algo se converte num hábito que já não mais pode ser deixado de lado, ela "sempre pressupõe que o objeto se tornou uma carência no sujeito".[39]

A conversão da inclinação ou afeto em paixão ou desejo não é apenas negativa: pelo contrário, ela é fundamentalmente positiva. Aqui ocorre o mesmo que se viu ao discutir a imaginação: assim como esta, que, aliás, é parte fundamental dele, o dispositivo afe-

---

[38] A descrição do progresso da desigualdade explica "como a alma e as paixões humanas, alterando-se insensivelmente, mudam, por assim dizer, de natureza": ela mostra "por que nossas carências e nossos prazeres mudam com o tempo de objetos" e "por que o homem original, esvanecendo gradualmente, a sociedade já não mostra aos olhos do sábio senão uma porção de homens artificiais e de paixões factícias", que são obra das novas relações sociais, não tendo "nenhum fundamento verdadeiro na natureza". Rousseau, J.-J., *Discours sur l'Origine de l'inegalité parmi les hommes*, apresentação de H. Guillemin, Paris, Union Générale d'Éditions, 1973, pp. 387-8.

[39] *Antropologia Busolt, AA*, XXV, II, p. 1519.

tivo-passional pode ser adequado ou não, dependendo das condições em que é ativado. Para além dos apetites primeiros, os homens descobrem objetos de prazer que não são naturais, o que não quer dizer que a "disposição" para o prazer não o seja: simplificando, o objeto é artificial, mas a disposição, não. É por isso que, mesmo sendo artificial, porque criado pela sociedade dos homens, e por mais sensual que ele seja, o objeto do desejo é sempre "inocente", desde que usufruído com moderação.[40]

Sem dúvida alguma, que o desejo seja "vago", que os homens não tenham de antemão clareza sobre o objeto de sua busca e, ainda, que sua busca seja incessante, isso aproxima claramente a filosofia de Shaftesbury e de Hutcheson da filosofia *inquieta* de Malebranche. Assim como para o filósofo francês, nos dois filósofos britânicos o apego dos homens a objetos particulares de prazer depende do "movimento" maior que os leva a buscar, além desses objetos mais imediatos, o verdadeiro objeto de todas as suas inclinações parciais, isto é, o *sumo bem*, que, exatamente como no filósofo francês, deve conter todos os bens relativos.[41] Cada inclinação particular constitui, na verdade, um primeiro delineamento, uma objetivação parcial ou momentânea do verdadeiro objeto de toda a busca. Ora, esse bem supremo é um ideal que cada indivíduo constrói paulatinamente para si, em meio ao claro-escuro de suas representações, dentro da circunscrição das noções de bem e mal e dos preconceitos do grupo ou sociedade em que vive. O bem soberano, tal como em Malebranche, é algo apenas vislumbrado pelo "sentimento interior". Contudo, enquanto para o *père jesuite* o último e supremo bem é Deus, que impele o movimento dos espíritos até si mesmo, nos filósofos britânicos esse bem supremo corresponde à máxima benevolência que os homens podem almejar produzir. Com isso se pode dizer que mesmo a derradeira meta de suas inclinações, o objeto por excelência de suas vontades, é

---

[40] "*Every passion or affection in* its moderate degree *is inocent...*" Hutcheson, F., *ECP*, p. 65.

[41] Malebranche, *De la recherche de la vérité*, IV, 2, p. 13. O título do capítulo 2 do livro IV é precisamente "A inclinação para o bem em geral é o princípio de nossa vontade".

O sentimento e a descoberta do juízo reflexionante

vago, mas de uma vagueza positiva. O sumo bem não existe desde sempre implantado na alma, mesmo que obscuramente, como uma ideia inata (como é o Deus malebranchiano), porque ele é, também, como os demais objetos do desejo, um objeto que se constitui na *experiência*. Imagem (ou miragem) produzida por uma pré-sensação, pré-concepção, por fantasias antecipatórias (*pre-conceptions, pre-sensations, fancys, antecipating fancies*),[42] o sumo bem vai sendo mais e mais bem fixado por aproximação, por um tateio cada vez mais preciso, embora ele jamais venha a se dar em sua "essência" descarnada, isto é, desprovida de uma figura, de um aspecto ou *species* produzida pela imaginação. Pelo léxico cuidadosamente escolhido, Shaftesbury — secundado por Hutcheson — confere à imaginação um estatuto completamente diferente do que se verifica até então: num lance magistral que a liga à noção de *prolepse* ou pré-noção estoica, ele mostra que a imaginação ou fantasia não é a faculdade que obstrui a revelação da ideia do verdadeiro bem,[43] mas uma faculdade que *antecipa* a cada mo-

---

[42] Shaftesbury, *Characteristicks*, II, pp. 26 e 230.

[43] Como ocorre em Malebranche, para quem ela faz os homens se voltarem "com furor na direção dos corpos", esquecendo-se inteiramente de Deus. Esse movimento de ligação com o corpo e com os outros, no entanto, é fundamental para a conservação do indivíduo (*De la recherche de la vérité*, IV, 1, 3, p. 11). Outro ponto de semelhança com a filosofia britânica é a ideia de que é difícil quebrar o movimento associativo, a emoção provocada pelos espíritos animais. Haveria duas formas para isso. Pode-se, em primeiro lugar, trazer à mente pensamentos contrários à ideia a que se quer opor, estratégia que se chama "revulsão" (*revulsion*), que tem, no entanto, o inconveniente de provocar a associação incorreta de ideias contrárias, de modo que ideias como a de eternidade ou "qualquer outro pensamento sólido" acabam reforçando as ideias que se quer negar. Mais afinada com a posição de Hume é a estratégia de trazer à mente coisas diversificadas, provocando uma *diversão* (*diversion*) (*idem*, p. 188). As duas soluções parecem coerentes com a dualidade do "sistema" malebranchiano: para "impedir o jogo da máquina" imaginativa (*empecher le jeu de sa machine*), a alma tem de possuir a capacidade de "imaginar fortemente algum outro objeto, cujos vestígios abertos façam os espíritos animais tomarem um outro curso" (*idem*, p. 132). Essa solução próxima da de Hume (inclusive do ponto de vista mecânico) convive, no entanto, com uma solução racionalista mais conservadora: para conseguir

mento e faz entrever um objeto que ainda não existe para a alma ou para a mente. Para além da fase de satisfação instintiva dos apetites, a imaginação é a primeira forma de objetivação do desejo, a que delineia os seus objetos, desde os que estão ainda próximos à sensualidade até os mais "puros". É ela que faz as coisas se tornarem objetos do querer, isto é, algo que atrai, que é digno ou indigno do esforço para obtê-los. Pois vale também para os objetos em geral o que se disse sobre as ações: todas as ações que não são moralmente boas têm, contudo, uma intenção boa, porque são motivadas pela imaginação de algum bem.

A busca do supremo bem, como a de todos os outros, tem algo de incerteza, de obscuridade, de vagueza, já que a combinação da propensão com a imaginação dá sem dúvida grande margem a equívocos. Mas querer certeza na busca da felicidade é certamente querer muito. Como diz Hutcheson recusando radicalmente a concepção estoica do sábio: se é seguro que o desejo de praticar a virtude não pode ir além das forças do sujeito, mas tem de estar de acordo com o poder do sujeito, se a virtude é entendida como sendo fundamentalmente benevolência, o objeto das "afecções generosas" é, necessariamente, um "objeto incerto, que não está em nosso poder" (*but this* kind affections *tends towards* a uncertain object, *which is not in our power*).[44]

A ESCALA DO DESEJO

Talvez nada mais distante dessas considerações que a precisão com que a moral kantiana define o objeto da razão pura prática,

---

prosseguir no trabalho de meditação, é necessário não deixar que a atenção seja desviada pelos espíritos animais, mantendo a atenção e enganando a imaginação, a fim de reacender os espíritos animais para o objeto da investigação (*idem*, p. 184). Seria interessante saber se nessas estratégias, além da tradição agostiniana, não há também inspiração da tradição estoica dos exercícios espirituais, como no caso de Shaftesbury e Hutcheson, para quem o combate às representações ruins se faz com a construção de imagens positivas.

[44] Hutcheson, F., *ECP*, p. 84.

o sumo bem, que, na condição de "objeto *a priori* da vontade moralmente determinada",[45] estaria igualmente longe de toda vagueza e de toda e qualquer determinação empírica. Sem dúvida, para Kant a filosofia de Hutcheson e a de Shaftesbury são unilaterais, eudemonistas, mas é preciso ter em vista também o quanto seu sistema antropológico e moral, do que faz parte a sua filosofia da história, se baseia em distinções feitas pelos dois autores que ele frequentou nos anos 1760, e que permanecem válidas para ele, a começar pela distinção central entre afeição e paixão.[46] Kant explica muito bem o sentido desses conceitos na filosofia da sociabilidade inglesa. As paixões "são divididas em paixões da inclinação *natural* (inatas) e paixões da inclinação procedentes da *civilização* dos seres humanos (*adquiridas*)". No entanto, todas as paixões

> [...] são sempre desejos dirigidos apenas de homens a homens, não a coisas, e sem dúvida se pode ter muita inclinação a utilizar um campo fértil ou uma vaca, mas não *afeição* (que consiste na inclinação à *comunidade* com os outros), e muito menos uma paixão.[47]

Nada mais certo para a filosofia do sentimento moral: contrariamente ao que sugere a tradição, as paixões não são selvagens, antissociais; elas estão sempre acompanhadas de uma representação direcionada a um outro, ao grupo, à sociedade. Elas nunca são ideias simples, mas complexíssimas, *ideias concomitantes*, o que Kant logo cedo compreendeu. Nascidas de inclinações, de afetos, elas estão sempre voltadas para a sociedade, mesmo quando parecem satisfazer interesses egoístas, e os objetos que elas produzem ou buscam são objetos do "imaginário" coletivo. É assim que a história avança, na concepção kantiana: ao perseguir fins egoístas, os homens estão trabalhando à revelia deles para uma sociedade

---

[45] Kant, I., *Crítica da razão prática*, AA, V, p. 4.

[46] *Idem*, *Antropologie Friedländer*, AA, XXV, p. 589.

[47] *Idem*, *Antropologia*, p. 165.

sem fronteiras, cosmopolita, e para a comunidade espiritual de todos os homens — ou seja, para a construção de um objeto, um fim, a respeito do qual eles não têm inicialmente nenhuma clareza, que só é alcançada pouco a pouco. Com o que se pode afirmar que os pensadores britânicos deram ao Idealismo Alemão os elementos, o delineamento e modo de direcionamento de sua filosofia da história.

Foi a sabedoria natural que implantou as propensões, inclinações e impulsos na natureza humana, e a cultura — com seu ingrediente imaginário — se encarrega do restante:

> A natureza não colocou paixões nos homens, mas apenas inclinações, e somente a fantasia as converte em paixões. Por isso, ela também não quis que observássemos a apatia dos estoicos no que diz respeito às paixões e afetos. A natureza colocou nos homens apenas impulsos fortes, que ainda são aumentados pela cultura da imaginação.[48]

A passagem esclarece bem que a conversão da propensão em hábito, afeto ou paixão, depende da intervenção da fantasia, que, nesse caso, é sempre uma criação coletiva. A filosofia da história e antropologia, como planos em que se dão a cultura e a moralização dos homens, não são concebidas como um processo estritamente racional, porque sem a energia dos impulsos fortes, ampliados pelo trabalho da imaginação que os converte em afetos e paixões, *os fins últimos da razão não teriam como motivar os homens, seres racionais, mas também sensíveis*. Aqui se nota a clara influência do século XVIII inglês sobre Kant:[49] os homens são impelidos ao bem coletivo, sem que a razão tenha interferência direta nisso; a natureza é o seu sucedâneo, por ser mais sábia nesses domínios. A explicação da composição e do andamento do aparelho

---

[48] Kant, I., *Antropologia Busolt, AA*, XXV, p. 1361.

[49] Caberia certamente uma parte a Mandeville, mas, como se mostrou de passagem antes, Hutcheson incorporou o mecanismo mandevilliano dos "vícios privados, bens públicos" dentro da lógica sociabilista de Shaftesbury.

instintivo — afetivo — racional, andamento mediado pela imaginação criadora de ilusões necessárias, também permite que se evite a impressão de que a filosofia kantiana sucumbe a um dualismo, pois faz visualizar melhor o elo existente em sua filosofia entre razão e as motivações sensíveis, entre a determinação da vontade por liberdade e os motores interessados, que de outro modo se encontrariam em âmbito inteiramente distintos.

A cadeia que vai das propensões naturais às paixões adquiridas é cuidadosamente explicada pela antropologia kantiana: de início, tem de haver paixões inflamadas (*passiones ardentes*), como a *inclinação à liberdade*, mas essa última, que a criança-homem já mostra desde seus primeiros dias, não consegue resistir e permanecer da infância até a "idade da razão" sem a ajuda de paixões mais fracas, frias (*passiones frigidae*), como ambição, desejo de poder e cobiça, que, diferentemente daquelas impetuosas, são paixões perseverantes, que perseguem com determinação "uma máxima dirigida a certos fins".[50] Ou seja, mesmo que uma liberdade "natural" esteja dada na infância do homem e da humanidade, sua semente só pode se conservar e amadurecer com a ajuda de outros afetos e paixões.

É preciso lembrar que também o desenvolvimento das habilidades, das aptidões humanas, depende do mesmo encadeamento, que se poderia chamar, em Kant, de doutrina da "gradação do desejo". Em todo desejo, diz Kant, se pode reconhecer quatro momentos: propensão, instinto, inclinação e paixão.[51] A *Antropologia pragmática* se ocupa da definição de cada uma dessas noções:

---

[50] Kant, I., *Antropologia*, p. 165.

[51] "Em todos os nossos desejos há uma gradação: propensão, instinto, inclinação e paixão" (*Antropologia Busolt, AA*, XXV, p. 1517). Como já se indicou antes, o afeto, como movimento na direção de alguém, se identifica com a inclinação (*Neigung*). É assim que, por exemplo, Johann Gottlieb Gellius traduz corretamente *affection* ora por *Affekt* ora por *Neigung* na sua excelente tradução *Ensaio sobre a natureza e conduta das paixões e afecções* (*Abhandlung über die Natur und Beherrschung der Neigung und Leidenschaften*, Leipzig, 1760). A escolha do termo mostra bem como a física newto-

A *possibilidade* subjetiva do surgimento de certo desejo, que precede a representação de seu objeto, é *propensão* [*propensio*]; — a *coação* interna da faculdade de desejar para possuir esse objeto, antes de conhecê-lo, é instinto (como impulso de acasalamento ou impulso paternal dos animais de proteger suas crias etc.); — o desejo sensível que serve de regra (hábito) ao sujeito chama-se inclinação [*inclinatio*]; — a inclinação pela qual a razão é impedida de comparar essa inclinação com a soma de todas as inclinações, em vista de uma certa escolha, é a *paixão* [*passio animi*].[52]

As definições não são exatamente as melhores, nem as mesmas que aparecem nos cursos de Antropologia;[53] no entanto, elas servem para mostrar que a escala do desejo se divide em momentos nos quais ainda não há conhecimento ou representação do objeto desejado (instinto, propensão), e momentos nos quais o objeto desejado se converte em hábito, em necessidade subjetiva, que pode passar a tomar conta de toda a mente, quando exclui a possibilidade de convivência com outras inclinações. O movimento do desejo é ambivalente: se, de um lado, são as inclinações que permitem o aprimoramento das capacidades humanas e a obstinação na perseguição de seus fins, mesmo implicando a satisfação de carências pouco altruístas, de outro, quando essas inclinações excedem certo ponto e se tornam paixões, elas obstruem a busca do "sumo

---

niana foi generalizada na moral e na antropologia do século XVIII: como diz Hutcheson em *ECP*, as definições e axiomas dos afetos se fazem por analogia com as leis do movimento (pp. 34-7).

[52] Kant, I., *Antropologia*, p. 163.

[53] O que ocorre com a noção de inclinação na própria antropologia pragmática. Para mais definições, cf., por exemplo, *Antropologia Friedländer*, pp. 589-90; *Antropologia Busolt*, pp. 1518-9. É claro que toda a teoria da gradação do desejo não depende inteiramente de Shaftesbury e Hutcheson, mas também de outros autores como Buffon, Rousseau, Adam Ferguson etc., mas o delineamento geral é sem dúvida deles.

bem" pessoal, isto é, da felicidade possível no nível individual, pois impedem que se veja "a soma de todas as inclinações" em vista da melhor escolha entre elas. Tudo isso, entretanto, também já é bastante conhecido: um bem menor é assim definido também porque exclui outros bens, toda paixão imoderada deixa de ser boa etc. Mas Kant o explica de maneira um pouco diferente: a paixão *é boa pelo fato mesmo de ser ruim*. A força que a natureza lhe deu para impelir os homens é uma força concentrada, que só existe porque ela exclui tudo o mais; por outro lado, sua energia, sua intensidade, vindo da cegueira, também cega, e com isso se chega a uma perspectiva bem diferente dos afetos e paixões:

> A inclinação que dificilmente pode ser dominada pela razão do sujeito, ou não pode ser dominada de modo algum, é *paixão*. Em contrapartida, o sentimento de prazer e desprazer no estado presente, que não deixa aflorar no sujeito a *reflexão* (a representação da razão, se se deve entregar ou resistir a ele), é *afecção*.[54]

Como inclinações que não se deixam dominar pelo sujeito, tanto a paixão como a afecção podem levar, em diferentes medidas, a enfermidades da mente (o tema já aparece no opúsculo pré-crítico deste título), havendo, portanto, dois pontos de vista a partir dos quais se pode entendê-las: do ponto de vista da economia pragmática dos sujeitos, é impossível rejeitar as afecções e as paixões; do ponto de vista racional, elas perturbam o controle sobre a mente e o andamento próprio da razão, que "também na esfera prático-sensível" vai "do universal ao particular não segundo o princípio de contentar uma única inclinação colocando todas as demais na sombra ou de lado, mas de observar se aquela pode coexistir com a soma de *todas* as inclinações".[55] Quando imoderados, afetos e paixões são um estado de insensatez em que se

---

[54] Kant, I., *Antropologia*, p. 149. A tradução por "afecção" aqui preserva bem a diferença que se está assinalando.

[55] *Idem*, p. 164.

contraria a tendência natural do homem de buscar o sumo bem pragmático (a felicidade), isto é, a quantidade de prazer e de bens que a natureza e a cultura poderiam proporcionar a um indivíduo. Os dois pontos de vista (pragmático e racional) são integrados em Kant, e sua integração supõe uma aliança de termos contraditórios. Por um lado, a natureza institui inclinações que se transformam culturalmente em afetos e paixões: a despeito da aquisição de novas necessidades artificiais, esse movimento é ele mesmo *natural*, visto que somente por meio dele se dá o aprimoramento dos talentos e, com isso, indiretamente o fortalecimento das virtudes racionais. Por outro lado, a razão não tem controle sobre o processo, isto é, sobre os estímulos que comandam a vida. A filosofia kantiana se constrói sobre esse difícil equilíbrio em que a *vida* supõe a necessidade de banir a apatia estoica, mas ao mesmo tempo a *moral* supõe que a razão assuma em alguma medida o controle integral sobre a mente, mesmo no âmbito pragmático.

Tanto a paixão como a afecção podem ser tornar perturbações ao domínio da razão sobre a mente, mas em âmbitos distintos: enquanto a paixão é um distúrbio no âmbito da *faculdade de desejar*, a afecção é um enfraquecimento *no sentimento de prazer e desprazer*.

Comparando o desenvolvimento dessas noções com o da filosofia britânica se percebe que Kant propõe uma nova disposição do conjunto, mantendo a distinção hutchesoniana entre afecção e paixão, mas reservando para a doutrina dos afetos o âmbito do sentimento de prazer e desprazer. Os afetos são mais ou menos fortes, conforme estimulem esse sentimento, que em Kant se confunde com o sentimento da vida, com o sentimento vital. Aqui também o movimento é duplo, positivo e negativo, conforme a intensidade com que a representação ocupe a mente ou ânimo (*Gemüt*). No entanto, pode-se dizer que há um estado *ótimo*, em que a representação não estimula o ânimo nem demasiadamente, nem pouco, mas numa medida tão justa, que seu estímulo não só convive perfeitamente com a atividade mental, mas até a estimula e vivifica. É o que ocorre no juízo de gosto, em que o sentimento de prazer e desprazer é estimulado na medida certa e, portanto, juntamente com a vivificação das faculdades da mente. Aqui, o sentimento de prazer e desprazer não conflita, mas é a condição adequada para o exercício da *reflexão*.

UMA PAUSA NA INQUIETAÇÃO

Uma derradeira comparação permitirá entender melhor o surgimento (e o sentido) da combinação de sentimento e reflexão no juízo estético em Kant. Para isso será preciso retornar à "agradável sensação de alegria" (*pleasant sensation of joy*) com que Hutcheson rejeita a ligação entre *uneasiness* e desejo estabelecida por Locke. Todo sucesso, toda realização de um desejo vem acompanhada de uma sensação interna, que não se confunde com a própria obtenção do objeto do desejo. Essa diferença sutil entre a sensação de satisfação do desejo e o sentimento de contentamento consigo proporciona uma margem de manobra suficiente para que se introduzam algumas das mais interessantes descobertas do pensamento do século XVIII, como o juízo reflexionante, cuja "invenção" ocorre em paralelo com a valorização radical de ocupações "gratuitas", não utilitárias, como a diversão, o jogo, o *hobby* e até mesmo a atividade científica, como se viu há pouco. É que a satisfação proporcionada por estas independe totalmente da posse efetiva do objeto, situando-se numa dimensão em que o entretenimento com a própria atividade produz um prazer de outra ordem, qualitativamente diferente do prazer "material" com a satisfação do desejo. Nos termos da psicologia hutchesoniana, o âmbito em que transcorrem os prazeres inteiramente inocentes é imediatamente anterior ao dos afetos, isto é, de inclinações que não são paixões, ou que ainda não se converteram em paixões. Ou seja, o espaço afetivo se localiza logo depois do prazer com as formas estéticas (musicais, plásticas, que é qualitativamente o mesmo das formas matemáticas e com o saber intelectual), e antes da realização do desejo propriamente constituído. Assim, o "objeto" do prazer afetivo já não é tão só o não objeto, o jogo das formas, do prazer estético, nem é ainda o objeto fixado do desejo passional. Ter clareza sobre isso corresponde também a entender que a satisfação afetiva não é mero antegozo ou gozo não realizado do objeto real, mas a instauração de um espaço de indiferença ou relativização dos objetos, já que todos eles, fruídos com moderação, podem igualmente proporcionar satisfação. O que importa não é tanto o objeto, mas a economia das inclinações, o bem-estar do sujeito. Essa terapêutica da alma, essa *medicina mentis*, é a recomendada e praticada por Hutcheson, Hume e Kant.

Alegria ou tristeza são propriamente *afetos*, no sentido notoriamente antilockiano que Hutcheson quer dar ao termo, como percepções ou modificações da mente distintas das sensações imediatas de prazer e dor. Enquanto o prazer e a dor derivam da presença ou intervenção do objeto ou evento, as afecções supõem uma *apreensão (apreehension) do estado subjetivo em relação ao objeto*:

> Ao contemplar um edifício regular, temos a *sensação* de beleza; mas ao *apreendermos* que nós mesmos a possuímos, ou que podemos obter essa sensação agradável sempre que quisermos, sentimos o *afeto* de *alegria*.[56]

A passagem serve como explicação da presença do mecanismo afetivo-passional no processo associativo e na formação do hábito. A primeira distinção já é conhecida: o sentimento de beleza é diferente da afecção de alegria por se possuir um edifício regular. Mas essa *posse* é bastante diferente do desejo de propriedade comentado antes, pois, enquanto afecção ou paixão calma, é um estado de reflexão (*reflection*) sobre a presença ou existência atual ou futura de um objeto, de um acontecimento, de uma ação ou sentimento.[57] O desejo de posse da paisagem bela, ao contrário, é já uma afecção obscura, que advém da associação confusa de imagens de riqueza e poder, sem a devida reflexão e consciência sobre o que move o indivíduo.[58] A presença da reflexão é o dife-

---

[56] *Idem*, p. 30.

[57] *Idem, ibidem.*

[58] A distinção, bastante sutil, se dá em três níveis: o primeiro nível, perfeitamente inocente, é o do belo natural, inteiramente independente do

rencial, como aponta a seguinte passagem do *Ensaio sobre a conduta das paixões*:

> A *reflexão* sobre a presença ou a certa futuridade de algum bem desperta a sensação de alegria, que é distinta de todas as sensações imediatas despertadas pelo objeto mesmo. Sensação semelhante é despertada quando refletimos sobre a remoção ou prevenção do mal que antes ameaçava a nós mesmos ou a outros. A *reflexão* sobre a presença do mal, ou de certa perspectiva dele, ou da perda do bem, é a ocasião para a sensação de *tristeza*, distinta das *sensações imediatas* originadas pelos próprios objetos ou acontecimentos.[59]

Os estados de alegria e tristeza não excluem a reflexão da mente sobre eles e podem, por isso, ser chamados, segundo a denominação malebranchista, de *afecções espirituais ou puras* —

---

sentimento de posse; o segundo é o da posse inocente de belas obras artísticas; o terceiro é a posse do belo artístico e de outros objetos de natureza semelhante. A confusão afetivo-passional pode ocorrer nos três planos. A diferença é detalhadamente explicada na *Investigação*: "É efetivamente verdade que a satisfação com os prazeres mais nobres do sentido interno, ao contemplar as obras da natureza, está aberta a qualquer um sem nenhuma despesa; os pobres e os de baixa condição podem ter um uso tão livre desses objetos quanto os ricos e poderosos. E mesmo nos objetos de que se pode apropriar, a propriedade é de pouca consequência para a fruição de sua beleza, que com frequência é fruída por outros, além do proprietário. Mas então há outros objetos desses sentidos internos que requerem riqueza e poder para proporcionar o seu uso com a frequência que desejarmos: como é manifesto na arquitetura, música, jardinagem, pintura, roupa, equipagem, móveis, de que não temos plena fruição sem propriedade. E há algumas imaginações confusas que frequentemente levam a buscar a propriedade mesmo em objetos em que não é necessária à verdadeira fruição deles. Esses são os motivos últimos de nossas buscas por graus maiores de riqueza onde não há intenções generosas de [praticar] boas ações" (*op. cit.*, p. 77).

[59] *ECP*, p. 51. De fato, uma leitura atenta dessa passagem sobre a afecção puramente espiritual poderia mostrar que a distinção entre inclinação, afeto e paixão é em grande parte tirada de Malebranche.

"porque mesmo o espírito puro, se fosse sujeitado a algum mal, seria capaz de senti-las". Se a afecção não é puramente sensual, mas espiritual, se dá espaço para a reflexão, é porque o estado da mente não é contraditório com as demais inclinações, nem conflitante, portanto, com a elevação e excelência do sumo bem. A menção a Malebranche nesse trecho não é fortuita, pois o que Hutcheson toma de empréstimo a ele não é pouco.[60]

Na *De la recherche de la vérité*, alegria e tristeza ocupam, ao lado do desejo, uma posição intermédia entre as inclinações naturais e as paixões particulares. Não se deve multiplicar o número de paixões, diz Malebranche, porque embora os objetos desejáveis sejam infinitos, as paixões podem ser reduzidas a umas poucas: só há duas *paixões-mãe*, o amor e a aversão, e elas não se desdobram em um número sem-fim de outras paixões, mas tão somente em três paixões gerais, que são justamente desejo, alegria e tristeza. É da combinação dessas três *paixões gerais* que surgem todas as outras paixões, diferenciando-se elas entre si pela intensidade em que cada uma delas entra na composição e pela ligação com ideias acessórias. É da mistura dessas três, portanto, que nascem as *paixões particulares*, como a música, a dança, a caça, as doçuras, o alto gosto. Sendo assim, as disposições particulares do corpo de cada um explicam as diferenças, mas não o que há de universal nas paixões. A inclinação, o amor pelo prazer, a aversão e a rejeição da dor se encontram em todos os homens. Eles despertam desejo, alegria e tristeza segundo sua presença ou ausência. É dessa maneira que as paixões particulares

> [...] pela poesia, pela história, pelas matemáticas, pela caça e pela dança, não são senão uma mesma paixão, pois, por exemplo, as paixões de desejo e de alegria por tudo aquilo que é agradável não são diferentes, embora os objetos que agradam sejam diferentes.[61]

---

[60] *Idem, ibidem*, p. 51.

[61] Malebranche, *De la recherche de la vérité*, V, 7, pp. 165-6. Vê-se que a disposição não é sem semelhança com a formação dos desejos a partir das

Ao lado do desejo, alegria e tristeza são a mediação, são o instrumento que faz a conversão da inclinação geral na direção de Deus em momentos particulares dessa busca. Sem dúvida, esses momentos particulares são *diversões* no sentido negativo da palavra, porquanto constituem desvios da atenção do espírito em sua busca pela verdade.[62] A alma, além disso, experimenta esses prazeres, mas não se satisfaz com eles, em virtude do movimento de inquietação essencial que a leva na direção do soberano bem:

> Esse movimento, não cessando nunca, dá necessariamente ao espírito uma agitação contínua. A vontade, que busca o que ela deseja, obriga o espírito a representar toda espécie de objeto. O espírito as representa, mas a alma não os experimenta; ou, se os experimenta, ela não se contenta com eles.[63]

Embora todos os movimentos da alma sejam de natureza semelhante, obedecendo incessantemente à inquietação, os sentimentos de alegria e de tristeza têm uma especificidade, que os distingue dos outros: nele, o espírito e a alma podem se deter, mesmo que seja por pouco tempo. O que torna possível a breve suspensão da inquietude é uma disposição particular da alma: segundo Malebranche, à vista de um novo objeto de paixão, os espíritos animais são enviados da cabeça às partes exteriores deste "a fim de colocá-lo na disposição [*countenance*] requerida pela paixão"; outra parte dos espíritos desce "com força ao coração, aos pulmões e às vísceras, para deles tirar os auxílios necessários".[64] Ora, toda vez que o corpo se encontra "no estado em que deve estar", a alma fica bastante satisfeita; por outro lado, se o corpo está "num esta-

---

paixões em Hutcheson: os prazeres particulares, factícios, podem ser reduzidos a poucas paixões, isto é, mesmo que artificiais, a fonte de onde se originam é natural.

[62] *Idem*, IV, 12, pp. 92-3.

[63] *Idem*, IV, 2, p. 13.

[64] *Idem*, V, 3, p. 138.

do contrário para o seu bem e a sua conservação", a alma é tomada de pesar. Essa satisfação ou insatisfação com o estado do corpo é semelhante à alegria ou tristeza que a alma sente quando, submetendo-se às prescrições divinas ou rejeitando-as, ela nota que está no estado conveniente ou não.[65] A sequência afirma que, apesar da semelhança, a alegria sensível é diferente da intelectual, porque é seguida de remorso e, mais uma vez, de inquietação. Mas outros textos mostram que há verdadeira semelhança entre elas:

> Deus nos recompensa com um sentimento de alegria, quando conhecemos que estamos no estado em que devemos estar, a fim de que nele permaneçamos [*afin que nous y demeurions*], de que nossa inquietação cesse, e que experimentemos nossa felicidade sem deixar que a capacidade do espírito seja preenchida por alguma outra coisa... Pois Deus nos impele sem cessar em direção ao bem, quando conhecemos que não o possuímos, e ele nos detém nele, quando vemos que o possuímos plenamente. Assim, parece-me evidente que os sentimentos de alegria e tristeza intelectual, tanto quanto os sentimentos de alegria e tristeza sensível [*aussi bien que les sentiments de joie et tristesse sensible*], não são produções voluntárias do espírito.[66]

Malebranche precisa um pouco mais a diferença dessa emoção, dizendo tratar-se de "um certo sentimento de alegria ou, antes, de doçura interior, que detém a alma em sua paixão". Não sendo um apreensão racional, esse sentimento é a maneira que a alma tem de sentir que "está no estado em que é adequado que esteja com relação ao objeto que ela considera". Tal doçura interior acompanha todas as paixões, boas ou ruins, e, assim como a alegria intelectual é o conhecimento de que o espírito se encontra no melhor estado possível para a intelecção clara e distinta das coisas,

---

[65] *Idem*, V, 3, pp. 138-9.

[66] *Idem*, IV, 10, p. 71.

O sentimento e a descoberta do juízo reflexionante

assim também a "doçura das paixões" é uma consequência natural do "sentimento confuso que temos de estar no melhor estado em que podemos estar com relação às coisas que sentimos".[67]

Caso se possa fazer por um momento abstração de todo o aparato racional da doutrina, então se pode dizer que a concepção do sentimento interior em Malebranche pouco difere daquilo que está no centro da avaliação da felicidade, do sumo bem, na filosofia britânica. Também nesta é somente pelo sentimento que o homem pode reconhecer que se encontra no "melhor estado possível" em relação às coisas que pode sentir e experimentar, porque é ele que afere a boa disposição do corpo e da mente e se o conjunto está dando uma resposta adequada a cada demanda que lhe é feita. Malebranche afirma que se trata de um *sentimento*, distinto tanto da sensação imediata como da ideia clara e distinta.

Com sua "doçura interna", prazer em que a alma quer se deter, Malebranche também coloca uma dimensão diferente para a felicidade, que não se refere à posse da coisa mesma, pois o valor desta sempre é estipulado pela opinião e pelo preconceito alheio. De maneira semelhante, mas sem provavelmente o ter lido, Shaftesbury diz que, em vez de colocar o "valor e a excelência nos objetos *externos*, nós as colocamos onde eles são os mais verdadeiros, nos afetos e nos sentimentos [...] tendo então o pleno gozo delas em nosso poder". Com o deslocamento do valor para o "caráter interno", continua ele, "a *opinião* e a *imaginação* permanecem firmes e irreversíveis, e se responde a *amor*, *desejo* e *apetite* sem apreensão de perda ou desapontamento".[68]

---

[67] *Idem*, V, 3, p. 128. No seu comentário à filosofia da inquietação, Deprun mostra as consequências estéticas dessa concepção da "doçura interna" para autores como Dubos e Fontenelle (cf. o cap. V e a nota anexa A do seu livro citado). Ele traça, além disso, muito bem o que seria uma paradoxal poética malebranchista: "Malebranche nos oferece, pois, os elementos de uma poética hedonista da inquietude, mas condena de antemão os princípios dessa poética por razões essencialmente morais" (p. 70).

[68] *Characteristcks*, III, p. 121.

CÍCERO E O SENSO DO DECORO

É assim que o *sentimento* ganha ou, talvez mais precisamente, retoma o seu pleno direito de cidadania na história da filosofia e do pensamento. A medida do bem, da felicidade, as aprovações morais e estéticas, tudo isso está a seu encargo. Senso saudável, senso forte, bom temperamento (*good temper*), bom humor são apenas mais alguns dos nomes que tentam descrever o modo de sentir desse sentimento, que também é o sentimento da própria vida. Consciência interna, reflexão, reflexão justa (*just reflexion*), sensos reflexos[69] e juízo saudável são outras variações do seu nome. As reviravoltas da história da filosofia não podem ser omitidas: ao estabelecer o sentimento da doçura interna como uma pausa no movimento da alma, a intenção de Malebranche é mostrar que ela conhece uma emoção de contentamento, diferenciada do desgosto e repugnância que Pascal observava a cada novo divertimento; contudo, sendo ainda uma emoção, nela a agitação da alma não cessa. Hutcheson, por sua vez, observa que essa "ternura" pelo estado presente é uma paixão mais calma, um afeiçoamento ou afeição por ele, que permite uma fruição do momento atual completamente distinta de outros estados, inclusive porque esse gozo do momento não exclui outros prazeres. É assim que ele encontra no "inquietista" francês uma forma de combater o conceito de desejo do "inquietista" John Locke. Kant saberá tirar proveito de tudo isso: no juízo reflexionante, ele isolou o estado da mente em que há *reflexão* do sujeito sobre si, sobre o seu estado, distinguindo-os de todos os estados de afeto e paixão que impedem a reflexão, nos quais o sujeito não consegue comparar a sua inclinação atual com a soma de suas outras inclinações.

Esse caminho talvez leve a uma compreensão mais precisa do que a filosofia moderna entende pela palavra "sentimento", na qual ainda se percebe a permanência da identificação feita pelos estoicos e pelos clássicos entre senso e razão. Conforme explica Laurent Jaffro, enquanto responsável pelo comando, como "parte

---

[69] Hutcheson, F., *ECP*, p. 86; *Short Introduction*, pp. 27 e 31.

O sentimento e a descoberta do juízo reflexionante

que governa", o senso moral equivale ao *hegemonikon* dos estoicos: ele é "sentimento ou *judgment, knowledge, will and resolution*, ou ainda *science*. Se é assim, é preciso concluir que *sense* não significa sensação, mas também razão, exatamente como na expressão paralela *common sense*. 'Sentimento' não tem nada de 'sentimental', mas conserva o sentido clássico de uma opinião que pode ser esclarecida ou racional, sem ser por isso um raciocínio".[70] Sem dúvida, o senso moral também é tudo isso, mas lendo os textos se percebe que, nesse momento, o *sentimento* está sofrendo uma transformação, que se deve principalmente ao fato de que a *razão* ou *entendimento* está exorbitando de suas pretensões, e que só se vê o sentimento como "sentimental" a partir da época em que se fez a cisão entre sentimento e razão. A diferença do conhecimento claro e distinto em relação ao sentimento interno já é clara em Malebranche, não menos que na diferença entre relação de ideias e questões de fato em Hume. Apesar de toda a novidade, pode-se dizer que Kant continua "clássico" quando liga o juízo ao sentimento de prazer e desprazer.[71] Que Hutcheson faça do senso o lugar de uma apreciação estética ou moral e de um cálculo não tem, sob esse aspecto, nada de muito original. Sua originalidae está em retomar o conceito num contexto novo, que lhe é inteiramente refratário, o do surgimento do cartesianismo. Rivalizando com o entendimento, o senso moral — também capaz de calcular — tem ainda a vantagem da flexibilidade, de conseguir abarcar domínios que escapavam à *mathesis universalis*. Ele pode servir de princípio na moral, na jurisprudência, na política, pois, como diz um comentário preciso, ele é a "base da lei natural".[72]

---

[70] Jaffro, L., "Transformations du concept d'imitation de Francis Hutcheson à Adam Smith", *in*: Trottein, S. (org.), *L'Esthétique naît-elle au XVIIIe siècle?*, Paris, PUF, 2000, p. 25.

[71] Cf. a identificação de sentimento e juízo em *IBV* de Hutcheson, II, p. 18.

[72] Haakonssen, K., *Natural Law and Moral Philosophy*, Nova York, Cambridge University Press, 1996, p. 78.

Mas a articulação da lei de natureza com o senso de adequação e decoro (*fit and decent*, diz Shaftesbury),[73] com o senso estético e moral (Hutcheson), com o senso de propriedade (Smith)[74] não é nada moderna, e sim "clássica". Aqui, Cícero é o mestre que proporciona a toda a filosofia britânica a noção de que a medida deve ser uma adequação, um ajuste, inexplicável e atraente, entre a ação e o agente, entre o gesto, a emoção e o caráter. Mais ainda: responsável por acolher o ensinamento da ordem natural, o senso de decoro é o próprio guia do homem em todas as suas condutas de vida, o que faz dele a faculdade hegemônica num sentido mais amplo. No *Compêndio introdutório à filosofia moral*, Hutcheson explica que, entre os poderes da mente, a natureza implantou no ser humano "o mais divino de todos os sentidos", que tem o poder de discernir "aquilo que é conveniente, belo e honesto [*decorum, pulchrum et honestum*] nas afecções da alma, nas deliberações, nas palavras e ações". Por meio desse senso da conveniência, da beleza e do mérito moral, se percebe "um certo temperamento e índole próprio ao homem [*certum homini ingenium et índoles*], um certo tipo de ação, um certo plano e arranjo da vida, recomendado pela própria natureza".[75]

Todo mundo depende desse senso para captar sua própria índole: é ele que determina a "instituição" ou "sistematização" (*vitae ratio quaedam et institutio*) da vida que está ao seu alcance. Esse "planejamento" é assim explicado por Hutcheson:

> Esse sentido mais nobre que a natureza designou para ser o guia da vida [*sublimior hic sensus, quem vitae totius ducem constituit ipsa natura...*] merece a mais cuidadosa atenção, pois ele é manifestamente o juiz [de toda a vida], de todos os vários poderes, afetos e propósitos, assumindo naturalmente jurisdição sobre eles [...]. Aqueles que cultivam e aprimoram esse senso descobrem que este pode

---

[73] Shaftesbury, *Characteristicks*, II, p. 232.

[74] Smith, A., *TMS*, I, 1, pp. 9-66; Ferguson, A., *Principles*, I, p. 128.

[75] Hutcheson, F., *Short Introduction*, p. 35.

O sentimento e a descoberta do juízo reflexionante

fortalecê-los a ponto de suportarem os maiores males externos e se privarem voluntariamente de vantagens de externas, mantendo-se fiéis a seus deveres para com seus amigos, para com seu país ou para com o interesse geral de todos [...]"[76]

A "hegemonia", a faculdade hegemônica dos estoicos, pertence a esse senso, não à razão: ele é, ao mesmo tempo, guia e juiz, o que avalia as diferentes qualidades, faculdades e inclinações, que decide que uma vida dedicada aos ofícios generosos para com os amigos, para com a pátria e para com a humanidade é mais adequada que uma vida presa aos bens externos. O reconhecimento interior da existência desse senso e de que é de sua autoridade que emana o conhecimento das ações justas é o caminho que leva a uma conduta condizente com a natureza:

> Não precisamos de longas dissertações e raciocínios [para descobrir que temos esse senso do que convém e do que é honroso nas ações], porque pela reflexão interna, e examinando os sentimentos de nosso coração, seremos convencidos de que temos esse poder ou consciência moral de distinguir o certo e o errado, [poder] claramente destinado e adaptado a regular o todo da vida [no latim: *facultatem ad imperandum, totamque vitam regendam nata*]; poder que claramente descobre para nós qual o único curso e conduta que aprovamos inteiramente, e que, por isso, está mais em acordo com a intenção da natureza [no latim: *quique igitur est maxime secundum naturam*].[77]

Não se poderia estar mais próximo de Cícero, para quem o senso da conveniência é um dom natural que se manifesta fisicamente, mas que também é transferido para o plano moral, como lembra a passagem do *De officiis* trazida não por acaso para figu-

---

[76] *Idem*, p. 40.

[77] *Idem*, p. 50.

rar de epígrafe à *Investigação sobre a origem de nossas ideias sobre beleza e virtude*:

> Nem é pequena aquela força da natureza e da razão, porque só esse animal [o homem] sente o que é a ordem, o que convém, que medida há nos ditos e feitos. Assim, mesmo das coisas que são percebidas pela aparência [*aspectu*], nenhum outro animal percebe a beleza, a graça, a conveniência das partes [*pulchritudinem, venustatem, convenientiam*]. A natureza e a razão, transferindo tal semelhança dos olhos para o ânimo, consideram que a beleza, a constância e a ordem devem ser ainda mais preservadas, nas resoluções e nos feitos [...]

Como na filosofia britânica, há uma primeira manifestação ou um primeiro senso que capta a beleza no plano físico ou natural (belo natural), que é seguida por um senso capaz de apreender a beleza moral. Contudo, embora os sensos possam ser descritos de maneiras diferentes, não se trata tanto de um dualismo, mas de uma indissociação. O senso de conveniência é um dos ingredientes da composição do bem moral, e o órgão próprio para captar a honestidade da ação é o mesmo que capta sua adequação. Não há "honestidade" sem que ela se mostre numa forma ou aparência adequadas:

> É desses elementos que se forja e faz o bem moral [*honestum*] que é objeto desta investigação [...][78]

Operando tacitamente, sem nenhum auxílio da arte ou razão (*tacito quodam sensu sine ulla arte aut ratione*), esse senso ensina mesmo os homens mais grosseiros a discriminar as coisas corretas e erradas nas pinturas, nas estátuas, mas principalmente no ritmo e na pronúncia das palavras, isto é, na oratória.[79] O ser humano

---

[78] Cícero, *De officiis*, I, 4, 14.

[79] Cícero, *De oratore*, III, 1, 195 e ss.

O sentimento e a descoberta do juízo reflexionante

é, portanto, dotado de um senso capaz de captar ordem, beleza, medida (*modus*) em tudo aquilo que se apresenta à visão (*aspectu*) e audição. É esse senso que apreende a conveniência (*convenientia*) ou decoro (*quo decet*) das ações, gestos, falas do próprio indivíduo e dos outros; é por seu intermédio que se vê "a figura e, por assim dizer, o rosto daquilo que é moralmente digno" (*figuram quidem ipsam* [...] *et tamquam faciem honesti*).[80] Para Cícero, assim como para seus discípulos na Grã-Bretanha, é impossível separar o que é propriamente moral da sua "manifestação" visível, que deve ser sempre *conveniente, decorosa*. A ligação entre eles não é oculta, mas patente e, por tudo isso, o *decorum* não pode ser distinguido do *honestum*,[81] a não ser por uma distinção de pensamento, mas não por uma distinção na própria natureza das coisas.[82]

Enquanto órgão que discerne e julga as atitudes, próprias e as dos outros, o senso do decoro é o que conduz os homens à consonância com a natureza ou, segundo o ensinamento estoico, a viver segundo ela (*consentanium naturae, secundum naturam vivere*).[83]

---

[80] Cícero, *De officiis*, I, (5), 15.

[81] *Idem*, I, (27), 93: "*Huius [decori] vis ea est, ut ab honesto non queat separari; nam et quod decet honestum est et quod honestum est decet*".

[82] *Idem*, I, (27), 95: "*Est enim quiddam, idque intellegitur in omni virtute, quod deceat; quod cogitatione magis a viertute potest quam re separari*".

[83] Diógenes Laércio, VIII, 87-88, *in: Les Stoïciens*, tradução de Émile Bréhier, Paris, Gallimard, 1962, p. 44.

III

KANT E O FILÓSOFO QUE RI

> Demócrito sozinho deve ser o líder de todos os filósofos, e o riso perpétuo deve prevalecer no lugar dos barbas longas...
>
> Francis Hutcheson[1]

Que o valor que se dá à vida seja a medida de uma filosofia, esta parece ser a perspectiva que Hume abre para a compreensão e classificação dos diferentes tipos de empreendimento filosófico. Mas a importância dada à vida constitui também a medida da felicidade possível de ser alcançada pelo homem. Traços de familiaridade com essas ideias de Hume podem ser encontradas em algumas afirmações de Kant sobre a relação entre o valor que se dá à vida e o valor da filosofia que se adota. Numa passagem daquele que é cronologicamente o primeiro dos cursos de Antropologia (1772-1773), se pode ler, por exemplo, o seguinte:

> Sempre gostamos de procurar aquilo que põe nossa mente em movimento; vê-se que espírito no homem significa tanto quanto vida ou o primeiro fundamento para a vida do homem. Toda tristeza vem na maior parte disto, que nos fazemos uma grande ideia da importância da vida. Um sábio vê tudo no mundo, mesmo sua vida, como desimportante.[2]

---

[1] *Reflections upon Laughter*, ed. cit., p. 49, tradução de Juliana Ferraci (inédita).

[2] Kant, I., *Antropologia Collins, AA*, XXV, p. 18.

Seria possível imaginar que essa concepção tem um fundo estoico, já que o sábio estoico é aquele que só preza a vida em função da dignidade moral que nela pode ser alcançada.[3] Mas não é dessa concepção que se trata aqui, pois que justamente o texto tenta formular uma noção de sabedoria que leve em conta as discussões antropológicas do século XVIII: nestas, o sábio, ou seu sucedâneo mundano, tem de ser capaz de evitar o tédio, o abatimento ou tristeza (*Betrübnis*) mediante algo que estimule a mente, que a ponha em movimento, que a "vivifique". E um dos nomes que se pode dar ao princípio vital, animador da vida a ponto de se confundir com esta ou ser o seu "primeiro fundamento" (*der erste Grund zum Leben*), é "espírito" (*Geist*).

Não por acaso as bebidas são chamadas em diversas línguas, de "espíritos", isto é, o "espírito" presente nos licores é assim dito porque tem uma "força motriz" (*bewegende Kraft*). Explica Kant: "Na química, água é o fleuma, e o *spiritus*, o espírito [*der Geist*]".[4] Da mesma maneira se diz de certos homens, certas companhias ou discursos que eles têm "espírito"; na *Crítica do juízo*, espírito será a característica distintiva do gênio.[5] Explorando as possibilidades da noção, o trecho da *Antropologia Collins* parece querer dizer que, como alguém que não se deixa dominar pela apatia, o sábio precisa ser *espirituoso*, e a condição para a espirituosidade, isto é, para a *vida*, é precisamente não dar valor excessivo à vida. Essas afirmações um tanto esparsas fazem parte, no entanto, de um conjunto argumentativo bastante coerente, que se tentará remontar em alguma medida aqui.

Antes de tudo, Kant tem pleno domínio dos dados com que trabalha a antropologia e a "medicina mental" do século XVIII, o que se confirma, entre inúmeros exemplos, quando ele diz:

> [...] tédio [*Langweile*] não passa de um vazio em que não somos tirados de nós mesmos por nenhum objeto; pois,

---

[3] Cf. *Antropologia*, p. 136.

[4] *Antropologia Friedländer*, *AA*, XXV, p. 557.

[5] Kant, I., *Crítica do juízo*, § 49, *AA*, V, p. 313. Cf. *Antropologia*, p. 123.

quando o homem não se ocupa com nada, ele recai em si mesmo e corrói a si próprio. Sociedade, caça etc., onde os homens se dão o que fazer sem ter um fim importante (pois a lebre não vale o esforço que nos damos para atirar nela), parecem não ter outro propósito senão o de nos tirar de nós próprios.[6]

O valor inicial de qualquer atividade, cujo fim pode não ser nem mesmo importante, é afastar o tédio e, com isso, manter ativo o sentimento vital. As estratégias para isso são parecidas com as encontradas em Hume: escolher objetos variados, alternar trabalho com diversão, não tomar nada excessivamente a sério. Essa última prescrição será objeto de inúmeras observações para ajudar na sua prática, como a encontrada no curso de *Antropologia Collins*, em que se mostra que há uma diferença entre contentamento e incômodo sensíveis, isto é, prazer e dor dados na sensibilidade, e aquilo que é experimentado no "ânimo" ou "mente" (*Gemüth*). O que afeta a sensibilidade é dor ou contentamento; o que entra no ânimo é tristeza ou alegria.[7] Mesmo quando a dor afeta sensivelmente o indivíduo, que não consegue evitá-la, ele pode não se deixar abater em seu íntimo. Segundo Kant, a capacidade de manter o ânimo inabalado corresponde àquilo que Epicuro apontava ser a verdadeira felicidade do homem, isto é, que ele tenha o "coração alegre e satisfeito" (*das fröhliche und zufriedene Herz*). Tal alegria não se confunde com a inclinação a brincadeiras engraçadas ou ditos joviais, mas decorre do "modo" (*Art*) como a pessoa recebe

---

[6] *Idem, Antropologia Menschenkunde, AA*, XXV, p. 865. O objetivo é, sem dúvida, "inquietista", antagonizar com a analítica do tédio em Pascal: "Por que frequentamos a sociedade? Pascal diz que para nos esquecermos de nós mesmos, mas isso é uma fundamentação hipocondríaca; não! Frequentamos a sociedade porque é saudável para o homem e conforme sua força vital se ocupar com coisas fora dele; pois todos aqueles que observam a si mesmos caem na mais obscura hipocondria" (*idem, ibidem*).

[7] Com o que se vê a presença das distinções hutchesonianas: os afetos de alegria e tristeza, como tantos outros, são sentimentos distintos das meras sensações.

Kant e o filósofo que ri

e considera as coisas. "A grande artimanha" (*das große Kunststück*) para alcançar esse coração sereno é tirar "a importância das coisas no mundo"; feliz é aquela espécie de ânimo em que se subtrai a importância das coisas que sucedem à pessoa, que não é insensível (*fühllos*), pois sente a dor, porém não deixa que ela abale o seu estado de espírito.[8] O "coração alegre" pode ser considerado a capacidade (*Vermögen*) de ver as coisas do mundo de um ponto de vista em que elas aparecem importantes ou risíveis (*wichtig oder lächerlich*).[9]

Para o leitor acostumado ao rigorismo moral kantiano, essas considerações sobre Epicuro nos cursos de antropologia não deixam de surpreender, mas elas não são episódicas, e fazem eco a toda uma reavaliação da doutrina epicurista na Europa, tendo Gassendi na linha de frente, reavaliação que ocorre também no âmbito do Iluminismo alemão, onde o filólogo Johann David Michaelis tentou explicar que muito do ódio e desprezo dos romanos pelos ensinamentos de Epicuro se deve à ideia de moleza ou amolecimento associada à palavra "volúpia" (*voluptas*), que teria provavelmente levado à condenação do epicurismo. A *voluptas* epicuriana, lembra Michaelis, deveria ser corretamente traduzida, sem a conotação lasciva encontrada mesmo no alemão *Wollust*, apenas por "sensação agradável" (*angenehme Empfindung*).

Contrapondo-se à tentativa de estabelecer um epicurismo "mais depurado" e de salvar a inocência e a moralidade do homem Epicuro, Moses Mendelssohn relembrará as consequências imorais das teses epicuristas, tais como extraídas por Cícero no *De finibus* (objeto do ataque de Michaelis). Como mostra Mendelssohn, Cícero tem clareza de que a volúpia para Epicuro é um "movimento agradável na sensibilidade" (*est enim voluptas jucundus in sensu*); o problema está em que ele introduz ainda outra definição dela, também contrária ao uso corrente da língua. Nesta, o prazer em seu máximo grau não é esse prazer "cinético", em movimento, mas a volúpia estática, estável (*stabilis*), explicada como "ausência de

---

[8] Kant, I., *AA*, XVV, 1; *Antropologia Collins*, p. 169.

[9] *Idem*, p. 172.

toda dor". Esta ausência de dor corresponde ao máximo da volúpia (*summa voluptas*), à suprema felicidade alcançável pelos homens e é, portanto, para eles o sumo bem (*sumum bonum*).[10]

Diferentemente do tão admirado Mendelssohn, Kant pensa que o epicurismo merece uma interpretação mais favorável, pois o seu forte está naquilo que o iluminista berlinense traduziu como "o estado confortável da mente [*der behagliche Gemütszustand*], em que todos os desejos estão acalmados". É aí, nessa ausência total de dor e desejo, que reside, segundo Kant, o tão denegrido princípio da volúpia epicurista, que "deveria significar propriamente *o coração alegre do sábio*".[11]

É bem possível que também aqui Kant esteja seguindo fontes indiretas para sua reconstrução da doutrina; como quer que seja, o que se pode dizer é que essa reconstrução segue de muito perto as explicações do epicurista Torquato no *De finibus* de Cícero: se não se deve buscar prazeres localizados e momentâneos, mas prazeres que se harmonizam com uma cabal ausência de dor ou perturbação da mente, sábio, segundo Epicuro, será aquele que é sempre feliz (*sapiens semper beatus*),[12] já que não se deixa levar por desejos vagos (*inanes cupiditates*)[13] e pode viver contente com os limites traçados pela natureza (*naturae finibus contentus*).[14] A arte de viver (*ars vivendi*) se baseia numa relação recíproca em que não se pode viver prazerosamente sem viver sábia, honesta e justamente, nem, ao contrário, viver justa, honesta e sabiamente, sem viver

---

[10] Mendelssohn, M., *Briefe, die neuere Literatur betreffend*, 73 Carta. O texto que ele comenta é o de Johann David Michaelis, *De l'influence des opinions sur le langage, et du langage sur les opinions*, tradução para o francês de Mérian e Prémontval. Bremen, 1762. A passagem discutida de Cícero está no *De finibus bonorum et malorum*, II, XXIII, 75, tradução de H. Rackham, Cambridge, Harvard University Press (Loeb Classical Library), 1994, p. 164.

[11] Kant, I., *Antropologia*, § 62, p. 132.

[12] Cícero, *De finibus bonorum et malorum*, I, XIX, 62; trad. cit., p. 64.

[13] *Idem*, I, XIII, 45, pp. 50-1.

[14] *Idem*, I, XIII, 44, pp. 48-9.

Kant e o filósofo que ri

prazerosamente, alegremente.[15] O ânimo (*animus*) jamais é abatido pela dor quando se sabe que está sempre ligada ao corpo[16] e, por isso, as dores que o sábio pode vir a encontrar em seu caminho nunca têm tanta força que ele não possa delas extrair mais alegria que tristeza.[17] Isso é gozar de uma paz de espírito, de uma temperança em que a mente jamais entra em dissidência consigo mesma.[18]

Em contraposição a isso, o que explica a ausência de felicidade e de sabedoria, isto é, o abatimento, a tristeza e a estultice, é que os estultos sempre estão em busca de algo que está muito além de suas forças, como os estoicos que perseguem uma sombra com suas ideias sobre virtude e felicidade baseadas na nobreza ou honradez, isto é, no valor moral do homem.[19] A presença dessa crítica às doutrinas da virtude excessivamente elevadas é clara em Hume, e não deixa de chamar a atenção que ela também apareça nos cursos e reflexões de Kant.

Mas é certo também que, nas suas considerações sobre a doutrina de Epicuro, esta não aparece sozinha, mas está aclimatada a um ambiente mais condizente com as questões contemporâneas. O ânimo intocado do sábio epicurista é assimilado à noção moderna de "bom humor", e isso, embora não seja tratado de forma explícita, parece estar claro também na filosofia humiana. Essa assimilação da mente imperturbada tampouco implica contradição com tudo aquilo que se disse sobre a "agitação" da nova antropologia, o que pode ser explicado mediante a distinção kantiana entre indiferença e equanimidade. A indiferença (*Gleichgültigkeit*) pode provir de falta de sensibilidade (*Fühllosigkeit*) ou insensibilidade (*Unempfindlichkeit*), que é uma espécie de estupidez; já a equanimidade (*Gleichmütigkeit*) é uma força e não uma fraqueza,

---

[15] *Idem*, I, XVIII, pp. 60-1. Cf. I, XIII, 42-3, p. 47, e I, XVIII, 57, p. 61.

[16] *Idem*, I, XVIII, 59, p. 62.

[17] "[...] *numquam vim tantam habent ut non plus habeat sapiens quod gaudeat quam quod angatur*". *Idem*, I, XIX, 62, p. 64.

[18] *Idem*, I, XVI, 47, p. 50; I, XVIII, 58, p. 62.

[19] *Idem*, I, XVIII, 61, pp. 64-5.

que consiste em "estar de posse do seu bem-estar sem distinção do objeto externo". Ela não é uma mera indiferença ou insensibilidade quanto ao objeto externo, mas uma força constante, um ânimo sempre igual (literalmente, "equânime"), qualquer que seja o objeto. Quem possui essa "força do ânimo", sente a "soma toda de prazer e contentamento", que não pode ser aumentada por nenhum prazer novo, nem diminuída por nenhum abatimento. É a "consciência da grandeza desse bem-estar que supera todas as circunstâncias exteriores".[20]

A consciência da grandeza desse bem-estar não é certamente apatia, mas sentimento de que se supera tudo o que possa atingir o ânimo pelo exterior. A semelhança com as teses epicuristas salta aos olhos: pode-se dizer que contentamento e dor ocorrem nos sentidos e no ânimo, mas o homem equânime não pode deixar que uma dor que afeta os sentidos penetre o seu ânimo. Se é capaz de deter as dores na sensibilidade, ele pode ser feliz (*glücklich*); se não consegue deter a entrada da dor na mente, ele é infeliz (*unglücklich*). Essa é a grande diferença entre animais e homens: naqueles, dor e prazer se situam tão somente no âmbito da sensibilidade; nestes, as impressões podem adentrar o íntimo do indivíduo. É por isso que só os seres humanos, não os animais, são capazes de sentir *tristeza* e *alegria*. E, no sentido rigoroso, a felicidade não pode ser abalada por uma impressão dolorosa.[21]

Essas afirmações requerem detalhamento. O pleno domínio de seu bem-estar deve ser entendido no sentido epicurista de que em tal estado de ânimo a soma de prazeres e contentamentos não pode ser aumentada nem diminuída pelo acréscimo de algo doloroso ou prazeroso em particular. Isso se explica, porque no "ânimo em equidade" não há prevalecimento de um ou outro aspecto anímico, ou seja, a mente é sentida na sua integralidade imperturbada, assim como saúde é o estado do corpo em que não se sente nenhuma parte dele em especial. Isso é bastante diferente de ataraxia ou apatia, o que jamais deixa de ser assinalado, como

---

[20] Kant, I., *Antropologia Friedländer*, AA, XXV, pp. 561-2.

[21] *Idem*, pp. 567-8.

na reflexão em que se diz: "o ânimo pode estar em repouso, porque ele deve mover todas as outras forças em conformidade a fins (*zweckmäßig*)".[22]

A possibilidade de exploração que o epicurismo "depurado" abriu ao pensamento kantiano não é pequena, caso não se perca de vista que a *equanimidade* não é uma noção qualquer, que desaparece quando as três grandes Críticas se instauram. Ao contrário, tendo sua origem num contexto ético (o sumo bem para o epicurista), ela é um atributo reservado especialmente aos filósofos[23] ou figuras aparentadas. O estado de ânimo (*Gemüthszustand*) não pode ser afetado pelas circunstâncias do acaso e do destino: é a independência em relação às injunções da sorte que caracteriza o tipo de ânimo filosófico (*philosophische Gemüthsart*).[24] E uma volta pela história do pensamento revela efetivamente que a "igualdade de ânimo" é uma característica atribuída a três filósofos: Epicuro, Demócrito e Thomas More. Conforme ficou claro, o primeiro não é o filósofo hedonista que se imagina, tendo se mostrado, ao contrário, como um homem virtuoso e filósofo moral dos mais rigorosos, como dirá a *Crítica da razão prática*.[25] Mas, se Epicuro está relacionado ao coração sereno, é em Demócrito e More que se percebe melhor outra qualidade associada à equanimidade: a capacidade de rir. A caracterização do filósofo ou do homem equânime se completa em Kant (que de certo modo só está seguindo a tradição) pela figura do *filósofo que ri*.

---

[22] *Idem*, Rx. 1515, *AA*, XV, p. 854.

[23] "Die Gleichmütigkeit kommt den Philosophen zu". *Antropologia Friedländer*, XXV, 1, p. 561.

[24] Rx. 1489, *AA*, XV, p. 730.

[25] *AA*, V, A 280, p. 115. O trecho é uma defesa de Epicuro contra aqueles que não o entenderam, confundindo volúpia com contentamento. Cf. *Moralphilosophie Collins*, *AA*, XXVII, p. 250: "O bem supremo de Epicuro era, portanto, a felicidade ou volúpia [*Wollust*], como a chamava, isto é, um contentamento interno e um coração alegre. É preciso estar seguro diante de todas as censuras, de si mesmo e de outros, isso, entretanto, não é nenhuma filosofia da volúpia, ele foi malentendido".

Kant gostava de lembrar a seus alunos a anedota sobre a decapitação do chanceler da Inglaterra:

> O homem contente e tranquilo encontra em todas as adversidades algo de que possa fazer graça e se tranquilizar: é assim que Thomas More, grão-chanceler da Inglaterra, homem probo e que sempre conseguia brincar, disse a seu algoz quando já havia posto a cabeça na guilhotina: a barba ele não podia cortar, pois não estava escrito na condenação. Esta é uma disposição de ânimo feliz [*glückliche GemüthsVerfassung*].[26]

Muito da fama em torno do bom humor de More se deve, como é sabido, ao *Elogio da loucura* de Erasmo de Roterdã, obra dedicada ao amigo inglês. Seja lembrado o que se lê na "Introdução" à obra:

> Supus depois que este divertimento mereceria a tua aprovação, visto que não receias um gênero de jocosidade douto e agradável e que, na vida cotidiana, segues tal como Demócrito.[27]

O humor de More é, desta forma, alinhado ao de Demócrito, que, segundo uma longa tradição, a qual, entretanto, não corresponde à realidade, teria sido um filósofo que ria de tudo, em oposição a Heráclito, filósofo "chorão".[28] Essa tradição é retomada no ensaio sobre o filósofo atomista em que Montaigne diz "preferir o humor" do filósofo de Abdera ao humor tristonho de

---

[26] *Antropologia Parow*, XXV, 1, pp. 372-3.

[27] Erasmo, *Elogio da loucura*, tradução de Álvaro Ribeiro, Lisboa, Guimarães, 1989, pp. 7-8.

[28] A fama de Demócrito como filósofo dado ao riso remonta ao *Romance de Hipócrates*, obra anônima do início do século I. Sobre essa tradição, cf. Georges Minois, *História do riso e do escárnio*, tradução de Maria Elena O. O. Assumpção, São Paulo, Unesp, 2003, p. 60.

Heráclito. Retomando versos da Sátira X de Juvenal, Montaigne escreve:

> Demócrito e Heráclito foram dois filósofos, dos quais o primeiro, achando a condição humana vã e ridícula, não saía em público sem uma cara zombeteira e risonha; Heráclito, tendo piedade e compaixão dessa mesma nossa condição, trazia a cara continuamente entristecida, e os olhos, carregados de lágrimas [...][29]

A atitude tristonha comporta uma empatia ou comiseração com aquilo que é objeto do lamento, que desde modo é considerado com alguma estima. Já as coisas de que "zombamos, nós não as estimamos".[30] Há, assim, uma diferença de apreciação do valor das coisas que determina duas linhas de conduta bastante distintas: mesmo o cínico que despreza os homens por considerá-los como moscas e "bexigas cheias de vento" é um "juiz mais ácido e picante e, portanto, mais justo" que Timon, apelidado "aquele que odeia os homens". Pois, como será o caso também em Kant, tomar uma coisa a peito (*on le prend au coeur*), como fazia Timon, é estar perto de odiá-la. Se são os homens que são assim levados a sério, o indivíduo se tornará um misantropo, como sucedeu a Jean--Jacques Rousseau.

Na equanimidade kantiana há, como está se vendo, toda uma tópica ligada ao riso e ao humor, como, por exemplo, o *locus* clássico de que o mundo é uma *stultifera navis*. A melhor maneira de não se deixar levar pela misantropia e detestar os defeitos dos homens é vesti-los com o "barrete do bufão" (*Narrenkappe*), assim como Erasmo vestiu a própria cabeça de Cristo com um "capuz de guizos".[31] É melhor ser Demócrito que Heráclito e considerar o mundo como uma "casa de loucos" (*Narrenhaus*):

---

[29] Montaigne, "De Démocrite", *in*: *Essais*, ed. cit., v. 1, p. 421.

[30] *Idem, ibidem*.

[31] Sobre a nau dos insensatos e o barrete do bufão, cf. Minois, *op. cit.*, p. 262.

Riamos das tolices [*Thorheiten*] dos homens, sem excluir as nossas próprias; então permaneceremos amigos de todos os homens, riremos de suas tolices e, ao mesmo tempo, os amaremos, enquanto o de humor rabugento se tornará misantropo e inimigo dos homens. Pois as tolices do mundo merecem que nos irritemos com elas? Não merecem antes o escárnio? Com esse procedimento obtemos o tesouro mais nobre do homem, a serenidade da alma [*die Heiterkeit der Seele*].[32]

Rir das tolices dos homens é um tema que está ligado, obviamente, à importância que se dá à vida:

Jamais devemos considerar a vida como importante [*das Leben nie für wichtig halten*], devendo ver as alegrias e sofrimentos dela como um jogo de crianças, e por isso Demócrito a tornava melhor do que Heráclito. O melhor cá na terra é, portanto, um coração sempre alegre [*ein stets fröhliches Herz*], com o qual sou amigo de todos os homens. Infeliz, ao contrário, é o misantropo, e devemos ter receio dele.[33]

Demócrito e More gozavam de uma condição de ânimo tal, que conseguiam fazer graça das coisas mais adversas; como a muitos homens, a natureza lhes deu uma disposição pela qual eram capazes de tirar a importância das coisas (*den Dingen die Wichtigkeit nehmen*).[34] Saber brincar, zombar, jogar — estes não parecem ser atributos que uma larga tradição platônico-aristotélico-acadêmica confere ao homem honesto e ao sábio:

Pois não somos gerados por natureza para parecermos ter sido feitos para jogo e troça, mas antes para a severida-

---

[32] *Antropologia Parow*, *AA*, XXV, 1, p. 260.

[33] *Antropologia Mrongovius*, *AA*, XXV, 2, pp. 1344-5.

[34] *Antropologia Collins*, pp. 172-3.

Kant e o filósofo que ri

de e para determinadas ações mais graves e mais altas. Jogo e troça são lícitos, mas como o sono e outros tipos de repouso, quando tivermos feito o bastante de coisas graves e sérias.[35]

A figura do filósofo que os cursos de Antropologia divulgam nos anos 1770, e que conservam mesmo depois, é bem mais sorridente que a dessa face mais sisuda do filósofo tradicional. Sem ter necessariamente um referente histórico concreto, o que nela se percebe é a tentativa de dar corpo a um tipo que compreenda tópicos da retórica, da literatura, conceitos filosóficos etc. Se for isso mesmo, a pergunta que se impõe a seguir é a de saber o que dá consistência a essa liga de elementos heteróclitos. Os empréstimos feitos ao epicurismo depurado (equanimidade, temperança, felicidade do sábio) são certamente o ponto de partida, mas o resultado obtido parecerá ter mais solidez caso se consiga desencavar onde está o seu ponto de sustentação.

O que torna possível um coração sempre alegre, o ânimo sempre igual? É certo que a equanimidade parece ter algo de uma dádiva, de um dom da natureza. Mas talvez seja possível iluminar o princípio que a explica, sem apelar unicamente a esse recurso. Por que se pode dizer que a mente se mantém igual? Há uma explicação "lógica" para isso: uma paixão ou afecção pode ser dita uma representação parcial, porque direciona a mente para um determinado ponto, apagando ou obscurecendo os demais, como diante de uma fotografia em que um detalhe insignificante atrapalhasse a plena compreensão do objeto ou ação reproduzidos. Por ser parcial, todo afeto é distinto de um *sentimento* mais amplo, que não visa a esta ou aquela representação em particular, mas ao "conjunto" intitulado "mente" ou "alma". Toda afecção é distin-

---

[35] Cícero, M. T., *De officiis*, I, 103, edição bilíngue, tradução de Karl Büchner, Munique/Zurique, Artemis, 1987, p. 89. Cícero não recusa toda zombaria e todo jogo, mas aceita aqueles que convêm ao homem honesto, isto é, feitos no momento certo e respeitando a conveniência, o decoro (*idem*, I, 104, pp. 89-91).

ta do sentimento da alma inteira, porque a direciona para um aspecto e não para o conjunto, conjunto este que, na verdade, não é senão o próprio ânimo, o equilíbrio anímico, outro nome também para sentimento vital, ou ainda, *sentimento da vida*. É nele que "sentimos em nós mesmos a fonte da vida".[36]

A relação entre as afecções parciais e o conjunto chamado "ânimo" é pensada em termos de *proporção*. A "equanimidade" está em não se ser muito afetado nas emoções particulares, ou seja, é preciso ter "força de ânimo" bastante, inclusive, para resistir a elas. A "grandeza" do sentimento íntimo consistirá precisamente em conseguir relativizar tudo aquilo que só o pode afetar *momentaneamente*: as emoções e afecções representam ou podem representar um desequilíbrio das forças presentes no ânimo, com a consequente perda do sentimento da própria vida.

Se essas considerações não são um despropósito, então ficou faltando acrescentar ainda um filósofo à galeria de pensadores sorridentes que divertia os alunos dos cursos de Antropologia de Kant. Esse filósofo é, obviamente, David Hume.

O que essas considerações sobre o filósofo que ri revelam é que a antropologia pragmática se constrói sobre uma relação entre natureza humana e vida semelhante à maneira como a questão "que importância o homem deve dar à vida?" foi formulada e respondida por Hume. E a linha que vai de Hume a Kant fica bem mais nítida quando se percebe que também na antropologia deste último a medida de valor da vida só pode ser respondida por um *sentimento*. Só esse sentimento pode *calcular* se a mente se encontra numa disposição ou proporção adequada. Ou talvez um pouco mais temerariamente: *a proporção adequada ou razão é o sentimento mesmo*. Esse sentimento é por natureza diferente de qualquer sensação de dor ou de contentamento, ele não se encontra em nenhuma parte específica do corpo ou dos sentidos. A medida da vida é irredutível à sensibilidade, pois tem um padrão

---

[36] *Antropologia Friedländer*, AA, XXV, 1, p. 561.

próprio, chamado bem-estar: "A força vital tem uma medida [*ein Maaß*] em que não há nem contentamento nem dor, o bem-estar [*Wohlbefinden*]".[37]

Por sua definição mesma, o ânimo sempre igual nem se abala, nem se comove por contentamento ou dor. Ele não é passível de acréscimo, nem de diminuição, e, portanto, qualquer desvio da proporção já não se chama propriamente equanimidade. Medida ideal da força da vida, ele é também o padrão de medida de tudo o que afeta o indivíduo na vida. Pode-se pensar por isso num cálculo em que todos os objetos e ocorrências do mundo são medidos por essa espécie de *a priori* vital. Por outro lado, o cálculo é sofisticado o bastante para sugerir que a regulagem é dada (ou perdida) individualmente, pois depende em grande parte do temperamento de cada um. Uma das maneiras de explicar esse cálculo é mediante a seguinte comparação:

> Na apreciação do resultado da influência que a dor e o contentamento têm sobre o conjunto do bem-estar, entra não apenas o sentido, mas a razão. Assim, não fica bem num homem ponderado se contentar ou entristecer com ninharias que não têm influência alguma sobre o conjunto de sua felicidade ou infelicidade. Por fim podemos nos afastar da razão e estimar o valor das coisas não segundo a proporção com todo o bem-estar [*Wohlbefinden*] ou comodidade [*Wohlhaben*], mas em e por si mesmas. É assim que um homem rico, tal como qualquer outro, pondera se vai comprar algo para o prazer e agrado, que custa, por exemplo, acima de dez táleres reais; embora dez táleres reais representem uma pequena ninharia em proporção aos bens do rico, ele, todavia, não estima esse gasto em proporção com toda a sua riqueza, mas em e por si mesmo, segundo as necessidades, a saber, que ele poderia obter algo mais necessário com esse dinheiro. Portanto, a apreciação

---

[37] Kant, I., *Antropologia Menschenkunde*, p. 1069.

correta de uma coisa em comparação com o conjunto do bem-estar é bastante rara.[38]

O trecho parece contradizer a ideia de que dor e contentamento não podem diminuir nem aumentar o sentimento vital. Mas não é bem assim, pois, como diz a última frase, se a comparação entre prazer e dor fosse feita de maneira correta, isto é, em relação ao "conjunto do bem-estar" e não *como as coisas são em si mesmas*, o indivíduo veria que sua felicidade não seria minimamente atingida. O critério objetivo do que as coisas seriam em si mesmas não entra em linha de conta aqui, onde o que vale é a proporção [*Proportion*] de algo com o todo anímico. Ora, a alteração do bem-estar só existe onde, por assim dizer, já não há efetivamente bem-estar, isto é, só há aumento ou diminuição, se a boa proporção já estava perdida. E nesse cálculo paradoxal talvez não seja possível falar sequer de restabelecimento do bem-estar.

De fato, o erro do homem rico é traçar uma comparação entre o objeto de prazer e o objeto útil que poderiam ser comprados com o mesmo dinheiro, e não fazer uma comparação com a soma total de sua riqueza, diante da qual a quantia é irrisória. O objetivo do exemplo é claro: a representação parcial raramente e dificilmente é confrontada com toda a riqueza contida no ânimo, infinitamente superior a perdas e ganhos pontuais. A imagem monetária (táler real era moeda corrente na Alemanha) não é nem um pouco fortuita, servindo, ao contrário, como pista para a compreensão do que é o sentimento de vida.

E é verdade que, com seu faro inigualável, Kant está dando a entender que uma das formas de explicar a apreciação do valor da vida é comparando-a a um *fundo de capital*. A natureza concede um capital inicial abundante, módico ou parco a cada um, e toda a vida do indivíduo será entendida como uma espécie de livro-caixa em que se registra a manutenção, aumento ou diminuição desse montante inicial. Uma nota interessante de Erich Adickes confirma essa impressão. Ao comentar uma linha da reflexão 1511,

---

[38] *Idem, AA*, XXV, 1; *Antropologia Friedländer*, pp. 571-2.

onde se lê *"Hauptstuhl der Zufriendenheit. Hume"*, ele explica, remetendo ao dicionário Grimm, que a palavra *Hauptsstuhl* — literalmente "cadeira principal" — deve ser entendida nesse contexto como "bens brutos" ou "capital", sem contar os juros.[39] A linha poderia então ser traduzida assim: "Fundos da satisfação. Hume.", onde a presença do nome do filósofo escocês é fundamental, pois não ocorre em outros textos paralelos e serve para indicar a procedência da comparação. Na página seguinte, a indicação lexical do editor das *Reflexionen* é confirmada: "Fonds der Zufridenheit" = "fundo da satisfação ou contentamento".[40]

A importância que se confere à vida depende desse capital inicial, que varia de indivíduo a indivíduo, ou seja, é indiscutível que existe uma desigualdade inicial entre eles no que se refere tanto à condição natural, como à condição civil. Mais ainda: a constituição do *caráter* depende em grande medida desse capital inicial, sem o qual o indivíduo dificilmente "chega a ser alguém na vida":

> É difícil obter um caráter, se a disposição natural não ajuda. A disposição natural é o fundo, a propriedade. O capital [*Die Naturanlage ist der Fonds, das Grundstük. Capital*].[41]

A antropologia pragmática não discute a justiça ou injustiça natural em relação à índole original dos indivíduos, pois mesmo que esta seja bastante desafortunada, o homem, enquanto ser natural (*Naturwesen*), só tem interesse para ela na medida em que é um ser livre (*freyes Wesen*), capaz de se "formar ou deformar, aprimorar ou piorar".[42] A tarefa da antropologia pragmática reside, portanto, em analisar e tentar ensinar os meios de se evitar o desperdício do capital, instruindo cada um sobre como deve agir

---

[39] Rx. 1511, *AA*, XV, 2, p. 831.

[40] *Idem*, p. 832.

[41] Rx. 1518, XV, p. 868.

[42] *Idem, ibidem*.

para a "manutenção" daqueles que são os seus "bens civis e naturais" (*Erhaltung des bürgerlichen und Naturvermögens*).[43]

Segundo a nota de Erich Adickes, o texto em que se apoiam essas reflexões seria uma passagem da segunda *Investigação* de Hume (IX, 2), na qual se defende a superioridade moral e prática da conduta do homem honesto — conduta orientada por "alguma tintura de filosofia" ou apenas "por observação e reflexão comum" — sobre a performance pífia do velhaco (*knave*) que procura se beneficiar de delitos que julga não serão descobertos. Segundo Hume, com seus pequenos golpes, o espertalhão consegue no máximo sacrificar a "satisfação inestimável" de ter um caráter ou reputação para adquirir "bagatelas e quinquilharias sem valor". Ele é o modelo do perdedor, pois não percebe "quão pouco se exige para suprir as *necessidades* da natureza".[44] Obcecado por luxo, gasto e riqueza, ele não vê o que é evidente, que prazeres naturais e agradáveis como a conversa, sociedade, estudo, belezas naturais e reflexão sobre a própria conduta são satisfações que não custam nada (*unbought*), enquanto, pela aritmética peculiar dos contentamentos inocentes, seu preço é inestimável, incalculável:

> Esses prazeres naturais, na verdade, realmente não têm preço, primeiro porque estão abaixo de todo preço que se paga para obtê-los e, segundo, porque estão acima dele pelo contentamento que proporcionam.[45]

Adickes acerta um tanto por acaso e mais pelo contexto da discussão em Hume, pois ele observa que a reflexão de Kant dificilmente tem a ver com o ensaio sobre a delicadeza de paixão e delicadeza de gosto. Como se pode perceber pelas frases citadas, é exatamente o contrário. Trata-se justamente de observar que, ao contrário do astuto que as sacrifica absurdamente em prol de um ganho menor, as paixões delicadas ou do gosto têm um "preço

---

[43] *Idem*, Rx. 1511, p. 833.

[44] Hume, D., *EPM*, p. 283; trad., p. 365.

[45] *Idem*, pp. 283-4; trad. cit., p. 365.

afetivo" inigualável, porque são muito menos onerosas e ao mesmo tempo muito mais rentáveis para o registro contábil da natureza humana do que as paixões fortes. A questão da "quantificação" do prazer, aliás, não é propriamente nova, pois apenas dá mais uma vez continuidade ao debate antigo sobre o "sumo bem", claramente evocado pela personificação da *lady* Virtude, que aparece breve mas decisivamente nessa mesma seção dos *Princípios* advertindo que o "único problema" na resolução do qual ela pede algum empenho é o do "cálculo justo e da preferência constante pela felicidade maior".[46] Obter essa *just calculation*, manter uma *steady preference of the greater happiness* são as regras de conduta para o "sumo bem", para a felicidade maior, para a maior soma possível de prazeres que o indivíduo possa vir a alcançar na vida, e os homens de paixões fortes cometem apenas o erro banal de trocar uma grande quantidade deles pela intensidade febril de um só. E não era outra coisa o que pregavam os antigos, como fica evidente na fala de Catão, o estoico do *De finibus* de Cícero:

> Por isso não buscamos aquilo que se apaga ou desaparece por ser insignificante, mas aquilo que é tal que contribua para a soma. Naquela vida voluptuosa de que falávamos, um prazer [*voluptas*] se apaga entre muitos; contudo, por insignificante que seja, ela é parte da vida baseada no prazer. Um centavo [*nummus*] se apaga entre as riquezas de Cresus, porém é parte delas.[47]

Como as moedas de pouco valor, as ações que os homens praticam segundo a natureza (*secundum naturae*) aparentemente não têm vulto algum, mas fazem parte do cômputo geral de uma vida honesta e feliz. No entanto, essa proximidade de Hume (e de Kant) com o estoico é apenas parcial.

---

[46] *Idem*, p. 279; trad. cit., pp. 360-1.

[47] Cícero, *De finibus bonorum et malorum*, IV, XII, 31, ed. cit., pp. 334-5.

É que não apenas ações e aquisições, também a própria natureza é concebida segundo um cálculo próprio, que pode ser explicado quando se supõe, por exemplo, que há "alguma benevolência, mesmo que pequena, em nosso íntimo; alguma centelha de amizade pelo gênero humano, alguma partícula de pomba entremeada em nossa constituição com elementos de lobo e de serpente".[48] Haveria então, segundo Hume, uma dotação inicial de afetos benévolos em que uns poderiam receber mais, outros menos, mas mesmo a quantidade mínima de benevolência numa pessoa já é a promissória firmada pela natureza de que suas aptidões sociáveis podem ser ampliadas no futuro. E a mesma coisa vale para os "instintos" restantes que formam inicialmente o "fundo de capital" de cada um. Este pode ser aumentado ou diminuído na sociedade civil, se a "arte de viver" nele empregada souber dar rumo adequado às inclinações iniciais. Assim Kant poderá dizer sobre o estado de ânimo sempre igual: dificilmente alguém terá por natureza a suficiência ou contentamento, o coração sempre alegre ou "a chamada volúpia" de um Epicuro, mas "podemos trabalhar bastante nisso".[49] O que é a tarefa da antropologia em seu sentido pragmático.

A aproximação que Kant faz dos princípios quantitativos com o epicurismo depurado é toda ela baseada na concepção econômica da natureza humana de Hume, cuja diretriz principal seria a de saber, se não ampliar, ao menos conservar o capital de que se foi originalmente dotado. Poder-se-ia falar mais propriamente talvez de uma distribuição dos prazeres ao longo da vida, como ensina mais uma vez a Virtude latitudinária da *Investigação sobre os princípios da moral*:

> Ela não fala de austeridades e rigores inúteis, sofrimento e abnegação. Ela declara que seu único propósito é fazer que seus adeptos e toda a humanidade se tornem, na medida do possível, alegres e felizes durante todo e cada

---

[48] Hume, D., *EPM*, p. 271; trad., p. 350.

[49] Kant, I., *Antropologia Menschenkunde*, AA, XXV, 2, p. 1128.

momento de suas existências; e não se desfaz de bom grado de nenhum prazer a não ser com esperanças de ampla compensação em algum outro período de suas vidas.[50]

A Virtude explica a regra fundamental pela qual se pode obter o máximo de bens na vida: sem sacrifícios e sofrimentos inúteis, a felicidade deve ser buscada a cada momento e a recusa de um prazer só ocorre pela promessa de prazeres maiores ou mais douros. Há uma *constância* na busca *variada* do prazer que tem implicações morais importantes, pois tão somente ela será capaz de constituir o *caráter* do indivíduo, numa acepção distante de qualquer conotação moralizante: não havendo uma "identidade pessoal" atemporal nas diversas fases de cada um, o caráter e a reputação são o seu único sucedâneo possível, cujo sentido parece se identificar a um trajetória mais ou menos coerente e constante, não abortada pelo excesso, nem sacrificadamente prolongada por uma protelação interminável da realização do prazer (ali a vida é prematuramente interrompida; aqui, indefinidamente adiada). Esse princípio de contenção e variação (conter para variar) é recuperado e transformado, por exemplo, em duas passagens da *Antropologia*, nas quais ainda ecoam palavras de exortação que Kant dirigiu a seus jovens alunos em sala de aula. Pela sua importância, será preciso citar as duas na íntegra. Diz a primeira:

> Jovem! Evita a saciedade (da diversão, do excesso, do amor e semelhantes), se não com o propósito estoico de se abster completamente dela, ao menos com o fino propósito epicurista de ter a perspectiva de uma fruição sempre crescente. Essa parcimônia com o pecúlio de teu sentimento vital te fará realmente mais rico pelo retardamento do prazer, ainda que no fim de tua vida devas ter renunciado em grande parte ao uso dele. A consciência de ter a fruição em seu poder é, como tudo o que é ideal, mais fecunda e muito mais ampla que toda satisfação dos sentidos, porque esta

---

[50] Hume, D., *EPM*, p. 279; trad., p. 360.

é ao mesmo tempo consumida e, assim, subtraída à massa do todo.[51]

A riqueza do pecúlio (*Barschaft*) do sentimento vital aumenta com a parcimônia ou até sovinice (*Kargen*) nos gastos com prazer. O jovem deve respeitar o princípio epicurista de um acúmulo sempre crescente da perspectiva de prazer, mesmo que não venha a fazer uso dele. O segundo trecho diz:

> Jovem! (eu repito) acostuma-te a amar o trabalho, recusa-te os contentamentos, não para *renunciar* a eles, mas para tanto quanto possível mantê-los sempre à vista. Não embotes prematuramente a receptividade para eles com a sua fruição. A maturidade, que nunca permite que se lamente a privação de cada fruição física, assegurar-te-á justamente com esse sacrifício um capital de satisfação que é independente do acaso e da lei natural.[52]

Aqui se entende melhor como Kant lê e assimila as ideias humianas: cada ser humano tem uma disposição ou temperamento que o leva naturalmente a buscar contentamentos cuja privação causaria desprazer, a menos que, sabendo sacrificar contentamentos particulares, ele obtenha um "capital de satisfação" que lhe permita viver contente em detrimento de quaisquer contingências. Esse *Capital von Zufriedenheit* é alcançado, humianamente, pela troca das chamada delicadeza de paixão, ou seja, de uma suscetibilidade muito forte para tudo o que é doloroso ou agradável, pela delicadeza de gosto, que também amplia, como a primeira, "tanto a esfera de nossa felicidade como a de nossa miséria", mas tem sobre ela a vantagem de que se investe o capital de risco em prazeres que só dependem do sujeito mesmo,[53] como a sociedade,

---

[51] Kant, I., *Antropologia*, § 25, p. 64.

[52] *Idem*, § 63, p. 134.

[53] Hume, D., "Da delicadeza do gosto e da paixão", *EMPL*, p. 14.

a literatura, as artes, a história e até mesmo, bem utilizada, a própria filosofia. Em suma, a retirada dos investimentos na paixão e seu direcionamento para o refinamento do gosto é opção tanto mais prudente quanto tem por consequência a ampliação e diversificação das aplicações, obtendo-se assim uma espécie de apólice de seguro contra a perda de qualquer bem, perda que, portanto, não afetará o conjunto do patrimônio. O capital tenderá a crescer ou, no mínimo, a se manter o mesmo.

A reconstituição de toda essa concepção do bom humor baseada no entendimento das disposições naturais como um fundo de capital dado pela natureza não está ainda completa, pois falta mostrar, como não poderia deixar de ser, que ela tem sua origem no pensamento de Francis Hutcheson. A diferença entre alguém fascinado pelas posses externas e alguém senhor de seu íntimo reside em que, enquanto aquele está exposto a constantes desapontamentos e a um "fundo de perpétua ansiedade" (*fund of perpetual anxiety*), "este tem outros fundos de felicidade" (*other funds of happiness*) e, prevendo tais incidentes, "a perda lhe é tolerável".[54] A complexidade é grande: riqueza e poder, por exemplo, são bens fundamentais para o indivíduo, porque garantem independência em relação aos outros, proporcionando os meios de obter benefícios para si, para os próximos e para a coletividade. Mas quando o desejo de riqueza e poder se confunde imaginariamente com a própria dignidade e felicidade, então aquilo que poderia se tornar um "fundo para bons ofícios" (*fund of good offices*) se converte num tormento para a mente.[55] O essencial, mais uma vez, é saber separar as falsas imaginações e opiniões das imagens e opiniões corretas, o que depende de um senso adequado para perceber qualidades morais. E esse senso pode vir a se tornar

> [...] um fundo seguro de deleite interno [*sure fund of inward enjoyment*] para aqueles que obedecem às suas sugestões.

---

[54] Hutcheson, F., *System*, pp. 107 e 116.

[55] *Idem*, p. 112.

Ao refletir sobre elas, nosso próprio temperamento e ações podem ser fontes constantes de alegria.[56]

Não se deixar levar por associações indevidas, causadoras de ansiedade e sofrimento, buscar sempre alegrias que dependem somente do poder de cada um e que estão ao abrigo das contingências da fortuna, eis o que caracteriza a saúde, a força, a solidez da mente — *soundness of mind* — que o leitor reencontra como sinônimo de bom-senso, de senso forte (*strong sense*) e juízo mais saudável (*soundest judgment*) na delicadeza de gosto e sentimento em Hume e na mente equânime, no ânimo inabalável, da antropologia kantiana.

Em Kant, as explicações de Hutcheson servirão para consolidar um esquema fisiológico-psicológico tripartite. Segundo ele, a alma pode ser vista de três pontos de vista: enquanto alma (*anima, Seele*), ânimo (*animus, Gemüth*) e mente ou espírito (*mens, Geist*). Sob o primeiro aspecto, a alma está ligada ao corpo e não pode impedir ou rejeitar aquilo que o afeta, sendo portanto meramente passiva. Mas desde que reaja às impressões sensíveis e se mostre ativa (*thätig*), a alma é chamada de *animus* (*Gemüth*), e quando ela representa algo de modo totalmente independente do corpo ela é espírito.[57] O ânimo se encontra, portanto, entre a mera passividade da alma e a total espontaneidade do espírito, e entender essa condição é bastante útil para a compreensão do conjunto sistemático da filosofia kantiana: se para a moral estrita é verdade que o ânimo é um fator desprezível, que entra tão pouco no cômputo moral quanto a sensibilidade, por outro lado ele é ingrediente indispensável na composição do homem. Kant afirma que as afecções precisam ser amansadas, assim como as paixões domadas, ambas superadas pela "liberdade interior, sem a qual não há virtude". Isso significa que, embora antropologicamente sempre seja necessário alguma vivificação da mente, sem a qual ela se prostra e cai no tédio, a perspectiva moral requer incondicionalmente uma

---

[56] *Idem*, p. 111.

[57] Kant, I., *Antropologia Parow*, AA, XXV, pp. 247-8.

Kant e o filósofo que ri

"apatia", em que o indivíduo se torna mestre (*animus sui compos*) e senhor de si mesmo (*imperium in semetipsum*). Tendo controle sobre as afecções e paixões, o ânimo é aquietado, condição para a índole (*indoles, Gemüthsart*) *nobre*.[58] A moralidade pura exclui, dessa maneira, todo apelo sensível, bem como toda emotividade e afetividade, infundindo apenas, como seu efeito, um sentimento de respeito pela força da obediência estrita à lei. Em resumo, a "vida" — como para o sábio estoico — só tem algum valor na medida em que está à serviço da dignidade moral, ou como mera contraprova de que, ao agir moralmente, não se atenta contra ela. O valor que se dá à vida é, sob esse aspecto, nulo ou, pelo menos, próximo do zero.

Mas, paralelamente a essa avaliação moral, subsiste uma compreensão da vida que abrange diversos âmbitos, que vão da fisiologia (alma ligada ao corpo), passando pela antropologia, pela estética, para ganhar de novo indiretamente uma dimensão e significação moral — mediante a história e a teleologia. Ao lado da desvalorização da vida, de extração estoica, há também um tipo de valoração temperada dela, que recupera o epicurismo aliando-o a uma forma mais flexível de estoicismo. Combinação estranha e heterodoxa, impensável do ponto de vista da separação entre moralidade e felicidade, mas perfeitamente coerente com a postulação de um sumo bem em que as duas possam e devam ser reunidas.[59] Mas essa prudência, essa arte de viver que Kant ensinava a seus alunos, é possível graças à antropologia hutchesoniana e humiana, que é decisiva para o entendimento mais amplo da noção de "vida" na filosofia kantiana.

Retomando a questão, a dificuldade de entender essa noção reside em que ela reúne dois elementos aparentemente inconciliáveis, que teriam de ser colocados numa relação onde um dos fatores permanecesse constante enquanto o outro constantemente se modificasse. A felicidade depende de um estado de humor invariável, de uma *Gleichmütigkeit*, que não pode ser nem diminuída

---

[58] *Idem, Metaphysik der Sitten, AA*, VI, p. 407.

[59] Kant, I., *Crítica da razão prática, AA*, V, p. 125.

A forma e o sentimento do mundo

nem aumentada por dor ou prazer; essa invariabilidade teria de ser mantida mesmo com a mudança, o acréscimo, o incremento, a multiplicação de prazeres que representam um ganho de capital seguro ao longo da vida e garantem a constância e tranquilidade do estado da mente. A solução parece estar num sensor indicando um ponto fixo do prazer anímico geral, que permanece *o mesmo* — *gleich* —, uma *Gleichmütigkeit* ao longo de toda a vida, mas tal igualdade só pode ser mantida caso se acumule uma reserva que impeça a repetição obsessiva de um mesmo prazer, impedindo que este seja confundido com a satisfação sentida, com o estado geral da mente, pois o paradoxo está em que a reiteração, o *hábito* do mesmo, é o que impede que o nível geral de satisfação continue sendo o mesmo. É fundamental, portanto, não confundir *acúmulo de riqueza* com *aumento da força para garantir o sentimento íntimo*, o que fica evidente quando Hume (secundado por Kant) diz que talvez não haja vício mais incorrigível que a avareza, encontrada sobretudo na velhice, quando outras paixões menores já não são capazes de "contrabalançar, de alguma maneira, a inclinação predominante".[60] A ilusão natural de que o avaro é acometido, aliás, ajuda a explicar melhor, por contraste, o poder de quem tem o ânimo em suas mãos: o avaro crê usufruir de um "poder" (*Macht*) suficiente para suprir quaisquer outras fruições, mas, justamente por renunciar a todas elas, ele não usufrui de nenhuma.[61]

Ainda que a interpretação de Kant se mantenha *rente* aos textos de que parte, é a originalidade de sua leitura que faz entender melhor a força das elaborações dos pensadores britânicos. É que ele torna explícito algo que estava implícito ali: fundamento do cálculo, o sentimento da vida e, com ele, do valor da vida só pode ser um *a priori*. Afirmação tanto mais interessante quando

---

[60] Hume, D., "Da avareza", *EMPL*, p. 257.

[61] Kant, I., *Antropologia*, trad., p. 171. A medida de satisfação com a vida é sempre a mesma, a despeito da variabilidade de prazeres que podem ser obtidos ao longo dela; ou ainda: a soma de prazeres que constitui o sumo bem não pode ser entendida como um acúmulo, pois o que identifica a harmonia entre eles é um padrão único, não importa quão grande ou pequeno seja o seu número.

se pensa que esse *a priori* da vida tem uma relação íntima com o sentimento de gosto. É com Hutcheson e Hume que Kant pôde entender que a *medida* da vida estava no sentimento e no gosto: há "uma certa delicadeza de gosto" (*eine gewisse Zartheit des Geschmacks*), diz a *Lógica Philippi*, ligada à sensação e ao bem--estar. É ela que decide o valor de cada coisa, que não é apreciada objetivamente como coisa em si, mas segundo o sentimento de cada sujeito, o que implica dois modos de conhecer e de representar essencialmente distintos:

> Por meio do primeiro julgamos como a coisa é, ainda que ela não se refira a seres pensantes ou não tenha valor; no segundo [modo], porém, eu decido o que o objeto vale [*gilt*] em relação a seres pensantes. E de que maneira [*wodurch*] eu decido isso? Qual é a medida do valor [*Maß des Werths*]? É o sentimento de prazer e desprazer ou a sensação [*Empfindung*]. É por eles que decidimos se um objeto é agradável ou desagradável, belo ou feio, e isso constitui o seu valor.[62]

Claro que a passagem reflete o entrecruzamento de vários temas, como a diferença, que se está tornando cada vez mais clara, entre agradável e belo, mas o essencial aqui é notar como a delicadeza do gosto ou sentimento vai sendo pensada junto com a condição de percepção da vida e com a condição da valorização das coisas.

Que a vida seja definida em relação ao sentimento de prazer e desprazer, parece indiscutível desde os anos 1770: "Vida é a consciência de um jogo livre e regular de todas as forças e faculdades dos homens".[63] Definição que poderia certamente figurar na *Crítica do juízo*. Ela resume bem o percurso de apropriação e transformação por que passaram as ideias hutchesoniana e humianas. A vivificação (*Belebung*) das faculdades do ânimo que ocorre na

---

[62] *Logik Phillippi, AA*, XXIV, pp. 350, 345 e 355.

[63] *Idem, Antropologia Friedländer, AA*, XXV, 1, p. 539.

fruição estética é o padrão ideal de medida do sentimento de vida, porque nela nenhuma faculdade sobressai em relação às outras, e todas se encontram num jogo reciprocamente fecundo. Que gosto e sentimento vital andem juntos, é o que se pode ler logo no primeiro parágrafo da *Crítica do juízo*, quando, ao traçar a diferença entre o juízo de conhecimento e o juízo estético, se afirma que, enquanto naquele a representação é objetiva, neste

> [...] a representação é inteiramente referida ao sujeito e, aliás, *a seu sentimento vital [Lebensgefühl], sob o sentimento de prazer ou desprazer*, o que funda uma faculdade inteiramente particular de distinção e de julgamento, que não contribui em nada para o conhecimento, mas somente mantém a representação dada, no sujeito, em confronto com a inteira faculdade das representações, de que a mente [*Gemüt*] toma consciência no sentimento de seu estado.[64]

A referência ao sujeito é entendida como representação referida ao conjunto das faculdades com a simultânea consciência desse estado na mente, o que tem claríssima analogia com a regra que explica a comparação entre os prazeres no "sumo bem". É verdade que a razão prática dará um sentido bastante diferente ao sumo bem, sentido em que dificilmente se reconhecem as características gerais da noção, tal como aparece na tradição. E é verdade também que na Terceira Crítica tampouco se busca o cálculo pelo qual os prazeres são admitidos na medida em que contribuem para o conjunto ou soma total de prazeres. Mas se o conteúdo se modifica, a forma da regra permanece: assim como o sumo bem se calcula pela relação de um bem particular com o conjunto dos bens, assim também o sentimento de prazer e desprazer é a comparação de uma representação estética particular (a bela flor, o belo poema) com o conjunto de todas as representações das faculdades da mente. Como ensinaram Malebranche e Hutcheson, o estado

---

[64] *Idem, Crítica do juízo*, A 4-5. *AA*, V, p. 204, tradução de Rubens Rodrigues Torres Filho, *in: Crítica da razão pura e outros textos filosóficos*, São Paulo, Abril, 1974, p. 303 (grifo nosso).

da mente, nos dois casos, é um estado em que a representação parcial não impede a reflexão. Que "vida" em seu sentido mais amplo e vivificação estética, que o cálculo do sumo bem e o juízo de gosto tenham uma *forma* ou *regra* semelhante, e mais, que o juízo reflexionante tenha nascido do cálculo sentimental, fica claro por um parágrafo da *Antropologia*:

> Em geral o que constitui o estado de afecção [isto é, oposto ao de equanimidade] não é a intensidade de um certo sentimento, mas a falta de reflexão [*Mangel der Überlegung*] para comparar esse sentimento com a soma de todos os sentimentos (de prazer e desprazer) em seu estado. O rico a quem um criado quebra por inépcia uma bela e rara taça de cristal ao carregá-la durante uma festa, não deveria dar nenhuma importância a isso, se no momento mesmo comparasse essa perda de um prazer com a quantidade de todos os prazeres que sua feliz situação lhe confere na condição de homem rico. Mas caso se entregue única e exclusivamente a um sentimento de dor (sem fazer rapidamente em pensamento aquele cálculo), não é de surpreender que seu estado de espírito será tal como se houvesse perdido toda a sua felicidade.[65]

O FILÓSOFO E O HUMORISTA

Ter tranquilidade de espírito, um "humor feliz" (*die glückliche Laune*) como o de Epicuro, é o "maior presente que pode haver no mundo" (*das gröste Geschenck auf der Welt*).[66] Só que esse presente é bastante raro, como se pode imaginar, o que não quer dizer que a serenidade de Epicuro não deva ser buscada e

---

[65] Kant, I., *Antropologia*, p. 152. O exemplo do criado que quebra algo valioso vem do estoicismo: cf. Epiteto, *Manual*, XXVI, tradução para o francês de E. Cattin, Paris, Flammarion, 1977, p. 75.

[66] *Antropologia Collins*, XXV, 1, p. 215.

exercitada. Na reflexão em que remete ao "capital de contentamento" de Hume, nas linhas que antecedem imediatamente a remissão, Kant retoma a ideia de que alegria e tristeza não devem ser confundidas com prazer e dor, pois não se dão na mera sensação, mas no ânimo, surgindo, por isso, da "reflexão" que o indivíduo faz "sobre todo o seu estado" (*Überlegung seines ganzen Zustandes*). Isso mostra mais uma vez o quanto a equanimidade (*Gleichmuth*) está próxima do juízo reflexionante, podendo ser de algum modo considerada a matriz deste: fruir ou poder abster-se de uma fruição, preservar o equilíbrio da mente, é resultado de uma ponderação, uma comparação, uma reflexão: "Im Gleichgewicht aus Überlegung".[67] O paralelo não deixa dúvidas: assim como, no juízo estético, a representação bela é comparada ao jogo de todas as faculdades, assim também na serenidade epicurista-humiana as representações agradáveis ou dolorosas não são consideradas sozinhas, mas na "proporção" em que se encontram para com o estado da mente. E da mesma forma que o juízo estético, que é ao mesmo tempo natural e puro, pode ser cultivado, também o equilíbrio da mente, embora dádiva da natureza e inalterável, poderá ser exercitado e aprimorado.

O paralelo entre o coração sempre alegre de Epicuro e o juízo estético tem ainda outro ingrediente que o leitor da Terceira Crítica obviamente não é capaz de perceber. É que ele inclui toda uma ampla consideração sobre o humor com a qual se arremata a costura da personagem do filósofo que ri de tudo, personagem complexa que reúne Epicuro, Demócrito, More, Hume e variações desta figura própria ao século XVIII britânico que é o homem de humor.

Todo homem, pode-se ler na *Antropologia Collins*, tem a "capacidade de ver as coisas no mundo a partir do ponto de vista que ele quiser, ou como sendo importantes, ou como risíveis". O cortejo, considerado bem sério e grave por um, parecerá farsesco a outro, que nele encontrará matéria para o riso, havendo novamente dois modos de considerar as coisas: aquele em que são tra-

---

[67] Rx. 1511, p. 831.

Kant e o filósofo que ri

tadas como aparecem a uma luz correta e aquele em que "são mais saudáveis para a índole de minha alma". A capacidade de rir transfigura as coisas, não se preocupando tanto com o que elas são em si mesmas, mas com o que implicam para a saúde do espírito.[68]

A perspectiva do sujeito pode se impor sobre as coisas de duas maneiras: ele pode vê-las segundo uma ótica predominantemente negativa, irritadiça ou tristonha, ou segundo a ótica da alegria e do riso. As duas se encontram classificadas sob a diferença do *mau* e do *bom* humor. Kant procura estabelecer essa diferenciação a partir do uso linguístico corrente dos termos. A palavra *humeur* em francês significa

> [...] um mau humor [*eine üble Laune*], em que o indivíduo está maldisposto e também vê a todos os outros assim. Há um estado rabugento dele em que considera que tudo está pervertido, em que tudo o que vê lhe despraz e em que crê também ter razão. Nesse humor, o homem vê o mundo cheio de tolos e celerados.[69]

Há, por outro lado, o significado que os ingleses dão à palavra humor, que é

> [...] certa disposição de ânimo própria, de julgar jocosamente sobre as coisas e objetos e considerar tudo como jogo/brincadeira [*Spiel*]. Se alguém é desse humor, ele torna tudo engraçado, e este é o bom humor [*eine gute Laune*]. Ele se manifesta com frequência até o fim da vida.[70]

Tanto a boa como a má disposição de humor têm que ver com o temperamento, mas podem ser também disposições *arbitrárias*, isto é, pode-se assumi-las conscientemente e cultivá-las como uma espécie de temperamento adquirido: "O humor [*Laune*] é a dis-

---

[68] *Antropologia Collins, AA*, XXV, 1, p. 173.

[69] *Antropologia Friedländer, AA*, XXV, 1, p. 563.

[70] *Idem*, pp. 563-4.

posição do ânimo de julgar os objetos a partir do seu bem-estar. Ela é humor arbitrário". O bem-estar (*Wohlbefinden*), natural ou adquirido, proporciona a capacidade de enxergar as coisas segundo um prisma humorístico, brincalhão, de ver "a vida como um jogo, que a fantasia transforma naquilo que queremos". E é assim que o humor faz parte daquele *ânimo filosófico* (*philosophische GemütsArt*)[71] ao qual se aludiu antes.

A diferença entre bom e mau humor, entre o *humeur* francês e o *humour* inglês, também poderia ser explicada por uma nuance da língua alemã, que tem dois adjetivos para *Laune*: *launig* e *launisch*. Aqui fica mais claro que a arbitrariedade está do lado do bom humor. A distinção pode ser encontrada, por exemplo, nesta passagem do curso de *Antropologia Pillau*:

> Humoroso [*launisch*] é alguém que é tão inconstante [*wandelbar*], que pode estar alegre e também triste num único instante. Todos os hipocondríacos são humorosos e sobretudo em vista dos afetos que lhe são mesmo prejudiciais. Humorista [*launicht*], porém, é quando se pode construir para si uma disposição de ânimo segundo a própria escolha arbitrária.[72]

Em princípio parece não haver diferença entre o humoroso e o humorista, pois ambos não veem o mundo como é em si, mas cada um o enxerga à sua maneira. O humor (*humeur*) é uma "disposição particular da mente, que o homem não tem em seu poder [*nicht in seiner Gewalt hat*], porque o mundo lhe aparece sob cores diferentes conforme muda a sua disposição de ânimo". Essa fraqueza de se estar sujeito "à vicissitude do seu estado de ânimo",

---

[71] Todas essas ideias estão condensadas na Rx. 1488 e 1489, *AA*, XV, II, p. 729-30.

[72] *Antropologia Pillau*, XXV, 2, p. 811. Na *Antropologia pragmática* (p. 149), o desejo sem objeto determinado (*appetitio vaga*) também pode ser chamado de desejo *humoroso* (*launisch*), porque "nada lhe satisfaz".

"às disposições aleatórias", o que pode dar ensejo à doença, é a maior negligência (*Vernachlässigung*) que alguém pode cometer consigo mesmo. Tal disposição que faz o que dá na veneta, que segue as mudanças da lua (conforme a falsa etimologia seguida por Kant *Luna = lunatisch*)[73] é oposta à *Gleichmütigkeit*, igualdade de ânimo atribuída ou mesmo identificada ao estado humorístico que é

> [...] mais adequado para a vida do homem do que todas as poses graves para emitir juízos sobre os outros e atribuir às coisas uma importância que elas não têm. Demócrito foi um filósofo do bom humor e dizia: "na vida dos homens não há importância, tudo não passa de brincadeira de crianças; os lamentos dos homens sobre seus sofrimentos são lamentos de crianças que perderam seus brinquedos". O que atormenta o indivíduo é um mal imaginário. As coisas de maior importância para eles, em relação às quais assumem ares tão graves, não passam de brincadeira de criança. E mesmo de seus males nós temos mais razão de rir. [Pois] os males sobre os quais fazem tanta grita são fantasiosos.[74]

A continuação do trecho assinala o benefício social existente em "nos proporcionar um bom humor" (*uns eine gute Laune zu verschaffen*), pois com ele a sociabilidade estará facilitada. E, além de afastar a tristeza e promover as relações sociais, há outra espécie de ganho quando se investe na adoção voluntária do papel de humorista, ganho que consiste em retirar das coisas a seriedade que elas não têm e, ao mesmo tempo, em poder ver tudo de um ponto de vista peculiar:

---

[73] *Antropologia*, p. 132.

[74] *Antropologia Menschenkunde*, *AA*, XXV, 2, pp. 1083-4. A identidade do "launigt" e do "gleichmüthig" aparece, por exemplo, na *Anthorpologie Friedländer*, XXV, p. 565, onde se fala do *Tom Jones* de Fielding.

O humorismo [*das Launige*], entretanto, pertence ao talento e consiste na originalidade de um ponto de vista arbitrário [a partir do qual] se veem as coisas diferentemente dos outros homens.

"Ver as coisas por um lado original":[75] como está claro, não se trata necessariamente de uma *originalidade original*, pois aqui basta uma originalidade construída, artificial, para a qual o talento do olhar reavaliador pode e deve se exercitar. Se a pessoa atingir o ponto em que representa as coisas segundo "seu caráter de ânimo especial" (*dem speciellen GemüthsCharacter gemäß*) — e "esse tipo de ânimo é chamado em geral de humor" —, se ela "puder se proporcionar esse humor" (*sich eine solche Laune anschaffen*), ela terá obtido a maior felicidade possível para um homem, pressupondo-se que isso não o impeça de cumprir os seus deveres.[76]

Se o *humeur* é negativo e precisa ser descartado, os alunos dos cursos de Antropologia são então exortados a entender e mesmo a imitar o *humour* surgido e praticado na Grã-Bretanha. A recomendação se deve, entre outras coisas, a uma qualidade dos "autores ingleses", que conseguem "preservar, mesmo em meio ao riso e ao humor, os sentimentos mais justos [*die richtigsten Sentiments*]". Seria desejável, assim, que os alemães "imitassem os ingleses nisso", pois embora os ingleses não tenham o talento de comover (*rührender Witz*), "eles detêm, em meio a todo humor, um juízo sensato" (*ein vernünftiges Urtheil*).[77]

Combinação preciosa esta, de humor e sensatez, dos "autores ingleses" que costumam frequentar as páginas do filósofo alemão: Swift, Buttler, Fielding e Sterne. Mesmo que não se possa saber exatamente quais deles e que obras suas foram lidas por Kant, é fato que as suas observações sobre eles geralmente estão sintonizadas com muito do que há de mais atual e de melhor na crítica inglesa e alemã contemporânea. Ou seja, ainda que se suponha que

---

[75] *Idem, ibidem.*

[76] *Antropologia Parow*, p. 346.

[77] *Antropologia Friedländer*, XXV, 1, p. 564.

os juízos não sejam seus, seu faro para o que há de instigante nesses autores não deixa de ser aguçado. É assim, principalmente, que ele recupera a ideia de "escritor de humor" encontrada em Kames, autor que não somente leu como enalteceu.[78] Com efeito, nos *Elementos da Crítica* se encontra uma distinção importante entre o *humor na escrita* e o *humor no caráter*:

> Humor na escrita é bastante diferente do humor no caráter. Se o autor insiste em temas lúdicros com o propósito declarado de fazer seus leitores riem, ele pode ser denominado *escritor lúdicro* [*ludicrous writer*]; mas fará pouco jus ao título de *escritor de humor* [*writer of humour*]. Essa qualidade cabe ao autor que, afetando ser grave e sério, pinta seus objetos em cores tais que provocam hilaridade e riso. O escritor que é realmente humorista no caráter o faz sem intenção; caso contrário, ele precisa afetar o caráter para ter êxito. Swift e La Fontaine são humoristas por caráter e seus escritos estão cheios de humor. Addison não era um humorista por caráter; no entanto, em seus escritos em prosa prevalece o humor mais delicado e refinado. Arbuthnot excede a todos em pilhéria e pintura humorística; o que mostra um grande gênio, porque, se não estou mal informado, ele não tinha nada dessa peculiaridade em seu caráter.[79]

O que os escritores como Addison e Arbuthnot ensinam é que não é necessário ter um temperamento naturalmente bem-humorado para realizar obras que primam pelo humor. A característica ressaltada por Kames é a de que afetam gravidade para provocar riso, invertendo geralmente as posições do sério e do jocoso. A inversão do sério e do cômico seria, segundo Kant, característica

---

[78] "Home, em seus *Elementos da Crítica*, logrou bastante êxito em espreitar aquilo que antecede certos juízos dos homens ou seus arrebatamentos externos, como o riso" (*Antropologia Collins*, XXV, 1, p. 20).

[79] Kames, *Elements of Criticism*, edição e introdução de Peter Jones, Indianapolis, Liberty Fund, 2005, I, pp. 255-6.

também do *Jonathan Wild* de Fielding, da *Clarissa* de Samuel Richardson e do *Vergílio Travestido*, do alemão Aloys Blummauer.[80] Ele também faz referência a esse talento humorístico em Buttler e Sterne: aquilo que é elucubrado com muito engenho, o humor põe de volta no lugar.[81] O escritor de humor se define, portanto, por essas duas características principais: assumir arbitrariamente uma disposição para o humor e inverter a perspectiva "séria" sob a qual as coisas são vistas.

O que chama a atenção no caso de Sterne é o modo como soube explorar a inversão do peso das coisas mediante sua concepção do *hobby*. Kant parece ter se interessado muito por esse aspecto, pois o retoma de diversas maneiras, como na transcrição do curso de *Antropologia Brauer*, na qual se explica que "quanto mais seriamente alguém cavalga o seu cavalinho de pau, tanto mais ridículo ele parece".[82] O indivíduo que toma a sério demais suas atividades e ocupações, não percebe que está agindo como crianças que brincam com seus *hobby-horses*, embora já não sejam crianças. Kant viu com toda a clareza que o *hobby* é um dos pontos de máxima condensação de toda a "ciência da natureza humana" do século XVIII.

Como se faz para preservar a "equanimidade", pergunta o curso de *Antropologia Friedländer*. Embora o temperamento desempenhe um grande papel nisso, diz a resposta, é possível manter o bom humor mediante um exercício que começa desde cedo a externar "certa igualdade de ânimo" (*eine gewisse Gleichmüthigkeit*). A conquista da equanimidade tem aspectos bem semelhantes à "dietética" humiana:

> [...] como não somos senhores do desenlace das coisas, temos de dar ao nosso ânimo uma disposição uniforme.

---

[80] Kant, I., *Antropologia*, p. 62.

[81] *Idem*, p. 132.

[82] A passagem é citada em nota dos editores na *Antropologia Collins*, *AA*, XXV, 1, p. 187.

Como em Hume, se não há como controlar o desenrolar "objetivo" do mundo, é preciso assegurar-se internamente daquilo em que se vai investir (as amizades, os jogos, os livros, a filosofia etc.) com uma inclinação não tão apaixonada, mas constante. O termo usado por Kant é *Fassung*, que indica o controle de alguém sobre seu ânimo ou consciência (o contrário *"außer Fassung sein"* é "estar fora de si", perder o controle). O texto segue:

A vida humana, além disso, é composta de meras ninharias [*Kleinigkeiten*]. Entregamo-nos mais a nossa inclinação do que a nossa verdadeira felicidade. Não são grandes males que oprimem o homem, mas pequenas afrontas a seu cavalinho de pau. Ora, se vemos que são ninharias e nos acostumamos já desde cedo a não nos agarrarmos a essas ninharias, alcançamos a equanimidade.[83]

O erro está no exagero com que se encaram as inclinações, e o acerto, na capacidade de receber os males como se fossem os pontos que marcam a contagem de um jogo ou brincadeira. O cavalinho de brinquedo é o ponto mais alto dessa inversão dos sinais, porque seriedade e leveza estão exatamente no lugar oposto em que se imagina que estejam. Kant parece ter sido um dos que mais atinou para a verdadeira afinidade espiritual existente entre o autor do Tristram Shandy e David Hume. É o que se pode constatar lendo as linhas que seguem da *Antropologia Parow*:

Todo homem tem seu *hobby* [*Stecken-Pferd*] ou sua tolice predileta [*Lieblings-Thorheit*]. Assim, um quer muito ser poeta e distinguir-se sob esse nome, colocando, por isso, suas ocupações de lado a fim de desfrutar sua felicidade na poesia. Nero buscava [desenvolver] sua maior habilidade, que era conseguir conduzir seis cavalos atrelados um ao lado do outro — de modo geral, Nero foi mais tolo do que cruel [*mehr Narr als grausam*]. Pois que cada um

---

[83] *Antropologia Friedländer*, XXV, 1, p. 562.

conserve esse seu *hobby*. Sterne diz: que cada um cavalgue seu cavalinho de pau para baixo e para cima, desde que não me obrigue a sentar na garupa — um belo pensamento [*ein schöner Gedanke*]. Porque todo homem tem sua dose de tolice, é necessário que tenha paciência com a tolice dos outros.[84]

O texto deixa claro que há uma assimilação das "paixões" abstrusas (Nero...) de Hume e o *hobby-horse* sterniano. Assim como para Hume, também para Tristram entregar-se de todo a uma paixão dominante (*ruling passion*) tem seus riscos:

> Quando o homem se deixa governar por uma paixão dominante — ou, em outras palavras, quando o seu *cavalinho de pau* se torna teimoso [*head-strong*] —, adeus fria razão e bela discrição![85]

Todo *hobby* é na verdade uma pequena tolice, mas uma tolice imprescindível, e quando se escolhe um, deve-se ser capaz de rir junto com aqueles que se riem da escolha e de quem a escolheu. É por isso que, segundo Kant, Sterne censura com razão os pretensos sabichões que com sua "seriedade pedante" querem ridicularizar o *hobby*. Eles não percebem a importância terapêutica de cavalgar no cavalinho de pau, tanto para pessoas abastadas e idosas, como também como distração para pessoas jovens e atarefadas.[86]

Com os exercícios militares que pratica no gramado de sua casa com o cabo Trim, Tobby Shandy integra a galeria das muitas figuras do humor sociável presentes na literatura e ensaística inglesa do século XVIII, tendo por patronos o Dom Quixote, de Cervantes, e o Falstaff, de Shakespeare. Ao lado de Sir Roger de

---

[84] *Antropologia Parow*, XXV, 1, p. 334.

[85] Sterne, L., *A vida e as opiniões do cavalheiro Tristram Shandy*, II, 5, tradução, introdução e notas de José Paulo Paes, Rio de Janeiro, Nova Fronteira, 1984, p. 66.

[86] Kant, I., *Antropologia*, pp. 101-2.

Coverley (*Spectator*), do pastor Adams (Fielding) e de tantos outros, ele representa uma forma nova de comicidade, na qual, diferentemente do que ocorre na comédia "clássica", os vícios da figura cômica não são punidos pelo riso satírico, porque suas idiossincrasias são aceitas com um riso benévolo, que ri com simpatia das fraquezas das personagens. Diferentemente do pedante sabichão que despreza o *hobby*, o leitor sabe que há algo de "muito sério" na ocupação insensata de tio Tobby e seu ajudante de armas Trim, assim como aprendeu a amar o covarde e mentiroso Falstaff.[87]

Alguns elementos das tentativas de definição que Kant propõe para o *hobby* sugerem que ele tem algo que o aproxima do prazer estético. O *hobby* é uma atividade terapêutico-lúdica que tem um fim em si mesma (diferentemente do trabalho, cujo fim é o salário para o sustento da sobrevivência), ele é

> [...] um ócio atarefado, uma paixão em se entreter cuidadosamente com objetos da imaginação, com os quais o entendimento simplesmente brinca por distração, como se fosse um negócio.[88]

Apesar dessa proximidade do humorista com o artista (atividades sem fim), e do *hobby* com o juízo de gosto (jogo entre entendimento e imaginação), Kant acaba por mostrar as pequenas

---

[87] Sobre a mudança do cômico e o surgimento do humor benevolente, ver o belíssimo estudo de Stuart M. Tave, *The Amiable Humorist: A Study in the Comic Theory and Criticism of the Eighteenth and Early Nineteenth Centuries*, Chicago, The University of Chicago Press, 1960. Antes dele, porém, há o excelente estudo, mais breve, de Edward N. Hooker, "The Humour in the Age of Pope", *in*: *Huntington Library Quarterly*, 11, 4, 1948, pp. 361-85. Trabalhando com as mudanças do humor inglês de Swift a Sterne, Hooker mostra que é em Congreve que se dá com plena consciência o divórcio da sátira punitiva e do humor condescendente com as extragavâncias e idiossincrasias individuais. Os novos tempos, mais individualistas, sentem enfado com a eterna repetição das mesmas personagens cômicas clássicas e requerem a diversificação do humor.

[88] Kant, I., *Antropologia*, p. 101.

diferenças existente entre essas ideias, assim como o homem moral não pode ser confundido com o homem de coração sempre alegre de Epicuro. Tal recusa aparece principalmente quando, em suas considerações sobre o humor, a *Crítica do juízo* situa o humorista num plano inferior ao do artista:

> *Humor*, no bom sentido, significa, com efeito, o talento de poder, arbitrariamente, colocar-se em uma disposição mental em que todas as coisas são julgadas de modo inteiramente outro do que habitualmente (e até mesmo inversamente), e no entanto em conformidade com certos princípios racionais em uma tal disposição mental. Quem é involuntariamente sujeito a tais alterações chama-se *humoroso*; mas quem é capaz de assumi-las arbitrariamente e com finalidade (em vista de uma exposição viva mediante um contraste que suscita o riso), este chama-se *humorista*, e sua obra, *humorística*. Essa maneira, entretanto, pertence mais à arte do agradável do que à bela-arte, porque o objeto desta última tem sempre de mostrar em si alguma dignidade, e por isso requer uma certa seriedade na exposição, assim como o gosto no julgamento.[89]

Se, portanto, o humor por si só não é capaz de produzir verdadeira arte, o humorista tem uma semelhança muito grande com o filósofo que sabe rir. Ele constitui um ensinamento pragmático do mais alto interesse: não é preciso ser bem-humorado por natureza, o bom humor é objeto de um aprendizado e de um refinamento, é uma das formas mais requintadas daquela outra *arte* não menos fundamental ensinada pela antropologia: como o *hobby*, ele é parte desse âmbito da filosofia chamado *prudência* ou *arte de viver*.

---

[89] *Crítica do juízo*, trad. cit., p. 363.

QUEM RI POR ÚLTIMO, RI MELHOR:
HUMOR, RISO E SÁTIRA NO SÉCULO DA CRÍTICA

> Nada mais deplorável em sua origem e nada mais execrável em suas consequências do que o temor de ser ridículo.
>
> Friedrich Schlegel[1]

Sensus Communis, or an Essay on the Freedom of Wit and Humour é uma peça literária e filosófica publicada pela primeira vez em 1709. Faz parte do primeiro volume das *Características* do filósofo Anthony Ashley Cooper, que ficou mais conhecido no mundo letrado por seu título nobiliárquico, o de Terceiro Conde de Shaftesbury. Assim como a *Carta sobre o entusiasmo*, publicada no ano anterior, o ensaio sobre o senso comum foi escrito na forma de uma epístola, gênero, como se sabe, muito difundido desde a Antiguidade romana. Nessa carta, o suposto autor procura desfazer a nuvem de perplexidade que invadira o espírito de um jovem *gentleman* amigo seu: este, com efeito, ficara bastante desorientado depois que, contra todas as regras do decoro, ouvira o amigo fazer um "elogio da zombaria" numa reunião social em que ambos haviam tomado parte poucos dias antes. A carta procura, assim, dissipar qualquer sombra de dúvida ou de mal-entendido quanto ao sério propósito daquele elogio.

A questão que imediata e inevitavelmente se põe para alguém que faz uma "defesa da zombaria (*raillery*)", diz o missivista, é a

---

[1] *Lyceum*, 106, *in*: *O dialeto dos fragmentos*, São Paulo, Iluminuras, 1997, p. 36.

de saber se ela pode ser justa (*fair*).[2] Ao tentar responder a essa pergunta, não se pode fugir a uma primeira constatação: a zombaria só é justa se vale para todos, indiscriminadamente. A ideia de submeter a opinião de alguém ao crivo do ridículo, para saber se ela é válida, só terá sentido, afirma o autor, se a regra for generalizada, isto é, se também as *minhas* opiniões forem objeto do possível juízo escarnecedor dos outros. Querer passar ileso, nesse caso, pode ser visto como um gesto antissocial, sinal de egoísmo (*selfishness*).[3]

Há ainda outra dificuldade: em que consiste a zombaria? Descrevê-la num sentido próximo do rigoroso seria algo tão impossível quanto definir o que é o senso comum, o humor, o *wit*, ou, em termos gerais, o que são "boas maneiras" ou "boa educação".[4] Como ocorre noutros textos do autor, o que se quer evidenciar aqui é a impossibilidade de se transmitir essas noções nas formas filosóficas convencionais (tratado, investigação etc.). Elas não são objetos de definição, dedução ou demonstração; não são ensinamentos técnicos ou científicos que podem ser passados adiante simplesmente respeitando as boas normas didáticas.

Observando-as mais de perto, é possível dizer que essas noções fazem parte de um conjunto maior, como aspectos de um mesmo senso de sociabilidade que é o fundamento da política, da moral e da estética. É exatamente pela ausência desses princípios de refinamento que se viu surgirem, nos tempos modernos, algumas *fissuras* no corpo social. A falta de senso para o riso seria então, para o remetente da carta, apenas um dos aspectos de uma indisposição mais geral para o diálogo, para a troca de opiniões, para o aprendizado da sociabilidade — indisposição característica da época moderna e cuja origem precisa ser explicada. De qualquer

---

[2] Shaftesbury, *Sensus Communis*, *in*: *Characteristicks*, I, p. 40.

[3] *Idem, ibidem.*

[4] *Idem*, p. 42.

forma, nem tudo está perdido: é por isso que ainda se pode escrever uma carta sobre o tema a um jovem do mundo refinado.[5]

Uma anedota narrada nas *Miscelâneas* (obra que é, dentro das próprias *Características*, um exame crítico delas) permite que se pinte melhor o quadro geral de indisposição para o aprendizado do diálogo e de aversão às virtudes sociais. Nas discussões sobre tópicos controversos, diz o texto, é mais que comum ver um "litigante irado" (*angry disputant*) não poupar esforços para transformar a boa causa numa causa ruim.[6] Pensando provavelmente nisso, um *clown* teve um dia a veleidade (sentiu o capricho ou inclinação = *took a fancy*) de ir assistir às contendas em latim dos doutores de uma universidade. Perguntaram-lhe então que prazer pôde ter ele auferido daquelas contendas, se não podia saber qual dos oponentes levara a melhor. O *clown* replicou que, também nessa matéria, não podia ser considerado um bobo (*fool*), porque podia ver quem era "o primeiro a fazer o outro ser tomado de paixão".[7] "A natureza mesma", comenta o autor das *Miscelâneas*, "ditou essa lição ao *clown*". Ou seja, sem que precisasse de nenhum ensinamento além daquele que é ditado por sua própria natureza, o bufão era capaz de entender que aquele que estivesse levando vantagem na discussão se apresentaria "à vontade e bem-humorado", enquanto "aquele que fosse incapaz de defender sua causa pela razão, perderia naturalmente o controle e se tornaria *violento*".[8]

Essa historieta jocosa pode ser lida como emblemática da própria cisão em que se encontra a sociedade inglesa (e, por extensão, a europeia) para Shaftesbury. À medida que a voltagem do debate aumenta, pode-se perceber que o *scholar* que está vencendo vai se mostrando mais à vontade e de bom humor (*easy and well-*

---

[5] Que ainda se possa ter esperança na "*grown youth of our polite world*" é o que tentam mostrar as *Miscelâneas*, III, p. 109.

[6] *Idem*, III, p. 67.

[7] "*I can see who's the first that puts t'other into a passion.*" *Idem*, ibidem.

[8] *Idem*.

Humor, riso e sátira no Século da Crítica

-*humored*), na proporção inversa em que aumentam o destempero e a violência do adversário.[9] Entre um e outro litigante, vê-se a careta risonha do *clown*, que na anedota não aparece como mais um ouvinte interessado (e apaixonado) do auditório acadêmico, mas surge ali paradoxalmente como o único juiz abalizado do debate, porque, sem compreender absolutamente nada do que está em jogo, é o único que entende as regras dele. O *clown*, como se diz em fenomenologia, pôs entre parênteses as teses dos dois debatedores. Mas uma vez que não há propriamente comunicação entre eles, entender ou não o que eles dizem não quer dizer nada. E justamente por esse seu distanciamento o bufão conserva a capacidade natural de discernir corretamente que o *scholar* que manteve o bom humor deve estar mais próximo da verdade.

Mas a situação geral de incompreensão entre as partes que compõem a sociedade é apenas grosseiramente delineada na anedota. O bufão funciona mal e mal como árbitro da peleja porque ele apenas supre muito precariamente uma ausência. Ele é somente vicário de uma instância mais competente, que não apenas se limitaria a dar um veredicto em cada caso (como num tribunal), mas também estabeleceria uma efetiva mediação entre as partes em conflito. Como se verá, a atitude do *clown* não é, todavia, absolutamente desprovida de sentido.

As sociedades modernas (e a da Grã-Bretanha não é exceção) parecem se compor de uma maneira tal que é inevitável a ruptura em duas facções. Ruptura mais profunda do que se imagina, pois não se limita às diferenças de posição entre os partidos políticos: de um lado, encontra-se uma classe de pessoas que ainda se mantém num ponto próximo ao estado de barbárie ou de incultura, e, de outro, uma classe que se refinou e sofisticou a ponto de perder o contato com a realidade da vida comum. Nessas circunstâncias, a imagem da cisão já não é representada por duas partes detentoras de saberes mais ou menos parecidos, como os dois *scholars* da anedota, mas por uma parte à qual cabe o saber e outra totalmen-

---

[9] *Idem*, p. 68.

te desprovida dele. Aqui, os dois eruditos se opõem ao *clown*, símbolo das camadas "rústicas" da sociedade.[10]

Como quer que seja, tanto num caso como no outro, o problema da incomunicabilidade permanece praticamente o mesmo: todo o ensinamento que poderia provir da alta sofisticação dos eruditos se perde por uma falta de jeito para a comunicação do seu saber. Ou melhor ainda: a falta de jeito provém da inadequação ou impossibilidade mesma de comunicar esse saber. Daí decorrem duas situações: ou o sábio despreza e ridiculariza o vulgo que não o entende, ou este zomba do esforço inglório do erudito por alcançar um saber inócuo, que ele tenta com todas as forças impingir ao público. Conforme o ponto de vista, o riso pode estar ou do lado do erudito ou do lado do vulgo. Mas pode-se dizer em geral que o desprezo do sábio é geralmente menos dado ao riso. Por isso, também é mais perigoso: o pensador abstrato é o mais propenso ao dogmatismo e ao fanatismo, manifestações que estão muito próximas da *loucura*. E é por sua maior proximidade com o riso que o bufão podia dizer que estava longe de ser um *fool*.

A partir desse quadro se pode compreender o significado do riso nas sociedades modernas: nelas, o riso é uma espécie de reação nervosa provocada por uma daquelas duas combinações. Quando os eruditos, extremamente ciosos de seu saber, tentam fazer com que ele seja aceito à força, isso causa rancor e ressentimento nos mais simples, rancor e ressentimento que são o fermento de seu riso escarnecedor; ou então o vulgo é por demais adverso à erudição, o que faz objeto de desprezo e derrisão dos sábios.

É preciso estar atento a essa grande divisão entre os que sabem e os que não sabem porque ela tem uma clara implicação político-religiosa: o principal empecilho à compreensão dos dois lados se deve a que alguns aparentam possuir conhecimentos ou princípios doutrinais que não podem ser revelados e são guardados como mistérios. Esse pretenso saber dos devotos ou zelotes é o que desperta o não menos fervoroso ceticismo dos antidevotos ou "mo-

---

[10] Sobre a origem humilde e rural do *clown*, ver L. G. Salingar, "The Social Setting", *in*: *The Age of Shakespeare: Pelican Guide to English Literature*, Harmondsworth, Penguin, 1977, pp. 15-47.

dernos reformadores". Como explica o *Ensaio sobre a liberdade de zombaria e humor*:

> Com frequência as coisas se fazem assim para serem tomadas como segredos por uma seita ou partido; e nada ajuda tanto isso quanto a *antipatia* e o *acanhamento* de um partido contrário. Se subitamente somos tomados de horror e consternação ao ouvir máximas que pensamos ser venenosas, não nos encontramos em disposição para usar aquela parte familiar e suave da razão que é o melhor *antídoto*. O único *veneno* para a razão é *paixão*. Pois o raciocínio falso é logo corrigido, onde se remove a paixão. Se, no entanto, simplesmente escutar certas proposições da filosofia é suficiente para comover nossa paixão, é evidente que o *veneno* já penetrou em nós e estamos efetivamente tolhidos no uso de nossa faculdade de raciocinar.[11]

O antagonismo é criado pela antipatia ao pretenso saber de um partido. A *paixão antipática* acarreta uma timidez ou inibição (*shyness*) no uso da razão, que a faz perder sua naturalidade e descontração. Tal descontração, aliás, é geralmente incompatível com práticas filosóficas fundadas na reflexão abstrata. Como contraponto essencial à paixão, a leveza é gerada não pelo estudo de tratados ou pelos discursos de um orador, mas pelo hábito de dialogar, pela conversa sociável, em que a razão não é adversária, mas aliada da zombaria:

> [...] de acordo com a noção que tenho de *razão*, nem os tratados escritos do erudito, nem os discursos do orador são capazes, por si sós, de ensinar o uso dela. Somente o hábito de raciocinar pode fazer o *arrazoador*. E não se pode convidar melhor os homens a esse hábito do que quando têm prazer nele. A liberdade de zombaria, a liberdade de questionar tudo em linguagem conveniente, e a permissão

---

[11] *Sensus Communis, in: Characteristicks*, I, p. 91.

de desembaraçar e refutar cada argumento sem ofender o arguidor são os únicos termos que de algum modo podem tornar agradáveis as conversas especulativas.[12]

Se bem se entende esse trecho, fica claro que a conversa agradável e desimpedida com pessoas igualmente francas não é apenas o que propicia o uso correto da razão, mas é, no sentido rigoroso, a própria razão. Quanto mais frequenta pessoas polidas, tanto mais livre o indivíduo se sente para o verdadeiro exercício da razão. O hábito da conversa dá a rapidez requerida para não se deixar tomar de assalto pela paixão. Em seu ponto máximo, a razão se revela na lúcida e inexplicável lepidez de um resposta imediata e surpreendente pelo brilho, de um dito espirituoso, de um chiste, enfim, de todas aquelas conotações que a língua inglesa reserva ao *wit*:

> Em matéria de razão, mais se dá em um minuto ou dois, por meio de questão e resposta, do que por um discurso corrido de horas inteiras.[13]

A facilidade de raciocínio vem com exercitá-lo de maneira prazenteira (*pleasantly*), com leveza, tranquilidade e conforto (*at our ease*). Pode-se abordar ou largar um assunto ao bel-prazer ou conforme a inclinação (*as we fancy*). E, nessa atmosfera, geralmente acaba sendo muito mais estimulante que a discussão acabe em impasse, porque isso dará ensejo a que se retomem, sozinho ou em grupo, as suas dificuldades e aporias. A "agradável confusão" que encerra a reunião social da qual participam os amigos é, aliás, o que dá ensejo às reflexões do missivista na carta ao jovem *gentleman*.[14]

O *wit* e o humor são os ingredientes indispensáveis da conversação polida e agradável. Mais que isso: são eles que, como uma

---

[12] *Idem*, I, p. 45.

[13] *Idem, ibidem.*

[14] *Idem*, I, p. 50.

pedra de toque, tornam possível distinguir o que é genuíno da razão e o que lhe é espúrio:

> Sem *wit* e *humour*, a razão dificilmente pode pôr-se à prova [*take its proof*] ou ser distinguida.[15]

Sem os dois elementos fundamentais da sociabilidade, não há razão e o diálogo verdadeiro e franco é impossível. Como não podem chegar à liberdade das paixões promovida pelo humor, os partidos em que a sociedade se divide são presa deste grande temor que se manifesta na recusa de se submeter ao teste do ridículo (*test of ridicule*).[16] Curioso, no entanto, é que a animosidade entre eles tem, entre suas armas, também a arma do riso. É assim que alguns *grave gentlemen* se incumbem de aplicar corretivo a um autor que "defende o uso da zombaria", mas, contraditoriamente, eles mesmos lançam mão dessa arma, embora sejam por natureza bastante desajeitados no seu uso.[17] Figurada como uma cena teatral, essa divisão dos partidos proporcionaria a seguinte imagem, segundo Shaftesbury:

> Não pode haver visão mais disparatada [*preposterous* = prepóstera, contra a ordem natural] do que um executor e um palhaço [*merry-andrew*] fazendo seus papéis no mesmo palco. Estou, porém, convencido de que qualquer um concordará ser este o verdadeiro quadro de alguns zelotes modernos em suas controvérsias escritas. Eles não são mais mestres da gravidade do que do bom humor. O primeiro [dos debatedores] sempre corre para uma áspera severidade, e o segundo, para uma desajeitada bufonaria. E assim, entre raiva e prazer, zelo e truanice [*drollery*], seus escritos têm muito daquela graça das brincadeiras de crianças humorosas [*humoursom* = ou caprichosas, mimadas], que, no

---

[15] *Idem*, I., p. 73.

[16] *Carta sobre o entusiasmo, in: Characteristicks*, I, p. 8.

[17] *Sensus Communis*, I, p. 43.

mesmo instante, são irritadas e inquietas, e podem rir e gritar quase num único e mesmo respiro.[18]

Essa descrição da cena teatral contém obviamente uma alusão ao teatro inglês em geral e ao teatro shakespeariano em particular.[19] Mesmo que não se simpatize com a indecorosa violência e com a vulgaridade burlesca do palco inglês, é preciso, contudo, saber entender o que há de verdadeiro nele.[20] Para poder curar um público de gosto bárbaro, é preciso conhecer o mal que o aflige e saber aplicar o remédio correto. Não se pode proceder precipitadamente, como aqueles construtores que, alegando que um prédio corria risco de cair, o escoraram e prenderam de tal maneira, que ele acabou virando e tombando do lado oposto.[21] Da mesma maneira, nas sociedades modernas as formas do ridículo são uma reação proporcional à seriedade daqueles que parecem

---

[18] *Idem, ibidem.*

[19] "Escutamos claramente a queixa de que 'nossas peças *mais recentes*, tanto quanto nas *mais antigas*, tanto na *comédia*, quanto na *tragédia*, o palco aparece como uma cena de tumulto." É essa confusão que, segundo as *Miscelâneas*, teria levado o autor do *Solilóquio* a comparar o Royal Theater ao "circo popular ou ao jardim para rixa de ursos [*popular circus or bear-garden*]" (III, pp. 157-8). Essa passagem do *Solilóquio*, na qual se comenta o gosto pelas lutas de gladiadores, a inclinação para massacres, as irregularidades cometidas pelos "stage-poets" da Grã-Bretanha, se encontra nas *Characteristicks*, v. 1, pp. 166 ss.

[20] Shaftesbury obviamente toma posição contrária à dos devotos, para os quais o espetáculo teatral não deve ser tolerado. Não é preciso ser, diz ele, um "religioso ou rígido moralista" para perceber que a cena inglesa se encontra numa condição lastimável. A prática e a arte teatral são, todavia, "honestas em si mesmas", e a sólida fundação do teatro inglês permite supor que será aprimorado. Segundo ele, o teatro não é prejudicial aos interesses religiosos (*no way injurious to religious interests*), embora o possa ser para as maneiras do povo, para seu cultivo e para a vida civil (III, p. 158). Para compreender a tomada de posição do autor, é importante lembrar que a campanha puritana contra os "develish pastimes" que seriam os espetáculos teatrais começa abertamente na Inglaterra na década de 70 do século XVI. Cf. L. G. Salingar, *op. cit.*, p. 35.

[21] *Sensus Communis*, I, p. 61.

deter verdades muito sutis. Imagine-se alguém tendo de suportar horas a fio um palestrante tedioso, sem poder ter nenhuma possibilidade de se defender. Esse ouvinte (*semper ego auditor tantum!*)[22] estará condenado à passividade, ao atrofiamento do uso de sua razão. O riso, nessa situação, será uma reação quase natural e inevitável a esse constrangimento. Eis como a carta ao jovem *gentleman* a descreve:

> Nem é de admirar que os homens sejam tão fracos em raciocínios [*faint raisoners*] e cuidem tão pouco de debater estritamente sobre qualquer assunto trivial quando estão com amigos [*in company*], se eles são tão pouco ousados em exercitar suas razões em grandes questões, e são forçados a discutir como aleijados, onde precisariam da maior atividade e vigor. A mesma coisa, portanto, que acontece aqui, é o que acontece nos corpos robustos e saudáveis, que se afastaram do seu exercício natural e estão confinados a um espaço exíguo. Eles são forçados a empregar gestos estúrdios e contorções. Possuem uma espécie da ação e, todavia, se movem, embora com a pior graça imaginável [*worst grace imaginable*]. E assim os espíritos [*spirits*] naturais livres de homens francos [*ingenious*], se são aprisionados e controlados, encontrarão outros meios de se mover, a fim de se aliviar de seu *constrangimento*: e quer no burlesco, quer em mímica, quer em bufonaria, ficarão de qualquer modo contentes de se desopilar e de se vingar de seus *constrangedores*.[23]

A mímica, o burlesco, a bufonaria são marcas da revolta contra a seriedade exagerada e a retórica empolada.[24] Resultando da

---

[22] *Idem*, I, p. 45.

[23] *Idem*, I, p. 46.

[24] A liberdade de pensamento e de expressão, isto é, a liberdade do humor, não pode ocorrer no âmbito do tribunal e da assembleia política. Como bem mostrou uma estudiosa da obra de Shaftesbury, o sujeito livre não

falta de liberdade de espírito numa nação, eles se tornam voga justamente porque, sem que se perceba, são reação involuntária à coerção perpetrada pela autoridade. É a falta de liberdade de pensamento que explica o receio de ser ridicularizado e, consequentemente, "a falta de verdadeira polidez [*true politeness*] e a corrupção ou o mau uso da facécia [*pleasantry*] e do humor".[25]

Se o grau de humor varia conforme a autoridade, é possível estabelecer uma espécie de fórmula para calcular a relação entre coerção da autoridade (ou seriedade dogmática: religiosa, moral ou política) e o burlesco:

> Quanto maior for o peso, tanto mais amargo será o sátiro. Quanto mais alta a escravidão, tanto mais esmerada [*exquisite*] a bufonaria.[26]

É o que ocorre nos países onde é mais forte a "tirania espiritual". Por isso, "a maioria dos bufões são italianos: e nos seus escritos, nas suas conversas mais livres, nos seus teatros e nas suas ruas, a bufonaria e o burlesco estão na mais alta voga".[27]

---

pode ser de modo algum o ouvinte arrastado pela eloquência, pelo *commovere-movere* do orador. Cf. Fabienne Brugère, "Humour et discours philosophique dans l'art de la conversation", *in: Théorie de l'art et philosophie de la sociabilité selon Shaftesbury*, Paris, Honoré Champion, 1999, p. 127.

[25] *Sensus Communis*, I, p. 46.

[26] *Idem*, I, p. 47.

[27] *Idem, ibidem.* A ligação entre política e riso aqui assinalada é fundamental para entender a filosofia shaftesburiana. Como lembra a esse respeito Verena Alberti, o "receio do ridículo" era uma das preocupações das pessoas refinadas durante o Antigo Regime na França. Ainda segundo ela, a *crainte du ridicule* dará lugar a uma aceitação mais *liberal* do riso na Grã-Bretanha, que concorrerá "para a instituição do humor inglês" e para a formação do chamado *man of humour*. Embora aceite o "potencial de explicação" dessa divisão geopolítica das concepções do riso e do ridículo, baseada em Fritz Schalk e Stuart Tave, a autora não acredita que deva ser seguida à risca. Cf. Verena Alberti, *O riso e o risível na história do pensamento*. Rio de Janeiro, Jorge Zahar, 2ª ed., 2002, pp. 119 ss. De qualquer forma, essas considerações ajudam a compreender o quanto o iluminismo shaftesburiano é perspicaz e

Tanto quanto o sátiro, o bufão italiano é uma figura mais que justificada dentro dessa correlação de forças. A máscara cômica é mesmo exemplar na punição do vício.[28] Com ela se aprende a justa punição das "paixões da covardia e da avareza", assim como a de "um glutão ou um sensualista", que são tão ridículos "quanto os outros dois caracteres".[29] Vê-se que aqui o acerto do riso provocado pelo histrião, pois ele de modo algum se volta contra a sabedoria, honestidade ou boas maneiras. Exatamente conforme a lição de Aristóteles (e da teoria clássica do riso, descrita por Quentin Skinner), a punição visa a alguma deformidade: "Pois nada é ridículo, senão o que é deformado. E coisa alguma é prova contra a zombaria, a não ser o que é bonito e justo".[30]

Como o *clown* que vai à academia, os palhaços têm em geral um instinto natural do ridículo. Eles sabem sobretudo se conservar dentro dos limites do risível e não pretendem fazer rir à custa de tudo e de todos. Não caem no erro de jovens *gentlemen* que, por estarem presos aos preconceitos em voga, são levados "a rir (*to laugh at*) da virtude pública e da própria noção de bem comum".[31] Os jovens que assim procedem o fazem apenas pelo princípio acima exposto (do prédio apoiado do lado errado). Tais *gentlemen of fashion* são apenas os antípodas dos "solenes reprovadores do vício": enquanto estes condenam a leviandade dos "airy wits" (mentes arejadas, leves), estes, por sua vez, se vingam daqueles

---

original ao estabelecer relações entre autoridade e humor. Sobre o sentido social da ironia e da sátira, pode-se consultar também a seção sobre o "mythos do inverno" do livro *Anatomia da Crítica*, de Northrop Frye, tradução de Péricles Eugênio da Silva Ramos, São Paulo, Cultrix, 1973, pp. 219-35.

[28] *Idem*, I, p. 81.

[29] *Idem*, I, p. 80.

[30] *Idem, ibidem*. Cf. Aristóteles, *Poética*, 1449 a 34 e ss.: "O ridículo é apenas certo defeito, torpeza anódina e inocente; que bem o demonstra, por exemplo, a máscara cômica, que, sendo feia e disforme, não tem [expressão de dor]". Tradução de Eudoro de Souza, São Paulo, Abril Cultural, 1993, p. 447. Cf. também Quentin Skinner, *Hobbes e a teoria clássica do riso*, tradução de Alessando Zir, São Leopoldo, Unisinos, 2002.

[31] *Miscelâneas*, III, pp. 106-7.

apelando para a zombaria e o ridículo.[32] A divisão que encontramos entre devotos e antidevotos também pode ser vista aqui. Pela extrapolação de sua autoridade, os reprovadores do vício fazem os jovens bem formados buscarem refúgio num tipo de sátira que é inadequado, porque, diferentemente da bufonaria italiana, eles desconhecem as regras do gênero. A juventude é levada a ridicularizar algo que não pode de maneira alguma ser ridicularizado.

É sobre essa oposição que se erguem as duas facções opostas no cenário político, moral e estético. De um lado, os dogmáticos, os devotos, os "conservadores" de uma ordem incompreensível (porque calcada em princípios que não se conhecem); de outro, os reformadores, os hobbesianos que rejeitam qualquer princípio de sociabilidade natural, os epicuristas que ridicularizam os preceitos da moralidade, os relativistas lockianos que não aceitam princípios naturais inatos, os artistas geniais que desprezam as regras da arte. Mas por que esses *men of wit* têm prazer em esposar tais "sistemas paradoxais"? Na verdade, não se pode propriamente dizer que estão plenamente satisfeitos com esses sistemas. O prazer que deles auferem vem antes de imaginarem que "mediante esse *ceticismo geral* por eles introduzidos levarão a melhor sobre o espírito dogmático que prevalece em algumas *matérias particulares*". Daí o "espírito de zombaria" reinante nas conversações em geral e o fato de noções serem propostas e aceitas simplesmente por serem "estranhas", "singulares" (*odd*) e "incomuns" (*out of way*).[33] Esse "gênero cético de *wit*"[34] acaba por se associar à sátira e ao ridículo, no mau sentido. O pior é quando se converte em sistema. Com ele, a sátira se torna sistema.

Se o riso era uma reação até certo ponto justificável ao fanatismo e ao dogmatismo, trata-se agora de apontar a inadequação do riso, fazendo a *crítica* da sátira inadequada, do ridículo sem nenhum propósito ou interesse. E com isso se chega ao ponto crucial, o da diferença entre sátira e crítica para Shaftesbury. A crítica

---

[32] *Sensus Communis*, I, p. 84.

[33] *Idem*, I, p. 60.

[34] *Idem, ibidem*.

é a única capaz de identificar onde há erro, falta de gosto ou refinamento na sátira e no ridículo. Em geral, se ridiculariza a "falsa seriedade" (*false earnest*). Mas a "falsa troça" passa ilesa e se torna um "engodo errante [*errant deceit*] tanto quanto aquela".[35] Isso porque, voltando-se para o partido oposto, faz com que imperceptivelmente reforce a aparência de verdade do partido que se defende.

Porque, enquanto a dúvida é válida somente para um lado, a certeza cresce tanto mais fortemente no outro. Enquanto apenas uma face do desatino [*folly*] aparece ridícula, a outra se torna mais solene e enganadora.[36]

A CRÍTICA E A JUSTA MEDIDA DO RISO

A ruptura política, moral e estética que se observa nas sociedades modernas pode ser mais precisamente explicada quando se traça um paralelo com a civilização antiga. O caminho do aprimoramento político, moral e estético na Grécia e em Roma é instrutivo para quem quer compreender o *estado atual* das nações europeias, principalmente a da Grã-Bretanha. A história da filosofia e da literatura gregas fornece alguns parâmetros pelos quais se pode guiar a interpretação que se faz do próprio tempo.

Como surgiu a comédia na Grécia? A resposta a essa pergunta capital não aparece como uma tarefa fácil aos olhos desse admirador e estudioso da civilização grega e romana que foi Shaftesbury, pois requer filologia e erudição. O delineamento geral da história da literatura grega e romana poderá, todavia, fornecer a chave de compreensão do fenômeno do riso e do humor também nos tempos modernos.

"É fácil imaginar [*it is easy to imagine*]", nota o autor das *Miscelâneas*, "que, dentre os muitos estilos e maneiras de discursar

---

[35] *Idem*, I, p. 52.

[36] *Idem*, p. 52.

ou escrever, o mais rápido de se alcançar e que mais cedo se pratica é o *miraculoso*, o *pomposo*, ou aquele que geralmente chamamos de *sublime*."[37] O assombro (*astonishment*) é a primeira paixão despertada na "humanidade bruta e inexperiente". Exemplos disso? As crianças se entretêm com aquilo que é espantoso; a melhor música dos bárbaros é feita de sons que agridem os ouvidos e estarrecem o espírito; as enormes figuras, de cores bizarras e berrantes, pintadas pelos índios também visam a um efeito que mescla horror e consternação.[38]

Essas constatações sobre o estilo pomposo ou sublime seriam corroboradas por ninguém menos que o "príncipe dos críticos" (*prince of the criticks*). Aristóteles teria, com efeito, *assegurado* que foi essa espécie de criação que prevaleceu entre os primeiros poetas, "antes da época de Homero".[39] Mas, com o pai dos poetas (*father-poet*), tudo muda. Homero destituiu a "raça espúria" dos poetas entusiastas, conservando apenas "aquilo que era decente do estilo figurativo e metafórico". Ele introduziu o estilo "*natural e simples*":

> [...] ele voltou seus pensamentos para a real beleza da composição, para a unidade do propósito [*design*], para a verdade dos caracteres e a justa imitação da natureza em cada particular.[40]

Apoiando-se nas lições da *Poética* de Aristóteles (e também na autoridade de Platão, Horácio, Estrabão e Marco Aurélio), o próximo capítulo da reconstituição shaftesburiana da história da literatura grega é mostrar que Homero deve ser considerado não apenas o "pai" da tragédia, por ter escrito a *Ilíada* e a *Odisseia*, mas também da comédia, como autor do poema, em versos jâmbi-

---

[37] *Solilóquio*, I, p. 149.

[38] *Idem, ibidem.*

[39] *Idem*, I, p. 150.

[40] *Idem, ibidem.*

cos, *Margites*.[41] A argumentação do *Solilóquio* visa mostrar, além disso, que a tragédia veio e tinha de vir primeiro. Isso porque uma das afirmações do "príncipe dos críticos" diz que a tragédia já atingira, na época dele, o máximo de perfeição possível para esse gênero dramático, pois na prática seria impossível ir mais longe do que o fizeram Sófocles e Eurípedes.[42]

Com a comédia, tudo se passa de outra maneira. Como "insinua claramente" Aristóteles (*as he plainly insinuates*), em sua época a comédia ainda não havia chegado ao seu *telos*, ao seu fim (*it lay yet unfinish'd*), a despeito de todo o trabalho engenhoso (*witty*) de Aristófanes e de outros poetas cômicos da geração anterior à do grande crítico. Por mais perfeitos no estilo e na linguagem e por mais férteis que tenham sido em todas as "variedades e giros do humor", "a verdade dos caracteres, a beleza da ordem e a imitação simples da natureza eram, de certa maneira, totalmente desconhecidas deles".[43]

A comédia da época de Aristófanes ainda não atingiu a perfeição. Ela não conseguiu muito mais que as antigas paródias, que não passavam de peças burlescas ou farsas.[44] Isso comprova, mais uma vez, a tese de que a comédia surgiu depois da tragédia: como no axioma da sátira evocado antes (quanto maior a seriedade, tanto mais forte o riso), a essência da comédia ateniense do século V é o desmascaramento da falsa *larva* trágica,[45] a detração do

---

[41] *Poética*, 1448b4 e ss. Cf. b33: "Mas Homero, tal como foi supremo poeta no gênero sério, pois se distingue não só pela excelência como pela feição dramática das suas imitações, assim também foi o primeiro que traçou as linhas fundamentais da comédia, dramatizando, não o vitupério, mas o ridículo. Na verdade, o *Margites* tem a mesma analogia com a comédia que têm a *Ilíada* e a *Odisseia* com a tragédia" (trad., p. 446.). Cf. *Solilóquio*, I, p. 158, nota.

[42] *Idem*, I, p. 150. Shaftesbury ainda segue de perto a *Poética* (1449a13, trad. cit., p. 446): "até que, passadas muitas transformações, a tragédia se deteve, logo que atingiu a sua forma natural".

[43] *Idem*, I, p. 152.

[44] *Idem, ibidem*, em nota.

[45] *Idem*, I, pp. 152-3.

"falso sublime" dos poetas antigos e contemporâneos que incorrem nessa "maneira viciosa" de criar. Também os oradores pomposos e tudo o que quer se impor pela "falsa gravidade ou solenidade" tiveram de passar pelo crivo do cômico.[46]

Percebe-se então que a anterioridade do trágico e a passagem do sublime grandioso ao cômico não são casuais. Muito pelo contrário: a *sucessão* ocorrida na Grécia se deve antes à "necessidade", à "razão e natureza das coisas".[47] Mas que tipo de *necessidade* é essa? Ela não é de outra ordem que daquela necessidade física ou médica já descrita antes: "com a ajuda de bons fermentos e de uma saudável oposição de humores",[48] a própria constituição saudável de um povo livre como os gregos providenciou a cura daquilo que era excessivo ou lesivo para ele. Assim, o "humor floreado e demasiadamente sanguíneo do estilo elevado" foi atenuado por algo de natureza oposta. Esse tratamento deu, em princípio, bons resultados. Mas, como no caso do edifício que tombou do lado oposto, a aplicação reiterada do "gênio cômico" como uma espécie de remédio cáustico aos excessos da oratória acabou gerando uma nova moléstia.[49]

Foi essa nova enfermidade ("por excesso de riso") que levou à proibição da menção dos nomes de pessoas reais nas comédias em Atenas? Mas uma resposta afirmativa a essa pergunta não iria contra a equação de proporcionalidade entre liberdade de pensamento e humor?

A justificativa que Shaftesbury dá para a proibição de Lâmaco em 404 a.C. é especiosa, embora inteiramente coerente com a sequência "natural" de florescimento do gênero que está descrevendo. Longe de ser um gesto autoritário, a lei que impediu a no-

---

[46] *Idem*, I, p. 152.

[47] *Idem*, I, p. 153. Veja-se a corroboração dessa tese nas *Miscelâneas*, III, p. 85. "A real *linhagem* e *sucessão* do *wit* está, com efeito, manifestamente fundada na natureza, o que nosso autor mostrou ser evidente na *história* e nos *fatos*".

[48] *Idem*, I, pp. 153-4.

[49] *Idem*, p. 154.

meação dos cidadãos nas peças cômicas demonstra apuro da sensibilidade dos censores: era preciso uma medida extrema para que a comédia não retrocedesse a seus primórdios e avançasse — aristotelicamente — para a perfeição de sua natureza. Posteriormente, também os romanos lançaram mão de um expediente parecido contra a licenciosidade contrária à liberdade pública, e se a atitude é aceita por ninguém menos que Horácio,[50] é porque ela é indício do aperfeiçoamento do gosto na Antiguidade. Ela não tem nada a ver com a intolerância dos religiosos para com o espetáculo teatral na Inglaterra.

A comédia só chegará à perfeição que lhe cabe por natureza — o que ocorrerá com Menandro e com os comediógrafos romanos — quando autores e público tiverem *gosto*. Mas esse gosto só virá com a *crítica*. Isso é tanto mais interessante de observar, porque, de acordo com o *Solilóquio*, o desenvolvimento da literatura grega apresenta "agradável" semelhança com a história da filosofia. Se o grande "*sir*" da poesia foi Homero, porque seu gênio era ao mesmo tempo trágico e cômico, o "patriarca" dos filósofos é Sócrates, porque, "contendo em si mesmo os diversos gênios da filosofia, deu origem a todas as diversas maneiras em que essa ciência foi transmitida".[51] A linhagem de Sócrates não é menos numerosa e diversificada que a do pai dos poetas: o nobre berço e o gênio imponente fizeram de Platão um amante do sublime; a condição e a constituição inclinaram Antístenes mais para a sátira, e a melhor disposição de humor fez Diógenes voltar-se para o cômico. Um outro discípulo combinou o que havia de "mais profundo e sólido na filosofia" ao refinamento nas maneiras e no caráter de um *gentleman*. Porque soube se manter distante tanto do procedimento pomposo quanto do "burlesco, mímico ou satírico", Xenofonte foi o "Menandro filosófico de uma época mais antiga".[52]

---

[50] *Idem*, pp. 155-6.

[51] *Idem*, pp. 157-8.

[52] *Idem*, pp. 158-9. Shaftesbury, com frequência, não nomeia diretamente as personagens históricas de que está tratando, mas se vale de epítetos ou descrições. Para a decifração dos filósofos por ele mencionados, seguem-se

O apogeu da comédia está próximo, e a prova disso é o curso vivido pelo pensamento filosófico, que conheceu, em Xenofonte, o seu *Menandro* antes do Menandro cômico. Ainda não surgiu um comediógrafo digno do nome, mas isso estaria prestes a ocorrer, o que, aliás, foi profeticamente previsto por Aristóteles, para quem a comédia, assim como a tragédia, deveria atingir em breve sua "perfeição natural". "Grande mestre da arte" e "rematado *filólogo*",[53] Aristóteles foi um acurado inspetor das obras literárias gregas e pai de outro gênero de "considerável autoridade e peso". O "grande crítico" foi o iniciador de um estilo metódico de escrita, e seu talento combina "as partes profundas e sólidas da filosofia" à "cultura da polidez" e às "artes". Em sua escola, havia maior preocupação com "outras ciências" do que com a ética, a dialética e a lógica.[54]

A proximidade entre o acabamento da "arte crítica" (*critical art*) em Aristóteles[55] e a nova comédia não é um fato aleatório, mas fruto de um mesmo apuramento do gosto na civilização grega, a qual se põe, finalmente, para além das alternativas excludentes da mera seriedade pomposa ou do mero riso histriônico. Resumindo um pouco o espírito de suas considerações, pode-se dizer que, para Shaftesbury, é nas comédias romanas e, principalmente, na sátira horaciana que a literatura antiga conhece o ápice da arte de combinar seriedade e comicidade, arte, crítica e gosto.[56]

---

aqui as indicações de Danielle Lories nas notas à sua tradução do *Solilóquio* para o francês. *In*: *Soliloque ou Conseil à un auteur*, Paris, L'Herne, 1994, pp. 147-8.

[53] "*to accomplish the prophecy of our grand master of art, and consummate* philologist." *Idem*, p. 152.

[54] *Idem*, p. 159.

[55] *Idem, ibidem.*

[56] *Idem*, p. 202. Nessa página, o autor do *Solilóquio* pede licença para imitar o "*best genius and most gentleman-like of* Roman *poets*", reconhecido pelo *wit, honesty and good humour*.

AS VICISSITUDES DO HUMOR
E A INVARIABILIDADE DO EU

> Nós, insulares, além de outras mutabilidades, somos particularmente notados pela variabilidade e inconstância de nosso clima. E se nosso gosto nas letras tiver alguma correspondência com esse temperamento de nosso clima, é certo que, a nosso ver, um escritor terá de ser melhor em seu gênero quanto mais agradavelmente surpreender seu leitor mediante mudanças e transportes súbitos, que o levem de um extremo a outro.
>
> Shaftesbury[57]

Depois dessa curta excursão pelas terras mediterrâneas, Shaftesbury pode conduzir seus leitores de volta às paisagens brumosas da Grã-Bretanha. O mesmo movimento de aprimoramento da crítica e do gosto que se reconheceu na Grécia pode ser esperado entre os bretões? Tudo indica que sim. A forma didática ou prescritiva de escrever sobre questões tidas como sublimes agora fatiga mais os ouvidos ingleses que "o ritmo de uma velha balada", e a única maneira na qual o *criticism* mostra sua "justa força" é "o cômico à maneira antiga" (*the antient comick*), espécie à qual pertencem "as primeiras miscelâneas *romanas* ou peças *satíricas*" — forma de composição "posteriormente refinada pelo maior gênio e poeta mais polido da nação", que agora já se sabe ter sido Horácio.[58]

A crítica britânica só teve êxito quando se aproximou da comédia grega mais antiga, o que pode ser verificado no *Hudibras*, de Samuel Butler, e no *Rehearsal*, drama satírico atribuído a George Villiers.[59] Contudo, ainda há muito pouco "gênio crítico" a guiar o gosto na Grã-Bretanha, diferentemente do que ocorre na França de Boileau e de Corneille, autores "que aplicaram sua crí-

---

[57] *Miscelâneas*, III, pp. 60-1.

[58] *Solilóquio*, I, pp. 160-1.

[59] *Idem*, p. 161.

tica, com justa severidade, inclusive às próprias obras". Se não fosse o espírito de tirania reinante em França, os cidadãos daquele país poderiam esperar resultados ainda melhores de suas letras.[60]

A dificuldade de introduzir o gosto na literatura inglesa é de outra ordem: convém lembrar, como adverte o autor, que a Grã--Bretanha vive sob um governo livre e uma constituição nacional (*free government and national constitution*).[61] Os obstáculos ao aprimoramento do gosto se devem mais ao "gênio" próprio da nação, cujas especificidades o crítico não pode absolutamente perder de vista. Shaftesbury, sempre que necessário, também não as deixa de assinalar. É o que ocorre nas páginas iniciais das *Miscelâneas*, onde procura justificar o feitio heteróclito do próprio escrito e, por consequência, das demais obras que compõem as *Características*. Nessas páginas, o autor das *Miscelâneas* recorda que, tendo frequentado o teatro na França, pôde observar o costume que os franceses tinham de inserir, "ao final de cada tragédia grave e solene", uma "farsa cômica ou miscelânea, à qual chamavam de *pequena peça*".[62] À tragédia, na França, sempre se segue a farsa. De "nossa" parte, comenta o autor, seguimos um método "bem mais extraordinário" nos palcos ingleses, pois ali se acredita que é "agradável e justo misturar, em cada ato, a *pequena peça* ou *farsa* à trama ou fábula principal".[63] Método, aliás, recomendável, uma vez que a "nossa tragédia é muito mais profunda e sangrenta que a dos franceses e carece, por isso, de um refresco mais imediato, proporcionado pela maneira elegante da *facécia* e do *wit burlesco*". Esses dois ingredientes, bem misturados ao condimento que lhes é diretamente oposto, dão como resultado a espécie mais

---

[60] *Miscelâneas*, III, pp. 172-3. A despeito da leveza dominante no espírito da nação, os franceses, com muito esforço e indústria, buscaram a verdadeira polidez, "a correção, pureza e graça do estilo". Lograram produzir um "nobre *satirista*" na figura de Boileau. Tiveram menos sucesso na épica e no drama, porque o "elevado espírito da *tragédia* sobrevive mal onde falta o espírito de liberdade". *Solilóquio*, I, p. 135.

[61] *Solilóquio*, I, p. 134. Cf. p. 136.

[62] *Miscelâneas*, III, p. 6.

[63] *Idem, ibidem*.

bem-acabada de "miscelânea teatral, que é chamada por nossos poetas de tragicomédia".[64]

Se a mistura do trágico e do cômico tem sua razão de ser (e o encontro do carrasco e do bufão numa mesma cena é com isso plenamente justificada), a crítica deve então saber como respeitar a *índole* dessa literatura e dessa dramaturgia. Mas saber respeitá--la significa também saber *mimetizar* os autores que crítica, explicitando seus procedimentos à luz dos ideais que ela supõe ser os padrões do bom gosto. É por isso que se escritores como Shakespeare, Fletcher, Jonson e Milton não podem ser integralmente apreciados; é inegável, contudo, que neles podem ser encontrados os elementos fundamentais do espírito da nação. Há para Shaftesbury plena equivalência entre aquilo que se percebe no indivíduo e aquilo que se observa no seu tempo. Indivíduo e sociedade são como que imagens especulares: assim como há um espelho interior em que o indivíduo pode se reconhecer, assim também há um *"mirror or looking-glass to the age"*.[65]

A sociedade, assim como o indivíduo, é dividida em *humores*. Há um humor sério e um humor jovial, que correspondem *grosso modo* à razão e ao desejo (*appetite*) dos homens. A vontade humana oscila entre esses dois extremos, como se fosse uma bola de futebol ou um pião (*a foot-ball or top*) aguerridamente disputado por dois garotos. Toda a arte da política ou da crítica consistirá em saber fazer com que cesse a disputa entre os dois meninos, e com que comecem a jogar alegremente um com o outro. Trata-se, em suma, de transformar os caprichos do humor de cada um no jogo amistoso do bom humor individual e coletivo.[66]

---

[64] *Idem*, pp. 6-7.

[65] *Solilóquio*, I, p. 199.

[66] Essa operação filosófica pode ser descrita como a passagem da teoria dos humores para uma teoria do humor, passagem que ficaria mais clara quando se pensa na distinção que a língua francesa faz entre *humeur* e *humour*. É o que explica Fabienne Brugère: "Parece-nos que o projeto filosófico de Shaftesbury no *Sensus Communis* [...] consiste de uma fina análise da palavra inglesa *humour*, que é ao mesmo tempo *humeur* e *humour*. Shaftesbury mostra como a potência natural que é a *humeur* deve ser concebida com

406   A forma e o sentimento do mundo

Isso explica por que, num grau maior ou menor, os dois princípios fundamentais da natureza humana podem ser identificados em quase todas as obras da literatura. É possível encontrá-los até mesmo no teatro inglês, embora neste a sua combinação seja em geral menos harmônica. Em outros autores, como Homero, Horácio, Corneille etc., cujo gosto é menos bárbaro ou gótico, reconhecem-se esses dois princípios aliados à beleza do arranjo, ao acerto da composição. Este é o caso também dos diálogos platônicos, que têm Sócrates como personagem principal: neles, a construção é notável por mostrar as vicissitudes e a duplicidade da alma humana (o modelo mais acabado seria justamente o *Fedro*) sem que o "herói filosófico" desses poemas deixe de ser um "caráter perfeito".[67] Para o observador desatento, é como se Sócrates estivesse numa névoa, aparecendo com frequência bastante diferente do que em realidade é. E tal é, de fato, o efeito enganador da ironia, essa espécie de zombaria "requintada e refinada em virtude da qual podia tratar conjuntamente os assuntos mais elevados e os da capacidade mais comum, tornando-os reciprocamente elucidativos um do outro". No gênio da forma dialogada aparecem juntas "a veia heroica e a veia simples, a trágica e a cômica".[68] Ora, mesmo que a retomada dos diálogos platônicos seja um expediente inviável e desaconselhável nos tempos modernos, é o seu "gênio" que deve inspirar a própria escolha e estruturação dos textos. Isso explica por que, nas *Características*, o ensaio sobre o humor vem depois da *Carta sobre o entusiasmo*, e porque um "ator sério" sobe a seguir no palco e expõe-se a si mesmo à crítica.[69] Os *Moralistas* serão, por sua vez, uma rapsódia filosófica em

---

a ajuda da disposição já social e intelectual do *humour*. Com efeito, se a *humeur* remete a questão da natureza do homem a um exame fisiológico e emotivo, a um conjunto de inclinações imediatas, o *humour*, prolongando a *humeur* no bom humor, na jovialidade, conota uma certa utilização social da *humeur* como camaradagem e benevolência divertida" (*op. cit.*, pp. 118-9). Sobre a diferença entre *humour* e *humeur*, cf. o final do estudo anterior.

[67] *Solilóquio*, p. 121.

[68] *Idem, ibidem.*

[69] *Miscelâneas*, III, pp. 61-2.

que se procura imitar os mimos antigos (matriz dos diálogos platônicos) e dar voz a uma "variedade de estilos", como o estilo simples, o cômico, o retórico, sem contar o estilo poético ou sublime.[70]

O que é fundamental reter nessas análises sobre a variedade estilística é que ela serve de premissa a uma conclusão ético-moral que aparentemente a contradiz: o aprendizado da variabilidade do humor é o caminho para a firmeza de caráter em que se cristaliza a identidade pessoal. Como em quase todo o século XVIII, também em Shaftesbury há um vínculo inextricável entre moral e estética. Mas no seu caso existe uma peculiaridade que, para encerrar este ensaio, convém explicitar.

Pelo que se mostrou anteriormente, é bem claro que não pode haver um gosto "legítimo e justo" sem o "trabalho" e os "sofrimentos" da crítica.[71] Postula-se assim a existência de um padrão (*standard*) do gosto, que pode ser imediatamente reconhecido[72] e no qual não haveria diferença entre belo e verdadeiro. Mas beleza e verdade devem ser pensadas de um ponto de vista medicinal. Como explica Shaftesbury:

> A saúde natural é justa proporção, *verdade* e o curso regular das coisas, na constituição. É *a beleza interna do corpo*. E se a harmonia e as justas medidas da crescente pulsação, os humores circulantes e a locomoção dos ares ou espíritos se perderem, surge *deformidade* e, com ela, *calamidade* e *ruína*.[73]

Como já se viu anteriormente, a saúde se encontra num equilíbrio do indivíduo em relação à ordem geral e regular da natureza, a que vem se juntar certamente o ideal clássico de proporção das formas do corpo humano, as duas coisas se encontrando na ideia

---

[70] *Idem*, p. 175.

[71] "*without the antecedent* labour *and* pains *of Criticism*." *Miscelâneas*, III, p. 101.

[72] *Idem*, p. 109.

[73] *Idem*, pp. 110-1.

de uma "beleza interna do corpo". O gosto se funda, assim, na possibilidade de existência e de apreensão dessa *inward beauty*. Mas esta não é só um dado natural que pode ser apreendido por um órgão também natural. O gosto e congêneres — a polidez, o *wit*, o *good sense* etc. — são também resultado de um árduo aprendizado estético-moral, cujo objetivo é buscar justamente essa beleza e proporção internas. Noutros termos: o cultivo da sensibilidade e dos sentimentos depende de que o homem seja capaz de dar uma certa *constância* aos seus humores, isto é, de que seja sempre mais capaz de se exercitar e manter no difícil regime do *constante bom humor*.

Os filósofos e os religiosos que acreditam que a formação do caráter deva se basear unicamente em princípios, deveriam enfim se convencer de que não apenas estes, mas também o gosto "governa os homens".[74] Os princípios prescrevem comportamentos rígidos e uniformes para todos os indivíduos; o gosto, ao contrário, depende de uma formação, de um aprimoramento contínuo, que não tem um termo previamente estipulado onde deva cessar. O que diferencia o homem de bom humor tanto do dogmático quanto do cético é que estes *se apressam* em encontrar uma resposta para seus problemas: um se apega imediatamente a seus princípios, enquanto o outro se obstina teimosamente em negá-los. Um adere precipitadamente àquilo que o entusiasma; o outro, por espírito de contradição, se arma até as unhas e os dentes com o escárnio da derrisão. O homem sério não sabe temperar os excessos de sua sublime exaltação. O sarcástico, por reação, não sabe que há "uma grande diferença entre procurar como tirar riso de cada coisa; e procurar, em cada coisa, aquilo de que se pode justamente rir".[75] Um e outro aderem muito ferrenhamente a seus sistemas e não se dão conta do perigo a que se expõem. Perigo contra o qual adver-

---

[74] *Idem*, p. 108.

[75] *"There is a great difference between seeking how to raise a laugh from every thing; and seeking, in every thing, what justly may be laugh'd at."* *Sensus Communis*, I, p. 80.

te a famosa frase de Shaftesbury: "O meio mais engenhoso de se tornar louco é um sistema".[76]

A crítica, ao contrário, não tem pressa. Diferentemente do crente e do descrente, do dogmático e do cético, ela sabe que não se deve precipitar na adesão a uma seita, partido ou sistema. Ela sabe que toda arte do refinamento e do humor está em saber escolher o momento certo de se comover e de rir. Pois, conforme diz o velho ditado, quem ri por último, ri melhor.

Antes de pôr um ponto-final nestas linhas seria preciso mencionar a importância das análises de Shaftesbury para todo o século XVIII, como se pode ver, por exemplo, em Immanuel Kant. Se a ideia kantiana de "crítica da razão" já não pode ser completamente identificada à concepção de crítica do "inspetor do ridículo", algumas passagens confirmam o quanto ele meditou sobre as suas obras e o quanto absorveu do *espírito* crítico dele. Com a palavra o próprio Kant:

> Mas se, como afirma Shaftesbury, uma pedra de toque não desprezível da verdade de uma doutrina (sobretudo de uma doutrina prática) é saber se resiste ao *riso*, então com o tempo deveria chegar a vez de o filósofo crítico rir, rir *por último* e também *melhor*, vendo ruir um por um os sistemas de papel daqueles que bravatearam por muito tempo e vendo desaparecer todos os seus sequazes: destino que os aguarda, inevitavelmente.[77]

---

[76] "*The most ingenious way of becoming foolish, is by a system.*" *Idem*, p. 180.

[77] Kant, I., *Metaphysik der Sitten*, "Prefácio", A, p. X.

O SUBLIME ÀS AVESSAS

> O sublime e o risível estão um passo além do mundo da bela aparência, pois em ambos os conceitos se sente uma contradição. Por outro lado, não são de modo algum congruentes com a verdade: são um velamento da verdade, a qual de fato é mais transparente que a beleza, mas ainda um velamento. Neles, temos portanto um mundo intermediário entre beleza e verdade: nesse mundo, uma união de Dioniso e Apolo é possível.
>
> Friedrich Nietzsche[1]

A leitura do livro de Quentin Skinner sobre a "teoria clássica do riso" é uma experiência ambivalente: se de um lado a obra fascina pela erudição, clareza e concisão, por outro se constata que o lugar que a filosofia reservou ao riso não é exatamente um lugar de honra.[2] De acordo com Skinner, o riso foi tratado como um fenômeno fisiológico que acompanha determinadas paixões humanas e, mais precisamente, determinadas paixões *negativas*. Foi assim desde a Antiguidade. Em Platão, o riso é uma maneira de reprovar o vício. Para Aristóteles, ele se explica, na *Retórica*, como uma zombaria que tem sua fonte no desprezo. Na *Poética*, o riso é considerado "uma parte do feio": como ingrediente da comédia, ele tem sua origem em algum erro ou deformidade das persona-

---

[1] "Die dionysische Weltanschauung", 3, *in*: *Kritische Studienausgabe*, Munique, DTV, 1999, v. 1, p. 567.

[2] Skinner, Q., *Hobbes e a teoria clássica do riso*, tradução de Alessandro Zir, São Leopoldo, Unisinos, 2002.

gens, erro ou deformidade estes que são "inócuos", isto é, não devem causar nem dor nem destruição (1449a32 e ss.).

Ainda conforme Skinner, a concepção do riso como forma de punição do vício e manifestação do desprezo ganhou uma espécie de corroboração na tradição da medicina hipocrática, segundo a qual faz bem para a saúde *rir-se das fraquezas humanas*. A fusão dessas duas correntes, a filosófica e a medicinal, acabou por constituir o que ele chama de "teoria clássica do riso". As retóricas de Cícero e Quintiliano teriam aceitado, sem mais discussões, a validade dos pressupostos dessa teoria e, apesar das dúvidas lançadas sobre ela por humanistas do Renascimento, ela persistiu viva e forte nas obras de René Descartes e de Thomas Hobbes. Como lembra um estudioso do século XVIII, ela ainda vigora em Jean-Jacques Rousseau.[3] Alguns resquícios da teoria clássica permanecem perceptíveis mesmo na crítica que Nietzsche endereça à concepção hobbesiana do riso. Para ele, o riso seria prerrogativa de deuses-filósofos que saberiam "rir de uma maneira nova e sobre-humana" (*übermenschlich*) das fraquezas dos homens: deuses são "trocistas" ou, numa outra tradução, "têm prazer na troça" (*Götter sind spottlustig*).[4]

Para a teoria clássica do riso, o movimento que identifica um defeito, uma fraqueza, um vício é o mesmo que instaura uma relação de superioridade para com essas fragilidades. Tal teoria não deixa de ter analogia com a explicação freudiana de que o humor é uma transposição de grandes cargas de investimento do ego para o superego. A situação de humor espelha, para Freud, a relação entre pai e filho: o humorista se coloca numa posição de superio-

---

[3] Franklin de Mattos em resenha ao livro de Skinner, *Jornal de Resenhas, Folha de S. Paulo*, 11 de janeiro de 2002.

[4] Nietzsche, F., *Além de bem e mal*, § 294, ed. cit., v. 3, p. 236, tradução para o português de Paulo César de Souza, São Paulo, Companhia das Letras, 1992. Mesmo Baudelaire, ainda que com importantes nuances, também compartilha dessa concepção do riso. Cf. *De l'essence du rire et généralement du comique dans les arts plastiques*, *in: Oeuvres complètes*, Paris, Robert Laffont, pp. 690-701.

ridade (*Überlegenheit*) em relação ao objeto do humor, porque em tal situação pretende desempenhar, em relação aos outros, o mesmo papel de um adulto ou de um pai em relação a uma criança. Do ponto de vista da estrutura psíquica, esse papel cabe ao superego, que na situação de humor assumiria uma postura entre carinhosa e consoladora para com o ego.

A explicação clássica e a interpretação freudiana do fenômeno são, obviamente, bastante diversas: a primeira trata do riso, a segunda, do humor, coisas que não devem ser confundidas. Todavia, elas guardam certa semelhança, uma vez que ambas se apoiam na *comparação*. Em Hobbes, o riso põe em relevo não apenas a superioridade da pessoa em relação a alguma deformidade nos outros, mas também sua superioridade atual em relação a alguma "fraqueza" que lhe sucedeu anteriormente. O desdém pelos outros, ou por si mesmo numa situação passada, não se separa do orgulho e da admiração que se sente por si mesmo. Como diz uma das muitas definições hobbesianas:

> A paixão do riso não é nada senão uma súbita glória que surge de uma súbita concepção de alguma superioridade em nós mesmos pela comparação com as fraquezas alheias, ou com nossas próprias fraquezas em tempos passados.[5]

Apesar de toda a força com que vingou entre filósofos de primeira plana, é preciso reconhecer que a teoria clássica do riso não pôde alcançar uma hegemonia absoluta. Skinner aponta que, durante o Renascimento, alguns escritores começaram a questionar a "suposição dominante na teoria clássica" de que "o riso é invariavelmente uma expressão de desprezo pelo vício".[6] Mais tarde, a partir do final do século XVII, a Inglaterra começa a ver surgir anti-hobbesianos, em geral adeptos da teoria da sociabilidade na-

---

[5] Hobbes, T., *Elements of Law*, *apud* Skinner, p. 55.

[6] Skinner, *op. cit.*, p. 41.

O sublime às avessas

tural e do sentimento moral, que buscam mostrar que há um "riso puramente bondoso".[7]

Com efeito, os defensores do sentimento moral perceberam que, se a existência desse riso bondoso é admitida, ela constitui um forte argumento contra a suposição de que o homem é feroz ou perverso por natureza.[8] É possível ter compaixão e simpatia imediatas com os semelhantes, simplesmente porque são reconhecidos como tais. A comiseração ou bondade para com eles não supõe nenhum cálculo de eventuais vantagens que deles se possa auferir; nenhuma *comparação* entre condições tão diferentes entra em linha de conta, porque nada se espera do outro. Para esses filósofos da benevolência e da sociabilidade natural, longe de ser uma paixão egoísta, o riso é sinal de comprazimento imediato com o outro, uma inclinação para a satisfação comum, uma maneira de estreitar os laços sociais. Ele está ligado, por isso, menos a paixões negativas do que a afetos positivos.

Essa breve recapitulação das teorias "clássica" e "benevolente" do riso é indispensável para compreender a maneira como Immanuel Kant reflete sobre o tema. A primeira dívida de Kant para com os teóricos do sentimento moral consiste em situar o riso num âmbito diferente do que fizeram, por exemplo, Descartes e Hobbes: o riso, benévolo ou malévolo, não é uma paixão, mas um *afeto*.

Kant, é verdade, não escreveu nenhum texto tratando especificamente do riso, mas seus cursos de Antropologia trazem longos desenvolvimentos sobre ele (assim como sobre o humor), nos quais se nota que há aceitação de aspectos das duas teorias, desde que observados os casos a que se aplicam. Importante também para tentar delinear os contornos de uma possível "teoria kantiana do riso" é lembrar que ela tem seu ponto de fermentação no interior

---

[7] *Idem*, pp. 46-7. Skinner cita principalmente Addison, Hutcheson e Fielding.

[8] Os textos principais da filosofia do sentimento moral sobre o riso e o humor são *Sensus Communis: ensaio sobre a liberdade de espírito e humor* (1709), de Shaftesbury; as *Reflexões sobre o riso* (1725-1726) de Francis Hutcheson; e os *Pensamentos sobre o riso* (1725), de John Toland.

da chamada antropologia *pragmática*, que se ocupa não daquilo que a natureza faz do homem, mas daquilo que o homem "faz de si mesmo, ou pode e deve fazer como ser que age livremente".[9] Para a antropologia pragmática, não basta dizer que a natureza humana é boa ou que ela é má, pois sua ênfase recai no aprimoramento moral do homem. E, se o que ela visa é à perfectibilidade humana, não há dúvida de que a teoria do riso benévolo oferece grandes vantagens sobre a teoria concorrente.

O riso benevolente já leva de saída uma vantagem do ponto de vista da saúde física, porque ele — provocado por um arlequim ou por um brincalhão — estimula mais a digestão do que o faria a sabedoria de um médico.[10] Além disso, o riso bonachão (*gutmüthig*), sem malícia ou amargura, é proveitoso porque a expiração do ar, ocorrendo de forma intermitente, sacode saudavelmente o diafragma — *intensificando o sentimento vital*.[11] Embora esteja tratando de um afeto em que a natureza é propícia à saúde de uma maneira apenas *mecânica* (ou seja, independente da vontade), essa ligação do riso com o sentimento vital já é um índice valioso para a compreensão dele no pensamento kantiano.

Mas, além dessa vantagem fisiológica, o riso bonachão tem principalmente uma vantagem social sobre o riso malévolo. É fácil observar que o riso malicioso ou sarcástico provoca em geral certa hostilidade entre os homens, enquanto o riso franco os aproxima. A Observação Geral ao parágrafo 79 da *Antropologia pragmática* explica essa nova nuance:

> O riso cordial (franco) é (enquanto pertence ao afeto de alegria) *sociável*; a chacota maliciosa (irônica) é *hostil*.[12]

É Kant mesmo quem sublinha os termos *gesellig* e *feindselig*, e dá um exemplo do primeiro tipo de riso, o do padre Terrason

---

[9] Kant, I., *Antropologia*, p. 21.

[10] *Idem*, pp. 160-1.

[11] *Idem*, pp. 159-60.

[12] *Idem*, p. 162.

entrando solenemente a Academia Francesa, trajando uma touca de dormir no lugar da peruca e o chapéu debaixo do braço, totalmente absorto pelos pensamentos que o obcecavam, a famosa Querela dos Antigos e dos Modernos. A distração do padre Terrason é ocasião que leva ao riso amável (*belachen*), não ao escárnio (*auslachen*). O indivíduo original ou excêntrico (*Sonderling*), ao qual não falta bom-senso, não paga nada pelo sorriso (*belächeln*) de que é vítima (*ohne daß ihm etwas kostet*), pois também ganha com ele, já que ri junto (*er lacht mit*).[13] A sequência do texto traz ainda outros exemplos e explicações a respeito do uso pragmático do riso:

> Alguém que ri mecanicamente (que ri sem espírito) é insípido e torna a reunião social insulsa. Aquele que não ri, é rabugento ou pedante. Crianças, principalmente meninas, têm de ser logo habituadas a sorrir francamente e sem constrangimento, pois os traços risonhos do rosto se imprimem pouco a pouco também no interior e fundam uma disposição para a alegria, amabilidade e sociabilidade, que prepara desde cedo a travar intimidade com a virtude da benevolência.[14]

O riso mecânico é insípido para a companhia: a frase também poderia ser traduzida de maneira a tornar claro que essa espécie de riso não favorece o aprimoramento do gosto em sociedade (*macht die Gesellschaft geschmacklos*). Ao contrário, o sorriso de bom humor, sem constrangimento (*freimüthiges, ungezwun-*

---

[13] O homem original ou excêntrico, mas ao mesmo tempo de bom-senso, é um típico *gentleman* inglês como *sir* Roger de Coverley, personagem cômica que frequentava as páginas do *Spectator*, onde é apresentado ao público por Steele logo no segundo número: "Ele é um *gentleman* bastante singular em seu comportamento, mas suas singularidades procedem de seu bom-senso, e estão em contradição com os costumes do mundo apenas quando ele pensa que o mundo está errado". *The Spectator*, n. 2, Londres, Dent, 1967, Everyman's Library, v. 1, p. 6.

[14] Kant, I., *Antropologia*, p. 162.

genes Lachen), deve ser inculcado desde a infância, porque tende a tornar a criança alegre, amável e sociável, isto é, ele a prepara para a *virtude* social por excelência, que é a benevolência (*Tugend des Wohlwollens*). Riso e benevolência: as marcas deixadas pela filosofia do senso moral britânico no pensamento kantiano são inequívocas. O último exemplo da Observação Geral também requer atenção:

> Escolher um dos companheiros como alvo da brincadeira (fazer caçoada dele), sem mordacidade (zombaria sem ofensa), brincadeira contra a qual o outro está preparado para pagar na mesma moeda e, assim, pronto para provocar uma risada alegre, é uma vivificação cordial que, ao mesmo tempo, cultiva a sociedade.[15]

Para estimular a boa atmosfera de uma reunião, pode-se escolher alguém como alvo da caçoada, e se os jogos espirituosos são sem malignidade, se a vítima possui as mesmas armas que seus algozes, estão dadas as condições ideais para o refinamento do riso, e do refinamento pelo riso. Sintonizados numa mesma faixa de espírito, alçados à mesma altura do humor, tanto o objeto da zombaria como seus companheiros explodem numa risada jovial (*ein fröhliches Lachen*), que é propícia à vivificação e ao cultivo do ânimo (*eine gutmüthige und zugleich cultivierende Belebung*). Estimulando a atividade da mente e o exercício da convivialidade, tal explosão de riso contém dois dos elementos que entram também na composição do gosto e do juízo estético, a vivificação das faculdades e a comunicação social.

Inteiramente outra é a situação dos zombeteiros que se riem a expensas de um simplório (*auf Kosten eines Einfaltspinsels*), onde este é arremessado de um lado a outro "como uma bola". Aqui, a risada é maligna e indelicada, e se é um parasita que se deixa usar como instrumento do jogo, o riso é prova de mau gosto. O último exemplo é o do bobo da corte:

---

[15] *Idem*, pp. 162-3.

O sublime às avessas

Mas a situação de um bobo da corte, que, para fazer sacudir beneficamente o diafragma, deve temperar com risada a refeição de sua majestade fazendo alusões picantes a seus mais distintos servidores, está, dependendo de como é tomada, *acima* ou *abaixo* de toda crítica.[16]

Acima ou *abaixo* de toda *crítica*: como se apontou no estudo anterior, o riso e a crítica supõem assim uma medida, um temperamento, que é ao mesmo tempo individual e social. O riso, no sentido pragmático da palavra, depende de uma igual participação societária, de um mesmo nível de humor entre os "sócios", que não podem agir à custa de nenhum deles, nem daqueles que estão acima ou abaixo dessa escala. Somente nessa medida a participação no jogo tem verdadeira graça, ou seja, é benéfica às virtudes sociais e às faculdades da mente; somente assim ela é uma vivificação dos amigos e de si mesmo.

Na sequência deste estudo se tentará discutir justamente as semelhanças e diferenças entre o riso sociável e o juízo estético em Kant. Para tanto será útil entender antes como o riso pôde ser visto como uma *grandeza*.

GRANDEZAS NEGATIVAS

> Pela adição de uma grandeza positiva ou de uma negativa, o filósofo definidor encontra de fato um espaço vazio em que a intuição do leitor pode muito bem inserir, sem mancha, o objeto desejado.
>
> Jean Paul[17]

A preocupação de Kant em mostrar o riso sob uma luz favorável ocorre já num ensaio importante do chamado período pré-

---

[16] *Idem*, p. 163.

[17] Jean Paul, *Vorschule der Ästhetik*, § 31, edição de W. Henckmann, Hamburgo, Felix Meiner, 1990, p. 105.

-crítico, cujo propósito é, como diz o título, tentar "introduzir o conceito de grandeza negativa na filosofia". Polemizando principalmente com a filosofia leibniziana e wolffiana, o ensaio busca chamar a atenção do leitor para a distinção existente entre oposição lógica e oposição real. Até agora, adverte o texto, apenas a primeira parece ter sido tomada em consideração, enquanto a segunda, ontologicamente muito mais importante, passou despercebida. Na oposição lógica ocorre um raciocínio que consiste em afirmar e negar ao mesmo tempo algo de um mesmo sujeito, o que é inválido segundo o princípio de contradição; esse raciocínio, no entanto, também é "sem consequência". Já na oposição real "se chega sempre a qualquer coisa": na matemática, assim como na física, uma "grandeza negativa" não é um mero "nada" (*Nichts*), um "nada negativo", "irrepresentável", mas um zero, um "nada privativo", "representável" (*cogitabile*).[18] Se um navio sai de Portugal em direção ao Brasil, o vento leste que ajuda a impelir a embarcação é concebido como uma grandeza positiva; o vento oeste, agindo no sentido contrário, é uma grandeza negativa, mas ainda assim uma grandeza nada desprezível.[19] A determinação da polaridade (+ ou –) depende, claro, do ponto de vista do navegador: na viagem de volta a Portugal, o vento oeste é o que lhe será favorável e, portanto, considerado positivo. O importante para Kant está em que as duas magnitudes podem ser pensadas num mesmo sujeito, ou seja, elas são termos contraditórios "reais", mas não constituem uma contradição lógica, como quando se diz, numa mesma acepção da palavra "mover", que um navio se move e não se move, isto é, que ele ao mesmo tempo se desloca e está parado.[20]

A intenção do ensaio sobre as grandezas negativas é lançar hipóteses sobre a aplicação do princípio não apenas aos movi-

---

[18] Kant, I., *Ensaio para introduzir o conceito de grandezas negativas na filosofia*, tradução de Vinicius de Figueiredo e Jair Barboza, *in*: *Escritos pré-críticos*, São Paulo, Unesp, 2005, p. 58.

[19] *Idem*, p. 60.

[20] *Idem*, p. 58.

O sublime às avessas

mentos físicos, mas também a outros campos, como à "experiência interna" de movimentos da alma. É assim que a substituição ou eliminação de uma representação por outra, o grau de prazer e desprazer, o cálculo do mérito e do demérito de uma ação etc. poderiam ser entendidos segundo a noção matemática de grandezas negativas. O movimento é típico de um momento decisivo na trajetória de Kant: enquanto um escrito como a *Investigação sobre a evidência dos princípios da teologia natural e da moral* procura separar rigorosamente o método analítico (da metafísica e da moral) e o método sintético (das matemáticas), problema metodológico fundamental para chegar à filosofia crítica, no *Ensaio* o que ocorre é exatamente o contrário, com a tentativa de fazer uma transposição do princípio matemático para diversos âmbitos da filosofia. As duas direções, no entanto, não são contraditórias. Sem dúvida, o principal objetivo do texto é o de buscar restringir o alcance que os leibnizianos conferem ao princípio de contradição (o princípio de grandeza negativo é concebido em ligação com o princípio de razão) e, entre as consequências da erosão desse pilar de sustentação do edifício dogmático, está a possibilidade de pensar predicados opostos simultâneos na mesma alma.

Como uma representação consegue eliminar ou substituir outra? Como a atenção pode e deve evitar uma ideia que gera desconcentração ou distração, impedindo o raciocínio e até a meditação filosófica? Como o contentamento resiste e supera a dor? A noção de grandeza negativa pode levar a descobertas interessantes do ponto de vista cognitivo e psicológico: "uma verdadeira atividade da alma" — atividade com frequência considerável — tem de ser empregada para fazer desaparecer ou destruir uma ideia que envolve descontentamento; grande dispêndio de energia é necessário para o sobrepujamento (*Aufhebung*) dos desejos (*Begierde*) e, da mesma maneira, "custa efetivo esforço exterminar uma representação prazenteira que excita ao riso, quando se quer trazer o espírito à seriedade".[21] Esse último exemplo é o que interessa

---

[21] *Idem*, p. 80.

aqui. Ele indica duas coisas. Em primeiro lugar, o riso, assim como a seriedade, pode ser entendido como uma grandeza, mesmo que seja uma "grandeza negativa". Em segundo lugar, as duas grandezas, riso e seriedade, se encontram (convivem) numa mesma e única substância. Elas são "acidentes internos da alma".[22] Nos termos da lógica leibniziana, pode-se dizer que o riso é tão candidato a predicado da substância quanto a seriedade, mas eles não são acidentes contraditórios no sentido lógico. A mente pode ser *ao mesmo tempo* séria e alegre. E na explicação de como é possível sentir ao mesmo tempo prazer e desprazer, percebe-se que Kant combina o cálculo das grandezas negativas ao sentimento de prazer e desprazer. O desprazer não é uma simples ausência, um zero, mas uma grandeza capaz de subtrair uma parte do prazer:

> A aferição do valor total de todo o prazer envolvido num estado misto [*in einem vermischten Zustande*] seria bem disparatada, caso o desprazer fosse uma simples negação equivalente a zero. Alguém adquiriu uma quinta cujos proventos anuais são de dois mil táleres reais. Exprima-se em dois mil o grau de prazer advindo dessa receita, livre de desconto. Tudo o que ele precisar deduzir dessa receita, sem usufruí-lo, é fundamento de desprazer: anualmente duzentos táleres reais para o senhor provincial, cem táleres para a criadagem, cento e cinquenta táleres para reparos. Fosse o desprazer mera negação = zero, tudo somado o prazer obtido com sua aquisição seria $2000 + 0 + 0 + 0 = 2000$, ou seja, tão grande quanto se ele pudesse gozar do lucro sem nenhuma dedução. É, porém, manifesto que desses proventos ele só pode desfrutar daquilo que lhe resta depois de deduzidas as despesas, e o grau de satisfação é $2000 - 200 - 100 - 150 = 1550$. Logo, o desprazer não é apenas ausência de prazer, mas fundamento positivo que suprime em parte ou inteiramente o prazer proveniente de

---

[22] *Idem*, p. 81.

O sublime às avessas

outro fundamento, e eu o denomino, por isso, um *prazer negativo*.[23]

Para entender melhor esse texto é preciso lembrar que, ao procurar introduzir o conceito de grandeza negativa no domínio das paixões e emoções, Kant tinha certamente consciência de ir no contrafluxo das teorias clássicas saídas da *Retórica* de Aristóteles, pois seu propósito é mostrar que todas as paixões têm um valor do ponto de vista psicológico e antropológico, e que se deve compreendê-las e explicá-las sempre em função de um conjunto psíquico individual e social, enquanto as teorias retóricas as classificavam simplesmente em pares de opostos, nos quais em geral uma paixão era boa, e outra, ruim.

Para compreender a inovação introduzida por Kant, é preciso lembrar que sua discussão sobre a positividade ou negatividade das paixões se liga à questão, debatida desde a Antiguidade, de saber se o prazer é um bem em si ou se é um bem somente enquanto cessação da dor.[24] Não seria o caso de tentar exaurir todas as possíveis fontes das análises kantianas, mas tampouco se pode deixar de lembrar que elas se beneficiam das lições dos autores britânicos, aqui em particular de Edmund Burke. Em sua *Investigação filosófica sobre a origem de nossas ideias do sublime e do belo*, Burke tenta refutar a posição de Locke segundo a qual o prazer decorre de uma eliminação ou mitigação da dor, enquanto a dor resulta da desaparição ou diminuição do prazer. Para Burke, prazer e dor não dependem um do outro para existir; ambos têm, por si mesmos, uma "natureza positiva".[25] A "remoção de uma grande dor" não se assemelha em nada a um "prazer positivo"

---

[23] A 23; trad. cit., pp. 69-70.

[24] Para a discussão dessa questão desde Platão e Aristóteles, ver Gérard Lebrun "A neutralização do prazer", *in*: *A filosofia e sua história*, São Paulo, Cosac Naify, 2005, pp. 451-80.

[25] Burke, E., *A Philosophical Enquiry into the Origin of Our Ideas of the Sublime and Beautiful*, Oxford, Oxford University Press, 1998, pp. 30-1. A *Enquiry* de Burke foi traduzida para o português: *Uma investigação filosófica sobre a origem de nossas ideias do sublime e do belo*, tradução, apre-

(*positive pleasure*), da mesma forma que a "diminuição ou cessação" de um prazer "não opera como uma dor positiva" (*positive pain*).[26] O que John Locke fez foi confundir ideias de prazer e dor que são simples e não relativas, com outras mais complexas, que são tipos de "paixão mista".[27] Ele não percebeu que há duas espécies inteiramente distintas, tanto de satisfação quanto de pesar.

O prazer pode ser inteiramente positivo, simples, sem nenhuma composição ou relação. Burke propõe que essa espécie seja chamada em inglês de *pleasure*. Mas há ainda outra espécie de prazer, um prazer composto. Este não existe sem certa privação, isto é, sem uma relação e, mais precisamente, sem relação com a dor (*pain*). Ainda que não haja nome específico para esse sentimento, Burke propõe que essa categoria seja designada pela palavra *delight*, se bem que, como assinala, esta não seja a acepção corrente do termo em inglês.[28] Distinto do primeiro tipo de prazer, porque ligado a um certo sofrimento, o *delight* — prazer *nuancé d'une certaine tristesse*, como dirá Baudelaire — é, ainda assim, uma afecção agradável, sentida realmente no ânimo, cuja natureza é, portanto, positiva.

Tal como o prazer, o sofrimento pode ser de duas espécies: um inteiramente doloroso, que é propriamente chamado em inglês de *pain*, e outro mesclado de alegria e enternecimento, que em inglês se diz *grief*, termo que em português se poderia traduzir por "pesar", "desgosto" ou "mágoa". A pessoa magoada "sente a paixão crescer em si", ela se *compraz* em seu sofrimento, "ama essa paixão".[29] Ela não tira do pensamento o objeto que lhe pro-

---

sentação e notas de Enid de Abreu Dobránszky, Campinas, Papirus/Editora da Unicamp, 1993.

[26] *Idem*, pp. 31-2.

[27] *Idem*, pp. 30 e 32. Para uma discussão do sublime e sua relação com dor e prazer em Burke, ver a dissertação de mestrado de Daniel Lago Monteiro, *No limiar da visão: a poética do sublime em Edmund Burke* (Universidade de São Paulo, 2009).

[28] *Idem*, pp. 33-4.

[29] *Idem*, p. 34.

O sublime às avessas

vocou o desgosto, examina-o sob seus aspectos deleitosos, repassa minuciosamente em espírito tudo o que a ele se liga, todos os "contentamentos" que sentiu anteriormente com ele. Disso tudo se conclui que, em tal estado de enternecimento, o prazer é ainda maior que a dor.[30] Na resenha que faz do livro de Burke para a revista *Biblioteca das Belas-Letras* na Alemanha, o filósofo Moses Mendelssohn explica assim o sentido do *grief*:

> À tristeza pela ausência de um contentamento se mescla sempre uma espécie de contentamento que nasce da lembrança do objeto agradável. Esse contentamento com frequência prevalece no afeto e faz com que nosso pesadume, nossa tristeza mesma, seja mais agradável do que outras representações realmente divertidas.[31]

O enternecimento comove e vivifica mais os sentimentos do que representações naturalmente agradáveis. Há, portanto, uma sensação ligada à dor capaz de causar contentamento, assim como há uma alegria ligada a certos sentimentos de tristeza.

A análise burkiana dos sentimentos mistos culminará na explicação do sentimento do *sublime*. Conforme explica Burke, o sublime produz "a mais forte emoção que a mente é capaz de sentir".[32] A emoção que desperta é mais poderosa porque se refere a coisas que ameaçam a preservação da vida. Se o indivíduo se vê diante de algo que pode destruí-lo, ele sente terror. Mas se esse algo ameaçador está distante ou aparece apenas numa representação artística, o sentimento de terror se modifica, mesclando-se a um certo prazer. Por essa mescla de terror e satisfação, o sublime é *delighfult*.[33]

---

[30] *Idem*, p. 35.

[31] Mendelssohn, M., *Rezensionsartikel in Bibliothek der schönen Wissenschaften und der freyen Künste*, *in*: *Gesammelte Schriften. Jubiläumsausgabe*, v. IV, p. 218.

[32] Burke, *op. cit.*, p. 36.

[33] *Idem*, pp. 36-7.

Ora, para Burke, não se trata absolutamente de nenhum acaso que a emoção diante daquilo que ameaça a vida tenha grande afinidade e proximidade com o belo e com o riso. Também para Kant, sentimento do belo, sentimento do sublime e sentimento do risível são maneiras distintas de se reportar ao mesmo *sentimento vital*.

A CRÍTICA TRANSCENDENTAL

Seria certamente errôneo imaginar que, com a virada transcendental nos anos 1780, Kant tivesse deixado de atentar para questões filosóficas "menores", como esta relacionada à natureza do riso e do humor. É mais correto dizer que a crítica procurará testar sempre em que âmbito (empírico, antropológico, moral, ético, transcendental etc.) as questões devem ser tratadas. É óbvio que algo como uma "dedução transcendental do riso" está inteiramente fora de questão. Mesmo assim, Kant não consegue apagar de todo os indícios de que o riso pode ser concebido como manifestação de algo que toca de muito perto a autonomia estética — algo que se situa na zona fronteiriça entre o sentimento do belo e o sentimento do sublime.

O riso não é efeito da comparação nem do egoísmo, afirmavam as filosofias anti-hobbesianas do sentimento moral: ele se inscreve no catálogo dos afetos desinteressados, não egoístas. Nas *Observações sobre o sentimento do belo e do sublime*, texto de 1764, o sentimento diante de um objeto belo aparece associado ao bom humor. Ao contrário do sentimento do sublime, que é "sério",

> [...] a viva sensação do belo se anuncia por uma cintilante alegria nos olhos, por traços de sorriso e frequentemente por pura jovialidade.[34]

---

[34] Kant, I., *Observações sobre o sentimento do belo e do sublime*, A 6; trad. cit., p. 22.

O sublime às avessas

Essa tentativa de alinhar o riso ao sentimento do belo se revelará problemática. Por outro lado, o texto de 1764 ainda não explora todas as possibilidades que haviam sido abertas pela teoria dos sentimentos mistos, o que posteriormente se revelará um caminho mais promissor. Mantendo um tanto rigidamente a distinção das paixões voltadas para a preservação de si e das paixões direcionadas para a sociedade, Kant parece ainda não ter se dado inteiramente conta de que o riso também pode ser associado à seriedade.

Os sentimentos ligados a objetos estéticos são incomparáveis, estão além ou aquém do *mais* e do *menos*. Por isso, caso se queira fazer uma comparação entre o riso e o sentimento do belo, o resultado seria bastante desigual. A mais conhecida definição do riso da obra kantiana, a da Observação ao parágrafo 54 da *Crítica do juízo*, afirma que o riso não se sustenta sozinho, pois ele é como uma novidade que, passado o imprevisto, não deixa rastro algum; ele é como um *nada* que desaparece tão logo surge: "*O riso é um afeto surgido da transformação súbita de uma expectativa tensa em nada*".[35] Essa definição parece decretar o fim de qualquer tentativa de introduzir o riso na filosofia. No entanto, não é bem assim. Se Kant o aproxima das artes agradáveis, e não das artes "belas" (porque o riso ativa mais o corpo que a mente),[36] o mesmo parágrafo da *Crítica do juízo* se encarregará de resgatá-lo de uma maneira filosoficamente mais favorável.

SIMPLICIDADE E INGENUIDADE

Para o leitor da *Crítica do juízo*, a definição do riso encontrada na Observação ao parágrafo 54 guarda o ar de uma estranha familiaridade. Com efeito, ela lembra bastante o movimento que

---

[35] Kant, I., *Crítica do juízo*, *AA*, V, p. 332.

[36] *Idem*, pp. 332-3.

servia para descrever o juízo de reflexão acerca dos objetos sublimes. Kant, seguindo Burke, concebe o sublime como um sentimento misto: nele há uma passagem de um estado de tensão a um estado de distensão, de temor diante de um objeto terrível a um prazer pelo fato de que a ameaça está distante ou é ilusória. A diferença de Kant em relação a Burke consiste em que o prazer positivo proporcionado pelo sublime não pode ser uma grandeza qualquer, mas tem de ser uma grandeza acima de qualquer comparação possível, uma "magnitude absoluta". Somente nessa condição ele pode ter relevância para a estética kantiana.

A *Crítica do juízo* contempla, assim, um dos "vetores" da combinação dos sentimentos mistos, o que vai da dor ao prazer. Por uma questão de completude e simetria (obsessões sistemáticas tão caracteristicamente kantianas), seria de esperar que a Terceira Crítica contemplasse também o outro vetor, o que vai do prazer ao desprazer. Ou, já que nessa direção a própria ideia de fruição estética se torna uma contradição nos termos, seria de esperar que a *Crítica do juízo* apontasse ao menos a possibilidade de se pensar um prazer *tingido* de alguma consternação. E ela não frustrará seus leitores.

O afeto do riso não pode ser posto em simetria com o sentimento do sublime porque, diversamente do que ocorre neste, ele não é um movimento de distensão que leva a um prazer positivo, mas um movimento que se dissolve em indiferença. Isso explica também por que a definição do riso na *Crítica do juízo* conserva um elemento fundamental da definição de Hobbes, a saber, o caráter inesperado, repentino do riso, paixão que é, como se recorda, para o autor do *Leviatã* uma "súbita" glória provocada por uma "súbita" concepção de uma superioridade em nós mesmos. Em Kant, a expectativa tensa que antecede a hilaridade é frustrada (*getäuschte*) e se transforma "subitamente" em nada. A explicação para isso seria simples, e de ordem mecânica: como não encontra nenhuma resistência efetiva a se lhe opor (diferentemente de toda energia que se gasta na transição da risada à seriedade, como assinalava o ensaio sobre as grandezas negativas), a força inicial "tensa" se perde imediatamente no vazio. A inquietação se converte num nada, não em seu "oposto positivo".[37] A alteração súbita do estado de ânimo no riso não deixa vestígio, ao contrário de um sentimento estético puro, o qual contribui para fortalecer duradouramente as faculdades do espírito. Na sua acepção fisiológica ou mecânica, o riso deve todo o seu efeito ao elemento "surpresa".

Aproveitando-se das finas observações anteriormente feitas por Moses Mendelssohn a respeito do *sublime* (incluindo a resenha citada da obra de Burke), Kant oporá, a esse "riso de surpresa", um riso relacionado à simplicidade e à ingenuidade. O seu empenho em resgatar uma "singeleza natural" vai se filiar assim diretamente aos esforços feitos pelos adversários de Hobbes para mostrar que há um riso naturalmente bondoso.

A simplicidade (ou singeleza = *Einfalt*) não tem em Kant uma definição precisa. Uma definição aproximada seria dizer que simplicidade é o "estilo da natureza" nas manifestações do sublime e dos costumes.[38] A simplicidade compartilha com o riso "gratuito" o aspecto da surpresa, só que a imprevisibilidade do que é simples se deve não aos caprichos de uma superioridade ilusória, mas a um repente súbito da "sinceridade original e natural do homem" contra as convenções e dissimulações de uma sociedade artificial. Nas situações em que essa "ingenuidade" (*Naivetät*) se externa, ela provoca uma subversão das hierarquias, uma inversão de posições, súbita, porém inapelável, na qual o que era "superior" passa a ser momentaneamente "inferior" e vice-versa. Rimos, diz Kant, da simplicidade que ainda não sabe dissimular, mas ficamos alegres porque ao mesmo tempo essa simplicidade "prega uma peça na arte da dissimulação".[39] Há aqui um duplo movimento: esse riso é semelhante a todos os outros risos, porque se funda numa expectativa que não deu em nada; ao mesmo tempo, porém, ele é o sinal de que também a "falsa aparência" foi reduzida a nada.[40]

---

[37] *Idem*, p. 333.

[38] *Idem*, p. 275.

[39] *Idem*, p. 335.

[40] *Idem, ibidem.*

Do ponto de vista das forças em jogo, haveria, à primeira vista, uma espécie de empate. O indivíduo civilizado ri do ingênuo, enquanto este reduz a zero a superioridade daquele. A equação, no entanto, é mais complexa. Perceber que a sinceridade natural do homem não esteja de todo extinta na vida em sociedade adiciona ainda "seriedade e estima" ao juízo. Mas, como essa explosão da sinceridade é repentina e logo desaparece; como a arte da dissimulação sabe "fechar rapidamente a cortina" sobre seus pontos fracos, a tudo isso vem se unir também

> [...] um pesar, que é uma comoção de ternura, a qual, como jogo, pode muito bem ligar-se, e de fato geralmente se liga, a um riso benévolo [*gutherziges Lachen*], ao mesmo tempo que costuma reparar o embaraço daquele que forneceu a matéria para tanto por não estar habituado aos modos dos homens.[41]

A compreensão da expressão ingênua implica, portanto, um misto de sensações que se acrescentam ao riso inicial: além da seriedade e da estima, um enternecimento com a própria condição e um riso benévolo na direção daquele que despertou tais sentimentos. Indo além do riso da surpresa, o riso de benevolência para com o indivíduo ingênuo acaba assim, ainda que timidamente, fixando seu lugar ao lado do sentimento do belo e do sublime. Ele não se limita a sacudir "o corpo de maneira salutar", pois também ativa diversos sentimentos morais; não sendo mais mera "brincadeira", ele faz agora jus ao título de mais um dos "jogos" próprios da faculdade de julgar. Ele é um *Spiel der Urteilskraft*.[42]

Em seu ensaio sobre *Poesia ingênua e sentimental*, Friedrich Schiller retoma a análise kantiana, dando-lhe uma pequena inflexão. Ele percebe muito bem que o xis do problema é a teoria dos sentimentos mistos e, mais exatamente, a proximidade do sublime com o riso. Mendelssohn e Kant têm razão: o riso sublime deve

---

[41] *Idem.*

[42] *Idem.*

O sublime às avessas

ser explicado pela categoria do "ingênuo". Como em Kant, a ingenuidade se apresenta sob duas formas, uma que se limita ao inesperado, e outra que, além do inesperado, também provoca estima e admiração. A primeira exprime uma mera "puerilidade" e pode ser chamada de "ingênuo da surpresa"; a segunda exprime uma infantilidade inocente e pode ser chamada de "ingênuo da intenção" ou "ingênuo da maneira de pensar e agir". Vale a pena citar uma passagem do ensaio de Schiller, na qual se pode perceber que o ingênuo é um sentimento misto, um riso compenetrado pelo sublime:

> Ele [o ingênuo da maneira de pensar] liga a simplicidade *infantil* à *pueril*; por meio desta última, desnuda-se ao entendimento e provoca aquele sorriso mediante o qual damos a conhecer nossa superioridade (*teórica*). No entanto, esse triunfo do entendimento desaparece e o escárnio daquilo que é simplório se converte na admiração da singeleza, tão logo temos motivo para crer que a simplicidade pueril é ao mesmo tempo uma simplicidade infantil, que, portanto, não é nem ignorância nem incapacidade a fonte daquilo que, por grandeza interior, desdenhou o auxílio da arte, mas uma força (*prática*) mais elevada, um coração cheio de inocência e verdade. Sentimo-nos constrangidos a respeitar o objeto que antes nos fez sorrir e, lançando ao mesmo tempo um olhar em nós mesmos, a nos lastimar por não lhe sermos semelhantes. Surge assim o fenômeno todo próprio de um sentimento no qual convergem escárnio jovial, veneração e melancolia. No ingênuo se exige que a natureza alcance a vitória sobre a arte, que isso ocorra à revelia e contra a vontade ou com plena consciência da pessoa. No primeiro caso, ele é o ingênuo da *surpresa*, e diverte; no segundo, é o ingênuo da intenção, e comove.[43]

---

[43] Schiller, Friedrich, *Poesia ingênua e sentimental*, São Paulo, Iluminuras, 1991, pp. 46-7. No século XVIII, o "ingênuo" tem sua significação ligada ao estilo daquele que escreve ou cria sem constrangimento, sem artificia-

Hoje, observações como estas talvez façam alguns sorrir por sua ingênua candura. Ou será que restou ainda algum espaço pelo menos para um sentimento elegíaco, para uma relação "sentimental" com espontaneidade natural?[44]

O INFINITAMENTE PEQUENO

Do ponto de vista da articulação sistemática da estética kantiana, o sublime aparece como o complemento necessário do belo. Por outro lado, o leitor contemporâneo de Kant, versado na estética do século, podia perceber, como o fez Schiller, que o riso benévolo ligado à ingenuidade era o complemento que faltava ao sublime na sistematização dos sentimentos mistos. Mas, ainda da perspectiva sistemática, o sublime permitia uma comparação também pelo viés da "grandeza". É essa brecha que vai ser aproveitada pelo escritor romântico Jean Paul.

De acordo com uma das definições dadas pela *Crítica do juízo*, sublime é "aquilo em comparação com o qual todo o resto é pequeno". Ora, acrescenta Kant, não há nada na natureza que possa corresponder a essa definição. Na natureza, por maior que seja o objeto eleito, sempre haverá outro que fará o primeiro parecer minúsculo e até "infinitamente pequeno". Da mesma forma, por menor que se imagine o tamanho de alguma coisa, sempre haverá algo ainda menor que, comparativamente, a fará parecer do tamanho de um astro. O sublime, portanto, não pode se repor-

---

lidade, onde a intenção do autor desaparece, e ele parece jogar ou brincar. Kant reflete largamente sobre o tema, e vê sua proximidade com a *finalidade sem fim*: "Tudo aquilo que mostra uma intenção, ideia ou desígnio, se isso ocorre, por assim dizer, brincando [*spielend*] e sem o constrangimento de uma necessidade, é belo [...]. A natureza, que se assemelha à arte, e a arte que se assemelha à natureza, nas maneiras [*in Manieren*], se chamam ingênuas [*naiv*]". Rx. 886, *AA*, XV, 1, pp. 387-8.

[44] Que as "categorais" do ingênuo e do sentimental ainda tenham vigor conceitual, é o que se pode conferir no belo livro de Orhan Pamuk, *O romancista ingênuo e o sentimental*, São Paulo, Companhia das Letras, 2011.

tar a objetos do sentido, pois supera toda e qualquer escala sensível.[45] Ele não é uma grandeza relativa (de sinal positivo ou negativo), uma grandeza comparável, mas uma magnitude absoluta (*absolute, non comparative magnum*).[46] Por isso, nenhuma quantificação numérica pode abarcá-lo. Ele só pode ser apreendido se em seu esforço inútil para compreendê-lo a imaginação é auxiliada por conceitos morais advindos da razão. A faculdade de julgar faz a mediação entre o trabalho penoso da imaginação e o alívio que lhe traz a razão.

Se o sublime é algo "absolutamente grande" (*schlechthin groß; Absolut-Großes*), Kant parece "se esquecer" de que, por uma questão de simples simetria, é possível imaginar o inverso, isto é, que existe algo "absolutamente pequeno". Esquecimento, de resto, tanto menos justificável, porque o "infinitamente pequeno" (*das unendliche Kleine*) já aparece como noção fundamental no *Ensaio para introduzir o conceito de grandezas negativas na filosofia*. Ali, Kant advertia que a matemática está sempre às voltas com ele e que é preciso introduzi-lo na física, pois se há forças que atuam durante certo tempo de maneira contínua, como é o caso da gravidade, a força inicial tem de ser pensada como "infinitamente pequena" em relação a ela mesma num instante posterior.[47] A elucidação do mesmo conceito ajudaria a entender a energia que tem de ser despendida para substituir uma representação por outra ou converter uma paixão em outra (o esforço para evitar um desejo, a dificuldade de controlar o riso e voltar ao siso etc.).

O esquecimento de Kant é ainda menos compreensível porque ele certamente conhecia as indicações de Moses Mendelssohn acerca da proximidade do sublime com o risível. Numa formulação semiótica de grande interesse, Mendelssohn afirma que o que caracteriza tanto um quanto outro é o contraste entre o signo e a coisa designada. Tanto no sublime como no risível, existe um dis-

---

[45] Kant, I., *Crítica do juízo*, *AA*, V, p. 250.

[46] *Idem*, p. 248.

[47] Kant, I., *Ensaio para introduzir o conceito de grandezas negativas na filosofia*, trad. cit., p. 55.

tância enorme entre a designação e aquilo que designa. No sublime, o signo é sempre muito pequeno proporcionalmente àquilo que significa ou, inversamente, os objetos ditos sublimes são muito superiores e não têm nenhum termo de comparação com aquilo que os exprime. Sendo assim, por mais que se esforce por encontrar palavras ou imagens adequadas, o escritor ou artista pode ter certeza de que a ideia que tenta exprimir permanecerá sempre "maior do que o signo de que se serve e, consequentemente, sua expressão será ainda sempre ingênua (*naiv*) em comparação com a coisa".[48] No caso do risível, a desproporção entre signo e designado também é a regra fundamental.

Em sua análise do ridículo, do cômico e do humor publicada na *Escola Preparatória de Estética*, Jean Paul explora cuidadosamente — assim como o fizera Schiller no ensaio sobre *Poesia ingênua e sentimental* — as consequências de todas essas discussões, particularmente a desproporção entre o signo e aquilo que designa.[49] Para explicar o humor, Jean Paul centra seu foco de observação justamente naquilo que chama de contraste entre infinito e finito. Não se trata para ele de contrastar coisas finitas, nem de comparar as ideias da razão com toda a finitude. O método consiste numa inversão do sublime: enquanto neste o infinito é aplicado a um objeto sensível, que passa a ser mero suporte daquele, no humor — sublime ao avesso (*das umgekehrte Erhaben*) — a finitude é colada à ideia, ela é um "finito aplicado ao infinito", surgindo daí a "infinitude do contraste", isto é, uma "infinitude negativa". Com isso, não se destrói o *objeto singular*, mas somente a *finitude* mediante o contraste com a ideia. É o próprio contraste que se expande ao infinito.[50] Segundo Jean Paul, o humor é o paradoxo de se fazer uma viagem aos céus descendo à terra:

---

[48] Mendelssohn, M., *Observações sobre o sublime e o ingênuo nas belas-ciências, in: Gesammelte Schriften*, I, p. 199.

[49] A inspiração em Mendelssohn parece clara como se pode verificar na *Escola Preparatória de Estética* (*Vorschule der Ästhetik*), edição de W. Henckmann, Hamburgo, Felix Meiner, 1990.

[50] Jean Paul, *op. cit.*, pp. 124-5.

O sublime às avessas

Ele se assemelha ao pássaro *mérops*, que vira a cauda para o céu, e no entanto é assim que voa em direção aos céus. Esse ilusionista bebe de ponta-cabeça o néctar com o cálice voltado para cima.

Se o ser humano, como fazia a antiga teologia, olha para o mundo terreno do alto do mundo extraterreno, aquele aparece pequeno e fútil lá de cima; se, como faz o humor, o ser humano mede o mundo infinito pelo mundo pequenino e o ata a este, então surge aquele riso no qual se encontram ainda uma dor e uma grandeza.[51]

Ao contrário da facécia antiga (*des alten Scherz*), o humor implica seriedade, vestindo "o baixo soco, mas frequentemente com a máscara trágica, pelo menos nas mãos", e não é por acaso que grandes humoristas sejam melancólicos.[52] O mundo visto de baixo para cima, e não de cima para baixo, é um mundo visto pelas lentes do riso e da dor. É a partir do mínimo — como no caso da força física imperceptível — que começa a grandeza, a aventura do espírito do mundo (*Weltgeist*). Querer olhar o mundo do alto é não entender a positividade do cômico e do humor. Hobbes parece não ter percebido que, no riso, não é o indivíduo que se eleva a uma condição superior, mas as coisas que afundam a um nível tal, que se tornam absolutamente *irrisórias*. Mas é desse mínimo absoluto que tudo começa a fazer sentido. Comentando precisamente a concepção de riso do autor do *Leviatã*, Jean Paul afirma:

E que sentimento particular de elevação é possível, se o objeto ridículo se encontra num grau de comparação tão baixo, inteiramente incomensurável (não medível) em relação a nós, como o asno em relação a Filemon, ou os aspectos ridículos de um tropeção, de um erro de visão etc.? Os que riem são de boa índole e frequentemente cerram fileiras com aqueles de que riem; crianças e mulheres são os que

---

[51] *Idem*, p. 129

[52] *Idem, ibidem.*

mais riem; os que tudo comparam, orgulhosos, consigo mesmos são os que menos riem; e o Arlequim, que não quer passar por ninguém, é aquele que ri de tudo...[53]

DE VOLTA À ILHA

> O cavalinho de pau é um jogo a que se atribui ilusoriamente um interesse, e dele se faz uma ocupação.
>
> Immanuel Kant[54]

Num ensaio muito instrutivo sobre a composição das peças de Shakespeare, o crítico dinamarquês Georg Brandes assinala a grande importância dos detalhes significativos na obra do dramaturgo inglês: é pelo aproveitamento de pormenores característicos, por exemplo, que personagens como Hotspur ou Falstaff ganham força de protagonistas e são os pilares de sustentação do Henrique IV. É pela *particularidade* ou *singularidade* aparentemente *insignificante e ridícula*[55] que se perfaz a passagem do infinitamente pequeno (*det uendelig Smaa*) ao infinitamente grande (*det uendeligt Store*).[56] Em sua análise do poema "Maçã" de Manuel Bandeira, Davi Arrigucci Jr. retoma de maneira bastante fecunda essas indicações do crítico dinamarquês, ao mostrar como a "sábia união do infinitamente grande ao infinitamente pequeno", que faz a grandeza de Shakespeare, também explica de modo análogo a grandeza do poeta brasileiro, que soube desentranhar o sublime

---

[53] *Idem*, § 30, p. 121.

[54] Rx. 488, *AA*, XV, 1, p. 210

[55] [...] *saa ubetydelig og latterlig en Enkelthed*, onde o substantivo vem não por acaso da filosofia (hegeliana, kierkegaardiana, richteriana?).

[56] Brandes, G., "O infinitamente pequeno e o infinitamente grande na literatura", em *Panorama da literatura dinamarquesa*, tradução de P. Johns, Rio de Janeiro, Nórdica, 1964, pp. 268-9.

O sublime às avessas

oculto na cena simples e humilde de uma maçã posta ao lado de um talher na mesa de um quarto de hotel.[57]

É espantoso que um conceito surgido na física moderna (o infinitamente pequeno), aliado à noção de grandeza negativa, tenha tido essa fortuna na crítica literária. A explicação para isso está muito certamente na sintonia dessa sublimidade infinitesimal com a prosa do mundo contemporâneo.[58] Um último exemplo a ser considerado aqui é a aplicação que Coleridge faz da relação entre finito e infinito para explicar o humor. Numa *Lecture* sua, inspirada sobretudo em Jean Paul, mas também provavelmente em Kant e Schiller, a proporção ou disproporção entre finito e infinito aparece associada pelo poeta inglês a uma concepção de benevolência que tem sua matriz óbvia na filosofia britânica. Ou seja, de certo modo, a explicação do humor encontrada em Coleridge viajou à Alemanha para voltar a se reaclimatar na sua Grã-Bretanha. Com isso se pode dizer também que o romantismo, alemão ou inglês, não está tão longe da filosofia benevolente do século XVIII quanto se imagina.

Nessa aula do *Curso sobre Literatura Europeia*, Coleridge aponta a maior dificuldade de mostrar a diferença do humor em relação, por exemplo, à tirada espirituosa (*wit*), que depende totalmente do entendimento e dos sentidos, isto é, de uma combinação de pensamentos, palavras ou imagens,[59] ou em relação ao

---

[57] Arrigucci Jr., D., "Ensaio sobre 'maçã' (Do sublime oculto)", *in*: *Humildade, paixão e morte: a poesia de Manuel Bandeira*, São Paulo, Companhia das Letras, 2ª ed., 2009, p. 42.

[58] Seria certamente interessante contrapor essa visão do infinitamente pequeno à visão dos dois infinitos em Pascal. Para este, o homem estaria ao mesmo infinitamente perto e infinitamente distante do seu criador oculto, visão da natureza humana que, como assinala muito bem Franklin Leopoldo e Silva, é essencialmente trágica ("Pascal: história e transcendência", *in*: *Dialética e liberdade*, org. de E. Stein e L. A. de Boni, Petrópolis, Vozes, 1993, p. 160). Uma combinatória não menos digna de atenção seria a de Kierkegaard, próximo por afinidade tanto dessa visão trágica de Pascal como da humorístico-prosaica de Jean Paul e do romantismo, que conhecia muito bem.

[59] Coleridge, *Lectures on European Literature*, 1818, Lecture 9, *in*: *Lectures 1808-1819. The Collected Works of Samuel Taylor Coleridge*, edi-

"lúdicro ou ridículo puro e sem mistura", que depende do entendimento, dos sentidos e da fantasia, mas não da razão e do senso moral (*moral sense*).[60] Nada disso constitui o humor, a menos que a tirada engraçada ou espirituosa possa, por exemplo, ser atribuída a "alguma peculiaridade do temperamento e caráter individual" (*some peculiarity of individual temperament and character*). Existe algo de "congenial" no humor de Sterne, de Smolett e nos escritos de Steele, e a explicação dessa *congeniality of humor* ainda dependeria, segundo ele, em certa medida da patologia humoral de Galeno, tão bem explicada nos versos frequentemente citados de *Every Man Out of His Humour* de Ben Jonson.[61] E é essa mesma relação inextricável entre humor e temperamento peculiar do indivíduo que explicaria, segundo Coleridge, aquele "sentimento terno" (*tender feeling*) que sempre é assimilado e associado "aos humores e *hobby-horses* de um homem".[62] De onde vem essa ternura de sentimento?

O respeito que se tem pelo "humorista", diz Coleridge, se funda na "ausência de um motivo interessado" (*absence of interested motive*), ausência esta que é o "fundamento do caráter" (*ground-work of character*). Entretanto, embora inexista uma motivação interessada, pode haver a "imaginação de um interesse existindo no próprio indivíduo" (*the imagination of an interest*

ção de R. A. Foakes, Princeton, Princeton University Press, 1987, v. 5, n. 2, p. 176. A discussão feita aqui se vale também dos *Literary Remains*, onde se nota certamente a interferência de H. N. Coleridge no "aprimoramento" da edição do material (Londres, William Pickering, 1836, Classical Reprint Series).

[60] *Idem*, p. 174; *Literary Remains*, p. 134.

[61] "*So in every human body,/ The choler, melancholy, phlegm, and blood,/ By reason that they flow continually/ In some one part, and are not continent,/ Receive the name of humours. Now thus far/ It may, by metaphor, apply itself/ Unto the general disposition:/ As when some one peculiar quality/ Doth so possess a man, that it doth draw/ All his effects, his spirits, and his powers,/ In their confluctions, all to run one way,/ This may be truly said to be a humour.*" Citado por Coleridge, *Literary Remains*, p. 135.

[62] Coleridge, *Lectures*, p. 173; *Literary Remains*, p. 135.

O sublime às avessas

may exist in the individual himself), como se ele fosse guiado por um fim importante para ele mesmo, mas invisível para os demais; é como se alguém cuja singeleza de coração fosse notória (*a remarkably simple-hearted man*) pudesse se vangloriar de seu conhecimento do mundo e de como tem o controle dele em suas mãos! A explicação de Coleridge é irretocável: em contraste com as ações interessadas e interesseiras (cujo interesse é por vezes tão evidente que o agente busca ocultar), o homem de humor age segundo um interesse que só existe para ele, para sua imaginação e para um espectador igualmente humoroso e imaginoso. Outra maneira de caracterizar o humorista é dizer que ele é

> [...] alguém que supõe erroneamente a si mesmo como calculado [*calculated*] para certas coisas que ocupam sua mente, e cujas deficiências, justamente naqueles particulares de que ele se orgulha, são óbvias para todos os que o cercam.[63]

Essa franqueza e fraqueza desconcertantes do homem guiado por seu humor se encontram sempre ligadas, no humor genuíno, ao "reconhecimento da vaziez e farsa do mundo, e de sua desproporção com o que há de divino em nós".[64] Kant e Schiller não teriam o que acrescentar. O equilíbrio humorístico é tênue. Se a costura desses elementos se esgarça, se alguma ação particular deixa transparecer um motivo egoísta, o fluido humoroso transborda em algo indignante e detestável, dando origem a um cômico destemperado; ao passo que todo desatino em que não há vestígio algum de egoísmo é imediatamente perdoado ou atenuado.[65] Desprovido de motivação interessada, o riso humorístico, provocado pelo indivíduo que busca um interesse imaginário, não tem um propósito exterior. Ele difere do "risível simples", do lúdicro, porque este consiste na desproporção entre intenção e ato, entre o fim

---

[63] Trecho do relato da aula de Coleridge publicado no magazine *Tatler*, *in*: *Lectures*, p. 179.

[64] *Lectures*, p. 173; *Literary Remains*, p. 135.

[65] *Lectures*, p. 173; *Literary Remains*, p. 136.

definido e aquilo que o indivíduo é capaz de fazer.[66] Já no humor, escreve Jean Paul, a jocosidade (*Scherz*) "não conhece outro objetivo que sua própria existência".[67] Refletindo sobre a diferença entre o riso "clássico", satírico, e o novo riso bonachão, Jean Paul e Coleridge dizem por fim, explicitamente, aquilo que estava pedindo para ser dito desde os filósofos do sentimento moral, mas que agora eles podem dizer já em linguagem kantiana: na graça humorística, o riso "é *seu próprio fim*" (*its* own end).[68]

O modo como esse riso se apresenta é bem diferente daquele que se vê na sátira punitiva: a flor poética de suas urtigas não tem espinhos, nem seu tirso, seu galho cheio de folhas, serve para fustigar.[69] A lição moral é uma ética ao avesso: a existência do humorista parece indicar a possibilidade de uma conduta moral não só frontalmente contrária àquela pautada por interesses egoístas, mas também desconfiada de todo tipo de rigorismo ou superioridade moral.

A mola principal do humor está, portanto, na natureza ou temperamento e, para marcar essa ligação com o caráter peculiar do indivíduo, Coleridge fala em indivíduo *humoroso*. Ainda assim, assinala ele, a peculiaridade individual não é capaz de explicar inteiramente o humor. E ele não deixa de fazer a pergunta paradoxal: existiria um "ponto humorífico comum" que pode ser encontrado em todos os chamados indivíduos humorosos? (*Or is there some one humorific point common to all that can be called humorous?*) Embora reconheça a dificuldade de encontrar esse traço comum, Coleridge não hesita em dizer que ele existe, e sua resposta apresenta um cálculo baseado no de Jean Paul. Segundo ele, o "ponto humorífico" comum a todos os humorosos

---

[66] *Idem*, p. 178; *Literary Remains*, p. 134. As distinções entre sátira, ridículo, humor e tirada espirituosa (*wit*) se baseiam em grande parte nas observações de Jean Paul, como afirma o próprio Coleridge, *Lectures*, p. 172. Ver nesse sentido as notas do editor, R. A. Foakes.

[67] Jean Paul, *Escola Preparatória de Estética*, p. 116.

[68] Coleridge, *Lectures*, p. 172.

[69] Jean Paul, *op. cit.*, p. 116. Coleridge, *Lectures*, p. 172.

O sublime às avessas

[...] consiste numa certa referência ao geral e universal, pela qual o que é finitamente grande [*finite great*] é levado à identidade com o que é finitamente pequeno [*little*], ou o finitamente pequeno com o finitamente grande, de modo que ambos se tornem nada em comparação com o infinito. O pequeno se torna grande, e o grande, pequeno, a fim de que ambos se destruam; porque tudo é igual em contraste com o infinito.[70]

O humor "surge essencialmente sempre que, consciente ou inconscientemente, o finito é contemplado em referência ao infinito". Pelo menos no "humor mais alto" (*highest humour*) nunca pode faltar essa referência a um "poder não finito" na forma de algo finito no sentimento que não tem nenhuma proporção com ele, embora seja seu "representante" ou o modo como é "exibido" (*displayed*). A chave para a compreensão de escritores como Sterne está em saber que "deleitam (*deleight*) depois de muitos preparativos para acabarem em nada, ou numa contradição direta".[71] Diferentemente do ridículo, o humor não apresenta uma desproporção entre intenção e ato, uma intenção ridiculamente malograda, pois a atividade humorística atinge *seriamente* seu fim, como a criança que brinca a sério. O fim é aparentemente irrisório para alguém que o julga do exterior, mas, se ele sabe olhar, também é capaz de perceber ali algo de muito maior. E uma das "excelências" do humor consiste justamente nisto, que é conseguir trazer distintamente à consciência "aquelas minúcias de pensamento e sentimento que parecem bagatelas [*trifles*], que têm uma importância momentânea, mas que, no entanto, quase todo homem sente de uma maneira ou de outra".[72] A ninharia que obceca um não é

---

[70] *Literary Remains*, p. 136; *Lectures*, pp. 172-3.

[71] *Lectures*, p. 173; *Literary Remains*, p. 137. A frase é uma retomada do trecho da *Escola Preparatória*: "Daí vem aquela dileção do humor pelo desfecho mais vazio, enquanto a seriedade encerra epigramaticamente com o que há de mais importante [...]" (ed. cit., p. 131).

[72] *Lectures*, p. 175.

certamente a mesma que atrai o outro, mas este também terá a sua, tão importante para ele como aquela o é para o primeiro. A particularidade, o *hobby-horse* de cada um, tem, assim, a "novidade de uma peculiaridade individual", mas também, ao mesmo tempo, o "interesse de algo que pertence a nossa natureza comum".[73] A tolice não é própria de alguém como membro de uma sociedade, mas desse alguém na condição de homem.[74] O que nela comove, diz Jean Paul, não é uma tolice "civil", mas "humana", isto é, ela tem de ter em si o universal (*Allgemeine*):[75] todas as passagens engraçadas do *Tristram Shandy*, embora "micrológicas", dizem respeito à natureza do homem, não a uma "individualidade casual", pois, se falta a universalidade, "chiste algum é capaz de salvar um livro da morte".[76] Ele ainda adverte que é na "brandura e paciência humorísticas para com as tolices individuais" que o humorista mostra seu parentesco com a humanidade.[77] E tal relação entre individualidade e universalidade é apresentada em termos muito próximos da filosofia kantiana e dos autores do idealismo alemão (Fichte e Schelling) lidos por Jean Paul: o humor, como sublime invertido, não destrói o individual ou singular (*das Einzelne*) no universal, mas destrói o "finito pelo contraste com a ideia".[78]

Além da universalidade, Coleridge retomará da *Escola Preparatória* uma diferença entre o humorista e o homem de humor que já podia ser encontrada em Lord Kames (citado por Jean Paul) e em Kant. Todo indivíduo é mais ou menos *humorista*, pois tem propensão natural a observar as peculiaridades e bagatelas dos outros, mas homem de humor é aquele que sabe apresentá-las ao restante dos homens. E, entre os homens de humor, há ainda os que apresentam retratos das particularidades alheias, e os que apre-

---

[73] *Idem, ibidem.*

[74] *Idem*, p. 172.

[75] Jean Paul, *Escola Preparatória de Estética*, p. 125.

[76] *Idem*, p. 139.

[77] *Idem*, p. 128.

[78] *Idem*, p. 125.

sentam a própria "excentricidade" (*oddity*). No primeiro caso estão Cervantes, Shakespeare e Rabelais; no segundo, Sterne e Swift.[79]

Longe de ser um resumo das concepções anteriores, a *Lecture* de Coleridge realiza uma síntese original. Afirmando modestamente "alguma verdade" em sua definição ou explicação da origem do humor, Coleridge efetivamente combina com maestria o cálculo infinitesimal presente em Mendelssohn, Kant e Jean Paul com o sentimento desinteressado dos moralistas ingleses e do juízo estético kantiano. Falando de Walter Shandy e seu *brother* Toby, o poeta romântico dá uma explicação inigualável do homem de humor: o "homem humoroso não pode ser pensado sem que dê uma generalidade desproporcional ao seu *hobby-horse*" ou sem uma "ausência de interesse que não surge senão do próprio humor". Inócuo, desinteressante, ínfimo, para os outros, o *hobby-horse* tem um valor incalculável, infinito, para aquele que o elege como objeto de sua ação e preocupação, assim como para o espectador que compreende o sentido dele. O paradoxo do humor shandiano é o de um egoísmo pelo avesso, um egoísmo desinteressado, resultante da própria natureza ou do caráter do indivíduo, do seu humor. Coleridge amarra assim indissoluvelmente o aspecto abstrato, infinito, ao aspecto pessoal do humor. A abstração tem de

---

[79] *Lectures*, p. 175. Para a diferença entre escritor e caráter humorístico (*humoristischer Dichter, humoristischer Charakter*), cf. *Escola preparatória de Estética*, p. 138. Jean Paul se baseia na diferença estabelecida por Lord Kames (*humour in writing, humour in character*) no Livro I, capítulo 12, dos *Elementos da Crítica*: a qualidade de um escritor de humor pertence ao "autor que, afetando ser grave e sério, pinta seus objetos em cores tais que provocam hilariedade e riso. O escritor que é realmente humorista de caráter faz isso sem intenção: do contrário, tem de afetar o caráter a fim de ter êxito. Swift e La Fontaine eram humoristas por caráter, e seus escritos estão repletos de humor. Addison não era um humorista de caráter; e, no entanto, em seus escritos em prosa prevalece o humor mais delicado e refinado. Arbuthnot excede a todos eles em pilhéria e pintura humorosa; o que mostra grande gênio, porque, se não estou mal informado, ele não tinha nada dessa peculiaridade em seu caráter" (ed. cit., p. 255). Com foi visto em estudo anterior, a diferença foi retomada por Kant no parágrafo 54 da *Crítica do juízo*.

ser cuidadosa, pois há sempre o risco de que a liberdade humorística possa flertar com alguma generalidade ou moralidade pronta e abstrata (o que parece ser o risco, por exemplo, quando Jean Paul aproxima o humorista do cínico). Daí a insistência no papel fundamental do homem *humoroso* (*humorous man*) e não de um homem de humor: pois, segundo Coleridge, o diabo mesmo pode ter todas as capacidades de um humorista perfeito, mas lhe faltará sempre o *humor*, o temperamento natural individual, para ser "perfeitamente humoroso". Aqui, a diferença em relação a Jean Paul é nítida: enquanto o romântico alemão fala da proximidade entre eles, para Coleridge o diabo é apenas o "extremo de todo o humor". O humoralismo, a constituição natural ingênua, constitui a salvaguarda contra a tentação demoníaca, bem como contra a tentação que lhe é irmã, a de crer na possibilidade de uma moral pura. É no temperamento peculiar do indivíduo, não numa abstração, que se pode descobrir o melhor de seu humor ou, o que parece ser a mesma coisa para Coleridge, o melhor de seu "senso moral".

IV

VI

"NÃO HÁ RELÓGIO NA FLORESTA":
KAMES E A PERCEPÇÃO "NATURAL" DO TEMPO

Hast any philosophy in thee, sheperd?

William Shakespeare[1]

A crítica que Henri Bergson faz à concepção kantiana do tempo é bastante conhecida: segundo o *Ensaio sobre os dados imediatos da consciência*, Kant teria considerado o tempo um "meio homogêneo", tornando-o equivalente a um todo homogêneo, o que, na verdade, é característica do *espaço*; ele teria confundido a justaposição espacial de fatos psicológicos com a composição de momentos interiores na duração real, a "representação simbólica do eu com o próprio eu".[2] O texto que segue é uma tentativa de mostrar que essa explicação kantiana do tempo é uma entre várias concepções da temporalidade presentes em suas obras, em meio às quais também se pode encontrar uma concepção do tempo como *duração*. Uma maneira de mostrar essa convivência de concepções distintas do tempo em Kant é proceder ao levantamento dos autores que ele leu e que incorporou à sua reflexão sobre a temporalidade, o que implica discutir algumas doutrinas do tempo a partir de John Locke. Essa outra versão do tempo em Kant, como se verá, deve muito a Hutcheson e Kames.

---

[1] *As you like it* (Como lhe aprouver), ato III, cena 2.

[2] Bergson, H., *Essai sur les donnés immédiats de la conscience*, *in*: *Oeuvres*, edição de A. Robinet, Paris, 1963, p. 151.

Duração como sucessão de ideias na mente

Uma das doutrinas mais controversas do *Ensaio sobre o entendimento humano* parece ser justamente a que explica a origem da ideia do *tempo*. Como surge a ideia de tempo? Segundo Locke, a resposta a essa pergunta depende da resposta a outra: qual é "a natureza e a origem da ideia de duração"?[3] A origem da ideia de duração parece poder ser explicada da seguinte maneira: para qualquer um que for capaz de observar "o que se passa em sua própria mente" será evidente que "há um fluxo de ideias que se sucedem constantemente umas às outras em seu entendimento quando está acordado".[4] A ideia de duração se baseia, portanto, na sucessão ou sequência de ideias na mente. Ou antes: é a *reflexão (reflexion)* sobre o aparecimento de muitas ideias, umas após as outras, que forma a "ideia de *sucessão*". A sucessão é uma "ideia simples de reflexão", o que é facilmente constatável por aquele que observa o que se passa na mente.[5] A *distância* entre "quaisquer partes dessa sucessão" ou entre duas ideias da mente é o que proporciona a ideia de "duração".[6]

A ideia de duração e de tempo é dada por reflexão sobre a sequência das ideias;[7] ela não se origina da observação do movimento, mas, muito pelo contrário, o próprio movimento não pode ser observado a não ser que "produza uma sequência constante de ideias".[8] Isso é demonstrado por Locke a partir de dois argumentos: a) movimentos demasiadamente lentos passam despercebidos (o sol, o ponteiro das horas etc.); b) movimentos demasiadamente rápidos também (algo girando muito rapidamente em círculo).[9]

---

[3] *Essay*, II, 14, 3, p. 166.

[4] *Idem, ibidem.*

[5] *Idem*, II, VII, 9, p. 121.

[6] *Idem, ibidem.*

[7] II, 14, 4, pp. 166-7.

[8] II, 14, 6, p. 167.

[9] II, 14, 6, 7, 8, p. 168.

A rapidez e a lentidão excessivas, que eliminam a possibilidade de observação do movimento, são argumentos decisivos para permitir a Locke fazer a seguinte inferência: se, para ser percebido, o movimento não pode ser nem muito rápido nem muito lento, deve haver uma certa medida para a sucessão das ideias. Esta é a tese fundamental de Locke: "A sequência de ideias tem um certo grau de rapidez" (*"The train of ideas has a certain degree of quickness"*).[10] O surgimento das ideias em sua sucessão pode parecer às vezes (*sometimes*) mais rápido, às vezes mais lento. Não obstante, pode-se conjecturar que "ele não varia tanto num homem acordado: parece haver certos limites [*bounds*] para a rapidez ou lentidão da sucessão daquelas ideias umas após as outras em nossa mente, além dos quais elas não podem nem demorar, nem se apressar".[11] Essa sucessão das ideias não é "muito diferente [ou dessemelhante = *not much unlike*] das imagens no interior de uma lanterna girada pelo calor de uma vela".[12] Como muitas outras figuras empregadas por Locke, esta também tem valor nocional ou é simplesmente metafórica? Para tentar entendê-la seria interessante, de qualquer modo, colocá-la em paralelo com aquela célebre comparação que o *Essay* faz entre o entendimento e um *dark room*. Ao empregar essa metáfora, Locke diz que o entendimento é também *"not much unlike"* de um *"closet wholly shut from light"*. As sensações externas e internas são as únicas "janelas" (*windows*) por onde entra luz nesse quarto escuro.[13] Neste último caso, a luz vem, junto com as imagens (*pictures*), das janelas; no primeiro, a luz vem de uma vela que, ao mesmo tempo, faz girar as imagens como numa lanterna mágica.

---

[10] II, 14, 9, pp. 168-9.

[11] No original, *"bounds to the quickness and slowness of the succession of those ideas one to another in our minds, beyond which they can neither delay nor hasten"*. Locke, J., II, XIV, 9, p. 169. Cf. Hume, D.: *"bound [...] beyond which no influence of external objects on the senses is ever able to hasten or retard our thought"* (*THN*, I, II, 3, p. 35; trad., p. 61).

[12] Locke, J., II, 14, 9, p. 168.

[13] Locke, J., II, 11, 17, p. 148.

Assim como Leibniz, também Berkeley e Hume não poderão absolutamente admitir a figura da *camara obscura*, porque ela implica, como muitas outras comparações de Locke, uma espacialização indevida da mente. No entanto, eles aprofundarão e radicalizarão a comparação lockiana entre mente e temporalidade. Na carta que escreve a Samuel Johnson em 24 de março de 1730, o bispo de Cloyne diz que a sucessão de ideias "*constitui* [*constitutes*] o tempo, e não é apenas a medida sensível dele, como pensam o senhor Locke e outros".[14] Não só isso. Afirmando que a "alma sempre pensa" ("*that the soul always thinks*"), ele mostra a íntima imbricação que há entre o espírito finito (*finite spirit*) e a sucessão de ideias:

> Portanto, como o tempo não é nada se é abstraído da sucessão de ideias em nossas mentes, segue-se que a duração de qualquer espírito finito deve ser calculada pelo número de ideias ou ações sucedendo umas às outras no mesmo espírito ou mente.[15]

Não se pode separar, por abstração, a existência de um espírito de suas cogitações.[16] Falaria totalmente sem entender o sentido das palavras aquele que dissesse que "há um *tempo* no qual um espírito existe efetivamente sem perceber...".[17] Não há, portanto, como dissociar duração e existência ("*Duration not distinguish'd from existence*"). E, assim, se é certo que o espírito

---

[14] Berkeley, G., *The Works of George Berkeley*, edição de A. A. Luce e T. E. Jessop, Nelden, Kraus Reprint, 1969, II, p. 293.

[15] "*Time therefore being nothing, abstracted from the succession of ideas in our minds, it follows that the duration of any finite spirit must be estimated by the number of ideas or actions succeeding each other in that same spirit or mind.*" Berkeley, G., *Principles of Human Knowledge*, 98, ed. cit., II, p. 83.

[16] *Idem*, 98, p. 84.

[17] Nota de Berkeley ao § 98, *idem*, p. 84.

pensa sempre, mesmo dormindo ou em transe, a mente não existe se não houver tempo ou sucessão de ideias.[18]

O vínculo entre sucessão de ideias e mente também é explícito em Hume. Pode-se falar, um pouco à maneira lockiana, da mente como "uma espécie de teatro" (*kind of theatre*), no qual "diversas percepções fazem sucessivamente sua aparição". Contudo, é preciso cuidado; é preciso entender a metáfora *sem a metáfora*, pois, se levada a sério, ela pode dar margem a equívocos; ela pode enganar, se não se está atento ao fato de que *nada* pode constituir a mente, a não ser as próprias *percepções sucessivas* (*"They are the successive perceptions only, that constitute the mind..."*), e "não temos a mais remota noção do lugar no qual essas cenas são representadas, ou do material de que é composto".[19] Mas não são esses mesmos "elementos" que entram na formação do tempo? É o que diz o *Tratado*: "Quando não temos percepções sucessivas, não temos nenhuma noção do tempo...".[20]

A própria *constituição* da mente depende então, necessariamente, da sucessão das ideias, sucessão que, do ponto de vista da reflexão, é o tempo. Mas isso não implica aceitar também a tese de Locke segundo a qual, a despeito da maior rapidez ou da lentidão, a sucessão de ideias na mente deve ser "constante e regular" (*constant and regular*)?[21] A dificuldade em aceitar essa tese começa quando, por analogia com os átomos insensíveis ou corpúsculos (*little bodies*) que compõem os objetos materiais, pretende-se falar — hobbesianamente — das unidades mínimas ou partículas que comporiam a duração. Cada uma dessas unidades se chamaria *instante* (*instant*)[22] ou *momento* (*moment*).[23] Se de um lado evita as aporias da tese da infinita divisibilidade do tempo, essa "peque-

---

[18] *Philosophical Commentaries*, 651, ed. citada, I, p. 79.

[19] Hume, D., *THN*, I, 4, 6, p. 253; trad., p. 285.

[20] *"Wherever we have no successive perceptions, we have no notion of time..." Idem*, I, 2, 3, p. 35; trad. p. 61.

[21] Locke, J., II, 14, 12, p. 169.

[22] *Idem*, II, 14, 10, p. 169.

[23] *Idem*, II, 15, 9, p. 183.

na parte da duração" (*small part in duration*) coloca, por outro lado, a concepção de temporalidade lockiana diante do seguinte embaraço: como parte da duração, ela é duração. Esta é a tese do parágrafo em questão.[24] Ela é, diz ainda Locke, "o tempo de uma ideia em nossas mentes, na sequência de sua sucessão ordinária ali".[25] Ou ainda, ela "ocupa o tempo de apenas uma ideia em nossas mentes", sem a sucessão de outra, isto é, nela "não percebemos sucessão alguma".[26] Noutras palavras, ela é *uma medida do tempo antes da existência do tempo*, pois esta só é dada pela sucessão. O mesmo problema que aparecia com o surgimento das partículas que compunham os corpos aparece aqui. O *instante* é uma conjectura, admite Locke. Deve-se, portanto, aceitá-la sem que haja percepção? Ou ainda: se a ideia de duração é um modo simples de combinação da mesma ideia,[27] que ideia simples é esta de que não se tem a respectiva sensação?

Berkeley (deixando de lado por enquanto suas "perplexidades" sobre essa questão, expressas principalmente nos *Comentários Filosóficos*) e Hume continuarão aceitando a concepção geral da temporalidade lockiana, sem contudo aceitar integralmente a maneira como ele entende a doutrina do instante, essa *small part* do tempo. O Berkeley dos textos publicados afirmará que é impossível "formar [*frame*] uma ideia simples do tempo", abstraída da série ou sucessão de ideias. Mas essa sucessão "flui uniformemente" (*flows uniformely*).[28] E Hume não esconde que está partindo das análises do *Essay*: ainda que as percepções apareçam numa sequência mais ou menos rápida para a imaginação, "um grande filósofo", observa ele, constatou que essa variação de velocidade de

---

[24] *Idem, ibidem.*

[25] *Idem.*

[26] Locke, J., *Essay*, II, 14, 10, p. 169.

[27] II, 13, 5, p. 151.

[28] Berkeley, G., *op. cit.*, v. 2, p. 83. Cf. *Three Dialogues between Hylas and Philonous*: "*And is not time measured by the succession of ideas in our minds?*" (ed. cit., v. 2, p. 190).

nossas percepções se dá dentro de certos limites (*bounds*) "que são determinados pela natureza e constituição original da mente".[29]

Antes de passar ao exame da noção de tempo em Hume, caberia chamar a atenção para uma circularidade encontrada em seu pensamento, quando se põem as suas palavras citadas por último lado a lado com o pouco que já foi mencionado do capítulo sobre tempo e espaço do *Tratado*. Se é de fato plausível e perfeitamente aceitável que o ritmo da sucessão obedece a certos limites dados pela "natureza e constituição original da mente", como não ver aí um procedimento circular, se se lembra que Hume dizia que o que constitui a mente são apenas as *percepções sucessivas*? Mas essa circularidade talvez não seja indício de *fraqueza* do seu pensamento (e do de Berkeley). Ele poderia ser, antes, sinal de radicalidade, que consiste em identificar constituído e constituinte, consciência e temporalidade. A única maneira de a mente se observar é constituindo-se, e ela se constitui *somente* no e pelo tempo.

Ideia geral do tempo

Ao passar em revista a análise do tempo no *Tratado da natureza humana*, o que antes de tudo salta aos olhos é que a ideia de tempo é ali apresentada como "exemplo de uma ideia abstrata" (*an instance of an abstract idea*), cuja dificuldade em ser estudada advém do fato de que "deriva da sucessão de todo tipo de percepção, tanto de ideias quanto de impressões, e de impressões tanto de reflexão quanto de sensação". Apesar de compreender "uma variedade ainda maior que a do espaço" (cuja ideia representa o que é dado pelo tato e pela visão), ou, no inventário de Hume, apesar de compreender também todas as "nossas impressões internas", isto é, "nossas paixões, emoções, desejos e aversões", a ideia abstrata de tempo pode ainda assim "ser representada na

---

[29] Hume, D., *THN*, I, II, 3, p. 35.

fantasia mediante alguma ideia individual particular de uma quantidade ou qualidade determinadas".[30]

Como é então que se chega a essa ideia abstrata? É preciso sem dúvida partir da observação do "grande filósofo" John Locke, de que é da sucessão de ideias e impressões que "formamos a ideia do tempo" e de que essa sucessão decorre dentro dos limites estabelecidos pela natureza e constituição da mente.[31]

Tal como se dá com a ideia de espaço, na investigação da ideia de tempo o observador da natureza humana não conseguirá encontrar a impressão que é "exatamente similar" a essa ideia.[32] Diante de uma mesa, o olho não enxerga senão impressões de certos pontos coloridos. Esses pontos estão distribuídos, ordenados, "dispostos de certa maneira". Como não há uma impressão *a mais* a dar a ideia de extensão, a única coisa que explica o surgimento dessa ideia é a disposição, a maneira como aquelas impressões aparecem na mente (*the manner of their appearance*).[33] A função que essa disposição ou maneira de manifestação desempenha no surgimento da ideia de espaço é a mesma que é desempenhada na formação da ideia de tempo. Num conjunto de impressões que dá uma ideia do tempo, não há impressão que possa ser discernida ou separada das demais, e da qual se possa dizer que é a impressão correspondente: "A ideia do tempo não é derivada de uma impressão particular misturada a outras, das quais seria claramente distinguível...". Se não há uma fonte primitiva entre as impressões, a única forma de chegar à ideia do tempo é novamente, como na compreensão da extensão, a *maneira* como aparecem à mente: a ideia do tempo "surge exclusivamente da maneira como as impressões aparecem à mente, sem ser uma delas".[34] O mesmo que se dá na "disposição dos objetos visíveis e tangíveis", também sucede, portanto, na sucessão de ideias e impres-

---

[30] *Idem*, pp. 34-5; trad., p. 60.

[31] *Idem*, p. 35; trad., p. 61.

[32] *Idem*, p. 33; trad., p. 59.

[33] *Idem*, p. 34; trad., p. 60.

[34] *Idem*, p. 36; trad., p. 62.

sões, a partir da qual é formada a ideia do tempo.[35] A mente organiza como que passivamente a experiência (Hume diz, por exemplo, *"we receive the idea of space..."*). Ou talvez: a mente não parece ser outra coisa que a própria organização ou ordenação que faz da experiência.

Hume se vale de um caso muito simples para exemplificar isto que seria uma espécie de *Erscheinungsweise* da duração. "Cinco notas tocadas numa flauta", diz ele, *"nos dá a impressão e a ideia de tempo."*[36] Por que a impressão e a ideia? Trata-se naturalmente de uma impressão complexa ou composta (*compounded*)[37] e da ideia correspondente. Valerá a pena explorar mais detidamente esse exemplo. O tempo não é uma "sexta impressão" (*sixth impression*), nem excita uma emoção (*emotion*), nem produz alguma afecção (*affection*) que possa dar origem a uma nova ideia de reflexão. O que acontece então? Nada mais do que o que já se disse:

> Mas aqui ela [a mente] percebe apenas a *maneira* como os diferentes sons fazem sua aparição; e essa maneira, ela pode posteriormente considerá-la sem considerar os sons particulares, conjugando-a com qualquer outro objeto.[38]

A mente não abstrai uma característica comum de objetos semelhantes, mas a *maneira* como os objetos — mesmo os mais dessemelhantes — aparecem. Embora o exemplo musical seja muito eloquente, todos e quaisquer objetos numa combinação semelhante são capazes de despertar essa mesma impressão composta e essa mesma ideia. E é essa solução que dissipa os possíveis mal-entendidos da doutrina lockiana, mas também pode levar a maior "labilidade" da noção. É o que cabe discutir.

---

[35] *Idem*, p. 35; trad., p. 61.

[36] *Idem*, p. 36; trad., p. 62 (grifo nosso).

[37] *Idem*, p. 38; trad., p. 64.

[38] *Idem*, p. 37; trad., p. 63.

Para que haja apreensão da temporalidade, as partes não precisam ser ligadas segundo nenhum princípio de associação de ideias. Elas são combinadas, mas a combinação supõe aquilo de que é composta, ou seja, as suas partes. O fluxo do tempo é, com efeito, composto de unidades que tornam precisamente possível a duração. Hume é lockiano (e hobbesiano) também no linguajar, o que se nota pelo emprego de palavras como "átomos", "corpúsculos", "partes mínimas" (*minute parts*), "momentos indivisíveis" (*indivisible moments*), "*minimum*" etc. Locke está coberto de razão: é preciso encontrar esses dados últimos da composição, sob risco de se ter de admitir a divisibilidade infinita do tempo, isto é, a sua própria impossibilidade. Mas para bem entender sua solução é necessário sobretudo evitar a projeção dessas unidades num campo ideal em que apareçam como parâmetros gerais, o que significaria confundi-las com unidades abstratas e universais, como, por exemplo, os pontos matemáticos ou físicos. Deve haver um meio-termo entre o absurdo da infinita divisibilidade da matéria e a "não-entidade" (*non-entity*) dos pontos matemáticos.[39] Como chegar a partes indivisíveis que não sejam meras abstrações, mas "alguma coisa"?

A projeção das unidades mínimas como medida universal seria fruto do esquecimento da lição berkeliana de que "todas as ideias abstratas são, na realidade, apenas ideias particulares, consideradas sob uma certa luz"?[40] Esquece-se de que os "momentos indivisíveis do tempo" são sempre "preenchidos" por objetos reais e não são absolutamente nada por si mesmos (*nothing in themselves*)?[41] Toda abstração parte de existência real dada (entendida lockianamente como uma qualidade sensível ou um conjunto de qualidades sensíveis, não como uma substância real) e restará para sempre umbilicalmente ligada a ela. O indivíduo preservará, por assim dizer, para sempre em seu ouvido interno as cinco notas tocadas na flauta.

---

[39] *Idem*, p. 40; trad., p. 66.

[40] *Idem*, p. 34; trad, p. 60.

[41] *Idem*, p. 39; trad., p. 65.

Mas, finalmente, para chegar à duração e ao tempo, é preciso tomar como padrão (*standard*) alguma impressão composta (as cinco notas na flauta, por exemplo) e dividi-la em suas partes últimas.[42] Como se vê, o padrão perfeito é uma quimera, e qualquer arte, prática ou ciência que se baseasse nele seria inexequível. Se os matemáticos usam um "padrão preciso e exato", empregam algo que "na prática é inútil". Se usassem um "padrão impreciso", se sairiam bem melhor.[43] É uma certa imperfeição e imprecisão que garante a aplicação. O máximo que se pode alcançar aqui é a "vaga ideia de um padrão perfeito, sem que sejamos capazes de explicá-lo ou compreendê-lo".[44] Eis mais um caso da impotência do raciocínio e da razão, incapazes de explicar aquilo que a mente *simplesmente faz*. É a imaginação que cria o *standard* neste caso, e embora esse padrão seja imaginário, "a ficção", diz Hume, "é bem natural"! Pois "nada mais usual para a mente do que continuar procedendo dessa maneira a cada ação, mesmo depois de ter cessado a razão que primeiro a determinou a começar a proceder assim".[45]

Hume não está buscando a exatidão matemática, porque está muito mais interessado em reconstituir a experiência original na qual surgem as ideias da mente humana. Isso fica patente comparando os exemplos dele com os de Locke. No *Essay*, embora também advirta que não há um padrão exato de medida do tempo, e que os homens geralmente confundem tempo com movimen-

---

[42] O procedimento segue as indicações de Locke: "Nada, pois, poderia servir bem para uma medida conveniente do tempo que aquilo que dividiu toda a extensão de sua duração em porções aparentemente iguais, por períodos constantemente repetidos" (II, XIV, 18, p. 171).

[43] *Idem*, "Apêndice", p. 638; trad., p. 79.

[44] *Idem*, p. 49; trad., p. 77.

[45] *"But tho' this standard be only imaginary, the fiction however is very natural; nor is any thing more usual, than for the mind to proceed after this manner with any action, even after the reason hás ceas'd, which first determin'd it to begin."* *Idem*, p. 48; trad., p. 75. Seria interessante comparar esse padrão temporal com o padrão do gosto, que anteriormente se verificou estar nas coisas ou nas *formas* mesmas.

Kames e a percepção "natural" do tempo

to pensando haver uma "conexão necessária" entre eles,[46] Locke parece pautar sua análise pela pressuposição de um tempo objetivo, quando lembra que se Adão e Eva, sozinhos no mundo, tivessem dormido um dia inteiro, "essa duração de vinte quatro estaria irremediavelmente perdida para eles",[47] e sua preocupação maior parece ser a de chegar o mais rapidamente a uma medida mais própria e conveniente do tempo, dada pelas revoluções do sol e da lua:

> Uma vez que se mantiveram constantes e regulares desde o início da natureza, e tendo sido universalmente observadas pelo gênero humano, e tendo-se suposto serem iguais umas às outras, as revoluções diárias e anuais do sol foram com razão empregadas como a medida da duração.[48]

Diferentemente de Locke, que logo se conforma a essa medida objetiva "universalmente" aceita, a experiência primeira do tempo, para Hume, pode ser imperfeita e inexplicável do ponto de vista de uma razão voltada para a exatidão, mas é preciso retornar a ela para reconhecer que é absolutamente coerente e suficiente para a ação. Uma coisa é, por exemplo, definir a linha como fazem os matemáticos, para quem é *"o caminho mais curto entre dois pontos"*; outra coisa é saber, na "vida comum" (*in common life*), que o caminho mais reto é sempre o mais curto.[49]

Que aplicação de um padrão *a rigor impreciso*, mas suficiente e eficaz, seja o "método" próprio à vida comum, é no emprego do tempo que isso "aparece de maneira bem conspícua" (*very conspicuously*).[50] Aqui, não há método exato de determinação das "proporções das partes", ou pior, o método é ainda menos

---

[46] Locke, J., *Essay*, II, 14, 19, p. 171.

[47] *Idem*, II, 14, 5, p. 167.

[48] *Idem*, II, 14, 19, p. 171.

[49] Hume, D., *THN*, pp. 49-50; trad., p. 77.

[50] *Idem*, p. 48; trad., p. 75.

preciso do que no caso da extensão. Com várias correções dos graus de exatidão, pode-se ajustar cada vez mais o padrão de medida do tempo; jamais se chegará a uma precisão total. Mas esta não é nem mesmo necessária. Para os fins práticos, basta uma "noção obscura e implícita de uma igualdade perfeita e completa".[51] O que torna mais que nunca evidente que, para Hume, tem de haver um cálculo aproximativo dado no sentimento, anterior a toda matematização objetiva.

AS DUAS TEMPORALIDADES

Para aferir o interesse dessas investigações sobre o tempo no chamado empirismo inglês, caberia lembrar a releitura que Henry Home, lorde Kames, faz dessas considerações no estudo das artes e da literatura em seus *Elementos da Crítica*. Kames criticará a doutrina lockiana e seus desdobramentos em Hume.

Assim como o pai da ciência da natureza humana, de quem segue em geral os princípios, Kames também aceita em geral as linhas gerais da análise de Locke. A sucessão de ideias é inevitável e independe de nossa vontade.[52] Citando também o mesmo capítulo 14 do livro II do *Ensaio sobre o entendimento humano*, ele afirma nos *Elementos da Crítica* que a mente é constituída de tal modo que nenhum esforço de nossa parte pode "romper a sucessão de suas ideias, nem manter fixamente sua atenção por longo tempo no mesmo objeto".[53] Pode-se, é verdade, deter a percepção em seu curso, diminuir sua duração para ceder espaço a outra, variar a sucessão, mudar de lugar ou de entretenimento, evitar a variedade, evocar o mesmo objeto depois de algum intervalo etc.: a

---

[51] *Idem*, p. 48; trad., pp. 75-6.

[52] Home, H. (Lord Kames), *Elements of Criticism*, ed. cit., I, p. 216.

[53] *Idem*, pp. 216-7. Cf. a impossibilidade de permanecer indeterminadamente na mesma ideia é de certa maneira o pilar temporal da doutrina da inquietude em Locke. Cf. *Essay*, II, 14, 13: "A mente não pode se fixar muito tempo numa ideia invariável".

sucessão não deixará de existir, nem a mudança de uma coisa a outra: "A sucessão pode ser retardada ou acelerada por meios artificiais, pode se tornar mais variada ou mais uniforme, mas, numa forma ou noutra, ela é inevitável".[54]

Ocorre, porém, que mesmo deixada a seu "curso ordinário", a velocidade da sucessão "não é sempre a mesma".[55] E há diversas "causas naturais" que podem acelerá-la ou retardá-la.[56] Uma dessas causas naturais que parece ter escapado mesmo a Hume é, espantosamente, que a maior aceleração do "train of perceptions" pode ser constatada quando os objetos estão ligados pelas leis da associação de ideias, como descritas pela filosofia humiana. A transição entre as ideias em objetos conectados pela associação sendo mais fácil, a sucessão deve ser naturalmente mais rápida.[57] No caso de objetos desconexos (*unconnected*), a transição é certamente mais difícil e, portanto, lenta. Isso pode ser verificado na literatura, pois "um poema épico, uma peça ou uma estória que tenha conexão em todas as suas partes, pode ser lida em menor tempo do que um livro de máximas e apotegmas, cuja leitura numa rápida sucessão cria duas coisas, confusão e fatiga".[58] Outro caso que passou despercebido aos anatomistas da natureza humana foi a relação entre sucessão e linguagem. Por exemplo, a palavra "*running*" se assemelha a sua significação, "sendo composta de duas sílabas breves". As línguas compostas de sílabas longas e breves, como o grego, o latim e o inglês, são particularmente ricas em material dessa espécie. Ao pronunciar "um número de sílabas em sucessão", produz-se por vezes uma "emoção" que é "extremamente similar" à de um "movimento sucessivo". Assim, a ação de

---

[54] *Idem*, p. 217.

[55] Cf. Adam Smith: "O fluxo de pensamentos e ideias passando continuamente pela mente não se move sempre no mesmo ritmo" (*Of the Nature of that Imitation which takes Place in what are called Imitative Arts*, ed. cit., pp. 196-7).

[56] *Idem*, p. 217.

[57] *Idem*, p. 218.

[58] *Idem, ibidem.*

caminhar, correr e galopar (*walking, running, galloping*) "pode ser imitada pela sucessão de sílabas longas ou breves, ou pela devida mistura de ambas". O *slow motion* pode ser habilmente imitado num verso composto predominantemente por pés longos, especialmente se a escansão de quem lê é lenta. Haveria ainda inúmeros exemplos a observar.[59] Não só como imitação dos movimentos externos, a linguagem poética e a literatura em geral (mas isso vale também para as artes plásticas e para a música) mimetizam as paixões e afecções da mente tentando encontrar o "ritmo" próprio a cada emoção. E esse é o ponto fundamental. Locke e Hume não levaram em conta a diferença de percepção da duração provocada por essas causas naturais que são as ideias simples de dor e prazer e os seus modos simples e complexos, isto é, as paixões em geral. Ao examinar a ligação da duração com prazer e dor ou com as paixões, verificar-se-á quão mais variável é o curso de nossas ideias.

"Qual era a medida do tempo", pergunta Lord Kames, "antes que fossem introduzidas medidas artificiais?" Como seria o cômputo do tempo antes que se começasse a falar em dias, meses e anos? Como se conta o intervalo entre dois eventos sem poder dispor de nenhum instrumento de aferição, nem mesmo o sol?[60] Por essas perguntas se vê que Hume estava no caminho certo: é preciso fazer *tabula rasa* de toda pressuposição exterior ao tempo para chegar ao modo primordial de sua manifestação na mente humana.

A única medida natural disponível é, como mostrou acertadamente Locke, a "sequência de nossos pensamentos" (*train of our thoughts*). Embora seja a única de que a pessoa dispõe para calcular naturalmente a duração das coisas e dos acontecimentos, essa "medida natural do tempo" é contudo "bastante imperfeita".[61] Ela ainda seria tolerável se variasse apenas conforme a moção das percepções, "mas em muitas circunstâncias particulares ela é ainda

---

[59] *Idem*, v. II, pp. 430-1.

[60] *Idem*, p. 121.

[61] *Idem, ibidem.*

Kames e a percepção "natural" do tempo

mais falaz".[62] Passou despercebido a Locke e Hume — embora fosse exatamente esse aspecto que suas análises pressupunham — que "o tempo é geralmente computado em dois períodos diferentes: o primeiro, enquanto o tempo está passando; o segundo, depois de ter passado".[63] É preciso considerar os dois separadamente, pois há equívocos específicos a cada um deles. No primeiro modo de medir o tempo, ao qual conviria chamar "tempo da percepção presente", muito frequentemente ocorre frontal oposição entre maneiras distintas de considerar a duração. Na ausência da pessoa amada, por exemplo, o intervalo de tempo aparece, para o amante, imensuravelmente longo, "cada minuto é uma hora, e cada hora, um dia"; já para o condenado à morte, o mesmo "intervalo entre a sentença e a execução aparece miseravelmente pequeno".[64]

A bem da verdade, essa falsa contagem advinda do número de ideias, e que produz resultados diametralmente opostos, é algo tão corriqueiro que ninguém até agora se preocupou em investigar sua causa.[65] Mas, caso se queira investigá-lo, descobrir-se-á que ele advém da ligação da sucessão das ideias com prazer e dor (ideias simples para Locke) ou com as paixões (modos compostos para ele). Essa ligação explica por que o mesmo intervalo de tempo é mais dilatado para os amantes e mais exíguo para o prisioneiro. Há, nos dois casos, uma ausência no tempo presente que é sentida, ora com ansiedade e impaciência, ora com apreensão e terror. A dor física também é acompanhada de impaciência e ansiedade para se sair do estado *atual* de desprazer.

Algo simetricamente oposto ocorre na outra maneira de computar o tempo, que pode ser denominada "tempo da memória ou da reflexão", o tempo em que a paixão já se encontra até certo

---

[62] *Idem.*

[63] *"Time is generally computed at two different periods; one while time is passing, another after it is past." Idem*, pp. 121-2.

[64] *Idem*, p. 122.

[65] *Idem, ibidem.*

ponto apaziguada.[66] Também há equívocos intrínsecos a essa maneira de conceber a duração. Para entender corretamente o que nela se passa é preciso compreender que há uma distinção entre a "sucessão de percepções" (*train of perceptions*) e a "sucessão de ideias" (*train of ideas*), já que, segundo a teoria humiana, o grau de vivacidade nas impressões dos sentidos é maior do que nas ideias. Os objetos reais produzem impressões duradouras e, por isso, são fielmente relembrados, enquanto as ideias, embora entretenham no momento, costumam ser refratárias à rememoração. As impressões ou percepções fortes continuam vivas e em grande número, ao passo que as ideias ou percepções fracas se apagam e minguam. A contagem é, por isso, maior num caso do que no outro, mesmo que o número de impressões e de ideias seja o mesmo. Por isso, é possível fazer a seguinte inferência: "Daí vem que, na retrospecção, o tempo empregado com objetos reais parece mais longo do que o tempo empregado com ideias".[67]

Como se contabiliza "o mais ou menos longo" nesse caso? Para explicá-lo, Kames dá o seguinte exemplo:

> Depois de terminar viagem por uma região populosa, a frequência de objetos agradáveis distintamente lembradas pelo viajante faz o tempo gasto na viagem lhe parecer mais longo do que foi na realidade. Isso é notável sobretudo na primeira viagem, na qual cada objeto é novo e produz forte impressão. Por outro lado, terminando uma viagem por uma região infértil, magramente povoada, o tempo parece

---

[66] Locke, de fato, parece considerar somente a possibilidade de computação do tempo no passado: "Tudo o que podemos fazer para a medida do tempo é tomar aquilo que tem aparências sucessivas contínuas em períodos aparentemente equidistantes; dessa aparente semelhança nós não temos outra medida senão o fluxo de nossas próprias ideias armazenado em nossas memórias, com a concorrência de outras razões prováveis a nos persuadir de sua igualdade". Locke, J., *Essay*, III, XIV, 21, p. 159.

[67] *Idem*, p. 125.

Kames e a percepção "natural" do tempo

curto, medido pelo número de objetos, que são poucos e longe de interessantes.[68]

Tem-se nesses dois casos "uma contagem diretamente oposta àquela que se fez durante a viagem",[69] isto é, ao sentimento do tempo realmente vivido pelo viajante. Para aquele que viaja por uma região pouco cultivada e de estradas ruins, o trajeto lhe parecerá enfadonho, e o tempo bem mais longo do que de fato é;[70] para o que está viajando por uma região densamente povoada, ao contrário, bem mais curto. A explicação para isso está em que "o viajante não tem outra medida do espaço percorrido que o tempo nele despendido, e não tem outra medida natural do tempo que o número das próprias percepções.[71] O espaço de quem não conhece o caminho é medido pelo tempo, mas este (na ausência de uma medida objetiva) depende do número de impressões do indivíduo. Entre tantos exemplos óbvios, há um em que vale a pena se deter:

> Se alguém está totalmente ocupado em algum afazer agradável que não comporta muitos objetos, o tempo corre sem ser notado e, numa rememoração, deve parecer curto, na proporção da escassez dos objetos. Isso é ainda mais notável numa contemplação detida e meditação profunda, na qual a sucessão, composta tão somente de ideias, se dá numa marcha extremamente lenta. Não só as ideias são poucas em número, mas também propícias a escapar a uma recontagem.[72]

Como o filósofo ou o pensador mergulhado numa meditação profunda toma posteriormente consciência da sucessão de ideias que ocuparam por vezes até entusiasticamente o seu espírito? O

---

[68] *Idem.*

[69] *Idem, ibidem.*

[70] *Idem*, p. 125.

[71] *Idem*, pp. 125-6.

[72] *Idem*, p. 210.

exemplo, na verdade, recupera sem dizer um argumento utilizado por Locke, que afirma o seguinte: o indivíduo desperto que conseguisse ter uma *"única ideia* em sua mente" — se isso fosse possível —, seria mais ou menos como um indivíduo que dorme profundamente, isto é, ele não teria ideia de sucessão nem de duração alguma. É justamente por isso que

> [...] alguém que fixa seus pensamentos bem intensamente numa coisa só, de modo a prestar muito pouca atenção à sucessão de ideias que lhe passam pela mente enquanto está tomado da mais séria contemplação, deixa escapar da sua conta boa parte da duração, e pensa que o tempo é mais curto do que é [...][73]

Kames, que remeterá pouco depois o leitor ao capítulo 14 do segundo livro do *Essay* de Locke, parece ter se esquecido do exemplo ali apresentado, mas esse esquecimento talvez se explique porque sua argumentação vai, na verdade, de encontro à concepção geral do método lockiano. Locke tem razão: a intensidade da contemplação faz que a duração pareça mais longa, enquanto a mente está ocupada com seus objetos; somente depois ela lhe parecerá mais curta; o indivíduo mergulhado em pensamentos profundos *"takes but little notice"* da sucessão das ideias que ocorrem em sua mente e deixa a duração *"slip out of his account"*. Como explicar isso?

A análise dos *Elementos da crítica* mostra perspicácia ao comentar o argumento lockiano, extraindo dele uma observação de caráter metodológico bem mais geral: talvez por força de sua tese da coincidência total entre percepção e consciência (não se têm ideias das quais não se seja consciente), Locke, inteiramente de acordo com seu método histórico (*historical method*), supõe um observador onipresente que assiste a tudo o que ocorre na mente e *repara em coisas que ela deixa escapar*. Esse observador, aliás, também já era pressuposto desde o início para a apreensão daqui-

---

[73] Locke, J., *Essay*, II, 14, 4, p. 165.

lo que é a ideia simples de que se compõe a duração, isto é, a sucessão de ideias (*any one who will but observe what passes in his own mind...*). Ora, Kames indica claramente que a posição do "espectador" da cena mental é a posição de quem observa o tempo "de fora", isto é, de alguém que faz uma *recontagem* (*after-reckoning*), uma *rememoração* (*an after recollection*), do tempo que, no momento da experiência, foi percebido "de dentro". Sua análise faz aflorar a existência de *duas temporalidades*, que poderiam ser distinguidas como temporalidade natural ou perceptiva e como temporalidade reflexiva. Os problemas ligados à segunda temporalidade se devem ao ponto de partida adotado na concepção lockiana e humiana, qual seja, o de que a sucessão é uma ideia percebida pela reflexão, que ela é uma "ideia simples de reflexão".[74]

As dificuldades relativas à apreensão do tempo são apenas os sintomas mais agudos de um problema metodológico mais geral: até que ponto as descrições baseadas na reflexão do filósofo dão realmente conta daquilo que se passa no sentimento? É a isso que Kames chama a atenção no seu *Ensaios sobre os princípios da moralidade e religião*:

> Ainda é de maior importância observar que a autoridade da consciência não consiste meramente num ato da reflexão. Ela procede de um sentimento direto [*direct feeling*] que temos quando o objeto se apresenta, sem a intervenção de nenhuma espécie de reflexão.[75]

A crítica que Kames endereça a Locke, na verdade, é uma herança lockiana, se se pensa que o caminho que esta pretendia abrir tinha por direção justamente mostrar como a ideia de tempo e de duração surge no entendimento humano. Mas a duração, tal como descrita pelo filósofo, só pode ser pensada como uma ideia

---

[74] *Idem*, II, VII, 9, p. 121 (passagem já citada no início deste ensaio).

[75] Kames, *Essays on The Principles of Morality and Religion*, Nova York, Garland, 1976, p. 63.

surgida por reflexão.[76] O filósofo se instaura numa temporalidade posterior e, por isso, depende de um esforço de restabelecimento fidedigno do vivido. Berkeley, como já foi mostrado por um comentador, é quem primeiro procura se descolar de uma temporalidade *reflexiva* para uma temporalidade *perceptiva*, quando sugere que, com Locke, "a sucessão é uma ideia abstrata, *i.e.*, uma ideia inconcebível" (*Succession is an abstract idea, i.e., a unconceivable idea*),[77] e insiste em que o "agora" (το νυν) é diferente para cada inteligência.[78] Berkeley, Hume e Kames tentam trilhar uma via que já havia sido apontada por Locke, mas que ele, por se colocar na perspectiva do método histórico, do ponto de vista da reflexão, acaba por perder de vista. Essa via, como é mais que sabido, fora aberta por Santo Agostinho, que, questionado por alguém sobre o que era o tempo, lhe respondeu: "Si non rogas intelligo".[79] Locke também glosa o dito agostiniano de uma maneira muito interessante: "quanto mais me ponho a pensar nele [tempo], tanto menos o entendo...".[80]

---

[76] "[...] há outra ideia que, embora sugerida pelos nossos sentidos, é ainda mais constantemente oferecida a nós por aquilo que passa em nossas mentes; e esta é a ideia de *sucessão*. Pois se olhamos imediatamente para nós mesmos, e refletimos sobre o que ali é observável, sempre encontraremos nossas ideias, enquanto estamos acordados ou temos algum pensamento, passando num curso, uma indo e outra vindo, sem interrupção." Locke, J., *Essay*, II, 7, 9, p. 121.

[77] *Philosophical Commentaries*, 53, 53a, ed. cit., v. I, p. 13. Os dois trechos devem ser lidos como um comentário à ideia simples de sucessão em Locke.

[78] *Philosophical Commentaries*, 9, ed. cit., v. I, p. 13. Cf. também a carta a Johnson já citada, v. 2, p. 293. O comentador referido é André-Luis Leroy, que procura estabelecer a diferença, para Berkeley, entre mensuração e duração. O problema de Leroy é aceitar que as observações dos *Comentários* exprimem as *"vues durables"* e não os "diversos paradoxos" (*several paradoxies*) de Berkeley sobre duração, tempo e eternidade. Leroy, A.-L., *George Berkeley*, Paris, PUF, 1959, pp. 38 e 44.

[79] *"Quid est tempus? Si nemo ex me quaerat, scio; si quaerenti explicare velim, nescio"* (*Confissões*, XI, 14).

[80] Locke, J., *Essay*, II, 14, 2, p. 166.

Na sequência do texto, discutindo a dificuldade da noção, há uma clara antecipação da ideia kantiana do tempo como condição transcendental de toda intuição, quando se afirma que é o tempo que *revela* (*reveals*) todas as outras coisas, mas ele mesmo não pode ser revelado.[81] Locke estava no caminho correto, segundo explica Berkeley:

> [...] as coisas mais manifestas no mundo, aquelas com que mais intimamente nos familiarizamos e que são perfeitamente conhecidas, se são consideradas por uma via abstrata, parecem estranhamente difíceis e incompreensíveis. Tempo, lugar e movimento, tomados em particular ou em concreto, são algo que todos conhecem, mas tendo passado pelas mãos de um metafísico, se tornam muito finos e abstratos para serem apreendidos por homens de senso ordinário [...]

Se o tempo é "excluído de todas as ações e ideias particulares que diversificam o dia", sendo "tomado meramente para a continuação da existência ou duração em abstrato", então mesmo um filósofo se verá em embaraços para compreendê-lo.[82] Por que os filósofos não conseguem concordar sobre a essência do tempo, enquanto os homens não têm problema algum para apreendê-lo e se guiar por ele? Apreensão que se mostra até na compreensão *intersubjetiva* que mostram do tempo:

> Diga a seu criado para encontrá-lo a tal *hora* e em tal *lugar*, e ele jamais se deterá para deliberar sobre o sentido dessas palavras: ele não terá a menor dificuldade em con-

---

[81] *Idem, ibidem*. Cf. *Crítica da razão pura*, A 31, B 46. Como se examinou antes, algo assim também pode ser dito de Hutcheson: "Duração e número são aplicáveis a toda percepção e ação da mente, quer dependam quer não dos órgãos corpóreos", *in*: *A System of Moral Philosophy*, v. 1, p. 6.

[82] Berkeley, G., *Principles of Human Knowledge*, 97, ed. cit., p. 83.

ceber aquela hora e lugar determinados, ou o movimento que deve empregar para chegar até lá.[83]

MEDITAÇÃO E DEVANEIO

Para Kames a distância em que o filósofo se encontra da percepção atual o torna menos apto a compreender e explicar o tempo. É por isso que se podem tirar lições mais instrutivas sobre ele na vida comum e na literatura do que na filosofia. Shakespeare, "autor familiarizado com os labirintos do coração humano", ilustra de uma "maneira agradável" a questão.

A cena se passa na floresta de Ardenas. Orlando, indo em busca de sua amada, a encontra com Célia. Rosalinda, porém, está em trajes de rapaz (*in boys' clothes*). Ela o interpela, indagando-lhe que horas são: *I pray you, what is't o' clock?* Orlando lhe responde que ela (ele) deveria perguntar *a quantas horas ia o dia, já que não há relógio na floresta*: *You should ask me, what time o'day; there's no clock in the forest.*[84] A réplica de Rosalinda não se faz esperar: se não há relógio, não há verdadeiro amante na floresta (*true lover in the forest*), a não ser que "suspirando a cada minuto e gemendo a cada hora ele detectasse o andar preguiçoso do tempo tão bem quanto um relógio" (*sighing every minute and groaning every hour would detect the lazy foot of time as well as a clock*). Mas "por que não", pergunta o apaixonado Orlando, "o andar ligeiro do tempo" (*the swift foot of time*)? Isso não seria mais apropriado?" Ao que Rosalinda retruca:

> De modo algum, *sir*. O tempo avança num passo diferente para pessoas diferentes. Vou lhe contar para/ quem o tempo marcha, para/ quem o tempo trota, para/ quem o tempo galopa e para/ quem ele se detém.

---

[83] *Idem, ibidem.*

[84] *As you like it*, ato III, cena 2. Kames, quer por citar uma edição da época, quer por lapso, indica ato III, cena 8.

A explicação de cada um dos diferentes andamentos do tempo diz que ele trota para uma jovem entre o contrato de casamento e o dia da cerimônia; ele marcha (*ambles*) para um padre que não sabe latim e para um homem rico que não tem gota: um "dorme bem, porque não pode estudar" e o outro, porque não sente dor; o tempo galopa para um ladrão que vai para a forca, e se detém para os advogados durante os recessos, "pois dormem entre uma sessão e outra, e então não percebem como ele se move".

A passagem mostra que Kames não utiliza a cena de *As you like it* apenas como uma *pleasant manner* de ilustrar sua doutrina, já a tendo utilizado antes para analisar como o modo de manifestação da duração difere em conformidade com os estados emotivos (os amantes que não se veem, o prisioneiro condenado à morte etc.). Será então possível fazer toda uma descrição dos diversos ritmos, dependendo do estado da mente do sujeito[85] — emoções, paixões etc., elementos mais apropriados que as qualidades secundárias para dar conta da constituição da temporalidade.

Um tempo não objetivo e também não reflexivo, ligado à natureza humana, eis o que busca Kames — no rasto de Locke, Berkeley e Hume —, pois esse tempo é o que "define" a natureza de cada indivíduo, já que nenhuma "circunstância distingue mais notavelmente um homem do outro que o movimento de sua sequência de percepções".[86] É para esmiuçar e expor essas fundamentais diferenças da natureza humana que Kames recorre à leitura de Shakespeare. A sua busca da compreensão do tempo é orientada pelas indicações shakespearianas, que o põem no caminho de um "tempo da floresta", isto é, um tempo que não é medido pelo relógio, nem por qualquer outro mecanismo externo.

Qual é a medida do tempo, pergunta Kames, antes que se introduzissem os padrões artificiais e mesmo a contagem pelas revoluções do sol e da lua? Os *Elementos da Crítica* estabelecem que o fluxo de ideias respeita uma alteração da velocidade que é dada pela maior ou menor proximidade do campo. Quando se

---

[85] Kames, *Elements of Criticism*, I, pp. 123 ss.

[86] *Idem*, p. 221.

viaja por uma terra inculta, o tempo passará bem mais lentamente; quanto maior a proximidade da vida na cidade, ao contrário, tanto mais velozmente correrão as horas. O tempo antropológico varia conforme se esteja mais ou menos próximo da *cultura*. Num europeu, inclusive pelos fatores climáticos, a sucessão de ideias será muito mais rápida que num asiático:

> O temperamento frio e lânguido é acompanhado de um curso lento das percepções, o que ocasiona embotamento e lentidão na ação. De um temperamento quente, ao contrário, faz parte um curso rápido das percepções na apreensão e na ocupação com os negócios.[87]

O homem de temperamento mais moroso — como o dos países de fora da Europa — tem dificuldade em aceitar uma ideia nova que se introduz no seu *train of ideas*, e que o levaria a alterar o seu ritmo de vida. No outro lado, um estrangeiro ou qualquer pessoa não familiarizada com ele se espantaria muito com a capacidade de trabalho do chanceler da Grã-Bretanha durante uma sessão do Parlamento:

> Nesse grande homem, a sequência de ideias tem de ser acelerada muito além do curso comum da natureza. Ainda assim, nenhuma confusão, nenhuma pressa, mas em cada ponto a maior ordem e acuidade. Tal é a força do hábito![88]

Certamente, o ritmo de trabalho do chanceler britânico não pode ser o padrão ideal de medida nem para ele mesmo, que não conseguiria mantê-lo durante todos os momentos de sua vida. Não se trata, portanto, de enaltecer o homem civilizado em detrimento do não civilizado. Encontrar o curso natural do tempo depende de que se conheçam os dois extremos e de que o homem comece a se aprimorar cada vez mais na busca do meio-termo, de um ritmo

---

[87] *Idem, ibidem.*

[88] *Idem.*

próprio que equivale a um estado prazeroso para ele: o homem se sente livre, leve e bem-disposto "se suas percepções fluem em seu curso natural".[89]

É claro que todo o problema está em encontrar esse curso natural. O que Kames faz é levantar o máximo de exemplos de falsa apreensão do tempo, mas essas contagens equivocadas — tanto no tempo percebido, como no tempo rememorado — não deixam de ser *naturais*, assim como naturais são os mecanismos de que a natureza dispõe para que se evite uma velocidade ou um retardamento muito grande do fluxo de impressões:

> A natureza preservou o homem, seu favorito, não menos cuidadosamente de uma sucessão muito rápida como de uma muito lenta: ambas são igualmente dolorosas, embora a dor não seja a mesma em ambos. Muitos são os efeitos dessa invenção [*contrivance*].[90]

A natureza previne o fluxo sucessivo muito rápido ou muito lento valendo-se da dor. Por exemplo, a dor que advém da aceleração do curso de percepções é a "admoestação" (*admonition*) que ela faz para que se diminua o ritmo dele (*to relax our pace*);[91] um curso muito lento pode levar a um retardamento da decisão e da ação.[92] Ela ensina, assim, que se evitem os extremos e que se busque um "transcurso mediano", que é, este sim, extremamente prazeroso (*extremely pleasant*), embora não se possa dar um padrão exato dele para todos os indivíduos, cujo ritmo apropriado de suas operações mentais também depende do hábito.[93] A medida subjetiva do tempo e da duração está, em última instância, associada ao sentimento de prazer ou de dor, que determina se o fluxo é um fluxo natural ou não.

---

[89] *Idem.*

[90] *Idem*, p. 224.

[91] *Idem, ibidem.*

[92] *Idem.*

[93] *Idem*, p. 225.

Mas falta ainda um aspecto para explicar inteiramente o dispositivo. É que, se a sucessão é mais lenta ou rápida na proporção da quantidade de ideias, a lentidão ou rapidez também é proporcional à variabilidade ou uniformidade delas. Noutras palavras, a aferição do curso natural não é apenas questão de velocidade, mas também de alternância: "é certo que o homem nunca se encontrará mais à vontade [*at ease*] do que quando suas percepções sucedem umas às outras num certo grau não apenas de velocidade, mas de variedade".[94] No fluxo de percepções tem de haver, portanto, uma "razão ou proporção média" (*a middle rate*) entre a uniformidade e a variedade, que é não menos prazerosa do que a encontrada entre a rapidez e a lentidão. Esse ponto mediano corresponderia à disposição da mente tanto para a mudança contínua, mas concatenada, como para a descoberta de semelhanças e diferenças entre os objetos. E essa *ocupação*, que não é senão a atividade contemplativa, é prazerosa por si mesma, independentemente do conhecimento que porventura venha a obter, pois mantém a "proporção média" entre uma uniformidade e uma variedade muito grandes".[95] Kames, como se vê, pensa o problema do tempo em íntima ligação com todas as questões importantes da antropologia antes discutidas: é preciso saber encontrar, na própria dimensão temporal, o sábio tempero que a natureza implantou para que a mente não fique entediada, nem sobrecarregada. Talvez por isso lhe deve ter parecido tanto mais estranho que Hume tivesse procurado uma explicação quase puramente teórica para a origem da ideia do tempo e da sucessão. Kames viu muito bem que o caminho encetado por Hutcheson havia sido bem outro.

Vale relembrar que os *Elementos da Crítica* aplicarão esses conhecimentos à discussão da literatura e das artes. Ou seja, assim como em Hume, tanto a filosofia como as artes são ocupações em que se pode conhecer melhor o que sejam paixões mais suaves e delicadas, aqui traduzidas num sentimento mais interiorizado e apropriado da vivência do tempo. Há, no entanto, ainda outra

---

[94] *Idem*, p. 222.

[95] *Idem*, pp. 225-6.

"ocupação" em que a experiência do curso natural do tempo ocorre de maneira particularmente marcante. No *devaneio* ("em seu quarto ou num passeio solitário à margem do rio", dizia Hume...) a mente vive um estado especialmente prazeroso:

> O prazer com uma sequência de ideias é mais notável no devaneio, especialmente quando a imaginação se interpõe, e é ativa ao cunhar novas ideias, o que é dado com maravilhosa facilidade. É preciso ter consciência de que serenidade e boa disposição da mente [*serenity and ease of the mind*] nesse estado é o que proporciona grande parte da satisfação.[96]

No devaneio, a sequência de ideias é, por assim dizer, a mais subjetiva possível, porque nele a imaginação pode trabalhar apenas com aquilo que ela cria, sem interferência de objetos que intervenham do exterior. É essa intervenção externa que dificulta a fácil transição entre as ideias:

> O caso é bem diferente onde os objetos externos entram na sequência; pois eles, fazendo sua aparição sem ordem e sem conexão, a não ser a da contiguidade, formam uma sequência de percepções que pode ser extremamente uniforme ou extremamente diversificada, ambas as quais são, por razões opostas, dolorosas.[97]

O devaneio é um estado de prazer da mente porque o seu *train of perceptions* se dá inteiramente no plano interno e não depende de nenhuma sequência externa de impressões. Nele é a imaginação que, criando novas ideias, comanda o jogo e pode variar as representações a seu bel-prazer. Na maioria dos outros casos, o curso natural da mente não proporciona fácil transição das ideias, e o ritmo da mente parece ser retardado ou acelerado, o que gera

---

[96] *Idem*, p. 222.

[97] *Idem, ibidem*.

um estado de *uneasiness*. Aqui se percebe com toda a clareza como o tema da *inquietude* se liga ao problema do tempo.[98]

Ora, o que ocorre no devaneio tem semelhança com a operação de meditar, quando o indivíduo está entretido com poucas ideias agradáveis em contemplação profunda. Nos dois casos, a mente está tão entretida — ora com uma diversidade, ora com poucas ideias agradáveis —, que não nota o transcorrer do tempo. A contraprova disso estaria dada pelo fato de que, nos dois casos, a tentativa de computar a duração esteja sujeita também a falsas inferências: na contemplação, embora o ritmo seja bastante lento, o tempo posteriormente calculado parecerá extremamente curto, porque se lida com poucas *ideias*, as quais, porque não têm a vivacidade de impressões, tendem a escapar à recontagem na rememoração. O processo é ainda mais interessante no devaneio, porque, como nele as ideias "vagueiam a esmo" sem provocar impressão alguma e como não se atenta ao tempo, não se sabe mais como computá-lo.[99] Ou, de modo ainda mais radical:

> O devaneio [*rêverie*] pode ser tão profundo que impede a rememoração de qualquer ideia: que a mente estivesse num fluxo de pensamento, isso será em geral lembrado; mas qual era o assunto, isso fugiu inteiramente à memória. Em tal caso, ficamos inteiramente perdidos em relação ao tempo [*we are altogether at a loss about the time*], não tendo *dados* para fazer o seu cômputo.[100]

Encontrando-se num estado feérico, numa espécie de êxtase, a mente se sabe apenas mergulhada no fluxo de pensamento, sem

---

[98] "[...] *the resistance felt in retarding or accelerating the natural course, excites a pain* [...]" *Idem*, p. 221.

[99] *Idem*, p. 126. O próprio Locke parece apontar nessa direção, quando fala justamente da *rêverie*: "se ideias flutuam [*float*] em nossa mente sem nenhuma reflexão ou consideração por parte do entendimento, isso é o que os franceses chamam de *rêverie*; nossa língua quase não tem nome para isso" (*Essay*, II, XIX, p. 205).

[100] *Idem, ibidem*.

Kames e a percepção "natural" do tempo

no entanto poder ter noção alguma do tempo, porque não poderá dizer depois quais são os *data* que compunham aquele intervalo de tempo. Aqui talvez fique mais claro que a antropologia britânica chegou a pensar a sucessão temporal desvinculada do número de percepções ou ideias que a compõe. Isto é, ela concebeu uma temporalidade também totalmente independente do atomismo e do discurso mental hobbesiano, que parecem de algum modo subjazer ao pensamento de Locke e de Hume. Ora, não se está, com isso, já em plena *duração*, numa duração totalmente livre da necessidade de *mensuração*? Mas a temporalidade do devaneio ainda comportará um aspecto bastante surpreendente, que deve ser discutido mais tarde.

Tempo e história

A relação do fluxo de ideias com prazer e dor já aparecia como fator a ser considerado por Berkeley, que se pergunta: "Por que, na dor, o tempo é mais longo que no prazer?".[101] Os comentadores apontam que a fonte dessa indagação é Malebranche;[102] a questão, no entanto, também já estava posta implicitamente por Locke, quando este afirmava não haver ideia de sensação ou reflexão, nem afecção ou pensamento que não fosse capaz de produzir prazer ou dor, deleite ou desconforto.[103] Muito embora Locke não tenha desenvolvido explicitamente a ligação das ideias com o prazer e desprazer, a não ser nos modos simples e compostos dessas ideias, os leitores podem inferir perfeitamente qual é essa relação. Prazer e dor deveriam ser analisados simplesmente naquilo que são, isto é, ideias simples. Ocorre que Locke fala também da finalidade do prazer e da dor: o infinitamente divino autor de todos os seres "conjugou diversos pensamentos e diversas ações com a per-

---

[101] "*Why time in pain, longer than time in pleasure?*" *Philosophical Commentaries*, 7, ed. cit., p. 10.

[102] Malebranche, *De la recherche de la vérité*, I, 8, 2.

[103] Locke, J., *Essay*, II, 7, 2.

cepção do deleite".[104] Se não houvesse essa ligação com as "sensações externas" (*outward sensations*) ou com os "pensamentos internos" (*inward thoughts*), não haveria razão para preferir entre agir e ficar em repouso, e assim nem se estimularia o corpo, nem haveria empenho por parte da mente; os pensamentos andariam "à deriva" (*run adrift*) "sem nenhuma direção nem desígnio". A consequência ética, moral e política disso seria evidente:

> Nesse estado, o homem, mesmo provido das faculdades do entendimento e vontade, permaneceria uma criatura bem ociosa e inativa, e passaria seu tempo somente num sonho preguiçoso e letárgico.[105]

Sem o prazer ou dor que se vincula a alguma ideia, o homem não sairia do seu estado de inatividade e letargia. Ele não poderia desenvolver as faculdades do entendimento e da vontade, que restariam "totalmente ociosas e sem emprego (*wholly idle and unemployed*)". Para se desenvolver, as faculdades humanas dependem, portanto, do prazer e da dor, que são os motivadores da saída da indolência do homem entregue à "imutabilidade" do tempo presente. É com a saída do estado de inação que surge a possibilidade da *perfectibilidade do homem* e, portanto, da sua *historicidade*.

Essa necessidade de saída do estado presente fica bem mais clara num estado atual de desconforto (*uneasiness*). O criador deu o desprazer e a dor não somente para a conservação, mas também para a perfeição de cada uma das partes e órgãos.[106] E essa relação das ideias de desconforto ou inquietação e a temporalidade fica ainda mais evidente no *desejo*:

> O desconforto que alguém encontra em si mesmo com a ausência de alguma coisa, cujo gozo presente implica a ideia de deleite, é aquilo que chamamos de *desejo*, que é

---

[104] *Idem*, II, 7, 3, pp. 119-20.

[105] *Idem*, p. 120.

[106] *Idem, ibidem.*

maior ou menor, conforme o desconforto seja mais ou menos veemente. Pode talvez ser de alguma utilidade observar, de passagem, que o principal, embora não único aguilhão da indústria e ação humanas, é o *desconforto*.[107]

Constituindo um dos modos do prazer e da dor, o desejo se define pelo desconforto com a ausência atual de um deleite que poderia estar presente, e essa carência atual não é a única, mas a principal mola da atividade humana. As definições lockianas do par prazer/dor e do desejo levam, assim, a uma concepção muito particular da temporalidade e da historicidade. Mas essas distinções, claro, estão longe de pacíficas. Rousseau, por exemplo, diria que Locke torna natural e necessário o que é mero acaso histórico, ou seja, não lhe parece necessário que a temporalidade deva ser concebida como uma constante saída do estado presente ou atual em direção a outro estado futuro qualquer. Se os homens deixaram o estado natural, foi devido a uma série de acidentes, e nada indica que tenham por natureza conceber a duração numa figura da espacialidade, como uma "extensão fugaz", como um *outro* tipo de distância ou comprimento que consiste de "partes de sucessão fugazes ou perpetuamente perecedouras".[108]

Será verdade, pergunta Rousseau, que depois da saída do estado de natureza o homem estaria irremediavelmente condenado a essa temporalidade lockiana, temporalidade sempre progressiva ou protensiva, sempre voltada para o futuro, a essa duração que não dura, pois suas partes estão eternamente desaparecendo? Para ele, o homem pode ser salvo dessa temporalidade *corrompida*, se for possível mostrar que a sucessão não é a única maneira que lhe resta de viver o tempo. O selvagem — um caraíba, por exemplo — tem uma consciência temporal completamente distinta da do europeu:

---

[107] *Idem*, II, 20, 6, p. 209. Cf. também II, 21, 32, p. 225: "*Desire is uneasiness*".

[108] "*fleeting and perpetually perishing part of succession*." *Idem*, II, 14, 1, p. 166.

Sua alma, que nada agita, se entrega unicamente ao sentimento de sua existência atual, sem nenhuma ideia do futuro, por mais próximo que este possa estar; e seus projetos, limitados como suas visões, mal se estendem até o fim do dia. Tal é ainda hoje o grau de previdência do caraíba: ele vende de manhã sua cama de algodão, e à noite vem chorar para comprá-la de volta, por não ter previsto que precisaria dela na próxima noite.[109]

Há, portanto, em Rousseau convivência de duas ordens temporais: a do tempo sempre em devir, que Jean Starobinski chamou de "tempo maldito",[110] do tempo da história, da perfectibilidade, isto é, da invenção contínua de novas carências e de novos desejos, e a do tempo presente ou do estado de natureza, na qual o homem tem plenamente satisfeitas todas as suas carências e não deseja mais nada. Exatamente como em Kames, no entanto, essa temporalidade natural não se expressa unicamente no homem da floresta, podendo também ser encontrada naqueles raríssimos momentos em que o coração parece dizer "Quisera que este instante durasse sempre!". Esses momentos, Rousseau diz tê-los encontrados em seus devaneios solitários pela Ilha de St. Pierre. O trecho merece ser citado na íntegra:

Mas se há um estado em que a alma encontra um apoio bastante sólido para descansar inteiramente e reunir todo o seu ser, sem precisar lembrar o passado nem avançar para o futuro; em que o tempo nada é para ela, em que o presente dura sempre sem contudo marcar sua duração e sem nenhum traço de sucessão, sem nenhum outro sentimento de privação ou de contentamento, de prazer ou de dor, de desejo ou de temor, a não ser o de nossa existência

---

[109] Rousseau, J.-J., *Discours sur l'origine de l'inégalité*, *in*: *Oeuvres complètes*, III, p. 144.

[110] Starobinski, J., "Jean-Jacques Rousseau et le péril de la réflexion", *in*: *L'Oeil vivant*, Paris, Gallimard, 1961, p. 154.

e em que esse único sentimento possa preenchê-la completamente; enquanto este estado dura, aquele que o vive pode ser chamado feliz, não de uma felicidade imperfeita, pobre e relativa, como a que se encontra nos prazeres da vida, mas de uma felicidade suficiente, perfeita e plena, que não deixa na alma nenhum vazio que sinta a necessidade de preencher. Tal foi o estado em que me encontrei muitas vezes na Ilha de St. Pierre, em meus devaneios solitários, seja deitado em meu barco, que deixava vagar ao sabor da água, seja sentado sobre as margens do lago agitado, seja em outro lugar, à margem de um belo rio ou de um regato a murmurar sobre o cascalho.[111]

A experiência da *rêverie* é tão importante para Rousseau porque é uma experiência em que não se tem o sentimento da *inquietude*. Nela, o homem se basta a si mesmo, não precisa desfrutar nada de exterior a si. Ele se contenta com sua existência, mesmo que, ou até porque, não tem consciência nem se recorda de si mesmo:

A noite avançava. Percebi o céu, algumas estrelas e um pouco de verdura. Essa primeira sensação foi um momento delicioso. Era somente através dela que eu me sentia. Naquele instante eu nascia para a vida e parecia-me que preenchia, com minha leve existência, todos os objetos que percebia. Todo inteiro no momento presente, eu não me lembrava de nada; não tinha noção distinta de minha própria pessoa, nem a menor ideia do que acabara de me acontecer; não sabia nem quem eu era, nem onde estava; não sentia nem dor, nem medo, nem inquietude.[112]

---

[111] Rousseau, J.-J., *Devaneios do caminhante solitário*, Quinto Devaneio, tradução, introdução e notas de Fúlvia M. L. Moretto, Brasília, Editora da UnB, 3ª ed., 1986, p. 76 (tradução ligeiramente modificada).

[112] *Idem*, p. 34. Segundo Devaneio (tradução modificada). Mark J. Temmer discutiu aspectos importantes da concepção de tempo comparando

Não deixa de ser curioso que a filosofia britânica e o genebrino tenham visto na *rêverie* um antídoto semelhante à temporalidade da inquietação.

Os vários sentidos do tempo

A crítica bergsoniana à espacialização do tempo em Kant fez escola, mas talvez seja interessante se perguntar, mais uma vez, sobre sua pertinência. A filosofia crítica teria mesmo confundido espacialização e duração, a figuração simbólica do eu e o próprio eu ou seu estado interno? O que a Estética Transcendental diz sobre a impossibilidade de representar a forma pura do sentido interno é que se procura suprir a falta de uma figuração dela por meio de analogias, entre as quais provavelmente a melhor é aquela de "uma linha contínua que se prolonga até o infinito", porque se podem inferir de suas propriedades as propriedades do tempo (com exceção da simultaneidade, já que o tempo seria unidimensional e, portanto, sucessivo).[113] Dois aspectos intrinsecamente ligados não podem deixar de ser notados nessa argumentação: em primeiro lugar, trata-se de uma *analogia*; em segundo, a representação figurada do tempo tem uso bem específico, e não dá conta de todos os sentidos que o termo "tempo" conhece nas obras, reflexões e cursos de Kant.

A afirmação de que a "melhor" figuração do tempo é dada por uma linha deve ser entendida em seu contexto, isto é, no estudo das condições de possibilidade da ciência pura da natureza e, mais precisamente, da ciência das leis dos *movimentos* (*forono-*

Rousseau e Kant em seu estudo *Time in Rousseau and Kant: An Essay on French Pre-Romanticism*, Genebra, Droz, 1958.

[113] Kant, I., *Crítica da razão pura*, AA, III, p. 60; trad., p. 73. A fonte para a representação do tempo "como uma linha reta estendida *in infinitum*, incapaz de multiplicidade, variação ou figura", ou seja, incapaz de mais de uma dimensão, é mais uma vez o *Ensaio sobre o entendimento humano* de Locke, I, 15, 11, p. 184.

mia). É o que os *Prolegômenos* explicam muito bem: o conceito de tempo não estabelece apenas as condições de possibilidade da aritmética (o número compreendido como "adição sucessiva de unidades no tempo"), mas também "a mecânica pura só pode formar os seus conceitos de movimento mediante a representação do tempo".[114] A *Crítica da razão pura* também faz uma apresentação semelhante da noção: somente na e mediante a representação do tempo se pode compreender o conceito de mudança e, com ele, o de movimento: "Eis por que o nosso conceito do tempo explica a possibilidade de tantos conhecimentos sintéticos *a priori* quanto os da teoria geral do movimento, teoria que não é pouco fecunda".[115] É pela adição sucessiva de instantes, pensados como grandezas homogêneas, que se mede uma quantidade de tempo, fundamental para a aferição da "quantidade" de deslocamento de um corpo.

Embora se trate de um conceito decisivo para a filosofia transcendental e, obviamente, de um conceito que, por ser puro e *a priori*, tem universalidade e necessidade, é importante não deixar escapar que a Exposição Transcendental faz somente uma apresentação parcial do tempo: como *Erörterung* ou *Exposition* (B 48), ela exibe apenas aquelas notas características (*Merkmale*) suficientes para o conhecimento do conceito em determinado âmbito do saber. Isso implica entender que a Estética Transcendental não esgota completamente o conceito do tempo em sua significação transcendental (mas tampouco precisa fazê-lo), nem que o conceito transcendental do tempo esgote todas as acepções do conceito de tempo. E, de fato, algumas dessas outras acepções merecem ser consideradas porque mostram que o tempo ganhou também pleno direito de exercer sua cidadania em outros âmbitos da filosofia crítica.

Concomitantemente ao tempo "puro" da Estética Transcendental encontram-se acepções do termo que talvez tenham sido

---

[114] *Idem, Prolegômenos a toda metafísica futura*, § 10, AA, IV, p. 283, tradução portuguesa de Artur Morão, Lisboa, Edições 70, 1987, p. 51.

[115] *Idem, Crítica da razão pura*, AA, III, p. 59, trad., p. 72.

deixadas de lado pelo comentário em virtude de sua origem "empírica". Parece, no entanto, fundamental fazer o balanço dessas significações e de suas fontes, porque esse recenseamento permitirá a percepção de como as noções recebidas são remanejadas e de como aquilo que era meramente empírico pode às vezes galgar posições inesperadas no sistema da crítica.

Uma questão meramente psicológica, mas que também obseda os filósofos pelo menos desde Sêneca, pode abrir uma primeira pista. Por que o homem afligido pelo tédio durante a maior parte da vida, para quem os dias parecem muito longos, acaba na velhice se queixando da brevidade da vida? A resposta, segundo a *Antropologia*, equivale a entender por que as milhas alemãs são tanto menores quanto maior é a proximidade da capital Berlim, e tanto maiores na província, por exemplo, na Pomerânia. A explicação por que isso acontece recorre a elementos agora já conhecidos: a *abundância* de objetos vistos em viagens pelas redondezas da capital acarreta *na memória* a "inferência ilusória" (*täuschender Schluß*)[116] de que o trecho percorrido foi maior do que é de fato e, em decorrência disso, também se faz a ilação de que o tempo exigido para percorrê-lo foi mais longo; na província, ao contrário, o "vazio" provoca na lembrança "a inferência de um caminho mais curto e, consequentemente, de um tempo mais curto que o marcado pelo relógio".[117] A diferença é análoga ao que acontece numa conversa animada e numa conversa tediosa, onde há muita ou pouca mudança de tema.[118] O mecanismo que explica essa falsa apreciação do tempo é a ilusão causada conjuntamente pela memória e pelo juízo, de que o "tempo" vivido foi maior do que o tempo objetivo. Mas tal ilusão, como tantas outras encontradas nos textos kantianos, é bastante salutar: inexplicável como "raciocínio lógico", ela é a mesma ilusão que faz o idoso dar ou não

---

[116] Kames emprega "conjecture" (*Elements of Criticism*, ed. cit., p. 225), que a tradução de Johann Nicolaus Meinhard (usada por Kant) verte por "Vermutung". A terminologia será importante na sequência.

[117] Kant, I., *Antropologia*, p. 131.

[118] *Idem*, pp. 130-1.

aquiescência àquilo que foi a sua vida. Isto é, o sentimento de ter vivido mais ou o ressentimento de ter vivido menos do que os anos, meses e dias registrados no calendário, depende de se ter ou não preenchido a vida com "múltiplos e variados afazeres". Se houve um preenchimento ocupacional diversificado, o idoso imaginará "ter percorrido um tempo de vida mais longo" do que aquele que se conta objetivamente pela sua idade.[119]

Mesmo que não declare abertamente sua dívida para com a "ciência da natureza humana" do empirismo inglês, o débito kantiano para com ele é grande, sem dúvida, como o que se vê aqui, por exemplo, em relação a Lord Kames e à seção dos *Elementos da Crítica* que trata dos "métodos que a natureza proporcionou para o cômputo de tempo e espaço". É nessa seção que, como se mostrou, Kames traça a diferença entre viajar por uma região densamente povoada e por uma região erma, observando de passagem que essa diferença serve para "explicar algo que pode parecer singular", isto é, que em regiões pouco produtivas as milhas computadas são sempre maiores do que próximo à capital, cujas redondezas são ricas e populosas.[120]

Contabilizar a dívida contraída por Kant junto a seus contemporâneos ou predecessores não é tarefa simples, pois deve vir acompanhada, em muitos casos, do dimensionamento do ganho que é acrescentado por ele a uma noção alheia. No caso da falsa contagem na rememoração, o modo como ele a introduz é característico de um expediente muito frequente, que consiste em especular sobre a possibilidade de aplicar a tese kamesiana à tradicional discussão a respeito da brevidade da vida. Mas os empréstimos tomados aos *Elementos da Crítica* não param aí. Há duas maneiras de considerar o tempo presente, diz o curso de *Antropologia Collins*:

---

[119] *Idem, ibidem.* O § 61 da *Antropologia*, não por acaso, tem por título: "Do tédio e do passatempo".

[120] Kames, *Elements of Criticism*, ed. cit., p. 125.

Se o homem considera o tempo presente como um nexo entre o estado passado e o futuro, ele se lhe torna longo. Mas se o considera como parte de seu bem-estar, ele é curto.[121]

A explicação para a primeira alternativa está em Shakespeare, que diz ser o tempo comparável a um cavalo que galopa, que trota ou que se arrasta como um piolho (*wie ein Laus*), dependendo do estado de ânimo do indivíduo (que o leitor já sabe ser um criminoso condenado à morte ou a noiva às vésperas do casamento). Àquele que está à espera da nomeação para um cargo, o tempo presente se torna um fardo, já que lhe serve apenas para ligar dois estados da mente: "Os homens consideram a maior parte do tempo [*die meiste Zeit*] como passagem de um estado a outro, que representam como *importante*".[122] Mas se o tempo é considerado apenas uma transição, "a vida é como que desfeita num sonho" (*so verträumt man gleichsam sein Leben*).[123] Para evitar que isso aconteça, a capacidade da alma de se voltar para o futuro tem de ser moderada e dirigida pela razão.

Comparado ao tempo transitório, o tempo como fruição do bem-estar presente não é só exceção, como curto. Kant conhece bem as considerações de Rousseau sobre a "maldição" do tempo continuamente projetado para o futuro, que diferencia a vida do homem civilizado e a do selvagem; ele lembra que a despreocupação com o porvir faz o caraíba vender de manhã a sua rede (*Hängematte* — Rousseau: *lit de cotton*) e se surpreender à noite de que ela já não esteja onde estava.[124] Mas aqui é preciso toda a aten-

---

[121] Kant, I., *Antropologia Collins*, *AA*, XXV, I, p. 120.

[122] *Idem, ibidem.*

[123] *Antropologia Parow*, XXV, I, p. 336. Kant naturalmente não leu o *As you like it* de Shakespeare, senão provavelmente pelos modestos trechos mencionados por Kames, na tradução alemã de Meinhard. Cf. a nota de Adickes à reflexão 379 sobre *Antropologia*, e a nota de Brandt/Starke à p. 120 do curso de *Antropologia Collins*.

[124] *Antropologia*, trad., p. 84; *Antropologia Mrongovius*, XXV, II, p. 1291.

ção, pois a interpretação kantiana do "tempo da floresta" é logo matizada: na verdade, o caraíba está livre do tempo protensivo, porque ele pode ficar horas a fio com sua vara de pescar sem pegar nada, numa total ausência de pensamentos, sinal de que não é afetado por nenhum estímulo que o conduza à atividade, estímulo este que vem sobretudo da dor.[125] A falta de ideias do selvagem está ligada à ausência de dor, mas tal ausência não significa que sua vida seja prazerosa; ao contrário, para Kant, ela significa um estado de passividade em que o indivíduo *não é capaz de sentir realmente a vida*. Ou inversamente: o sentimento da vida está ligado a um estímulo à atividade e àquilo que a motiva, a dor. Como em Locke, a dor é o principal aguilhão para que o homem não fique preso à sua passividade. A *Antropologia* não deixa pairar sombra de dúvida sobre a questão:

> Sentir sua vida, sentir contentamento, não é, pois, nada mais que se sentir continuamente impelido [*getrieben*] a sair do estado presente (que, portanto, tem de ser uma dor que retorna com tanta frequência como este).[126]

O sentimento da vida está ligado à pressão ou impulso reiterado de sair do estado atual, pressão ou impulso (*Druck* ou *Antrieb*) explicado pela ligação do presente com a dor.[127]

Pietro Verri: a índole do prazer e da dor

A mudança de posição por parte de Kant é grande. Depois de se apropriar da concepção antropológica da filosofia do sentimen-

---

[125] *Idem*, p. 130, nota.

[126] *Idem*, *Antropologia*, trad. cit., p. 130.

[127] Kant também falará de um impulso ou propensão (*Trieb*) "que nos força momentaneamente a deixar nosso estado. Somos obrigados a isso por um aguilhão, por um móbil [*Triebfeder*], por meio do qual os homens (como animais) são postos em atividade" (*Antropologia Menschenkunde*, pp. 1069-70). O adendo "como animais" é importante.

to moral, como foi mostrado nos estudos anteriores, Kant adere, no final da década de 1770, a uma versão radical da teoria lockiana. Essa nova versão do lockianismo, fundamental na elaboração da concepção kantiana do tempo histórico, se encontra no *Discorso sull'indole del piacere e del dolore* do filósofo italiano Pietro Verri, para quem não só a dor é o principal aguilhão da atividade, mas todo prazer, físico ou moral, é sempre antecedido por uma sensação de dor. Todas as sensações prazerosas ou dolorosas do ponto de vista moral dependem de três princípios, a ação de algo sobre os sentidos, a esperança e o temor, e o que explica o temor é a expectativa de uma sensação futura (*sensazioni avvenire*), enquanto a esperança não é senão a "falta sentida de um bem".[128] Os prazeres morais, portanto, não são o gozo de um bem atual, mas, muito mais próximos da definição de desejo de Locke, um "*spignimento dell'animo nostro nell'avenire, antivedendo le sensazioni piacevoli che aspetiamo*".[129] Noutras palavras, o prazer só surge, sempre, da cessação de uma dor ou de um mal.[130]

Os cursos de Antropologia da década de 1780 retomam, com bastante didatismo, as proposições de Verri, que Kant diz assinar embaixo "com toda a convicção".[131] São elas: a) todo contentamento (*Vergnügen*) tem de ser precedido por dor (*Schmerz*); b) nenhum contentamento segue imediatamente a outro; c) as dores que passam lentamente não provocam um vivo contentamento.[132] Para Verri, uma vez que o prazer vem sempre depois da dor, como interrupção dela, não pode haver soma ou continuidade entre dois

---

[128] Verri, P., *Discorso sull'indole del piacere e del dollore*, in: *Discorsi del Conti Pietro Verri*, Milão, Marelli, 1781, pp. 11 e 15.

[129] *Idem*, p. 11.

[130] *Idem*, p. 21: "*Dunque prima che nasca il piacer morale, dobbiam sentire un difetto; una cosa, che manca al nostro ben essere, è una sensazione spiacevole e dolorosa; dunque il piacer morale è sempre accompagnato dalla cessazione di un male [...]*".

[131] Kant, I., *Antropologia*, trad., pp. 128-9. A passagem é, além disso, importante como fonte para o comentário de Nietzsche sobre Verri, cf. *Nachgelassene Fragmente*, 1883, 7 [223].

[132] *Idem*, p. 128.

Kames e a percepção "natural" do tempo

ou mais prazeres sem que alguma dor se intercale entre eles; por outro lado, os desprazeres podem ser adicionados e seguir uns aos outros sem intermédio do prazer.[133] Mas a dor que diminui lentamente, ao desaparecer, não é sentida como um prazer.

A proposição é capital: o prazer só pode surgir, só pode ser sentido, se faz cessar a dor *de maneira rápida*, se é uma *rapida cessazione di dolore*, pois se a interrupção da dor não é repentina, o que ocorre, na verdade, é diminuição do sofrimento e não passagem ao contentamento. Na mudança paulatina, aquele que sofre a dor não percebe a passagem ao prazer, o que mostra que este só advém da interrupção daquela:

> O prazer nasce, portanto, da dor, e consiste na rápida cessação da dor, e é tanto maior quanto for a dor, e mais rápido o aniquilamento dela.[134]

Essas considerações levam a uma posição bastante original e, ao mesmo tempo, incômoda em relação ao tempo: as horas de amargor são sempre mais longas e insuportáveis que os momentos de prazer, que não passam, no final das contas, de momentos intercalados entre uma aflição e outra. No cronômetro emocional, *o contentamento é sempre mais breve do que a dor*. Eis como Verri concebe o vínculo de prazer e dor com o sentimento temporal:

> O tempo que passamos com prazer nos parece breve, e aquele em que sofremos dor, longuíssimo. O tempo relativamente a nós não é outra coisa que a sucessão de nossas sensações. Se um homem pudesse, por anos seguidos, permanecer absorvido nos êxtases de uma única ideia, ele não se daria conta de que o tempo teria transcorrido. Isso posto, se as horas de dor nos parecem longas, convém dizer que muitas sensações replicadas e densas foram experimentadas durante aquele espaço de tempo; por isso, refletindo

---

[133] Verri, P., *op. cit.*, pp. 40-1 e 59.

[134] *Idem*, p. 24.

sobre a série, julgaremos ter transcorrido mais do tempo que nos indica o pêndulo; e se as horas de prazer nos parecem breves, convém no entanto dizer que o tempo transcorrido não foi variado por sensações e sobressaltos replicados; donde o tempo de prazer parece ser uma cessação da ação, um estado uniforme do ânimo e, por isso, o julgamos breve, porque ele é uma quantidade negativa e uma aproximação do não ser; enquanto a dor é uma quantidade de ação positiva, e na sua rápida cessação consiste o prazer.[135]

Kant irá explicar de maneira muito parecida a relação inextricável entre a percepção do tempo e a fuga à dor do estado presente. Para ele, poderia haver alguma hesitação sobre a questão de saber se a sensação de contentamento do homem se deve "à consciência de *abandonar* o estado presente ou à *perspectiva* de entrar no estado futuro". Se essa segunda alternativa fosse correta, o contentamento seria o "pressentimento de algo agradável" e, portanto, algo *positivo*. Mas vê-se claramente que o que ocorre é o contrário, pois, como o tempo arrasta inexoravelmente "do estado presente ao estado futuro", isto é, como ele força a sair do estado presente, sem saber precisamente em que outro estado se há de entrar, o sentimento agradável não pode ser outra coisa que "a supressão de uma dor", logo algo negativo (*etwas Negatives*).[136] O contentamento é um prazer negativo, como em Verri, "*una quantità negativa, ed un accostamento al non essere*".[137]

A adesão de Kant às teses do italiano Pietro Verri acarreta não poucas transformações na antropologia, na moral e na estética kantiana. Como bem assinalam Reinhard Brandt e Werner Stark,

---

[135] *Idem*, pp. 93-4.

[136] Kant, I., *Antropologia*, p. 128. Cf. *Antropologia Menchenkunde*: "O contentamento não é positivo, mas somente uma libertação da dor que é meramente negativa" (*AA*, XXV, II, p. 1070). Cf. Rx. 1478, XV, 2, p. 722: "O que nos obriga a deixar nosso estado é ou negativo, ou positivo em relação ao prazer".

[137] Verri, P., *op. cit.*, p. 93.

Kames e a percepção "natural" do tempo

a leitura do *Discorso sull'indole del piacere e del dolore*[138] provoca nele a mudança abrupta de uma concepção epicurista, em que "a vida é acompanhada com um sentimento de prazer" a uma doutrina em que o sentimento físico ou moral de prazer é sempre dependente do sentimento da dor.[139] E essa mudança é acompanhada de outras não menos importantes.

Do ponto de vista ético, a doutrina verriana implica uma série de consequências como as seguintes: 1) mera passagem brusca, o tempo empregado no prazer é sempre menor do que o tempo dedicado à dor; 2) se a satisfação é mais breve e se só há continuidade entre desprazeres, mas não entre prazeres, pode-se dizer que a soma destes na vida é mais curta e também ou igual ou menor em número do que a soma de desprazeres;[140] 3) em suma, a felicidade do homem se dá por brevíssimos intervalos ou, como reza o ditado, ela "dura pouco".[141]

Como sempre, Kant tenta explorar a questão sob todos os ângulos imagináveis, chegando mesmo a desenvolver a tese paradoxal de que, se no contentamento o tempo é mais breve que na dor, a busca dos prazeres pode ser vista como uma maneira impensada de abreviar a vida. Se cada momento de satisfação é vivido como negação, é porque ele é um sentimento a menos de vida, logo um encurtamento desta, enquanto, inversamente, o que provoca

---

[138] *Idem*, p. 129. Kant leu muito provavelmente o *Discorso* (1773) na versão alemã publicada em 1777: *Gedanken über die Natur des Vergnügens*, que é seguida de um "exame" da obra pelo tradutor, Christoph Meiners. Kant faz menção explícita à tradução de Meiners no curso de *Antropologia Mrongovius*, XXV, II, p. 1316.

[139] R. Brandt e W. Stark, "Introdução às *Vorlesungen zur Anthropologie*", ed. cit., p. XLII.

[140] Verri, P., *op. cit.*, § XIV. Cf. Kant, I., *Menschenkunde*, AA, XXV, 2, p. 1073: "Podem os contentamentos perfazer uma soma maior do que a dor? Não, pois sendo são apenas supressões [*Hebungen*], eles podem perfazer apenas tanto quanto e, com frequência, ainda menos que a dor; pois numa dor lentamente suprimida, não sentimos a supressão, e unicamente na súbita supressão [da dor] reside o contentamento".

[141] Verri, P., *op. cit.*, p. 41.

dor tende a torná-la mais longa. O "verdadeiro sentimento da vida" (*das rechte Gefühl des Lebens*) está na dor e é, por isso, que "não podemos nos tornar contentes da vida sem encurtá-la".[142] Essa máxima paradoxal decorre da explicação mesma do sentimento vital, segundo a qual nenhum contentamento pode ser sentido sem uma dor que o precede, e o paradoxo é facilmente explicável, porque o prazer não significa outra coisa que *interrupção* — corte abrupto — de um sentimento de dor *que se prolongava no tempo*. Se é assim, o estado de alegria consiste tão só na suspensão, na consciência de ter eliminado o tempo: "Por isso, a vida mais feliz tem de estar ligada a dor constante, do contrário não ficaríamos alegres de ter levado o tempo a termo [*die Zeit zu Ende gebracht zu haben*]".[143] A alegria, noutras palavras, é somente uma forma de *matar o tempo*. Mas esta é a condição inescapável dos habitantes da terra, sempre sob a pontada de um ferrão que os impele a sair do estado atual e buscar um outro, porque é isso que os livra da inquietude (*Unruhe*), e somente a libertação desse sentimento se pode chamar de contentamento, alegria ou felicidade. Não é sem razão que Verri inspirou Leopardi, e este recebeu os elogios de Schopenhauer.

Há um erro em se queixar da dureza da vida humana e da triste sina que coube a cada um, pois diante da dificuldade em definir o que seja "felicidade" é forçoso admitir que, para os homens, felicidade não pode ser senão aquilo que os liberta da dor.[144] Como grande leitor que é, Kant não se deixa intimidar diante das "verdades desconsoladoras" do filósofo italiano, pois percebe que suas observações poderiam proporcionar como que uma chave última para a solução dos problemas da antropologia do século XVIII, como se pode ver, por exemplo, na reflexão 1487, que é

---

[142] "*Wir können uns daher unser Leben nicht vergnügt machen, ohne es zu verkürzen*". Kant, I., *Antropologia Menschenkunde*, AA, XXV, 2, p. 1074. Cf. Rf. 1487: "No contentamento, o tempo encurta, na dor, se alonga; logo, mais sentimento da existência" (XV, 2, p. 722).

[143] *Idem*, p. 1074.

[144] *Idem*, p. 1075.

Kames e a percepção "natural" do tempo

uma espécie de fichamento de leitura comentado do *Discorso*. O que Verri apresenta de tão novo para o problema do "tédio", que desafiava a ciência da natureza humana desde Pascal, é sua teoria das "dores inominadas" (*dolori inominati*), na qual se encontra fundada a "verdadeira economia da natureza humana" (*wahre Oeconomie der menschlichen Natur*).[145] O que significariam essas dores "inomináveis ou inefáveis" (*unnennbare, nahmlose Schmerzen*), segundo a tradução alemã utilizada por Kant?[146] Embora admitindo toda a dificuldade que é penetrar os labirintos da sensibilidade humana, Verri mostra que o que explica essa sensação indefinível que o pensador "Giovanni" Locke tentou definir como *uneasiness* é que os homens padecem de dores fortes, não localizadas em nenhuma parte precisa do corpo e, por isso, difíceis de nomear — dores que "formam vagamente, porém realmente, o nosso mal-estar".[147] O pessimismo esclarecido de Verri pode ser um elo de aproximação da filosofia da inquietude com o pensamento de Freud: toda a criação civilizatória e cultural está fundada na tentativa de fugir a esse *nostro mal essere*.

O programa estipulado pela filosofia verriana é acompanhado de perto por Kant: mostrar as formas em que o tédio se manifesta é fazer o recenseamento dessas dores inefáveis,[148] conjunto que se inicia nos gestos mais simples, ligados às sensações físicas, e se desenvolve até as criações culturais e artísticas mais sofisticadas. Por que a embriaguez das bebidas fortes é poderosa contra o tédio? É que ela torna os homens, incluindo selvagens e gente simples, insensíveis à "inquietação incessante" da mente.[149] Por

---

[145] *Idem*, p. 1073.

[146] Rx. 1786, p. 721.

[147] Verri, P., *op. cit.*, p. 50. A perplexidade de Kant, ao descobrir a obra de Verri, deve de fato ter sido grande, pois o sentimento vital é entendido, pelo pensador italiano, de maneira exatamente oposta à concepção que prevalecia na antropologia que lhe era conhecida.

[148] Kant, I., *Antropologia Menschenkunde*, p. 1072.

[149] *Idem, ibidem*. O exemplo é interessante por contrastar (e, em certa medida, contradizer) o que é dito sobre a insensibilidade e ausência de pen-

que os homens gostam de fumar tabaco? A explicação está na teoria do prazer como cessação da dor:

> Fumar tabaco ocasiona na boca um gosto desagradável [repugnante = *widrig*], que, no entanto, a cada tragada desaparece de novo no mesmo instante, e esse estímulo nos contenta.[150]

O jogo é atraente, porque nele há reprodução do ciclo vital, com constante alternância de temor e esperança; os espetáculos teatrais encantam pela mistura de "inquietação e hesitação em meio a esperança e alegria"; os romances cativam por conterem situações de ciúme entre os amantes, e o casamento, isto é, "o fim do padecimento amoroso é, ao mesmo tempo o fim do amor";[151] o sonho, agitação dolorosa, é o que evita que o sono conduza à morte.[152] Há também os exemplos, bem menos raros do que se

---

samentos do selvagem. Sobre o uso de estimulantes "para fazer o homem esquecer o peso que originalmente parece estar contido na vida em geral". Cf. *Antropologia pragmática*, p. 68.

[150] *Idem, ibidem*. Além do fumo, Verri menciona o hábito de cheirar poeira cáustica, mascar erva "disgustosa", encher a boca com fumo de vegetais estimulantes e o uso de mostarda nos alimentos (p. 47).

[151] Rx. 1487, XV, 2, p. 723. Os exemplos dados antes (jogo, bebida, tabaco etc.) aparecem na p. 722, e são basicamente os mesmos da *Antropologia pragmática*, p. 129. A *Antropologia Menschenkunde* menciona ainda o sal, e o prazer da harmonia ou eufonia, que não pode ocorrer sem dissonância (p. 1073). No *Discorso*, o efeito estético da pintura se deve à alternância entre dor e prazer. A regra estética a ser respeitada por músicos, pintores, oradores, dramaturgos (Kant a aplica no trecho citado a Fielding!) é assim expressa por Verri: "A grande arte consiste em saber distribuir, com muita destreza, ao espectador pequenas sensações dolorosas e depois as fazer cessar rapidamente, e em mantê-lo sempre animado com uma esperança de sensações agradáveis, de maneira que prossiga ocupado com os objetos propostos e, terminada a ação, lembrando-se, depois, da série de sensações que teve, uma multidão de prazeres e seja convencido de tê-las provado" (p. 60).

[152] Verri, P., *op. cit.*, p. 80. A ideia de que é o sono que mantém acesa a força vital aparece tal e qual na *Antropologia*: "se no sono a força vital não

---

Kames e a percepção "natural" do tempo

imagina, nos quais as pessoas se dão desprazer a si mesmas, a fim de poderem usufruir de um satisfação momentânea:

> Por vezes, o homem, mesmo sem se dar conta, provoca em si mesmo sensações altamente inquietantes e penosas unicamente para senti-las cessar rapidamente.[153]

Embora a natureza mesma "tenha ordenado" (*hat... geordnet*) que a dor se imiscua inopinadamente (*ungerufen einschleicht*) entre sensações agradáveis, única maneira de tornar "a vida interessante", é claro que se trata de um equívoco procurar imitá-la intencionalmente nisso.[154] De qualquer modo, a ideia de "criação voluntária de uma dor prévia" é importante, porque revela o mecanismo que comanda boa parte das ações humanas. Kant, radicalizando a explicação, formula sinteticamente esse princípio como "causar dor a si mesmo" (*sich selbst Schmerz machen*).[155] No limite, o homem não pode evitar o masoquismo, não em virtude do sadismo, mas justamente e paradoxalmente pelo desespero de querer escapar à dor. Ele é compelido a agir, mesmo não sabendo o que precisamente o leva à ação:

> Sentimo-nos continuamente invadidos por dores sem nome [*namenlose Schmerzen*], que podemos chamar inquietação, desejo, e quanto mais força vital o homem possui, mais fortemente sente a dor. Sem que a mente seja atormentada por algo físico, ela é torturada por dores sem nome, e age sem que seja obrigada a empreender algo. Os homens, por isso, correm para as reuniões sociais, para as quais, entretanto, não têm nenhum gosto, e, embora nelas

---

fosse mantida ativa por sonhos, ela teria de se extinguir e o sono mais profundo implicaria simultaneamente a morte".

[153] *Idem, op. cit.*, p. 47.

[154] Kant, I., *Antropologia*, p. 164.

[155] Rf. 1487, *AA*, XV, 2, p. 720.

sintam descontentamento, a troca de diversas impressões elimina a dor.[156]

Mas a troca incessante de sensações apenas em vista da fuga da dor provocada pelo momento presente pode levar ao desespero:

> Pela mesma razão, muitos indivíduos também se mataram, e a maior parte desses melancólicos chegou ao vício do suicídio porque o aguilhão da dor os perseguiu tanto que este foi o único meio que encontraram contra ele.[157]

O mesmo estado desesperador é explicado mais detidamente na *Antropologia pragmática*. O estado do tédio é tão opressivo e angustiante para os indivíduos "que dedicam atenção à própria vida e ao tempo", isto é, os seres humanos cultivados (é por isso que a Antropologia sempre recomenda não prestar tanto atenção a si mesmo, mas dirigi-la ao mundo), que "essa pressão ou impulso que se sente, de abandonar todo momento em que nos encontramos e passar ao seguinte, é acelerada e pode chegar à resolução de pôr fim à própria vida, porque o homem voluptuoso tentou prazeres de toda espécie e nenhuma delas é nova para ele". Vai nesse sentido o ditado francês "Os ingleses se matam para passar o tempo".[158] E foi isso que um aristocrata deixou escrito no bilhete em que se despede:

> Comer, beber, ir a bailes e à comédia, acariciar amantes etc. São esses todos os prazeres deste mundo? Então vou à busca de novos em outro mundo.[159]

---

[156] *Antropologia Menschenkunde*, *AA*, XXV, 2, p. 1070-1.

[157] *Idem, ibidem.*

[158] *Idem, Antropologia*, trad., p. 130.

[159] *Idem, Antropologia Mrongovius*, XXV, II, p. 1318. A versão da *Antropologia pragmática* está interpolada.

Nos cursos, Kant se permite comentários jocosos a respeito dessa anedota: ninguém suspeitaria das intenções de mudar de ares do primo do conde de Petersburgo, "desde que ele voltasse".[160] Mas as notas de humor em relação ao tédio dos caça-prazeres vão se tornar menos episódicas e mais reveladoras da posição kantiana nos anos 1780: de fato, a atitude do suicida é viciosa do ponto de vista moral, porque não pode ser universalizada, e irrazoável do ponto de vista da prudência, mas perfeitamente explicável da perspectiva da economia do temperamento, pois dar fim à própria a vida é um gesto que só difere em grau da maioria das ações cometidas pelos demais seres humanos (todos eles compelidos a agir, sem ter exata noção do porquê). Esse gesto, aliás, deve ser interpretado com atenção, já que, em última instância, ele escancara a própria insignificância da *vida* humana. O suicida é, no fundo, um duplo negativo do sábio, porque, semelhantemente a este, embora à sua maneira, ele também chega àquela verdade, difícil de aceitar, de que toda a felicidade que se possa alcançar neste mundo é nula.[161] Como o contentamento não passa de supressão da dor e não contém nada de duradouro (*nichts Fortdauerndes*), como só a dor é positiva e subsiste autonomamente (*allein das Selbständige sey*), o suicida vê a vida humana sombreada pelas nuvens da melancolia, não contendo nada de valoroso em si.[162]

A proximidade do entediado, do melancólico e do suicida com o sábio não é artificial ou fortuita. R. Brandt e W. Stark lembram que a antropologia pós-verriana acaba por corroborar esta verdade, já constatada na ética, de que "a vida humana, enquanto tal, não tem valor absoluto em si", valor absoluto que se localiza, para a razão prática, somente na vontade pura.[163] Seria oportuno

---

[160] *Antropologia Parrow*, XXV, 1, pp. 404-5.

[161] Rx. 1487, p. 723

[162] *Antropologia Menschenkunde*, XXV, 2, p. 1069.

[163] Brandt, R. e Stark, W., Introdução às *Vorlesungen zur Anthropologie*, p. XLIII. Cf. "Considerada pela razão, a vida não tem absolutamente nenhum valor, mas apenas na medida em que sua conduta é digna dela" (*Antropologia Mrongovius*, XXV, 2, p. 1360).

ter em mente o significado dessa afirmação em relação ao pensamento antropológico que até então era e ainda em parte é o de Kant: como tanto se insistiu nos estudos anteriores, todo o direcionamento da antropologia, principalmente a partir de Hume, visava mostrar o caráter autonômico das atividades humanas, e mesmo a vida, embora não se devesse exagerar na sua importância, era concebida como tendo um valor intrínseco. Com Verri, a atividade ou momento atual são sempre relativos ao estado passado e ao estado futuro:

> Um determinado modo de existir não é por si mesmo nem um bem, nem um mal; será um bem para aquele que ascenderá a ele de uma vida pior, e, ao contrário, será um mal para aquele que a ele decaia de uma vida melhor.[164]

O epicurismo implícito da ciência da natureza humana consistia em estipular como a "voluptas" era o índice do valor da vida. O que se vê a partir de agora é a possibilidade de afastamento entre a moral e a antropologia, cuja imbricação era patente no pensamento pré-crítico kantiano, a ponto de se poder suspeitar, como o fez Michel Foucault, uma ancoragem de toda a filosofia na antropologia. Essa leitura já não pode se sustentar inteiramente depois do contato de Kant com o *Discurso* de Pietro Verri, embora tampouco se possa afirmar a tese contrária, de que a antropologia não se integra sistematicamente na filosofia kantiana.[165]

A teoria das "dores inominadas" dá ao pensamento kantiano uma gota pessimista logo diluída no seu finalismo. Como em Verri, se a "*verità sconsolante*" de que a vida humana deve conhecer uma

---

[164] Verri, P., *op. cit.*, p. 26.

[165] Como afirmam R. Brandt e W. Stark (*op. cit.*, p. XLVII). Se isso fosse verdade, a antropologia pragmática não seria dividida segundo as mesmas divisões das *Críticas* (faculdade de conhecer, sentimento de prazer e desprazer e faculdade de desejar), e a mesma imputação de assistematicidade valeria para a filosofia da história, que nasce nos cursos e reflexões sobre antropologia e contém inúmeros elementos fundamentais extraídos da antropologia.

soma de dores maior que a de prazeres, isto é, de que para ela a miséria é mais provável do que a felicidade, essa verdade não precisa ser dissimulada, porque dela decorrerá um ganho. Considerar que a felicidade possa ser alcançada como uma "quantidade positiva e segregada do mal" não passa de sonho; ela só pode consistir na "diminuição de nossos males". Ora, deixar de ter esperança numa beatitude inalcançável é essencial para que os homens não se tornem mais miseráveis do que já são, e para que saibam equacionar melhor os seus desejos à medida de suas forças.[166] A compreensão amarga, mas justa, daquilo que é alcançável para o homem tem em Verri o sabor de uma sabedoria estoica mesclada a uma ironia machadiana:

> Muitos dizem que os tolos são felizes; eu, ao contrário, digo que os felizes são tolos...[167]

> A tolice, portanto, não é causa da felicidade, mas, ao inverso, o homem é tolo porque é feliz.[168]

A lição é repetida por Kant:

> Não é a tolice que faz feliz, mas a felicidade que faz os tolos.[169]

A felicidade é uma aparência, e aqueles que consideram a vida uma sucessão continua de bem-estar sucumbem a um erro de avaliação[170] que os cega para a verdadeira dimensão da dor e da miséria presentes na natureza humana. A partir dessas constatações, Kant poderá repensar sua posição sobre o sentido das ativi-

---

[166] Verri, P., *op. cit.*, ed. cit., pp. 100 ss.

[167] *Idem*, pp. 56-7.

[168] *Idem*, p. 57.

[169] Rx. 1478, *AA*, XV, 2, p. 723.

[170] Kant, I., *Antropologia*, p. 128.

dades e da passagem do tempo, o que fica bem evidente na sua consideração sobre o *trabalho*. Este já não é mera passagem para a obtenção de um fim, mas a "melhor maneira de passar o tempo, e o tempo não é preenchido de outra maneira senão pelo trabalho". Por ser um "esforço", isto é, uma dor, ele serve para "nos tornar capazes da felicidade da vida, na medida em que detém a dor; pois durante o trabalho nos esquecemos dos sofrimentos inomináveis [*unnennbare Leiden*] que sempre nos perseguem".[171] A explicação para o surgimento da civilização, para o desenvolvimento das ciências e das artes, passa assim pela compreensão do papel da dor e do mal na natureza humana. Como o selvagem insensível à mudança, que passa o dia com seu anzol sem pescar nada, o homem que não sente o incitamento (*pungolo*) da dor não é propriamente ser humano, pois vive uma vida vegetativa e

> [...] não tem uma razão suficiente para superar a inércia e agir sobre um verdadeiro objeto; daí que nenhuma parte do engenho possa ser desenvolvida nele, e nenhuma ideia seja atentamente examinada por ele. Não há princípio que o obrigue a pular fora da indolência e afrontar a fadiga.[172]

A punção dolorosa tem por efeito, entre outras coisas, o desenvolvimento da faculdade intelectiva, e por isso o pessimismo do autor italiano foi entendido por Kant como uma renovação do finalismo. De fato, ele permite a absorção do mal intrínseco à natureza humana numa visão teleológica: "todo bem do mundo tem sua raiz no mal".[173] Tomando cuidado em não se precipitar na generalização, Verri afirma que o impulso para fugir da dor explica toda a operosidade humana, mesmo as mais refinadas e subli-

---

[171] Kant, I., *Antropologia Menschenkunde*, XXV, 2, p. 1076.

[172] Verri, P., *op. cit.*, pp. 56-7. Cf. *Discorso sulla felicità*: "Mas a ausência de desejo é antes vegetação do que vida..." (p. 103).

[173] Verri, P., *op. cit.*, p. 82.

mes. Aliás, principalmente estas. É o que explica por que os homens felizes e saudáveis não precisam das artes, mas apenas os infelizes do ponto de vista intelectual ou moral:

> Música, pintura, poesia, todas as belas-artes têm por base as dores inominadas, de tal modo que, se não erro, se os homens fossem perfeitamente sãos e alegres, as belas-artes não teriam surgido. Esses males são a nascente de todos os prazeres mais delicados da vida.[174]

Os homens que cultivam as artes ou as ciências com algum êxito são impelidos a elas "pela infelicidade ou pela multidão de males" que encontraram em sua "laboriosa carreira"[175] — considerações que também encontram eco em Kant: "As belas-artes, poesia, pintura, são todas antídotos à dor ideal. O homem que tivesse o espírito inteiramente saudável não daria atenção às belas-artes."[176]

Parece oportuno fazer aqui uma comparação com a explicação que Freud dá para o mecanismo da sublimação, não tanto certamente pelo que a teoria verriana possa ter de antecipatório, quanto pela oportunidade de explorar a afinidade de ideias entre esses autores distantes no tempo. Para dar algum fundamento à comparação, será imprescindível retomar alguns aspectos presentes no *Discorso*.

Verri explica que, embora tenham polaridades invertidas, o dispositivo de produção da dor e do prazer morais são semelhantes, o que se pode verificar mediante dois exemplos. Para exemplificar a produção da dor, Verri se põe no lugar de alguém que recebe a notícia da morte de um grande amigo. Nesse caso, o sentimento doloroso é explicado não como um sentimento atual ou

---

[174] *Idem*, p. 51.

[175] *Idem*, p. 57.

[176] Kant, I., *Antropologia Menschenkunde*, XXV, 2, p. 1074.

como uma nostalgia em relação ao passado, mas como uma "previsão" de quantas vezes ele terá de conviver, dali em diante, com a presença da imagem do amigo que perdeu. O que entristece o espírito é a projeção futura da imagem da pessoa ausente. Em suma, trata-se aqui do *temor* dos males morais, essa dor que "nasce da reunião dos fantasmas que ocupam minha mente", na qual "a parte mais nobre de mim mesmo" se apoia mais no passado e no futuro que no momento atual, comparando aqueles dois modos de existir.[177] No segundo exemplo, ele se coloca numa situação oposta, de alegria. Ao receber a notícia de ter obtido um cargo de grande destaque, a notícia será insípida e não causará nenhuma sensação prazerosa, se ele não puder se esquecer do passado e se lançar no futuro. O prazer consistirá no fato de que se apresentará à sua mente "a injustiça, o orgulho, a fria indiferença" que recebeu de muitos homens insolentes pelos altos postos que ocupam, tratamento que perdurou enquanto "permanecia desarmado e sem poder". Mas agora, com a perspectiva do novo cargo, "eu me lanço no futuro e o prevejo modificado", com todos os benefícios que poderá obter conquistando a "opinião pública". Em suma: "estou imerso num voluptuosíssimo prazer moral, porque, considerando pouco ou quase nada o momento presente, me apoio inteiro no passado e no futuro".[178] Assim como o temor é a fonte de todos os males morais, assim também a esperança é o princípio de todos os prazeres morais.

Os dois exemplos empregados no *Discorso* para explicar a origem do mal e do prazer morais reaparecem no curso de *Antropologia Pillau*. No primeiro caso, "se um amigo meu morre, sofro uma dor ideal, o temor, porque vejo os dias futuros e reconheço que não terei mais aquele que me desviou de tantos males". Se o temor é causa de desgosto, já a esperança é um "antegosto do futuro". O indivíduo que sofreu censuras de todos pode considerar isso com facilidade se seu olhar se volta ao mesmo tempo para as

---

[177] Verri, P., *op. cit.*, pp. 7-8.

[178] *Idem*, pp. 8-9.

comodidades que terá no futuro, "quando todos dependerão dele" (*wenn sie ihm alle anhängen werden*).[179] As duas explicações deixam ver que a projeção no futuro se funda num dispositivo fantasmático (*riunione de' fantasmi*, diz Verri) ou idealizado. A dor ou prazer é "ideal" para Kant, que prefere este ao adjetivo "moral". O exemplo da pessoa que recebe a notícia do novo cargo é tanto mais significativa, pois a satisfação imaginária é vista como uma compensação em relação à inferioridade moral do passado. As belas-artes e a poesia, como satisfações "sublimadas", se explicariam por um dispositivo semelhante.

Ambição, cobiça, poder

O ponto a ser ressaltado aqui parece evidente: Kant amplia agora o seu já grande acervo de princípios explicativos a respeito da origem das "ilusões" naturais dos homens. Mas mesmo as ilusões agora mencionadas podem ser classificadas com otimismo, porque, a despeito do tom pessimista da filosofia verriana, suas explicações corrigem em parte, mas não diferem muito daquelas apresentadas pela antropologia do século XVIII. O que as antecipações imaginárias de Verri farão compreender melhor é que o funcionamento das sociedades e da civilização em geral depende em grande parte da saída do presente doloroso e projeção do temor ou da esperança no futuro. Não por acaso as três paixões que constituem a insociável sociabilidade — base de sustentação do edifício da filosofia da história kantiana — passarão a ser pensadas a partir de uma "inclinação" natural do homem *à ilusão ou delírio*. Para entender como inclinações naturais se transformam em paixões egoístas, mas, ao mesmo tempo, constitutivas da sociabilidade, é preciso considerar de perto como se comportam os homens acometidos de ambição, poder e cobiça.

A importância da obra de Verri pode ser constatada quando, comparando os diferentes cursos de Antropologia, se percebe que

---

[179] Kant, I., *Antropologia Pillau*, XXV, II, p. 787.

essas três paixões não aparecem como tais antes da leitura do *Discorso*. Até então, sua presença ocorre episodicamente, no âmbito da diferenciação entre afetos e paixões. É a partir da *Antropologia Pillau*[180] que elas aparecem classificadas sob a mesma rubrica e explicadas como mania ou vício, como indica a própria formação dos termos, todos eles contendo a palavra *Sucht*: *Ehrsucht*, *Herrschsucht* e *Habsucht*. Desde a *Antropologia Collins*, a mania ou compulsão é definida como "desejo que torna continuamente dependente dos objetos".[181] Na tentativa de sistematizar os afetos e paixões, elas já apareciam nos cursos anteriores no tópico dos modos de operação da prudência (*Klugheit*), isto é, fama, poder e dinheiro são maneiras de obter ascendência sobre os homens, fazendo-os trabalhar para os fins da felicidade pessoal daquele que goza de alguma dessas vantagens. Como é sabido, diferentemente do que ocorre na moral, a antropologia deve precisamente ensinar a fazer dos outros homens *meios* para a satisfação das carências e inclinações.

O papel sistemático da Antropologia no interior da filosofia kantiana é assim inteiramente claro: como já se mostrou antes, ela é parte daquele grande silogismo que vincula a natureza aos fins últimos da humanidade. Constituindo um dos elementos do termo médio do silogismo, ela é a responsável por construir a ponte entre as habilidades científicas e técnicas (com os quais os homens são capazes de dominar a natureza) e a sabedoria ou independência do homem em relação à natureza e à sensibilidade, em vista da promoção dos fins morais últimos da razão. Os indivíduos aptos a viabilizar essa passagem são "espertos" ou prudentes, e a Antropologia consiste tão somente no ensino da melhor maneira de co-

---

[180] Para que o leitor tenha presente, a edição dos cursos de Antropologia preparada pelas Academias de Ciências de Berlim e de Göttingen traz sete cursos, cujas datas prováveis são as seguintes: *Collins*: 1772-1773; *Parow*: 1772-1773; *Friedländer*: 1775-1776; *Pillau*: 1777-1778; *Menschenkunde*: 1781-2178; *Mrongovius*: 1784-1785; *Busolt*: 1788-17889. O pensamento de Verri se faz presente depois de 1777, com a publicação da tradução alemã.

[181] *Antropologia Collins*, XXV, 1, p. 216. Cf. *Antropologia Parow*, XXV, 1, p. 422.

nhecer e sistematizar regras de conduta pragmática. As máximas de prudência (*Klugheit*) têm por objetivo, portanto, estabelecer a passagem dos saberes teóricos e habilidades técnicas (*Geschicklichkeit*) à sabedoria (*Weisheit*).

Segundo esse programa, os *desejos* de fama, de poder e de dinheiro não têm, assim, nada de intrinsecamente pejorativo, mas são, ao contrário, essenciais do ponto de vista sistemático. A dialética da sociabilidade está presente na reflexão kantiana desde o início dos anos 1760, quando Kant faz a leitura dos filósofos britânicos: como se pode ver nas *Observações sobre o sentimento do belo e do sublime*, é preciso compreender que os impulsos egoístas trazem benefícios à sociedade e que, no limite, esta não existiria sem eles. O que se modifica ao longo dos anos da meditação kantiana é a maneira pela qual ela procura explicar como a vocação social do egoísta se desenvolve à revelia dele.

Que os homens desejem obter influência sobre os outros homens, buscando reputação, poder ou dinheiro, é parte de uma complexa trama social que precisa ser mais bem explicada. Foi Francis Hutcheson quem deu a chave mais importante para a compreensão do sentido social das inclinações egoístas, ao inverter a argumentação dos epicuristas, principalmente Hobbes e Mandeville: segundo o filósofo irlandês, a preponderância do desejo de riqueza e poder sobre as outras paixões induziu esses pensadores à inferência insensata (*foolish*) de que a natureza humana é inteiramente egoísta. Mas essa predominância da busca de riqueza e poder se explica facilmente, pois eles são os *meios* que o homem tem de dispor para poder satisfazer todos os seus outros desejos.[182] É a universalidade desses desejos de riqueza e poder (*the*

---

[182] Hutcheson, F., *ECP*, p. 62. Cf. *System*, p. 136 e, principalmente, p. 104: "Riqueza e poder são verdadeiramente úteis não apenas pelas conveniências naturais ou prazeres da vida, mas como um fundo para bons ofícios." O "fundo de reserva" de que a pessoa dispõe também é um capital de boas ações (*a fund for good offices*). Sobre o fundo de capital, cf. o estudo sobre "Kant e o filósofo que ri". Os homens de paixões calmas sabem que riqueza, poder e honra servem apenas como parte subserviente da grande soma de felicidade. *System*, pp. 10-1.

universality of these desire of wealth and power) que possibilita a gratificação dos desejos públicos virtuosos. Daí o erro dos puristas morais, erro simétrico ao dos epicuristas, ao condenarem a busca de poder e riqueza:

> Como são fracos, portanto, os raciocínios de alguns moralistas reclusos, que condenam em geral todas as buscas de riqueza e poder, por estarem aquém de um caráter perfeitamente virtuoso: pois riqueza e poder são os *meios* mais efetivos e os *instrumentos* mais poderosos para obter mesmo as maiores virtudes e as ações mais generosas! A busca deles é louvável, se a intenção é virtuosa; e negligenciá-los, se oportunidades honráveis se oferecem, é realmente uma fraqueza.[183]

Nesses desejos indispensáveis pode ser incluída a ambição (*ambition*) ou desejo de honra, pois essa palavra também "denota desejo de poder", assim como o orgulho (*pride*) é desejo de honra e poder.[184]

A natureza humana inclui assim, entre as suas disposições, uma classe de ilusões pelas quais os individualistas acabam por contribuir com interesses que não julgam propriamente ser os seus. É que a natureza ardilosamente estimula os interesseiros a buscar a gratificação de desejos que são favoráveis ao conjunto que aparentemente desprezam. A felicidade, que não existe sem a sociedade,[185] está em entender essa ligação com a coletividade e contribuir voluntariamente para reforçar os laços de união, mas, mesmo aquele que afeta cortar esses laços, "não consegue romper os limites da natureza": ele tem oculto em si um "senso público" — expresso, por exemplo, no sentimento de honra — e reais necessidades que o tornam dependente do sistema. Lucrécio e Hobbes não teriam escrito livros para os outros homens se não se sentissem

---

[183] *Idem*, p. 22.

[184] *Idem*, p. 46.

[185] *Idem*, p. 39.

a eles vinculados por alguma espécie de afeição.[186] Contra a própria vontade, os epicuristas são "feitos de bobos do interesse público", diz Hutcheson usando contra eles a expressão (*befooled into a publick interest*) que seu engenhoso adversário Mandeville havia usado contra Shaftesbury.[187]

Todas as paixões tendem para o bem, privado ou público, e cada "agente particular" é, voluntariamente ou não, "em grande medida subserviente *do bem do todo*". Assim, não só as sociedades particulares, mas o próprio gênero humano está "insensivelmente ligado e constitui um único grande *sistema* mediante uma união invisível".[188] Tem-se obviamente aí a origem da "insociável sociabilidade" kantiana e de sua concepção de filosofia da história, mas isso é já bastante conhecido. O que importa é procurar compreender como Kant consegue a verdadeira proeza de conciliar, numa nova síntese, o seu otimismo shaftesburiano e hutchesoniano dos anos 1760 e início dos anos 1770 e o pessimismo lockiano e verriano do final dos anos 1770 em diante. Pois, até o contato com a tradução do texto italiano, toda a sua concepção das paixões dependia em larga escala das explicações de Francis Hutcheson. E, como já ficou evidente, a tese capital da teoria hutchesoniana é nada menos que frontalmente contrária à posição de Verri: além da refutação do epicurismo interessado, o outro objetivo fundamental do *Ensaio sobre a natureza e conduta das paixões e afecções* é o de refutar Locke (segundo Hutcheson, também epicurista a sua maneira) e mostrar que o desejo não pode ser definido negativamente, por uma ausência que provoca dor. Com exceção dos desejos mais imediatos (fome, sede, apetite sexual), não há uma conexão entre desejo e dor em que esta preceda àquele. Nenhum desejo pode ser concebido como se surgisse necessariamente da perspectiva de "remover a sensação inquietante (*uneasy sensation*) que acompanha o próprio desejo". Se a sensação in-

---

[186] *Idem*, p. 60.

[187] *Idem*, p. 29. A expressão de Mandeville se encontra na *Fábula das abelhas*, I, 43, 50.

[188] *Idem*, p. 87.

quietante ou incômoda é prévia ao desejo, ela pode desencadear o desejo de "algum evento" (*any event*) que busque ou conserve a sensação, se ela é prazerosa, ou a remova, se é dolorosa. A explicação lockiana parece perder de vista a distinção essencial: claro, toda representação pode ser prazerosa ou dolorosa, mas que a sensação seja sempre acompanhada de prazer ou dor não é razão para confundi-la com algo que está fora ou além dela, isto é, o desejo que ela desperta, que é, este sim, o dispositivo acionado quando se quer sair ou continuar num determinado estado de ânimo. O que a distinção lockiana põe a perder é a positividade do desejo,[189] ao definir a sua "ideia simples" como "uma sensação incômoda na ausência de um bem". Locke confundiu sensação e desejo, confusão que é análoga àquela que muitos fazem entre vontade e entendimento ou sensação.[190]

Se é bem verdade que um dia, já nos anos 1760, Kant se deu conta de que a moral da benevolência dos autores britânicos não podia fundar uma moral universal, por outro lado algumas noções permanecerão fundamentais em seu pensamento, como essa distinção hutchesoniana entre sensação e desejo, que se transformará num operador central da reflexão kantiana, pois ela não tem apenas afinidade com a ideia de autonomia da razão,[191] mas também será a principal fonte para a divisão fundamental das faculdades superiores do sistema da crítica, a saber, a separação entre sentimento de prazer e desprazer e faculdade de desejar. Essa divisão depende em grande medida da descoberta da diferença entre sensa-

---

[189] *Idem*, p. 26.

[190] *Idem*, p. 29. Sobre isso, veja-se o estudo "O Sentimento e a descoberta do juízo reflexionante", neste volume.

[191] Hutcheson reitera que não se pode confundir entendimento e vontade (muitos atribuem àquele não só ideias, noções e conhecimento, mas também ação, inclinações e desejos) e que é preciso retomar a antiga distinção escolástica entre apetite sensitivo (*appetitus sensitivus*) e o apetite racional (*appetitus rationalis*), o que corresponde precisamente à distinção kantiana entre faculdade de desejar inferior e superior.

ção, afeto e paixão, que, como não se cansa de lembrar Kant, não fora elucidada por nenhum autor antes de Francis Hutcheson.[192]

A primeira distinção importante estabelecida por Hutcheson é a que existe, segundo ele, entre sensação e afeto. A palavra *sensação* se aplica a "percepções imediatas de prazer e dor" diante da "presença mesma ou operação de algum objeto ou evento" que ocasiona alguma impressão nos sentidos. Já o prazer ou dor ligado ao afeto não surge dessa maneira, mas depende da "reflexão" sobre eles ou de uma "opinião" sobre estar de posse de alguma vantagem ou desvantagem, ou da perspectiva de obter uma sensação agradável ou rejeitar uma sensação dolorosa.[193] O que distingue o afeto da percepção presente é a reflexão ou apreensão (*apprehension*) da existência presente do acontecimento ou do objeto ou de sua existência certa no futuro, de maneira a produzir alguma certeza de que ocorrerão no futuro sensações semelhantes à presente. Se alguém tem um ataque de gota, diz o texto, ele tem uma sensação dolorosa (*painful*); mas se não sofre no momento, o que ele tem é um afeto de pesar ou tristeza (*sorrow*) ao apreender a possibilidade do retorno dela, o que "em certo sentido" pode ser chamado de uma sensação. Da mesma forma, ao contemplar

> [...] um edifício regular, temos a *sensação* de beleza; mas ao apreendermos que nós o possuímos ou que podemos nos proporcionar essa sensação prazerosa quando quisermos, sentimos um afeto de alegria.[194]

Embora já se tenha insistido bastante sobre essa diferenciação, não custa lembrar a importância dela para a estética:

---

[192] Cf., por exemplo, *Antropologia Friedländer, AA*, XXV, p. 589. As Antropologias anteriores dizem que a distinção é feita por "alguns autores ingleses" (*Collins*, p. 192; *Parow*, p. 413). O cuidado de Kant talvez seja justificado em virtude da dívida de Hutcheson com relação a Shaftesbury.

[193] Hutcheson, F., *ECP*, p. 42.

[194] *Idem*, p. 30.

Alguém que reduzisse todo o senso da beleza nas formas a alguma utilidade real ou aparente que nelas se discerne jamais será capaz de explicar como o espectador aprecia [*relishes*] aquelas formas úteis de que não extrai nenhum benefício, nem espera algum além do prazer de contemplá-las; nem como nos aprazemos [*we are pleased*] com a forma das flores, dos pássaros e dos animais selvagens, quando não conhecemos nenhum uso real ou aparente indicado por eles; nem como um espectador, inteiramente estranho às visões do arquiteto, se aprazerá à primeira aparição da obra; nem de onde vem que todos nos aprazemos com imitações de objetos que, se estivessem realmente colocados onde suas imagens estão, não seriam de nenhuma vantagem...[195]

Há uma distinção óbvia entre *sentir o belo* e *ser possuidor de uma bela casa*. Seguindo na mesma trilha, Hume dirá que o proprietário de uma bela casa se envaidece e se orgulha de possuí-la, mas essas duas paixões (de vaidade e orgulho) estão ligadas ao sujeito, e não à qualidade da beleza simplesmente como tal.[196] E Kant por sua vez dirá, logo nos anos de 1775-1776:

Podemos ter uma satisfação com objetos, embora a realidade do objeto nos seja indiferente. Por exemplo, quando viajamos e vemos uma casa na estrada real, ela pode nos aprazer, ainda que para nós tanto faz que ela exista [*da ist*], mas já que existe, ela nos apraz. O objeto nos apraz, mas a existência [*Daseyn*] do objeto pode nos ser indiferente. Por conseguinte, o julgamento [*Beurtheilung*] do objeto é diferente da realidade do objeto, da existência.[197]

---

[195] *Idem, System*, p. 18.

[196] Hume, D., *THN*, trad. cit., pp. 313-4.

[197] *Antropologia Friedländer*, XXV, 1, p. 577.

Por mais difícil que seja separar moral e estética e até falar de uma "estética" autônoma no século XVIII, não resta dúvida de que a perspectiva do sentimento estético autônomo está consolidada muito antes da *Crítica do juízo*. Tampouco é casual que a tão controversa "beleza natural" seja o paradigma da autonomia estética para Kant, por tudo que já foi dito antes sobre a beleza absoluta em Hutcheson ou quando se lembram os exemplos de Hume, de um belo peixe no oceano ou de um animal bem-proporcionado na floresta, belezas autônomas das quais o indivíduo não pode se apossar. A diferença entre sensação e afeto, emoção e desejo,[198] contemplação e posse são elementos que se podem reencontrar reformulados na *Crítica do juízo*: "se alguém me pergunta", diz ele na *Crítica do juízo*, "se acho belo o palácio que vejo diante de mim...", não adianta responder como o iroquês que só quer saber de restaurantes, nem como um bom rousseauniano que censure a *vaidade* dos grandes, pois aqui a questão é se a mera representação do objeto é bela e satisfaz de maneira pura e desinteressada, isto é, a despeito de todo interesse pela existência (*Existenz*) ou posse do objeto.[199]

Por tudo isso que se disse sobre a oposição de Hutcheson a Locke, se pode ver finalmente que a distinção entre sensação e desejo leva à uma consideração crucial sobre o tempo. Conforme explica um dos cursos de Antropologia, entre sensação e desejo o que há de diferente é que "no desejo não há percepção do que é real e presente, mas um pressentimento [*Vorempfindung*] daquilo que é futuro. O sentimento [*Gefühl*] se volta para o presente".[200] O desejo é desejo do que virá; o sentimento se dirige para o presen-

---

[198] "Emoção" e "desejo" é como Kames explica a diferença entre o sentimento estético e o vontade de posse: "A emoção agradável produzida no espectador por uma excelente pintura de propriedade de um príncipe é raramente acompanhada de desejo; mas se tal pintura é posta à venda, o desejo de tê-la ou possuí-la é consequência natural de uma forte sensação" (*Elemento da Crítica*, p. 36).

[199] Kant, I., *Crítica do juízo*, § 2, *AA*, V, pp. 204-5.

[200] *Idem, Antropologia Menschenkunde, AA*, XXV, 2, p. 1115.

te. Inspirando-se ainda em Hutcheson, que recorre, por sua vez, a Malebranche para explicar que alegria, tristeza e desejo correspondem às três dimensões do tempo (presente, passado e futuro),[201] Kant faz algumas nuances a respeito do caráter temporal dos afetos, dizendo que eles também "se voltam para o presente, passado e futuro", de onde se explicariam as paixões de tristeza, temor e dissabor. Mas não é aí que está o essencial, pois "no fundo todo afeto se refere ao futuro". Isso porque o ânimo ou a mente (*Gemüth*) "jamais é comovido [*wird... bewegt*] senão por aquilo que é futuro". Ou, noutras palavras: "A consequência futura de algo é, portanto, aquilo que vivifica a mente".[202]

A perspectiva de obter ou evitar algo no futuro produz um estado de ânimo que é diferente dos estados em que se volta para o passado ou para o presente. O problema que fica para o leitor de Kant resolver é que a vivificação (*Belebung*) da mente também é uma das características distintivas do sentimento de prazer estético, sendo necessário entender como ela pode entrar em duas noções que justamente acabam de ser diferenciadas. Será preciso compreender em termos mais precisos como a vivificação ligada ao sentimento de prazer e desprazer produz um estado que é distinto da vivificação ligada ao desejo.[203] Se isso é bem compreendido, será possível explicar então como duas filosofias antagônicas — a de Shaftesbury-Hutcheson e a de Locke-Verri — puderam ser assimiladas pelo sistema kantiano, não apenas no laboratório de ideias que são as reflexões e os cursos, mas nas partes estruturantes dele.

---

[201] Hutcheson, F., *ECP*, ed. cit., p. 43. Hutcheson se refere ao livro V, 7-9, da *De la recherche de la vérité*.

[202] Kant, I., *Antropologia Menschenkunde*, AA, XXV, 2, p. 1125.

[203] No caso do dispositivo afeto — paixão — desejo, o problema é análogo ao da causalidade humiana: como é que a mente pode ser "vivificada" pela crença causal, isto é, pela certeza na expectativa de algo que ainda não ocorreu.

Tempo do desejo, tempo do sentimento

Parece já ter ficado claro que, além da concepção de tempo ligada à ciência, a reflexão sobre a temporalidade em Kant se move em duas direções, a do tempo presente, que está ligado ao sentimento, e a do tempo futuro, ligado às afecções e ao desejo. No primeiro aspecto, no qual talvez seja mais justo falar em *duração*, o tempo se apresenta como o tempo da *reflexão* e da *experiência estética*; no segundo, como o tempo da experiência *histórica*, mas também moral e política. Para facilitar o trajeto e reatar tantos fios soltos neste estudo, será recomendável começar por esse último ponto.

A concepção da temporalidade histórica em Kant supõe a confluência dessas duas linhagens filosóficas aqui tratadas, confluência em que se pode ver combinadas as seguintes ideias gerais: 1) existem certos afetos ou paixões aparentemente egoístas, mas que no fundo, como formadores de ilusões benéficas, não são apenas altamente proveitosos, como necessários para o estreitamento dos vínculos sociais; 2) os homens são levados por "dores inominadas" a fugir do estado presente e a buscar um estado futuro, não importa qual ele seja.

A tese shaftesburiana e hutchesoniana sobre o caráter intrinsecamente benévolo das paixões egoístas tem uma formulação radical na antropologia, pois a afirmação de Hutcheson de que é a *universalidade* dos desejos de riqueza, ambição e poder que torna possível a gratificação das afecções sociais é entendida corretamente por Kant como *condições de possibilidade das demais inclinações*. Explicando melhor: na perspectiva antropológica, a faculdade de desejar é pensada segundo duas inclinações fundamentais da natureza humana, a inclinação pela liberdade (*Freiheit*) e a inclinação pela capacidade ou poder (*Vermögen*). Embora não devam ser identificadas à liberdade no sentido moral estrito, a inclinação à liberdade e a inclinação ao poder que a concretiza equivalem, no plano antropológico, às condições puras do conhecimento ou da moralidade, pois elas são inclinações *formais* que determinam todas as demais inclinações ditas *materiais*. Noutros termos, a satisfação de todas as inclinações dos homens depende da satisfação dessas inclinações mais primordiais ou formais. Kant diz, por isso, que as inclinações formais são o fundamento (*Grund*) de todas as outras: "se elas não puderem ser satisfeitas, todas as nossas inclinações restantes também não poderão ser satisfeitas".[204]

A inclinação pela liberdade é uma condição formal negativa, isto é, afastamento daquilo que impede de viver segundo as inclinações.[205] Já a inclinação pelo poder é uma condição formal positiva e engloba as inclinações de honra, dominação e dinheiro, que são "as três *únicas condições formais da satisfação de todas as nossas inclinações*", e elas se constituem de tal maneira, que são aplicadas de modo geral (*generaliter*) a todas as coisas, não importam quais sejam elas.[206] Isso quer dizer que, satisfeitas essas condições formais, os indivíduos teriam domínio sobre o mundo objetivo, já que, como poder é a capacidade de influir uns sobre os outros, o "esforço unificado dos homens" seria um meio de assegurar o bem-estar e a felicidade deles muito mais amplo do que o que lhes é dado pela mera natureza. Mas essas condições formais precisam ser aplicadas, isto é, como no caso das categorias é preciso supor que há um *esquematismo*, ou algo análogo a ele (assim como os princípios formais aqui são análogos aos poderes puros), que permita a efetivação desses princípios. Esse esquematismo pode ser efetivamente reconstituído e se funda, tal como o esquematismo transcendental, na espontaneidade da imaginação.

O funcionamento das inclinações formais, das quais dependem todas as inclinações materiais, supõe uma disposição implan-

---

[204] Kant, I., *Antropologia Mrongovius*, *AA*, XXV, p. 1355. Essa comparação explica bastante bem o caráter sistemático conferido por Kant à antropologia: assim como no conhecimento puro e na razão prática as condições são dadas pelos poderes ou faculdades respectivas (*Vermögen*), a antropologia também só pode ser um caminho para a liberdade moral quando é pensada a relação do poder ou capacidade (mais uma vez *Vermögen*) como condição para a realização da inclinação à liberdade e, ambos, por sua vez, como condições formais para as demais inclinações. Com isso, fica claro o que se disse sobre o sentido de *Vermögen* no terceiro estudo deste livro.

[205] *Idem*, *Antropologia Menschenkunde*, *AA*, XXV, p. 1142.

[206] *Idem*, p. 1146.

Kames e a percepção "natural" do tempo

tada pela natureza: esta requer que o sentimento ou a força vital seja reavivada de tempos em tempos, a fim de que o homem seja forçado à atividade e não caia na inércia — ou seja, como em Verri, a fim de que mantenha o sentimento da vida. Para isso, com muita sabedoria e benevolência (*sehr weise und sohltätig*) a natureza faz os homens tomarem como fins reais os objetos criados pela imaginação. Assim, eles vão em busca de honra, poder e dinheiro como se fossem metas verdadeiras, mas na realidade estão perseguindo um interesse ilusório mediante o qual a natureza os tapeia para forçá-los a sair de sua indolência. Acredita-se perseguir um fim objetivo, que não passa de uma criação espontânea de suas fantasias. O mesmo mecanismo pode ser encontrado nos jogos de bola dos meninos, nas lutas, nas disputas etc., nos quais os antagonistas são levados a achar que estão competindo entre si, quando na realidade é a natureza que joga com eles a fim de que não só mantenham acesas, mas também desenvolvam e ampliem as suas forças.[207]

A busca de satisfação de todas as inclinações humanas se constitui assim, como mais um daqueles diferentes tipos de miragem mental exaustivamente catalogados pela filosofia kantiana. Tal como na aparência (*Schein*), na ilusão (*Täuschung*) e na ficção involuntária (*Einbildung*), o engano que ocorre na busca de fama, dinheiro e poder também consiste na apreensão de algo subjetivo como se fosse objetivo, mas aqui a confusão entre o subjetivo e o objetivo tem o efeito de provocar salutarmente a ativação da força vital, evitando, assim, não só o tão temido tédio, mas propiciando o desenvolvimento dos talentos e das capacidades do homem.

Com Verri, Kant pôde entender por que, para evitar o enfado, não bastava trocar de ocupação, pois isso poderia significar, de fato, a troca de um vazio pelo outro; ao contrário, deve haver na natureza algo que indique quando a ocupação ou o entretenimento deixam de fato de ser proveitosos. Os defensores da importância da variação das ocupações continuam cobertos de razão: a alternância entre trabalho e repouso, entre vida no campo e na cidade,

---

[207] *Idem, Antropologia*, p. 172.

entre sociedade e solidão, é ainda, sem dúvida, o melhor estímulo ao fortalecimento do espírito, mas é a dor que sinaliza quando uma ocupação passou dos limites; ela tem de se introduzir entre estados agradáveis para que "a vida se torne interessante".[208] Ou seja, a dor impede a inércia da mente que quer continuar no mesmo estado, que quer se deixar levar ao comodismo de um estado meramente vegetativo. Nesse sentido, pode-se dizer, há ocupações que a partir de certo ponto deixam de estimular a vida e de torná-la interessante. Entretenimentos que estimulem o sentimento vital são percebidos como sendo aqueles em que há fomento das capacidades humanas, enquanto os outros tendem a estagná-las ou a atrofiá-las. Entre eles, a diferença é a que existe quando se fala entre *passar* e *matar o tempo*.[209]

Com Hutcheson, Kant pôde aprender que os empenhos por honra, poder e dinheiro se caracterizam como "ilusões práticas internas" que assumem uma motivação fantasiosa como motivação real. São ilusões poderosas, que podem ser classificadas como uma espécie de loucura ou delírio (*Wahn*)[210] e se transformar em obsessões ou manias. Paradoxalmente, no entanto, é sua força que as converte em verdadeiros "móbeis do desejo" (*Triebfeder der Begierde*), capazes de garantir os primeiros passos fundamentais e necessários da história do gênero humano: a obsessão pela fama, pelo poder e pela riqueza (*Ehrsucht, Herrsucht* e *Habsucht*) é a responsável pela passagem da rudeza à cultura, tornando possível o desenvolvimento dos talentos e do gosto, a progressiva ilustração (*Aufklärung*), uma maneira diferente de pensar e, finalmente, a transformação de uma sociabilidade construída *patologicamente* num todo verdadeiramente moral.[211]

---

[208] *Idem*, p. 63.

[209] *Idem*, p. 51.

[210] *Idem*, p. 172.

[211] Kant, I., *Ideia de uma história universal de um ponto de vista cosmopolita*, p. 13. Como já se mostrou antes, existe uma filosofia da história em Shaftesbury fundada nas diferentes antecipações (pré-noções ou prolepses) que a imaginação faz do sumo bem. Refinando a argumentação, Hutcheson

O que se vê nesse argumento é a conjunção das perspectivas da moral benevolente e da moral pessimista: nos dois casos, o desejo está voltado para o futuro e impele os homens para ele como para uma miragem, uma miragem necessária, todavia, tanto do ponto de vista de sua saúde psíquica como do ponto de vista da história "social". Há para Kant uma convergência de Verri com as explicações de Shaftesbury, Hutcheson e Hume, por exemplo, já que eles insistem no papel que as ilusões e projeções desempenham na atividade humana. Em Verri, a projeção pode ser "idealizada", como no exemplo do indivíduo que recebe a notícia de sua promoção. Mas em geral, afirma ele, as projeções que dependem do temor são mais fortes do que as que se devem à esperança, porque embora não haja possibilidade de uma continuidade de prazeres, há possibilidade da continuidade entre dores, como se viu antes:

> Eis por que a imaginação de todo homem pode facilmente representar um acúmulo de males e um estado duradouro de penas e de absoluta miséria; e porque, ao contrário, não se pode, nem mesmo no liberalíssimo reino de nossa imaginação, pintar um estado de vida sempre alegre e feliz, livre de todo tédio e de toda saciedade. Eis por que as descrições do Tártaro conseguem ser sempre mais coloridas e verossímeis que aquelas do Elísio, as quais, depois de esforços inúteis, parecem atrofiadas e frias, não obstante tenham sido feitas por homens dotados de suma imaginação.[212]

O problema das projeções tem que ver, como já mostrava Shaftesbury, com a religião e com o entusiasmo religioso. Kant também já conhece toda a discussão shaftesburiana (endereçada

---

mostra que as primeiras imagens perseguidas pelos homens são justamente poder, dinheiro e honra. O que se pode sustentar é que essa filosofia da história serve de base ao "esquematismo" da história universal em Kant, e que, se for assim, ela se funda não só numa ideia da razão, mas também nas imagens e ilusões antropológicas, individuais e coletivas, da imaginação.

[212] Verri, P., *op. cit.*, p. 42.

principalmente contra o *medo* em Hobbes e o fanatismo religioso), mas parece ter se convencido agora de que as projeções dolorosas e negativas são mais fortes que as positivas: para a observância das leis na religião, as promessas de alegria no céu são menos fortes que o temor dos castigos e, embora Maomé tenha pintado o céu repleto de prazeres sensuais, seu efeito é menor do que a ameaça de conviver com dores inomináveis, pois, como ensina a história mosaica da criação, "os homens não podem suportar contentamentos contínuos; por isso, também o primeiro homem caiu em tentação de passar por cima da proibição".[213] Contrariamente à visão de um estado de natureza idílico na terra (mas no fundo de vida meramente vegetativa), a história e a história bíblica parecem ter dado razão a Verri: depois da queda, o homem teve de trabalhar, porque é preguiçoso por natureza e não podia mais permanecer num estado de "vadiagem".[214] Assim como os filósofos britânicos, Verri dá a Kant elementos fundamentais para a constituição da filosofia da história. A dor que espicaça cada um se desenvolve numa busca de fantasmas cujo único significado parece ser o de impelir à atividade sem nenhum outro propósito mais nobre ou visível senão o de fugir ao tédio:

> Os céus não nos fizeram para seres fruidores, mas para seres ativos. Temos talentos da razão e forças físicas para alcançar nossos fins. A dor nos é dada como aguilhão para produzir atividade em nós. Esse foi o fim da natureza, sendo claro que, entre nós, a maioria das coisas se resume a pura faina, mesmo que ainda não saibamos o que nos espera no fim.[215]

Mas esse encobrimento dos fins não é tão preocupante. Kant faz notar que os homens que estão constantemente ocupados e sempre fazem planos não são atraídos pelo prazer que lhes pode

---

[213] Kant, I., *Antropologia Menschenkunde*, XXV, 2, p. 1074.

[214] *Idem, ibidem.*

[215] *Idem*, p. 51.

Kames e a percepção "natural" do tempo

ser proporcionado por um objeto "visível", mas por um objeto que não sabem qual é e que eles primeiro querem alcançar.[216] É verdade que o que os move é a necessidade de sair do estado atual, não importa para qual outro. Mas, de todo modo, o "tateio" desorganizado dos homens em busca de metas que não conheciam foi imprescindível para que a razão se apercebesse de seu próprio traçado e de seu modo de operar. A razão deve apenas substituir a imaginação, isto é, mostrar o caminho a ser seguido na busca dos fins últimos dos homens, sem sucumbir às ilusões de desejos imaginários. Mas é importante não esquecer que esse mecanismo lockiano-verriano não elimina totalmente a explicação hutchesoniana do modo como se constitui o *objeto do desejo*, segundo aquela gradação do desejo explicada antes: propensão, instinto, inclinação e paixão.

DEVANEIO

> Werd'ich zum Augenblick sagen:
> Verweile doch! Du bist so schön!
>
> Goethe, *Fausto I*[217]

Quando Hutcheson responde à teoria lockiana do prazer e do desejo, ele faz a importante distinção fundamental entre as propensões, instintos, afetos e paixões que torna possível a convivência em Kant de duas concepções conflitantes de filosofia. Essa afirmação se refere não apenas à convivência da filosofia de Shaftesbury e Hutcheson com a de Locke e Verri. Ela vale também para o convívio entre a antropologia mais próxima do epicurismo dos anos 1770, e a antropologia mais próxima do pessimismo dos anos 1780 em diante. Como já se assinalou antes, Kant não precisa renunciar à filosofia de Demócrito, do filósofo que ri de tudo, com

---

[216] *Idem, Antropologia Menschenkunde*, p. 1070.

[217] "Direi eu então ao instante:/ Detém-te! És tão belo." *Fausto I*, vv. 1700-1.

a leitura do *Discorso*, porque a distinção hutchesoniana lhe permite situar o filósofo bem-humorado na dimensão do sentimento (*Gefühl*), enquanto o desprezo pela felicidade humana e a seriedade com que a razão persegue seus fins morais são situados no plano da faculdade de desejar.

Essa separação está longe de ser fortuita, e igualmente longe de qualquer dualismo, permitindo, ao contrário, operar passagens e distinções fundamentais entre os dois planos. É assim que a ideia de ativação ou vivificação pode ser considerada tanto no sentido do desenvolvimento das aptidões e de um *progresso* da humanidade ou, ainda, de um *entusiasmo esclarecido* com a busca de fins *futuros*, como no sentido de um *jogo vivificante* das faculdades da mente.

Tomando emprestado os termos do linguajar fenomenológico, pode-se dizer que o vivido temporal em Kant não se restringe à temporalidade *protensiva*, cujo presente parece fazer parte tão somente de um escoamento de tipo lockiano voltado para o futuro. Esse fluxo é fundamental para o tempo social e histórico, como se viu. Os homens e as sociedades têm seus olhos voltados para miragens que os fazem sempre deixar seu estado presente em busca de um estado futuro, mesmo que não saibam exatamente qual.

Mas há ainda nos textos kantianos uma concepção da temporalidade como *duração*. Duração, aliás, num sentido radical, porque dura sem ter de se reportar de nenhum modo à atividade prática. Numa reflexão meticulosa sobre as possibilidades abertas por Kames e Rousseau, a ideia de duração será explorada de diversas maneiras nesses textos, até ir parar onde menos se esperava, no terceiro momento da elucidação do juízo de gosto autônomo da *Crítica do juízo*.

No jogo das faculdades da mente propiciado pelo belo, diz a Terceira Crítica, a representação pela qual o objeto é dado contém um "fundamento de determinação da atividade do sujeito", que se percebe como "vivificação dos poderes de conhecimento dele". Por isso, o prazer que o objeto belo desperta na mente não é "patológico", nem "intelectual", mas resultado de uma causalidade peculiar, que não teria outra finalidade senão a de *conservar* o estado aprazível em que a mente atualmente se encontra ao ter aquela representação, "ocupando os poderes de conhecimento sem outro propósito".[218] A representação estética é pensada como sendo dotada de uma causalidade direcionada para o prazer que o sujeito tem num determinado estado ou, antes, para "conservá-lo" nesse estado (*es in demselben [Zustand] zu erhalten*).[219] A mente quer se manter nesse estado prazeroso, evitando ou eliminado o estado das representações desprazerosas: "*Demoramo-nos* na contemplação do belo porque essa contemplação fortalece e reproduz a si mesma".[220]

É assim que a filosofia kantiana pode estipular o convívio pacífico de duas formas de vivificação da força vital, correspondentes às duas formas de temporalidade. Como lembra de saída a *Crítica do juízo*, no primeiro parágrafo do Primeiro Momento:

> Aqui [no juízo de gosto] a representação é inteiramente referida ao sujeito e, aliás, a seu sentimento vital [*Lebensgefühl*], sob o nome de sentimento de prazer e desprazer, o que funda uma faculdade inteiramente peculiar de distinção e julgamento, que não contribui em nada para o conhecimento, mas somente mantém [*hält*] a representação dada, no sujeito, em confronto [*gegen*] com a inteira faculdade de representações, de que a mente toma consciência no sentimento de seu estado.[221]

Continuando a habitar o edifício da Antropologia ao lado do verrismo, o "epicurismo" kantiano vê seu ingresso aceito nas faculdades superiores da mente com o sentimento de prazer e desprazer da *Crítica do juízo*. É no sentimento de prazer e desprazer que desemboca a doutrina do sentimento vital desenvolvida ao longo da década de 1770, quando a diferença entre prazer e des-

---

[218] Kant, I., *Crítica do juízo*, *AA*, V, p. 222, Analítica do Belo, § 12, tradução de Rubens Rodrigues Torres Filho, p. 318.

[219] *Idem*, § 10, p. 220; trad., p. 316.

[220] *Idem*, § 12, p. 222; trad., p. 318.

[221] *Idem*, § 1, p. 204; trad., p. 303.

prazer já aparece ligada ao "sentimento". Enquanto o sentimento de dor é impedimento à vida, o sentimento da vida capta tudo aquilo que diverte, dá alegria ou prazer (*belustiget*), e cada órgão sensorial pode fazer sentir o "supremo princípio da vida". O contentamento epicurista de quem sente toda a sua vida (*sein ganzes Leben fühlt*), de quem sente imediatamente a "soma de todas as sensações" parece continuar perfeitamente válido antropologicamente, ele é um sentimento inconsciente, "sem reflexão", ou seja, a "dor" é consciência de que algo não está funcionando de acordo com a ordem natural, assim como a tristeza é apenas um empecilho à fonte da vida que deve ser superado.[222] É claro que a satisfação estética é de outra ordem, pois está ligada justamente ao juízo reflexionante.

A introdução do pessimismo de Verri não impede, portanto, que a "vida" continue a ser pensada segundo o sentimento de prazer. Diferentemente do que se passa na agitação afetiva ou passional do sentido vital, na vivificação estética não há *ektasis* do tempo, uma necessidade de saída do presente em busca do objeto, já que este não comove patológica ou interessadamente o sujeito. A vivificação estética é compreendida a partir da proximidade com o *jogo*, que "apraz enquanto dura [*dauert*], e é uma ocupação sem propósito".[223] Como jogo, a temporalidade da fruição estética perdura, "tarda" (*weilt*), reitera indefinidamente a atividade e vivacidade coordenadas da imaginação e do entendimento. A diferença entre as duas modalidades de vivificação pode ser traduzida em "anteobjetividade" e "objetividade", aquela exprimindo o âmbito do juízo, do sentimento de prazer e desprazer, e esta o da razão e da faculdade de desejar. Mas, como já está certamente claro, essa distinção entre sentimento e desejo só se torna viável depois de Kant ter matutado muito sobre a distinção entre afeto e paixão, que encontrou nos "autores britânicos".

---

[222] *Antropologia Parrow*, XXV, 1, pp. 367-8; *Antropologia Friedländer*, XXV, 1, p. 565.

[223] Rx. 810, *AA*, XV, p. 360.

Também parece estar claro que este estudo quer sugerir que há, se não uma inspiração, ao menos uma analogia entre o "devaneio" de Rousseau e Kames e o jogo das ideias estéticas em Kant. Nos dois casos, o sujeito tem uma experiência da duração, embora talvez não dê conta de explicar em que pensa exatamente quando se encontra nesses estados. Ele só parece querer prolongá-los, não havendo relação nenhuma entre "instante" e "impressão" ou "ideia" como na teoria desenvolvida a partir de Locke. Mas talvez seja o caso de sugerir ainda que a meditação filosófica para Kant tem fortíssimo parentesco com o devaneio, com a atividade lúdica e com o jogo estético. Isso não pode ser *demonstrado* aqui, mas, se for assim, esse parentesco permitirá explicar por que o filósofo ou o pensador abstrato não dá conta de "calcular" o tempo que gastou numa divagação. Ao contrário do que pensava Locke, será o caso de dizer que ele não estava ocupado com uma única ideia, mas com inúmeras ou propriamente com nenhuma.

HOBBY-HORSE E TEMPO DA NARRATIVA:
A ARTE DA TRANSPOSIÇÃO NO *TRISTRAM SHANDY*

Em sua passagem por Paris em 1762, Laurence Sterne teria dito a Jean-Baptiste-Antoine Suard, um de seus anfitriões e um dos editores do *Journal Étranger*, que John Locke era um autor que ele começara a ler na juventude e continuara a fazê-lo pelo resto da vida, o que teria "temperado seu pensamento e maneira de proceder", tanto nos sermões como no próprio *Tristram Shandy*.[1] Independentemente do testemunho de Suard, a influência da filosofia de Locke sobre a obra do escritor irlandês parece estabelecida, e não foram poucos os autores que tentaram comprová-la e explicá-la. Com resultados variáveis, já que, evidentemente, não é empresa fácil mostrar como Locke temperou "o pensamento e a maneira de proceder" de Sterne. Permanece, assim, inteira a dificuldade de explicar como o associacionismo e o fluxo de ideias lockiano entram na composição que dá liga à *Vida e opiniões do cavalheiro Tristram Shandy*.

Sobre essa dificuldade, a concepção de tempo e de duração apresentada no *Ensaio sobre o entendimento humano* de Locke pode ser instrutiva. Ela reaparece no livro III, capítulo 18 do romance de Sterne, naquele momento de expectativa que antecede o nascimento do narrador. Preocupado com a demora do parto do filho, Walter Shandy olha para o relógio e grita a seu irmão Toby, dizendo-lhe que faz duas horas e dez minutos — "e não mais" — que o doutor Slop e Obadiah chegaram, mas para sua imaginação

---

[1] A afirmação de Sterne sobre Locke é relatada por W. W. Cross em *The Life and Times of Laurence Sterne*, New Haven, Yale University Press, 1925, v. 1, p. 227, *apud* Cash, A. H., "The Lockean Psychology of Tristram Shandy", *ELH*, 22, 2, 1955, p. 126.

aquele lapso de tempo parece equivaler ao período de quase um século. E, sem saber como aquilo se passou (embora o soubesse muito bem, assinala o narrador), ao dizer aquilo estava "predeterminado" na mente de Walter Shandy que ele iria apresentar

> [...] uma clara explicação da questão mediante uma dissertação metafísica a respeito da *duração e de seus modos simples*, a fim de mostrar ao tio Toby por quais mecanismos e medidas do cérebro veio a acontecer de a rápida sucessão das ideias deles, e de os repetidos saltos da conversação de uma a outra coisa, desde que o Dr. Slop entrara no aposento, terem dado a um período tão curto de tempo uma duração tão inconcebível.[2]

Dificilmente escaparia ao leitor culto da época a origem e o teor lockiano não só da associação mecânica de ideias no cérebro, como da dissertação metafísica que Walter Shandy apresenta ao irmão: duração, modos simples, rápida sucessão de ideias, diferença entre o tempo "imaginado" e o tempo cronológico. O problema, nesse caso, como em tantos outros, é saber se a teoria de Locke é de fato assumida pelo próprio autor do romance, ou se não vai aí muito de humor pelo fato de ela ser apresentada por Walter Shandy e sua conhecida inclinação — "compartilhada com todos os filósofos" — de raciocinar sobre tudo e de tentar dar uma explicação para cada coisa que acontece.

Mais interessante do que pensar numa adoção em abstrato ou não da teoria lockiana por parte de Sterne parece ser entender o modo como ele a incorpora à sua obra. O caso do associacionismo e da teoria do tempo pode ser exemplar para que se perceba melhor como as mais diferentes teorias e "opiniões" se integram ao romance. As indicações a seguir têm caráter apenas sugestivo.

Numa pequena nota publicada em 1955, Jean-Claude Sallé procura mostrar onde estaria a verdadeira inspiração dessa con-

---

[2] Sterne, *op. cit.*, pp. 208-9.

cepção de tempo presente no *Tristram Shandy*, e indica a edição de número 94 do *Spectator*, em que Addison retoma a teoria lockiana com um acréscimo, ampliando-a e esclarecendo-a melhor a partir de outro filósofo da inquietude, Nicolas Malebranche. De acordo com Addison, o encurtamento ou dilatamento da duração em virtude de uma sucessão mais lenta ou mais rápida das ideias pode receber uma elucidação da concepção malebranchiana do tempo, segundo a qual

> [...] é possível que algumas criaturas pensem meia hora como mais longa do que pensamos mil anos; ou vejam o espaço de duração que chamamos um minuto como uma hora, uma semana como um mês ou uma época inteira.[3]

Addison recorre à teoria de Malebranche e de Locke como subsídio a sua discussão sobre o tema clássico, senequiano, da brevidade da vida, e a conclusão a que chega é a de que "as horas de um homem sábio são prolongadas por suas ideias", isto é, pela ocupação com conhecimento e sabedoria, enquanto as horas do tolo são alongadas por suas paixões.

A discussão sobre a dilatação ou encurtamento do tempo, central na filosofia do século XVIII, tem inegável importância para a dinâmica interna do *Tristram Shandy*. Ian Watt já mostrou que a proposta de estabelecer uma equivalência temporal absoluta entre aquilo que é narrado e a experiência do leitor com a obra (cada hora de leitura deve corresponder a uma hora na vida do herói) leva a uma redução ao absurdo do próprio romance. Sterne domina muito bem não só os "requisitos temporais do realismo formal" para levar a uma "ardilosa subversão" dos objetivos do gênero romance:[4] ele também joga habilmente com os problemas ineren-

---

[3] Addison, *The Spectator*, n. 94, Londres, Dent, 1967, Everyman's Library, p. 292. Cf. Le Salle, J.-C., "A Source of Sterne's Conception of Time", *The Review of English Studies*, v. 6, n. 22, abril de 1955, pp. 180-2.

[4] Watt, I., *op. cit.*, p. 254.

tes à lógica do realismo ou objetivismo implícito no esquema temporal lockiano, com sua dificuldade de estipular uma equivalência entre o tempo "real" e o tempo subjetivo.

Mas para entender inteiramente o problema do tempo no romance de Sterne talvez seja importante relembrar outra sugestão encontrada também no *Spectator*. Desta vez, a fonte para a explicação do transcurso do tempo não vem da filosofia, mas da "História do Xeique Chahabeddin", que consta na antologia de *Contos Turcos*, organizada e traduzida na França por François Pétis de la Croix em 1707. Addison utiliza a versão em inglês, publicada em Londres no ano seguinte, sem indicação do tradutor. Neste conto, reproduzido parcialmente no ensaio do *Spectator*, um sultão do Egito convoca uma assembleia dos homens instruídos do seu reino e lhes propõe um debate sobre a passagem do *Alcorão* (décima sétima sura) que relata o episódio em que Maomé foi tirado da cama pelo anjo Gabriel e levado por ele para ter uma visão de todas as coisas nos sete céus, no paraíso e no inferno; e, depois de ter tido também noventa mil conversas com Deus, o profeta é trazido de volta para seu quarto. Segundo o *Alcorão*, no resumo do *Spectator*, isso teria se passado num tão breve espaço de tempo

> [...] que Maomé, ao retornar, encontrou seu leito ainda quente e pegou o jarro de barro (que estava caindo no exato instante em que o anjo Gabriel viera acordá-lo), antes que toda a água entornasse.[5]

O sultão egípcio diz à assembleia de sábios que aquilo era impossível, e a disputa provoca celeuma no país. A questão é apresentada ao xeique Chahabeddin, quando os dois se encontram. Homem prodigioso, o sábio lhe diz que pode convencê-lo rapidamente da verdade daquela passagem da vida de Maomé, se o sultão consentisse em fazer o que ele indicasse. A continuação do conto é transcrita no texto de Addison:

---

[5] *Idem, ibidem.*

Com isso, o sultão concordou em ser levado a se colocar junto a um enorme barril de água; e quando estava junto ao barril, em meio a um círculo formado pelos grandes homens da corte, o homem santo lhe pediu que mergulhasse a cabeça na água e a tirasse de novo: o rei, consentindo, mete a cabeça dentro d'água e, no mesmo instante, se encontra numa praia ao pé de uma montanha. O rei imediatamente se enfurece com o sábio por essa obra de traição e feitiçaria; mas, finalmente, sabendo que não adiantava ficar irado, pôs-se a pensar nos métodos adequados para ganhar a vida naquele país estrangeiro: assim, dirigiu-se a algumas pessoas que viu trabalhando num bosque vizinho; elas o levaram a uma cidade que ficava a pouca distância do bosque, na qual ele, após algumas aventuras, se casou com uma mulher de grande beleza e fortuna. Viveu com essa mulher tanto tempo, que teve com ela sete filhos e sete filhas. Depois ficou reduzido a grande penúria e foi levado a pensar em se tornar carregador de rua como meio de subsistência. Um dia, quando estava caminhando sozinho à beira-mar, tendo sido tomado por muitas reflexões melancólicas sobre sua situação de vida anterior e atual, o que desencadeou nele um acesso de devoção, tirou suas vestes com o propósito de se banhar, segundo o costume dos maometanos, antes de dizer suas preces.

Depois de seu mergulho no mar, nem bem levantou a cabeça acima d'água e se encontrou de pé ao lado do barril, com os grandes homens da corte em torno dele e o homem santo ao seu lado: ele imediatamente repreendeu seu professor por tê-lo enviado a tal curso de aventuras e induzido a tão longo estado de miséria e servidão; mas ficou maravilhosamente surpreso quando ouviu que o estado de que falava era apenas um sonho ou ilusão; que ele não se movera do lugar em que então estava; e que apenas afundara a cabeça na água e, imediatamente a tirara de volta.[6]

---

[6] *Idem*, p. 293.

Hobby-horse e tempo da narrativa

Difícil não ver na história de Chahabeddin grande semelhança com uma das principais formas de suspensão do tempo da ação do *Tristram Shandy*, como naquela imagem em que tio Toby é congelado em meio a uma frase no capítulo 21 do livro I, no momento em que está batendo três vezes a ponta do cachimbo na unha do seu polegar esquerdo, e só volta a completar essa ação e se livrar das cinzas no capítulo 6 do livro II. Comentando a suspensão da ação no livro, Sergio Paulo Rouanet aponta sua semelhança com o que ocorre no conto de fadas *A Bela Adormecida*, da coletânea dos irmãos Grimm.[7] Sem dúvida, o desenvolvimento da ação para dar lugar aos vaivéns e digressões do narrador no romance de Sterne tem muito que ver com uma concepção fabular do tempo. E se a inspiração direta dele são mesmo os *Contos Turcos* (ou a transcrição da história no *Spectator*), a transposição interessa muito do ponto de vista formal, já que é como se o narrador do romance tivesse se apossado dos poderes demiúrgicos mencionados na respectiva sura do *Alcorão*. O narrador ficcional teria assim os mesmos poderes mágicos do sábio Chahabeddin.

Mas como entender melhor o sentido dessa transposição do tempo da fábula para o *Tristram Shandy*? Ela é da mesma natureza que a apropriação da temporalidade malebranchiana e lockiana por Walter Shandy? Em princípio, parece tratar-se de apropriações em dois estratos distintos: enquanto o tempo "mágico" faz parte da estruturação da narrativa, o encurtamento-prolongamento do tempo aparece no nível daquilo que é dito por uma das personagens, na dissertação metafísica que Walter Shandy impinge ao irmão. A distinção, no entanto, não implica exclusão: as duas transposições são combinadas e coexistem em sobreposição. A coexistência de pelo menos duas visões do tempo é apenas mais um sinal da tendência geral da obra de incorporar ideias, teorias e opiniões as mais diversificadas, o que situa o romance, como assinalou Northrop Frye, no gênero da "sátira menipeia" ou "anatomia". Segundo a classificação de Frye, uma das características

---

[7] Rouanet, S. P., "Tempo e espaço na forma shandiana", *Revista de Estudos Avançados*, v. 18, n. 51, maio-ago. 2004.

fundamentais desse gênero seria menos o tratamento de pessoas do que de atitudes e temas intelectuais, onde o "anatomista" pode exibir uma "exuberância de meios intelectuais", um saber enciclopédico com o propósito deliberado de ridicularizar o pedantismo. Trabalhada de modo criativo, a grande massa de conhecimentos eruditos se revela justamente o contrário do amontoado desconexo que aparenta ser ao olhar desprevenido, constituindo antes o "princípio organizador" da sátira menipeia.[8]

No *Tristram Shandy* não há dúvida de que a aparente dispersão narrativa é um dos fatores de estruturação da obra, e uma das maneiras de explorar as indicações de Frye é pensá-las a partir da afinidade entre a digressão e a prática do *hobby-horse*. Como é mais que sabido, boa parte do retardamento da narrativa em relação ao tempo cronológico no romance de Sterne se deve aos relatos dos estudos e exercícios militares de tio Toby e seu criado Trim, que reproduzem as grandes manobras militares durante a guerra dos Nove Anos e da Guerra de Sucessão pela coroa espanhola.[9] Se é assim, que relação se pode estabelecer entre o "cavalinho de pau" do tio Toby e o caráter digressivo da obra como um todo? E como essa relação repõe, no nível formal e de conteúdo, a duplicidade da visão do tempo, que inclui, no pano de fundo, a própria cronologia das duas guerras?

Antes de tudo, como entender melhor o sentido do *hobby*? No capítulo 31 do livro VIII, o narrador assinala uma diferença importante entre o seu próprio caráter e o caráter de seu pai. Enquanto Walter Shandy teria particular dileção em designar o controle do apetite sexual mediante a expressão "segurar o asno pelo rabo" para impedir que dê seus coices — expressão bem inapro-

---

[8] Frye, N., *Anatomy of Criticism: Four Essays*, Princeton, Princeton University Press, 1957, pp. 308 ss. O *Tristram Shandy* é comentado à p. 312.

[9] Num estudo sobre a relação entre o tempo histórico objetivo e a cronologia histórica do romance ("The Time Scheme of 'Tristram Shandy' and a Source", *PMLA*, 51, 3, 1936), Theodor Baird mostra que Sterne segue rigorosamente (quando não quase literalmente) *The History of England, by Mr. Rapin de Thoyras. Continued from the Revolution to the Accession of King Georg II*, by N. Tindal, Londres, quatro volumes, 1732-1745.

Hobby-horse e tempo da narrativa

priada principalmente pelos rubores que causa no tímido tio Toby
—, Tristram opõe a esse asno concupiscente nada mais, nada menos que o seu cavalinho de brinquedo, porque "se bem vos lembrais", diz ele aos leitores,

> [...] o meu cavalo de brinquedo não é um animal malévolo
> [*vicious beast*]; não tem pelo que seja, ou feições, de asno.
> — É a pequena potranca folgazã que vos tira da hora pre-
> sente — uma veneta, uma borboleta, um quadro, uma ra-
> beca — um assédio do tio Toby — ou *qualquer coisa* que
> um homem possa idear para, nela escarranchado, fugir aos
> cuidados e preocupações da vida. — É o animal mais útil
> de toda a criação — realmente não sei como o mundo po-
> deria arranjar-se sem ele.[10]

O cavalinho de brinquedo não é apenas uma paixão mais
fraca ou amena do que a paixão forte do asno (para usar a terminologia da filosofia do século XVIII), ou uma das muitas distrações
da vida cotidiana, como também símbolo de *qualquer coisa* (*any
thing*) que possa proporcionar o afastamento das paixões ou distração das preocupações. Sua virtude principal, a que faz dele o
mais útil de todos os animais, está em transportar quem nele mon-
ta para fora da hora presente (*which carries you out for the present
hour*), instaurando uma outra ordem do tempo, distinta da cronologia, uma temporalidade e um mundo paralelos, como na outra
dimensão do tempo do conto oriental.

A suspensão da hora atual na vida comum, em benefício dessa outra dimensão do tempo, está em perfeita homologia com a
interrupção digressiva do romance: se é no *hobby* que se conhecem
melhor as características gerais da *diversão* (no sentido etimológico de "divergir"), a digressão pode ser vista, por sua vez, como
uma forma de *distração*, ela também é uma maneira de se escar-
ranchar no cavalinho de pau para escapar de uma situação emba-

---

[10] Sterne, L., *A vida e as opiniões do cavalheiro Tristram Shandy*, trad.
cit., p. 564.

raçosa ou de um presente constrangedor. Tio Toby sai de fininho das situações embaraçosas assoviando *Lillibulero* — "um dos argumentos mais irrespondíveis" de toda a lógica[11] — ou montando seu *hobby-horse*, argumento capaz de refutar qualquer cético, pois, assim como Diógenes refutava a negação da existência do movimento andando,

> [...] assim também tio Toby não usava outro argumento, para provar ser o seu realmente um cavalinho de pau, que não fosse o de montá-lo e fazê-lo andar à volta, — deixando ao mundo o cuidado de julgar a demonstração adequada ou não.[12]

Longe de ser um mero escapismo, a saída pela digressão ou pelo cavalinho de brinquedo contém um comentário ou uma forma de compreensão do problema ou da situação: a questão urgente é como que congelada, mas permanece sempre no horizonte ou em latência. Ela é menos tergiversada do que rodeada ou circunscrita e, ao invés de ficar dando voltas e escoiceando no mesmo lugar, no ritmo sôfrego do asno, a digressão é uma forma de avançar no passo lento e tranquilo da "pequena potranca folgazã", numa cavalgada que segue seu rumo, apesar das idas e vindas, dos zigue-zagues infindos. É nesse sentido também que o narrador, pondo a modéstia de lado, explica ao leitor a *maestria* contida em suas digressões:

> [...] há um toque de mestre da habilidade digressiva [*master-stroke of digressive skill*], cujo mérito, receio, tenha passado inteiramente despercebido ao leitor, — não por falta de sagacidade de sua parte, mas porque há uma excelência raras vezes buscada, ou sequer esperada, numa digressão; — que é: conquanto minhas digressões sejam todas consideráveis, como observais, — e eu possa desviar-me [*to*

---

[11] *Idem*, p. 104.

[12] *Idem*, p. 110.

Hobby-horse e tempo da narrativa

fly off] com tanta frequência e abundância daquilo de que estava falando quanto qualquer outro escritor na Grã-Bretanha, tomo o cuidado de constantemente ordenar as coisas de modo a que meu assunto principal não fique parado durante minha ausência [*that my main business does not stand still in my absence*].[13]

Assim como nas diversas formas de *hobby*, o assunto ou questão principal continua em suspenso, mas operando subterraneamente na digressão, e de modo bem mais eficaz. A longa digressão (capítulo 21 do livro I) que enseja essa explicação da maneira magistral (*masterly kind*) de fazer digressões tem por tema o casamento de tia Dinah com o cocheiro, casamento que causou arranhão na dignidade da família Shandy e que opõe quase diariamente os irmãos. Esse desvio vem interromper justamente a caracterização que Tristram promete fazer do tio — a quem ele deixou congelado "todo este tempo sacudindo as cinzas do cachimbo" —, mudando o foco para a divergência dos irmãos a respeito do caso. Pois, enquanto Walter Shandy não consegue conter os comentários sobre os deslizes da irmã (asno que precisa ser preso pelo rabo), tio Toby ruboriza a cada alusão a eles, chamando o irmão de lado "para censurá-lo e dizer-lhe que daria qualquer coisa no mundo se deixasse a história em paz".[14]

Essa digressão contém ainda outra em seu interior, na qual Walter Shandy faz uma comparação entre as irregularidades na órbita do planeta Vênus e as descambadas de tia Dinah, esta última estando, segundo ele, para o fortalecimento do "sistema shandiano" assim como Vênus está para o fortalecimento do sistema copernicano. Quando fecha, páginas depois, a digressão dentro da digressão, o narrador explica que ela não interrompeu inteiramente a caracterização do tio, uma vez que tornou patente o senso de pudor extremamente delicado dele. É assim que o *main business* — traçar o perfil de Toby Shandy — não fica inteiramente com-

---

[13] *Idem*, pp. 105-6.

[14] *Idem*, pp. 102-3.

prometido pela interrupção causada pela história de tia Dinah e pela teoria sobre o papel de Vênus no sistema copernicano:

> Eu estava prestes a dar-vos, por exemplo, os principais lineamentos do caráter deveras caprichoso do meu tio Toby — quando tia Dinah e o cocheiro se interpuseram entre nós e nos levaram a uma vagueação de alguns milhões de milhas até o próprio centro do sistema planetário. Não obstante tudo isso, percebeis que o traçado do caráter do tio Toby prosseguiu moderadamente o tempo todo; — não os seus grandes contornos, — isso seria impossível, — mas algumas pinceladas familiares e algumas leves indicações dele foram aqui e ali dadas, à medida que avançávamos, e assim estais a esta altura mais bem informados acerca do tio Toby do que antes.[15]

O desvio pela história da tia não deu de maneira alguma ao leitor os grandes traços (*great outlines*), os grandes contornos (*great contours*) do traçado ou desenho (*drawing*) de Toby Shandy; não obstante, por algumas pinceladas familiares e algumas leves indicações o leitor se aproximou do caráter dele. Essa maneira de pintar por alusão e sugestão, protelando indefinidamente o contorno da figura ou seus traços de caráter, respeita o andamento peculiar da narrativa, no qual se conciliam dois movimentos à primeira vista contraditórios:

> Graças a esse dispositivo, a maquinaria da minha obra é de uma espécie única: dois movimentos contrários são nela introduzidos e reconciliados, movimentos que antes se julgava estar em discrepância mútua. Numa só palavra, minha obra é digressiva, mas progressiva também — isso ao mesmo tempo.[16]

---

[15] *Idem*, p. 106.

[16] *Idem, ibidem.*

Hobby-horse e tempo da narrativa

Toda a destreza (*dexterity*) na arte digressiva está em saber manejar as duas direções aparentemente opostas do tempo cronológico e do tempo da divagação, que, embora não linear, também é progressivo a seu modo. É o encaixe correto do movimento digressivo e do movimento progressivo que mantém a máquina funcionando.[17]

O mecanismo assim ideado, afirma o narrador, é bastante diferente do movimento da Terra em torno de seu eixo em sua rotação diária, cujo avanço se completa no ciclo anual, proporcionando a variedade e a vicissitude das estações. No entanto, confessa ainda o narrador, foi justamente o movimento da Terra que lhe sugeriu a ideia de construir sua máquina daquela maneira peculiar. Todo o raciocínio é ao mesmo tempo singular e importante, pois o leitor se lembra de que, poucas páginas antes, os deslizes de tia Dinah haviam sugerido ao pai do narrador uma explicação sobre o fortalecimento do sistema shandiano por analogia com o sistema copernicano. Essas transposições por analogia, de que o romance está repleto, não se explicam apenas pela lei de associação lockiana. Não que o associacionismo lockiano seja desimportante; ao contrário, basta lembrar o quanto é fundamental para as associações chistosas que uma palavra pode desencadear (a antecipação de Freud é clara). O associacionismo de Locke, como se sabe, explica os comportamentos irrefletidos e automatizados, com resultados bastante cômicos, como o hábito de Walter Shandy de dar corda ao relógio e se desincumbir de "outros pequenos cuidados familiares" no primeiro domingo de cada mês, a fim de não mais ser atormentado ou incomodado por tais afazeres no restante dele. Sterne tira bastante proveito da teoria do "sagaz" Locke, segundo a qual, como diz o narrador, uma estranha combinação de ideias pode produzir mais ações equivocadas que todas as fontes de preconceitos juntas.[18] E ele também não poderia deixar por

---

[17] *Idem*, p. 107.

[18] *Idem*, p. 51. A passagem tem por base o livro II, cap. 33, 9: "Conexão errada de ideias, grande causa de erro". Embora não apareça literalmente em Locke, a afirmação de que a combinação errônea pode gerar mais erros

menos a tese lockiana que afirma que a loucura (*madness*) tem origem na associação e que, por isso, todos os homens estão mais ou menos sujeitos a ela.[19] Teriam sido estes os conhecimentos capazes de temperar o pensamento e a maneira sterniana de proceder nos sermões e no *Tristram Shandy*?

Qualquer que seja a resposta, o que teria de ser explicado é o modo como o romance trabalha com as transposições por analogia e associação ou, noutras palavras, como Sterne traz para dentro dele toda a grande massa de conhecimento erudito nele contida.[20] Há, certamente, o aspecto cômico da completa inadequação da erudição ao conteúdo ou situação a que presumivelmente se aplicaria. Mas há também a adequação formal completa e até imperceptível para o leitor, a menos que tenha tanta erudição quanto o autor e saiba julgar a propriedade com que ele aplica o conhecimento. O critério, nos dois casos, parece estar no uso *inventivo* da transposição: os saberes de Walter são infrutíferos, descabidos, e a invenção está justamente em procurar uma teoria ou noção capaz de gerar o riso. Entretanto, há transposições que explicitam mais diretamente a montagem da própria obra. A equação que se constrói entre sistema copernicano e sistema shandiano (na digressão do pai) e entre movimento da narrativa e movimento terrestre (na explicação do narrador) está longe de aleatória, e o romance se articula em grande medida sobre contrastes e comparações desse tipo (como entre o asno e o cavalinho de pau, o tempo lockiano e o tempo "oriental" ou digressivo).

---

do que os preconceitos é coerente com a argumentação, já que os preconceitos estão assentados na associação pela educação ou hábito.

[19] Locke, J. *Essay*, livro II, cap. 33, 4. Para Locke, a diferença entre os loucos e os sensatos seria apenas de grau. Mas o tema já foi mencionado em Malebranche.

[20] Grande parte da erudição sterniana é tirada da *Anatomia da melancolia* de Richard Burton, verdadeiro vade-mécum ou *commonplace book* desde sua publicação. Ver sobre isso a introdução de William H. Gass à edição de H. Jackson, *Anatomy of Melancholy*, Nova York, The New York Review of Books, 2001.

Hobby-horse e tempo da narrativa

Há em Sterne todo um trabalho de levantamento do material, um *inventário* de ideias que vai junto com a *invenção* da obra. E esse trabalho de coleta obedece a um certo método que é desnudado justamente quando o narrador indica de onde surgiu a ideia do movimento ao mesmo tempo digressivo e progressivo. Embora o movimento da Terra *não tenha nenhuma analogia* com o andamento do romance, foi isso que lhe sugeriu a ideia, da mesma maneira que ele acredita que os maiores progressos e descobertas provêm de "tais sugestões triviais" (*come from some such triffling hints*).[21] Se é possível dizer isso do próprio romance, a sugestão trivial tem algo da associação lockiana, mas supõe ainda, para se concretizar no romance, uma arte ou maestria própria, que consiste em saber como material tão diverso — a interrupção da narrativa no Alcorão e na história do xeique Chahabeddin, a teoria de Malebranche e de Locke, a rotação da Terra, o *hobby-horse*... — é assimilado e transposto não apenas em termos de conteúdo, mas na própria *forma* de romance.

Essa arte da transposição parece residir no pleno domínio que Sterne tem das regras da *heurística* ou da *inventio* lógica e retórica, e no uso bastante original e engraçado que faz delas. Seu conhecimento dessas técnicas fica bem evidente quando afirma que incluirá o argumento do assovio do tio Toby — *argumentum fistulatorium* — no *tesouro* da *Ars Logica*, isto é, o incluirá numa obra de referência sobre os tópicos lógicos ou raciocínios que podem ser utilizados validamente numa argumentação ou refutação.[22] O contraste ou complemento é mais uma vez claro: no capítulo 42 do livro V, que trata dos estudos que hão de compor a educação do jovem Tristram ou *Tristra-paedia*, Walter Shandy afirma ao pastor Yorick estar convencido de que se pode abastecer a cabeça de uma criança com conhecimentos e instrução de maneira muito mais rápida e completa do que ocorre habitualmente, e isso dependeria do conhecimento dos verbos auxiliares. Ele afirma que a utilidade dos verbos auxiliares seria dupla: de um lado, eles fariam

---

[21] *Idem*, p. 106.

[22] *Idem*, p. 104.

"a alma se avir por si mesma com os materiais que lhe são apresentados" e, de outro, abriria "novas rotas de indagação" logrando que "cada ideia engendre milhões de novas ideias". No capítulo seguinte, fica mais evidente que o conhecimento dos verbos auxiliares faria as vezes de uma nova *tópica* com auxílio da qual a criança seria capaz de encontrar argumentos a respeito de qualquer assunto, ou seja, nem uma só ideia deveria adentrar o cérebro dela sem que ela não pudesse "extrair uma porção de conceitos e conclusões".[23] Não há dúvida: Sterne está pastichando as tópicas da *inventio* lógica e retórica, com as quais se poderia argumentar sobre qualquer assunto, como fica claro pela referência expressa a Raimundo Lúlio e Pellegrini. Mas é preciso algum cuidado aqui, já que, como também se pode ler nessas mesmas páginas, Walter Shandy possui "certo condimento de sabedoria inexplicavelmente misturado aos seus caprichos mais extravagantes". Mesmo a teoria mais amalucada pode servir para alguma coisa. E também é legítimo supor que a tópica de Walter pode ser, mais uma vez, apenas o contraponto de outra lógica, positiva, da invenção.

Um terceiro exemplo mostra o domínio de Sterne sobre a *inventio* retórica, agora da retórica pictórica. O "tema" no qual a discussão aparece é o do leilão da dedicatória do romance. No capítulo 8 do livro I, o narrador faz um esboço de si mesmo e de grandes senhores ou altas personagens, esboço que se encerra com a dedicatória do livro, inserida, contra todas as regras, no fim deste capítulo e não no início da obra. No capítulo seguinte, ao proceder ao leilão da dedicatória, as qualidades dela e do autor são enaltecidas segundo os critérios da arte de pintar: a composição ou desenho (*design*) é bom e o colorido, transparente; numa escala que vai até 20, os lineamentos merecem 12, a composição 9, o colorido 6, a expressão 13,5, e o desenho 19. Alguns termos —"lineamento" (*out-lines*), "desenho" (*drawing*) —, são os mesmos que o leitor encontra no esboço do caráter de tio Toby, traçado quando se relata a história de tia Dinah. O narrador escreve ainda

---

[23] *Idem*, p. 403.

Hobby-horse e tempo da narrativa

que o desenho (*design*) é o dele próprio, um autorretrato, e do nobre que venha a se interessar em comprar a dedicatória pelo preço módico de cinquenta guinéus — vinte a menos do que mereceria um homem de gênio. Além disso tudo, há a harmonia do todo, enquanto

> [...] as pinceladas escuras no *hobby-horse* (figura secundária e uma espécie de pano de fundo do conjunto) dão grande vigor às luzes principais sobre a figura de Vossa Senhoria, fazendo destacar-se admiravelmente — e, ademais, há um ar de originalidade no *tout ensemble*.[24]

O humor de Sterne está em inverter completamente a escala tradicional de valoração do pintor: a nota 19, por exemplo, para o desenho é absolutamente descabida, já que, para uma concepção clássica de arte, o traçado que ele apresenta da figura do autor é tão vago quanto o da figura do possível comprador da dedicatória (que nesse momento não se sabe sequer quem é). Se o leitor volta ao capítulo anterior ou se lembra do que foi exposto, ele constata que ali não há propriamente um desenho, mas apenas as "pinceladas escuras" do cavalinho de brinquedo. A reviravolta estética é significativa: aquilo que para a tratadística pictórica de até então seria o essencial é deslocado, sendo substituído por aquela figura secundária e pano de fundo do conjunto que é o *hobby-horse*. Ou seja, exatamente como ocorre com o narrador, o "pintor" da dedicatória constrói seu quadro em dois planos, com a mesma inversão do que seria o essencial e o complementar, a "frente" e o "fundo", na arte tradicional. Sterne observa rigorosamente as técnicas de transposição da poética de Aristóteles para a poética das artes plásticas, só que com *infração* das regras, o que modifica tudo: enquanto, na tratadística convencional, o primeiro elemento ao qual todos os outros se subordinam é o desenho ou a composição, que corresponde ao mito ou à fábula na poética literária, em Sterne o essencial é a digressão, que conta muito mais do que se

---

[24] *Idem*, p. 58.

contasse a estória. O quadro no interior da narrativa espelha a própria ausência de enredo do romance.[25]

É o *hobby* que dá "grande vigor" à luz que incide sobre a figura principal. É como se, no retrato de um grande senhor ou senhora do século, a atividade ou atitude fosse mais importante para a sua caracterização do que as feições ou os traços exteriores de sua dignidade. Desta perspectiva é tanto mais cômico o quadro que o narrador pinta de "altas personalidades" montadas em seus respectivos cavalos no capítulo comentado por ele:

> [...] alguns com grandes estribos, avançando numa andadura mais grave e sóbria, — outros, ao contrário, afundados até os queixos, com chicotes entre os dentes, correndo e galopando desvairadamente feito outros tantos diabinhos multicoloridos escarranchados sobre uma hipoteca, — como se alguns deles estivessem decididos a quebrar o pescoço.[26]

Em contraposição a essas cavalgadas sérias, o narrador retrata assim os próprios *hobbies*:

> [...] acontece-me, a certos intervalos e de acordo com as mudanças da lua, ser a um só tempo rabequista e pintor, conforme me pique a mosca: — fique o senhor sabendo que mantenho uma parelha de cavalos estradeiros que, alternadamente (pouco me importa quem o saiba), costumo cavalgar para sair e tomar um pouco de ar; — embora algumas vezes, seja dito para meu vexame, eu faça jor-

---

[25] Sobre a passagem da poética à tratadística pictórica, há o estudo indispensável de Rensselaer W. Lee, "*Ut pictura poesis*: The Humanistic Theory of Painting", *The Art Bulletin*, v. 22, n. 4, 1940. Ver também Michael Baxandall, *Giotto and the Orators: Humanist Observers of Painting in Italy and the Discovery of Pictorial Composition, 1350-1450*, Oxford, Oxford Universty Press, 1971.

[26] *Idem*, p. 56.

Hobby-horse e tempo da narrativa

nadas mais longas do que um homem prudente julgaria acertadas.[27]

As mesmas ideias e quase os mesmos *hobbies* serão lembrados bem mais tarde no capítulo 31 do livro VIII, citado antes ("Pois, se bem vos lembrais..."), em que, tal como aqui, se faz o contraste entre duas formas de cavalgaduras. Há novamente contraste entre as atividades sérias ("andadura mais grave e sóbria") e as atividades divagadoras, aqui representadas pelo ato de tocar rabeca e de pintar (*hobbies* praticados realmente por Sterne), como se ao plano de uma vida linear, cujo roteiro também só pode ser rotineiro, se sobrepusesse o plano de uma vida menos comum, onde o traçado narrativo teria de ser também mais variado e difuso. Se nas figuras das "altas personalidades" a caracterização passa pelos hábitos, ocupações e distrações, o caráter de Tristram e o do tio Toby aparecem também menos por uma descrição direta de seus traços do que pelo desvio das distrações que escolhem e aceitam sem nenhuma vergonha, pois sabem que essas ocupações são tão ou mais sérias do que a mais séria e elevada das ocupações. E isso não só do ponto de vista terapêutico, mas também criador (as duas coisas vão juntas), se é que faz mesmo sentido pensar que o romance apresenta uma simetria estrutural entre a arte da digressão narrativa e a arte de cavalgar um cavalinho de pau. As duas sabem como deter o relógio e instaurar uma outra ordem do tempo. Em Sterne, uma das noções mais interessantes da antropologia do século XVIII na Grã-Bretanha parece atingir seu ápice: a de saber fazer das *distrações* um princípio de *invenção*.

Em seu conto "O milagre secreto", de *Ficções*, Borges relata a história de Jaromir Hladík, escritor judeu de Praga que, preso pela Gestapo em 19 de março de 1939, pede a Deus mais um ano de vida para poder concluir seu drama "Os inimigos". Deus atende ao pedido: no momento de seu fuzilamento, o universo físico é detido, as armas dos soldados alemães que apontam para ele permanecem imóveis, e o braço do sargento erguido segue eternizado

---

[27] *Idem*, pp. 55-6.

num *"ademán inconcluso"*.[28] Enquanto isso, durante um ano inteiro, Jaromir Hladík conclui seu drama. A epígrafe do conto, uma passagem do Alcorão, deixa claro que não é a primeira vez que um narrador de ficção ocidental lança mão da magia médio-oriental de congelar o tempo. Borges, aliás, se refere na "História da eternidade" à tradição islâmica segundo a qual Maomé teria visitado o sétimo céu, conversado com os patriarcas e anjos e recebido do Senhor uma palmada no ombro, voltando à terra na mesma égua Alburak que o havia conduzido ao passeio. Ao regressar, o profeta levanta a mesma jarra cheia d'água que Alburak havia derrubado antes de partirem. Sem deixar cair uma só gota.

---

[28] Borges, J. L., "El milagro secreto", *in*: *Ficciones, Obras completas*, edição de R. C. Picazo e I. Zangara, Buenos Aires, Emecê, 2009, I, p. 901.

Hobby-horse e tempo da narrativa

Conclusão
ARTE DE VIVER, APOSTA, JOGO

Aristóteles pode ser considerado aquele que primeiro estipulou que o jogo, os entretenimentos não são desejados como meios para outro fim, mas como fins em si mesmos. Diferentemente, porém, da felicidade e das ações virtuosas, para ele o jogo não deve ser buscado como um fim pelos homens, porque causam mais danos do que bens, devendo ser antes considerados um repouso, uma recarga das energias, as quais devem ser guardadas para a aplicação em ocupações mais sérias.[1] É o estoicismo, mais precisamente Epiteto, que se encarregará da aproximação decisiva do jogo com a arte de viver, presente na comparação entre filosofia e caça ou jogo de Montaigne, Locke e Hume, mas também provavelmente na aposta de Pascal: segundo Epiteto, os homens devem se inspirar nos jogadores de dados, que se valem da reflexão e da regra dos pontos já ocorridos, para antecipar melhor o que virá.[2] O fundamental no jogo não é a "matéria", aquilo que se joga, e sim a "regra" ou como se joga. Para os bons jogadores de bola, o importante não é a bola, mas a maneira como a lançam e como a recebem.

Além de Hume, a distinção estoica entre o conteúdo do jogo e a forma de jogar será retomada por Adam Smith e Adam Ferguson, este último inspiração da ideia de atividade lúdica em Schiller.[3] Seria certamente um estudo interessante desenvolver e tra-

---

[1] *Ética nicomaqueia*, X, 6, 1176b5 e ss.

[2] Epicteto [Arriano], *Entrétiens*, II, 5, *in*: *Les Stoïciens*, tradução de E. Bréhier, 1962, p. 890.

[3] Smith, A., *TMS*, VII, 2, 1, § 24, pp. 278-9; Ferguson, A., *Principles*

çar as diferenças no modo como esses autores deram prosseguimento a esse pensamento estoico, pois, como se tentou sugerir aqui, combinando-se com as descrições de Aristóteles sobre os afazeres que são fins em si, o modelo estoico está presente na maneira como a filosofia shaftesburiana e hutchesoniana defendem, contra Hobbes e Mandeville, a existência de atividades desinteressadas; é esse modelo que levará à compreensão tanto do valor intrínseco à ocupação lúdica como do juízo estético autônomo e, assim, o paralelo entre a diversão, o *hobby-horse* e o juízo reflexionante estético não é nem um pouco fortuito, pois este, como se sabe, é constituído pelo *jogo* da imaginação com o entendimento. Kant constata uma mesma mescla de seriedade e jogo no *hobby*: este é um "jogo a que atribuímos ficticiamente um interesse e dele fazemos um negócio".[4] Ou ainda, na versão publicada desta reflexão: o *hobby* é "como um ócio atarefado, uma paixão em se entreter cuidadosamente com objetos da imaginação, com os quais o entendimento simplesmente brinca por distração, como se fosse um negócio".[5]

Para a antropologia kantiana, assim como para a de Hume, as diversões são uma forma de passar o tempo, cujo valor terapêutico está justamente no fato de que durante a sua prática o indívíduo não pensa em si mesmo. Isso também ocorre no *trabalho*, e a máxima antropológica é a mesma nos dois casos: para Kant, como para Hume, evitar uma atenção muito detida a si mesmo é impor-

---

of Moral and Political Science, Londres, Garland, 1978, "Introdução", v. 1, p. 7. A concepção do lúdico em Schiller se baseia sobretudo em Adam Ferguson, cujos *Institutes of Moral Philosophy* foram traduzidos e anotados por Christian Garve, *Grundsätze der Moralphilosophie*, em 1772 (tradução republicada pela editora Olms na edição fac-similar das *Obras completas* de 1986).

[4] Rx. 488, *AA*, XV, 1, p. 210.

[5] Kant, I., *Antropologia*, p. 101. Não caberia certamente perguntar qual dos dois, jogo ou juízo reflexionante, apareceu primeiro no pensamento kantiano. Parece mais interessante compreender que um tema ajuda na elucidação do outro. Como em muitos casos, Kant procede por comparação da semelhança e da diferença.

tante para que não se caia nos excessos dos observadores da própria alma, que são tomados de ideias assustadoras e angustiantes, como Pascal.[6] De um ponto de vista terapêutico mais geral, qualquer atividade é importante como fuga ao tédio, tendo um valor intrínseco, que é o de desviar o homem de suas preocupações. De certa maneira, o *topos* pode já ser reconhecido em Richard Burton, cuja receita para evitar o assalto da melancolia foi justamente escrever sobre a melancolia: "*I write of melancholy, by being busy to avoid melancholy*".[7] Problema semelhante, o da "doença dos letrados" (*disease of the learned*), é discutido pelo jovem Hume, na famosa carta que endereça a seu médico Dr. Cheyne em março--abril de 1734.[8]

Há, portanto, um encontro de algumas características principais na atividade lúdica: medicina da mente, arte de viver e investigação (comparação feita com o jogo e a caça desde Montaigne e Locke). Esses três aspectos parecem andar juntos, retornando--se assim à aproximação, indesejada por Aristóteles, entre o entretenimento e a filosofia como atividades sem fins. Sem dúvida, pode--se aceitar que o lúdico esteja próximo da criação poética e artística e do juízo estético. Mas a ideia de que também tenha afinidade com a investigação intelectual parece ter assustado os filósofos, com exceção certamente de Hume.

Kant se admira de que os homens adultos continuem a cavalgar seus cavalinhos de pau, não deixando tão facilmente de ser crianças. É que parece haver uma resistência a entrar na "vida adulta", ou talvez, melhor, uma resistência a jogar como jogam os adultos que não sabem que estão jogando. Para Smith, todo o prazer do jogo não está em ganhar, pois o que se ganha é geralmente uma ninharia, mas em jogar bem, em jogar honesta e habilmente (*playing well, from playing fairly, and playing skillfully*).[9]

---

[6] *Idem*, p. 33.

[7] Burton, R., *Anatomy of Melancholy*, ed. cit., pp. 20-1.

[8] *The Letters of David Hume*, organização de J. Y. T. Grieg, pp. 12-8.

[9] Smith, A., *TMS*, p. 278.

Conclusão: Arte de viver, aposta, jogo

Nada mais emblemático que a recuperação do tema do jogo estoico tenha vindo também pelas mãos de um economista como Smith: é que seu século aprendeu a conviver com duas formas bastante distintas de jogar, uma, na qual o apostador é calculista e faz sua aposta para ganhar, e outra, na qual o principal é saber jogar bem, não importa que se ganhe ou que se perca.

Brincar seriamente como brincam as crianças ou jogar seriamente como fazem os adultos: a decisão parece ter sido difícil, e a filosofia de algum modo preferiu voltar à alternativa da "sisudez adulta", como queriam os antigos. O próprio Hutcheson não considera seriamente a alternativa, já que para ele cada idade tem a diversão que lhe convém, e um adulto não se contentará em trocar as amizades, as honras, os bons ofícios, o casamento, os filhos, os serviços à comunidade e ao país por um cavalinho de pau, um pião ou um chocalho.[10] Mas com a filosofia seria o mesmo? Kant chega a comentar com seus alunos que "ficar falando sempre de bondade e benevolência" nada mais seria que um passatempo, um "cavalinho de pau poético" (*das dichterische Steckenpferd*) com o qual Hutcheson se entretinha.[11] Kant diz isso certamente com conhecimento de causa, pois, assim como para Hume, fazer distinções morais é, segundo Hutcheson, uma das formas mais prazerosas de se entreter: "A observação acurada dos muitos caracteres e temperamentos distintos dos homens [...] é o entretenimento mais proveitoso e prazenteiro para aqueles que têm oportunidades de travar relações e fazer observações [...]".[12] Mas Hutcheson certamente não diria que esse entretenimento pode ser comparável a cavalgar um cavalinho de brinquedo.

Quer isso dizer que Kant marca um momento em que o jogo com a filosofia acabou? A resposta não pode ser unívoca. Talvez o jogo, a aposta em seu sentido mais fecundo e pleno, tenha se

---

[10] Hutcheson, F., *ECP*, p. 90.

[11] Kant, I., *Eine Vorlesung Kants über Ethik*, edição de Paul Menzer, Berlim, Pan Verlag, 1924, p. 146.

[12] Hutcheson, F., *ECP*, p. 65.

refugiado noutro lugar. É o que se pode ver nesse trecho de John Keats:

> Assim como comerciantes dizem que tudo vale pelo empenho nele empreendido, assim também provavelmente toda busca mental toma sua realidade e valor do ardor daquele que busca — sendo nada nela mesma. Coisas etéreas podem, ao menos, ser reais assim, divididas em três classes — coisas reais — coisas semirreais — e nadas. Coisas reais, como as existências de sol, lua e estrela — e passagens de Shakespeare. — Coisas semirreais, como amor, as nuvens etc., que requerem um acolhimento do espírito para fazê-las existir completamente — e nadas, que se tornam grandes e dignos por uma busca ardente...[13]

---

[13] John Keats, carta a Benjamin Bailey, 13 de março de 1818.

REFERÊNCIAS BIBLIOGRÁFICAS

BIBLIOGRAFIA GERAL

ADDISON, Joseph; STEELE, Richard. *The Spectator*. Organização: G. Smith. Londres: Dent, 1967.

BERKELEY, George. *The Works of George Berkeley*. Organização: A. A. Luce e T. E. Jessop. Nendeln: Kraus Reprint, 1969.

BAUDELAIRE, Charles. "De l'essence du rire et génèralement du comique dans les arts plastiques." *In*: *Oeuvres complètes*. Paris: Robert Laffont, 2004.

BERGSON, Henri. "Essai sur les donnés immédiats de la conscience." *In*: *Oeuvres*. Organização: A. Robinet. Paris: PUF, 1963.

BOILEAU, Nicolas. *L'Art poétique*. Organização, introdução e notas de Guÿ Riegert. Paris: Larousse, 1972.

BORGES, Jorge Luis. "Ficciones." *In*: *Obras completas*, v. 1. Organização: R. C. Picazo e I. Zangara. Buenos Aires: Emecê, 2009.

BURKE, Edmund. *The Character of a Fine Gentleman. In*: *A Note-book of Edmund Burke*. Organização: H. V. F. Somerset. Cambridge: Cambridge University Press, 1957.

BURTON, Robert. *Anatomy of Melancholy*. Organização: Holbrook Jackson. Nova York: The New York Review of Books, 2001.

CÍCERO. *De finibus*. Tradução para o inglês de Harris Rackham. Cambridge: Harvard University Press, 1994.

_____. *Dos deveres*. Tradução, introdução e notas de Carlos Humberto Gomes. Lisboa: Edições 70, 2000.

_____. *Staatstheoritische Schriften*. Organização: Konrad Ziegler. Berlim: Akademie-Verlag, 1988. Edição bilíngue.

_____. *Vom rechten Handeln: De officiis*. Organização: Karl Büchner. Munique: Artemis, 1987. Edição bilíngue.

CUMBERLAND, Richard. *A Treatise of the Laws of Nature*. Tradução para o inglês de John Maxwell. Edição fac-similar. Nova York: Garland, 1972.

Referências bibliográficas

DEPRUN, Jean. *La Philosophie de l'inquiétude en France au XVIIIe siècle*. Paris: Vrin, 1979.

DESCARTES, René. *Discurso do método* (segunda parte). Tradução de Jacó Guinsburg e Bento Prado Jr. Notas de Gérard Lebrun. São Paulo: Abril, 1979.

DIDEROT, Denis. *Oeuvres*. Paris: Laffont, 1994-1997.

DUBOS, Jean-Baptiste. *Réflexions critiques sur la poésie et sur la peinture*. Paris: École Nationale Supérieure des Beaux-Arts, 1993.

EPITETO. *Entrétiens. In: Les Stoïciens*. Tradução de Émile Bréhier. Paris: Gallimard, 1962.

_____. *Manuel*. Introdução de Laurent Jaffro. Tradução e notas de Emmanuel Cattin. Paris: Flammarion, 1997.

ERASMO. *Elogio da loucura*. Tradução de Álvaro Ribeiro. Lisboa: Guimarães, 1989.

FERGUSON, Adam. *Institutes of Moral Philosophy*. Nova York: Garland, 1978.

GARVE, Christian. *Gesammelte Werke*. Organização: K. Wölfel. Hildesheim: Olms, 1986.

HERDER, Johann Gottfried von. *Ensaio sobre a origem da linguagem*. Tradução de José M. Justo. Lisboa: Antígona, 1987.

HOBBES, Thomas. *Do cidadão*. Tradução, apresentação e notas de Renato Janine Ribeiro. São Paulo: Martins Fontes, 1992.

_____. *Do corpo. Parte I. Cálculo ou lógica*. Tradução e notas de Maria Isabel Limongi e Vivianne de Castilho Moreira. Campinas: Unicamp, 2009.

_____. *Human Nature*. Oxford: Oxford University Press, 1994.

_____. *Leviathan*. Organização: C. B. Macpherson. Harmondsworth: Peguin, 1980. Tradução brasileira: João Paulo Monteiro e Maria Beatriz Nizza da Silva. São Paulo: Abril Cultural, 1974.

HORÁCIO. *Arte poética*. Introdução, tradução e comentário de Raúl Miguel Rosado Fernandes. Lisboa: Inquérito, 1984.

HUME, David. *Enquiry Concerning Human Understanding*. Organização: L. A. Selby-Bigge, com revisão e notas de Peter H. Nidditch. Oxford: Clarendon Press, 1992, 12ª ed. Tradução brasileira: José Oscar de Almeida Marques. São Paulo: Unesp, 2003.

_____. *Enquiry Concerning Principles of Morals*. Organização: L. A. Selby-Bigge, revisada por Peter H. Nidditch. Oxford: Clarendon Press, 1992. Tradução brasileira: José Oscar de A. Marques. São Paulo: Unesp, 2003.

_____. *Les Essais esthétiques*. Organização: Renée Bouveresse. Paris: Vrin, 1973.

_____. *Essays, Moral, Political and Literary*. Organização, prefácio e notas de Eugene F. Miller. Indianapolis: Liberty Fund, 1987.

_____. *The History of England*. Organização: William B. Todd. Indianapolis: Liberty Fund, 1983.

_____. *Investigação sobre o entendimento humano*. Tradução de Alexandre Amaral Rodrigues. São Paulo: Hedra, 2009.

_____. *The Letters of David Hume*. Organização: J. Y. T. Greig. Oxford: Clarendon Press, 1969, 2 vols.

_____. *Philosophical Essays Concerning Human Understanding*. Reprodução fac-similar da edição de 1748. Hildesheim: Olms, 1986.

_____. *A Treatise on Human Understanding*. Organização: L. A. Selby-Bigge, com revisão e notas de Peter H. Nidditch. Oxford: Clarendon Press, 1978. Tradução brasileira: Déborah Danowski. São Paulo: Unesp/ Imprensa Oficial, 2000.

HUTCHESON, Francis. *An Essay on the Nature and Conduct of the Passions and Affections, with Illustrations on the Moral Sense*. Organização: introdução de Aaron Garrett. Indianapolis: Liberty Fund, 2002.

_____. *An Inquiry into the Original of Our Ideas of Beauty and Virtue*. Organização e introdução de Wolfgang Leidhold. Indianapolis: Liberty Fund, 2008.

_____. *Logic, Metaphysics and Natural Sociability of Mankind*. Organização: James Moore e Michael Silverthorne. Tradução de Michael Silverthorne. Indianapolis: Liberty Fund, 2006.

_____. *Philosophiae Moralis Institutio Compendiaria with A Short Introduction to Moral Philosophy*. Organização e introdução de Luigi Turco. Indianapolis: Liberty Fund, 2007.

_____. *Philosophical Writings*. Organização: Robert S. Downie. Londres: Dent, 1994.

_____. *Recherche sur l'origine de nos idées de la beauté et de la vertu*. Tradução, introdução e notas de Anne-Dominique Balmès. Paris: Vrin, 1991.

_____. *A System of Moral Philosophy*. Londres: Continuum, 2005.

JEAN PAUL (Johann Paul Friedrich Richter). *Vorschule der Ästhetik*. Organização: W. Henckmann. Hamburgo: Felix Meiner, 1990.

KAMES, Lord (Henry Home). *Elements of Criticism*. Organização e introdução de Peter Jones. Indianapolis: Liberty Fund, 2005.

Referências bibliográficas

_____. *Essays on the Principles of Morality and Natural Religion*. Reprodução fac-similar da edição de 1751. Nova York: Garland, 1976.

KANT, Immanuel. *Antropologia de um ponto de vista pragmático*. Tradução de Clélia Aparecida Martins. São Paulo: Iluminuras, 2006.

_____. *Bemerkungen in den 'Beobachtungen über das Gefühl des Schönen und Erhabenen'*. Organização: Marie Rischmüller. Frankfurt: Meiner, 1991. Tradução francesa: *Remarques touchant les observations sur le sentiment du beau et du sublime*. Tradução, introdução e notas de Brigitte Geonget. Paris: Vrin, 1994.

_____. *Crítica da razão pura*. Tradução de Manuela Pinto dos Santos e Alexandre Fradique Morujão. Lisboa: Fundação Calouste Gulbenkian, 2010, 7ª ed.

_____. *Duas introduções à crítica do juízo*. Organização: Ricardo R. Terra. São Paulo: Iluminuras, 1995.

_____. *Escritos pré-críticos*. São Paulo: Unesp, 2005.

_____. *Fundamentação da metafísica dos costumes*. Tradução de Guido Antonio de Almeida. São Paulo: Barcarolla/Discurso Editorial, 2009.

_____. *Observações sobre o sentimento do belo e do sublime*. Tradução de Vinicius de Figueiredo. Campinas: Papirus, 2000, 2ª ed.

_____. *Prolegômenos a toda metafísica futura*. Tradução de Artur Morão. Lisboa: Edições 70, 1987.

_____. *Werke*. Edição Akademie. Berlim: De Gruyter, 1968.

LAMBERT, Johann Heinrich. *Neues Organon oder Gedanken über die Erforschung und Bezeichnung des Wahren und dessen Unterscheidung vom Irrtum und Schein*. Berlim: Akademie Verlag, 1990.

LEIBNIZ, Gottfried Wilhelm. *Die philosophischen Schriften von Gottfried Wilhelm Leibniz*. Hildesheim: Olms, 1960.

LESSING, Gotthold Ephraim. *Briefe von und an Lessing*. Organização: Helmuth Kiesel. Frankfurt am Main: Deutscher Klassiker Verlag, 1987.

LOCKE, John. "An Essay on Human Understanding." *In*: *The Works of John Locke in Nine Volumes*. Londres: Rivington, 1824.

_____. "An Essay Concerning Human Understanding." *In*: *The Works of John Locke*, v. 1. Londres: Routledge/Thoemmes Press, 1997.

MALEBRANCHE, Nicolas. *De la recherche de la vérité*. Organização: J.-C. Bardout. Paris: Vrin, 2006.

MENDELSSOHN, Moses. *Gesammelte Schriften. Jubiläumsausgabe*. Stuttgart: Frommann, 1971.

MONTAIGNE, Michel. *De l'art de conférer*. *In*: *Essais*. Organização: Pierre Michel. Paris: Gallimard, 1973.

NIETZSCHE, Friedrich. *Além de bem e mal*. Tradução de Paulo César de Souza. São Paulo: Companhia das Letras, 1992.

_____. *Kritische Studienausgabe*. Munique: DTV, 1999.

_____. *Obras incompletas*. Organização: Gérard Lebrun. Tradução de Rubens Rodrigues Torres Filho. São Paulo: Editora 34, 2014.

PASCAL, Blaise. "Pensées" (126). *In: Oeuvres complètes*. Organização: M. Le Guern. Paris: Gallimard, 2000.

ROUSSEAU, Jean-Jacques. *Devaneios do caminhante solitário*. Tradução, introdução e notas de Fúlvia M. L. Moretto. Brasília: UnB, 1986, 3ª ed.

_____. *Discours sur l'origine de l'inegalité parmi les hommes*. Apresentação de H. Guillemin. Paris: Union Générale d'Éditions, 1973.

_____. *Discurso sobre a origem e os fundamentos da desigualdade entre os homens*. Tradução de Lourdes Santos Machado. São Paulo: Abril, 1978.

_____. *Émile ou de l'éducation*. Paris: Garnier-Flammarion, 1966.

_____. *Oeuvres complètes*. Paris: Gallimard, 1959.

SCHLEGEL, Friedrich von. *O dialeto dos fragmentos*. Tradução de Márcio Suzuki. São Paulo: Iluminuras, 1997.

SCHUHL, Pierre-Maxime (org.). *Les Stoïciens*. Paris: Gallimard, 1962.

SHAFTESBURY (Anthony Ashley Cooper). *Charactersticks of Men, Manners, Opinions, Times*. Indianapolis: Liberty Fund, 2001.

_____. *Soliloque ou conseil à un auteur*. Tradução de Danielle Lories. Paris: L'Herne, 1994.

SCHILLER, Friedrich. *Poesia ingênua e sentimental*. São Paulo: Iluminuras, 1991.

SMITH, Adam. *Essays on Philosophical Subjects*. Organização: W. P. D. Wightman e J. C. Bryce. Indianapolis: Liberty Fund, 1982.

_____. *Lectures on Rhetoric and Belles Lettres*. Organização: J. C. Bryce. Indianapolis: Liberty Fund, 1985.

_____. *The Theory of Moral Sentiments*. Organização: D. D. Raphael. Indianapolis: Liberty Fund, 1982.

STERNE, Laurence. *A vida e as opiniões do cavalheiro Tristram Shandy*. Tradução, introdução e notas de José Paulo Paes. Rio de Janeiro: Nova Fronteira, 1984.

VOLTAIRE. *Lettres philosophiques*. Organização: G. Lanson. Paris: Droz, 1937.

Referências bibliográficas

BIBLIOGRAFIA ESPECÍFICA

ALBERTI, Verena. *O riso e o risível na história do pensamento*. Rio de Janeiro: Jorge Zahar, 2002, 2ª ed.

ANCHESCI, Luciano. "Addison e il saggismo inglese dei secoli XVII e XVIII". *In: Da Bacone a Kant*. Bolonha: Il Mulino, 1972.

ARRIGUCCI JR., Davi. *Humildade, paixão e morte: a poesia de Manuel Bandeira*. São Paulo: Companhia das Letras, 2009, 2ª ed.

AUERBACH, Erich. *Ensaios de literatura ocidental*. Tradução de Samuel Titan Jr. e José Marcos Mariani de Macedo. São Paulo: Duas Cidades/ Editora 34, 2007.

BAIRD, Theodore. "The Time Scheme of *Tristram Shandy* and a Source", *PMLA*, v. 51, nº 3, 1936.

BAXANDALL, Michael. *Giotto and the Orators: Humanist Observers of Painting in Italy and the Discovery of Pictorial Composition (1350--1450)*. Oxford: Oxford Universty Press, 1971.

BOX, Mark A. *The Suasive Art of David Hume*. Princeton: Princeton University Press, 1990.

BRANDES, Georg. "O infinitamente pequeno e o infinitamente grande na literatura". *In: Panorama da literatura dinamarquesa*. Tradução de P. Johns. Rio de Janeiro: Nórdica, 1964.

BRUGÈRE, Fabienne. "Humour et discours philosophique dans l'art de la conversation". *In: Théorie de l'art et philosophie de la sociabilité selon Shaftesbury*. Paris: Honoré Champion, 1999.

BRUNET, Olivier. *Philosophie et esthétique chez David Hume*. Paris: Nizet, 1965.

CASH, Arthur H. "The Lockean Psychology of Tristram Shandy", *English Literary History*, v. 22, nº 2, 1955.

DELEULE, Didier. *Hume et la naissance du libéralisme économique*. Paris: Aubier Montaigne, 1979.

DELEUZE, Gilles. *Empirisme et subjectivité: essai sur la nature humaine selon Hume*. Paris: PUF, 1980, 3ª ed.

FERRARI, Jean. *Les Sources françaises de la philosophie de Kant*. Paris: Klincksieck, 1979.

FLEW, Antony. *Hume's Philosophy of Belief: A Study in his first Inquiry*. Londres: Routledge & Kegan, 1961.

FOUCAULT, Michel. *Gênese e estrutura da antropologia de Kant*. Tradução de Márcio A. da Fonseca e Salma T. Muchail. São Paulo: Loyola, 2011.

_____. *Naissance de la biopolitique (Cours au Collège de France, 1978-1979)*. Paris: Gallimard, 2006.

_____. *As palavras e as coisas*. Tradução de Salma Tannus Muchail. São Paulo: Martins Fontes, 2000.

FRYE, Herman Northrop. *Anatomy of Criticism: Four Essays*. Princeton: Princeton University Press, 1957. Tradução brasileira: *Anatomia da crítica*. Tradução de Péricles Eugênio da Silva Ramos. São Paulo: Cultrix, 1973.

GUIMARÃES, Lívia. "The Gallant and the Philosopher", *Hume Studies*, v. 30, n° 1, 2004.

HAAKONSSEN, Knud. *Natural Law and Moral Philosophy*. Nova York: Cambridge University Press, 1996.

HALÉVY, Élie. *La Formation du radicalisme philosophique: la jeunesse de Bentham, 1776-1789*. Paris: PUF, 1995. t. 1.

HOOKER, Edward N. "The Humour in the Age of Pope", *Huntington Library Quarterly*, v. 11, n° 4, 1948.

HUIZINGA, Johan. *Homo Ludens: o jogo como elemento da cultura*. Tradução de João Paulo Monteiro. São Paulo: Perspectiva, 2007.

JAFFRO, Laurent. *Éthique de la communication et art d'écrire: Shaftesbury et les Lumières anglaises*. Paris: PUF, 1998.

_____. "Hutcheson (1694-1746): des bons sentiments au calcul de l'utilité". *In*: CAILLÉ, Alan; LAZZERI, Christian; SENELLART, Michel. *Histoire raisonnée de la philosophie morale et politique: Le bonheur et l'utile*. Paris: La Découverte, 2001.

_____. "La formation de la doctrine du sens moral: Burnet, Shaftesbury, Hutcheson". *In*: JAFFRO, Laurent (org.). *Le sens moral: une histoire de la philosophie morale de Locke a Kant*. Paris: PUF, 2000.

_____. "Transformations du concept d'imitation de Francis Hutcheson à Adam Smith". *In*: TROTTEIN, Serge (org.). *L'Esthétique naît-elle au XVIIIᵉ siècle?* Paris: PUF, 2000.

JONES, Peter. *Hume's Sentiments: Their Ciceronian and French Context*. Edimburgo: Edinburgh University Press, 1982.

KRÜGER, Gerhard. *Critique et morale chez Kant*. Tradução de Marcel Regnier. Paris: Beauchesne, 1961.

LEBRUN, Gérard. *A filosofia e sua história*. São Paulo: Cosac Naify, 2005.

LEE, Rensselaer Wright. "*Ut pictura poesis*: Humanistic Theory of Painting", *The Art Bulletin*, v. 22, n° 4, 1940.

LEROY, André-Louis. *David Hume*. Paris: PUF, 1953.

_____. *George Berkeley*. Paris: PUF, 1959.

Referências bibliográficas

LIMA, Paolo Butti de. *Il piacere delle immagini: un tema aristotélico nella riflessione moderna sull'arte*. Florença: Leo S. Olschki, 2012.

LIMONGI, Maria Isabel. *O homem excêntrico: paixões e virtudes em Thomas Hobbes*. São Paulo: Loyola, 2009.

_____. "O ponto de vista do espectador em Hutcheson e Hume". *In*: PERES, Daniel Tourinho (org.). *Justiça, virtude e democracia*. Salvador: Quarteto, 2006.

MAIA NETO, José Raimundo. "Hume and Pascal: Pyrrhonism vs. Nature", *Hume Studies*, v. 17, nº 1, 1991.

MALHERBE, Michel. "La notion de circonstance dans la philosophie de Hume", *Hume Studies*, v. 9, nº 2, 1983.

_____. "Un roman philosophique". *In*: HUME, David. *Système sceptique et autres systèmes*. Paris: Seuil, 2002.

MATTOS, Franklin de. *A cadeia secreta: Diderot e o romance filosófico*. Prefácio de Marilena Chaui. São Paulo: Cosac Naify, 2003.

_____. *O filósofo e o comediante: ensaios sobre literatura e filosofia na ilustração*. Belo Horizonte: UFMG, 2001.

MAUZI, Robert. *L'Idée du bonheur dans la literature et la pensée françaises au XVIIIᵉ siècle*. Paris: Armand Colin, 1969.

MERLEAU-PONTY, Maurice. *Phénoménologie de la perception*. Paris: Gallimard, 1979.

MICHAUD, Yves. *Hume et la fin de la philosophie*. Paris: PUF, 1989.

MINOIS, George. *História do riso e do escárnio*. Tradução de Maria Elena O. Ortiz Assumpção. São Paulo: Unesp, 2003.

MONZANI, Luiz Roberto. *Desejo e prazer na Idade Moderna*. Curitiba: Champagnat, 2012, 2ª ed.

MONTEIRO, Daniel Lago. *No limiar da visão: a poética do sublime em Edmund Burke*. Dissertação de mestrado, FFLCH-USP, 2009.

NASCIMENTO, Luis Fernandes dos Santos. *Shaftesbury e a ideia de formação de um caráter moderno*. São Paulo: Alameda, 2012.

NORTON, David Fate. *David Hume: Common-Sense Moralist, Sceptical Metaphysician*. Princeton: Princeton University Press, 1982.

_____. "Hume's Moral Ontology", *Hume Studies*, edição comemorativa de 10º aniversário, 1985.

_____. "Hume's Moral Realism", *Journal of the History of Philsophy*, v. 23, nº 3, 1985.

NOXON, James. *Hume's Philosophical Development: A Study of his Methods*. Oxford: Clarendon Press, 1973.

PENELHUM, Terence. "The Self of Book 1 and the Selves of Book 2", *Hume Studies*, v. 18, n° 2, 1992.

PIMENTA, Pedro Paulo (org.). *O Iluminismo escocês*. São Paulo: Alameda, 2012.

PITSON, Tony. "Sympathy and Other Selves", *Hume Studies*, v. 22, n° 2, 1996.

POPKIN, Richard Henry. "David Hume: His Pyrrhonism and His Critique of Pyrrhonism", *The Philosophical Quartely*, v. 1, n° 5, 1951.

POTKAY, Adam. *The Fate of Eloquence in the Age of Hume*. Ithaca/Londres: Cornell University Press, 1994.

RÖD, Wolfgang. *Geometrischer Geist und Naturrecht. Methodengeschichtliche Untersuchungen zur Staatsphilosophie im 17. Und 18. Jahrhundert*. Munique: Verlag der Bayerischen Akademie der Wissenschaften, 1970.

ROSEN, Charles. *A geração romântica*. São Paulo: Edusp, 2000.

ROUANET, Sergio Paulo. "Tempo e espaço na forma shandiana: Sterne e Machado de Assis", *Revista de Estudos Avançados*, v. 18, n° 51, 2004.

SALINGAR, J. G. "The Social Setting." *In*: *The Age of Shakespeare: Pelican Guide to English Literature*. Harmondsworth: Penguin, 1977.

SELBY-BIGGE, Lewis Amherst (org.). *British Moralists*. Oxford: Clarendon Press, 1897.

SILVA, Franklin Leopoldo e. "Pascal: história e transcendência." *In*: STEIN, Ernildo; BONI, Luis Alberto de (orgs.). *Dialética e liberdade*. Petrópolis: Vozes, 1993.

_____. "Sobre alguns aspectos da relação entre fé e saber no século XVII", *Discurso*, n° 15, 1983.

SKINNER, Quentin. *Hobbes e a teoria clássica do riso*. Tradução de Alessando Zir. São Leopoldo: Unisinos, 2002.

STAROBINSKI, Jean. *L'Oeil vivant*. Paris: Gallimard, 1961.

STROUD, Barry. *Hume*. Londres: Routledge & Kegan Paul, 1977.

STRUEVER, Nancy S. "The Conversable World: Eighteenth-Century Transformations of the Relations of Rethoric and Truth". *In*: VICKERS, Brian; STRUEVER, Nancy S. (orgs.). *Rhetoric and the Pursuit of Truth: Language Change in the Seventeenth and Eighteenth Centuries*. Los Angeles: William Andrews Clark Memorial Library, 1985.

TAVE, Stuart M. *The Amiable Humorist. A Study in the Comic Theory and Criticism of the Eighteenth and Early Nineteenth Centuries*. Chicago: The University of Chicago Press, 1960.

TEMMER, Mark J. *Time in Rousseau and Kant: An Essay on French Pre-Romanticism*. Genebra: Droz, 1958.

Referências bibliográficas

THIROUIN, Laurent. *L'Hasard et les règles: le modèle du jeu dans la pensée de Pascal*. Paris: Vrin, 1991.

VERRI, Pietro. "Discorso sull'indole del piacere e del dollore". *In: Discorsi del Conti Pietro Verri*. Milão: Marelli, 1781.

WATT, Ian. *A ascensão do romance*. Tradução de Hildegard Feist. São Paulo: Companhia das Letras, 2007.

WIND, Edgard. *Hume and the Heroic Portrait: Studies in Eighteenth-Century Imagery*. Oxford: Clarendon Press, 1986.

SOBRE O AUTOR

Márcio Suzuki nasceu em Barretos, no interior de São Paulo, em 1961. Fez graduação (1984), mestrado (1991) e doutorado em filosofia (1997) na USP, e pós-doutorado na École Normale Supérieure de Paris. É professor de estética no Departamento de Filosofia da USP e pesquisador do CNPq. Foi professor visitante da Universidade Federal do Paraná (2009-2011), da Universidade Federal de São Carlos (2012) e da Universidade Blaise Pascal, em Clermont-Ferrand, França (2008). Autor de *O gênio romântico: crítica e história da filosofia em Friedrich Schlegel* (São Paulo, Fapesp-Iluminuras, 1998), escreveu diversos artigos sobre estética e filosofia alemã, tendo traduzido para o português obras de Friedrich Schiller, Friedrich Schlegel, Schelling, Heine, Edmund Husserl, Karl Kraus, Thomas Mann, Elias Canetti e Hans Magnus Enzensberger. Dirige a Biblioteca Pólen juntamente com Rubens Rodrigues Torres Filho. Está preparando para a Editora 34 uma coletânea das *Contribuições a uma crítica da linguagem* e do *Dicionário de filosofia*, de Fritz Mauthner, filósofo judeu-alemão do início do século XX ainda pouco traduzido em outras línguas, mas muito lido por escritores como Hugo von Hofmannsthal, James Joyce, Samuel Beckett e Jorge Luis Borges.

Este livro foi composto em Sabon,
pela Bracher & Malta, com CTP da
New Print e impressão da Graphium
em papel Pólen Soft 70 g/m² da Cia.
Suzano de Papel e Celulose para a
Editora 34, em outubro de 2014.